U0571701

朱元璋

从淮右布衣到洪武之治

覃仕林 著

北京理工大学出版社

BEIJING INSTITUTE OF TECHNOLOGY PRESS

版权专有 侵权必究

图书在版编目（CIP）数据

朱元璋：从淮右布衣到洪武之治 / 覃仕林著 .

北京：北京理工大学出版社，2025.6.

ISBN 978-7-5763-5319-8

Ⅰ . K827=48

中国国家版本馆 CIP 数据核字第 2025W06V08 号

责任编辑：闫风华 文案编辑：邓 洁
责任校对：刘亚男 责任印制：施胜娟

出版发行 / 北京理工大学出版社有限责任公司

社 址 / 北京市丰台区四合庄路 6 号

邮 编 / 100070

电 话 /（010）68944451（大众售后服务热线）

（010）68912824（大众售后服务热线）

网 址 / http://www.bitpress.com.cn

版 印 次 / 2025 年 6 月第 1 版第 1 次印刷

印 刷 / 天津睿和印艺科技有限公司

开 本 / 880 mm × 1230 mm 1 / 32

印 张 / 15

字 数 / 332 千字

定 价 / 89.00 元

图书出现印装质量问题，请拨打售后服务热线，负责调换

前言

　　人作为社会群体中的一员，其思想、性格的形成，乃至以后所从事的职业，都离不开其所处的环境。拿我来说，在正值渴望阅读课外读物的年龄，却由于经历了"文化大革命"，很多东西都被打上"封资修"的标签。因此，当时能读到的书籍，可谓少之又少，只好翻来覆去地看家里仅存的几本旧书，当一本《史记》被读得烂熟的时候，竟不知不觉地与历史读物结下了不解之缘。

　　随着思想的解放，很多优秀的历史作品让我目不暇接。在大学期间，虽然读的是理工科，可我却"不务正业"，几乎将学校图书馆里收藏的各类史籍读了个遍。互联网兴起之后，我混迹于天涯、西祠等论坛，与同道中人一起品古论今，坐而论道。

　　我之所以写关于朱元璋的书籍，一方面是对文学的爱好，另一方面则是朱元璋是我国历代皇帝中具有颇多争议的人物。喜他的人认为，其在位期间勤政爱民，大搞惠民工程，开创了"洪武之治"，堪称"千古一帝"；厌他的人则将其视为暴君，刻薄寡恩、冷血残暴、大诛功臣、兴文字狱等各种负面评价不一而足。这些看法都有它们的道理，毕竟事实就摆在那里，史料记载得清清楚楚，作为万众瞩目的一国之君想赖也赖不掉。

可这些都是朱元璋称帝后的事，为了让人们对朱元璋有个更清楚、更详细的认识，本书从其出生到去世，全方位叙述了一遍，包括他的成长过程、参加起义的原因、执掌大权的经过、婚姻家庭、与子女关系……

中国有句古语叫"时势造英雄"，朱元璋纵使最终登顶成为皇帝，也不过是个奴隶——历史的奴隶，这话是俄国大文豪托尔斯泰说的（见《战争与和平》）。既然是奴隶，那他的一切活动都离不开历史这个主人的驱使。朱元璋出生在汉人、南人地位最低的时代，他家又是赤贫中的赤贫，父母都是老实巴交的佃户，受尽了元朝贵族和汉族地主的压迫和剥削，劳累了一辈子，还是过着上无片瓦遮身，下无立锥之地的生活，到死都没挣下一寸属于自己的土地。直到多年后，朱元璋每每回忆起来，仍难抑悲痛之情，他在《皇陵碑》中是这样写的："殡无棺椁，被体恶裳，浮掩三尺，奠何肴浆！"

元朝政府只知道残酷压榨百姓，对民众的死活漠不关心，一连串的灾害：旱灾、蝗灾、瘟疫……朝廷没有任何赈灾措施，使未成年的朱元璋一下子失去父母哥姐七位亲人。作为朱家的幸存者，朱元璋该如何面对眼前的绝境？

孟子站在乐观主义的角度安慰人们，要坚定信念："故天将降大任于是人也，必先苦其心志，劳其筋骨，饿其体肤，空乏其身，行拂乱其所为，所以动心忍性，增益其所不能。"

可我总觉得朱元璋当时肯定不这么想，为了活命，只好与二哥分开，二哥外出逃荒，他则到皇觉寺出家当了和尚。

这是"不要把鸡蛋都放在一个篮子"的做法，也是分散风险的原则。果然，二哥从此再无音信，估计不是冻死就是饿死，或是孤身一人在讨饭中被其他乞丐欺凌而死。

朱元璋虽然也被迫走村串户讨饭，不过好在他入了佛门。

朱元璋仗着一身行头游遍了淮西大地，虽然后来他回忆说"那时候可苦了，讨到上顿还不知道下顿在哪里，过了今天还不知道能不能见到明天的太阳"，可万幸的是，他活了下来。

当天下大乱的时候，朱元璋也只是想安安心心当个与世无争的僧人。可元朝已经腐败透顶，军队在镇压农民起义中，竟然拿平民充数，贪功冒领，使很多人想"苟全性命于乱世"都变得不可能了。朱元璋正是在这样的背景下才参加的红巾军，人不到万不得已，谁愿意冒着掉脑袋的风险造反？这才是推动朱元璋走上起义道路的时代大背景。

朱元璋是人不是神，当然不知道自己日后会成为一国之主，可他很清楚，既然踏入了造反的这条路，就没有了任何退路，要想保住项上人头，唯有拼命奋斗。

之后，他所做的一切事情无不围绕这个中心点。直至遇到冯国用兄弟、李善长等谋士后，眼界才豁然开朗，人生还可以有这样的追求！人一旦有了理想和目标，境界肯定不一样了。也就是从这一刻起，朱元璋终于有了明确的方向，知道今后的路该怎么走了。

随着事业不断做大做强，就像朱元璋颁布的《谕中原檄》中所说"予本淮右布衣，因天下乱，为众所推，率师渡江，居金陵形势之地，得长江天堑之险……"终于成就了帝业。

朱元璋的一生无疑是传奇而伟大的一生，他由一个贫苦的放牛娃，一步步在乱世之中叱咤沙场，开创了盛唐以后又一个多民族的大一统王朝。他执政的三十一年不仅创立了大明朝坚实的基业，还形成了成熟的施政纲领，修订了完善的法律制度，规划出了整个大明王朝的政治和经济体制。

关于朱元璋的功过是非，后人评价有如恒河沙数，我只想说一点，朱元璋的残酷冷血是针对不法官员和新贵的，对黎民百姓却是呵护有加。

目录

第一章

赤贫子弟的凄苦人生

与佛家结缘的孩子

对于生活在十三、十四世纪的汉人来说，那就是一个悲惨世界。元朝统治当局采取"民分四等"的政策，把人分为四等：一等蒙古人，二等色目人，三等汉人，四等南人。汉人除了向官府缴纳各种苛捐杂税外，连个名字都不能拥有。朱世珍在荣获"明仁祖"的尊号之前，不叫朱世珍，而叫朱五四。

朱五四祖上居于句容（今江苏省句容市）。元朝统治者可以随时把汉人视如生命的农田连同农田上的汉人赏赐给皇亲国戚——亲王公主或功臣之类。在南宋灭亡后所进行的一次赏赐中，少者赏赐数十户至数百户，多者赏赐十万户。每户以五口计，一次就得到五十万个农奴。汉人失去了祖宗传留下来的农田，从自由农民沦为农奴，没有地方可以申诉。蒙古人可以随意侵占农田，把汉人从肥沃的农田上逐走，任凭农田荒芜，生出野草，以便他们畜牧。

朱五四就像千千万万失去农田的汉人一样沦为佃户，靠租种别人的田地维持生计。朱五四是一个老实巴交的人，本本分分，累死累活了大半辈子，还是上无片瓦遮身，下无立锥之地，得不停地搬家。倒不是他有多大的理想，要寻找什么王道乐土，而是那些吃人不吐骨头的地主大户心太黑。每到一处低声下气租来的几亩土地，等他带领全家披星戴月出大力流大汗施肥屁水，把土地改良得肥沃了一些，使生地变成熟地，盼望着能有个好收成的时候，狠心的地主就要加租，如果不肯多缴纳，就要被收回土地退租。任由你怎么算，终归也算不过那些地主老财。一年到头忙忙碌碌，交完租后，一家人还得吃糠咽菜，最终还是白忙活一场。

朱五四早年先是从泗州盱眙（今江苏省淮安市盱眙县）搬到灵璧县（今安徽省宿州市灵璧县），又从灵璧迁到虹县（今安徽省泗县），五十岁那年又迁到濠州（今安徽省凤阳县东）钟离东乡。

公元1328年农历七月，元朝第六位皇帝泰定帝孛儿只斤·也孙铁木儿死了。元文宗倚仗武力，赶走了皇太子阿速吉八，自己做了大元帝国的皇帝，改元天历。九月十八（公元1328年10月21日），元王朝的掘墓人降生。

这天，朱五四的老婆朱陈氏又为他添了一个儿子。之前他已经有了三个儿子两个女儿，大儿子叫重四、二儿子叫重六、三儿子叫重七，刚生下来的四儿子，按顺序也就顺口叫重八了。当时谁也不会料到，这个叫朱重八的男婴，日后会成为一代开国之君，他开创的大明王朝，在中国的历史舞台活跃了近三百年。

可眼前这个新生儿的境况却令人担忧，一般的婴儿从母体分离出来的那一刻都会啼哭，可小重八出生三四天了，不但不会吃奶，甚至连哭都不会，肚子还胀鼓鼓的像个大青蛙。都说儿女是母亲身上掉下的肉，虽说眼前这个婴儿长得跟他的哥哥姐姐不一样，颧骨高高耸起，下巴特别长，两只耳朵又肥又大，粗眉毛大眼睛，宽宽正正的额头上还赫然突起一块骨头，像是一个小山包，但自古母不嫌儿丑，再丑也是自己的骨肉，摆在眼前的危机是，这个孩子还有没有活下来的希望？

朱五四也愁坏了，由于家里连个铜板都拿不出来，请郎中这样的事根本不敢奢望，只好转而向神灵求助。一辈子没做过亏心事的朱五四首先拼命地检讨起自己来，搜肠刮肚回忆自己哪里不小心冒犯了哪路神灵。自己虽然穷，但对神鬼一直是诚惶诚恐的，逢年过节，或遇上祭祀活动，就算自己不吃也要拼命地焚香烧纸，所以想啊想也没想出个所以然来。

正所谓日有所思，夜有所梦。朱五四白天想不明白的事，晚上终于得到高人的指点，严格来说不是人，而是神灵显灵。原来朱五四做了个梦，有高人给他指了一条放之四海而皆准、实施起来成本又非常低廉的路——到皇觉寺去向高僧求助。

朱五四按照指点来到皇觉寺，却发现偌大一座寺庙空无一人，满腹心事而又无处倾诉的他只好对着那些泥菩萨拼命地磕头，喃喃自语地倒起了苦水……也不知过了多久，他忽然听见周边热闹起来，还听到了一阵响亮的婴儿哭声，一个激灵醒了过来，原来是南柯一梦。

醒过来的朱五四本能地转头看向老婆和孩子，这一看让他惊喜得不知所措。就一个梦的工夫，原先气若游丝的小儿子，这回正依偎在母亲怀里吮吸着奶水呢！这让他更加坚信神灵，觉得这趟梦中之旅赚大了。

皇觉寺（原名於觉寺）就位于安徽省凤阳县钟离镇，离朱五四所住的东乡不远。据《大明洪武实录》载，该寺庙有佛殿、法堂、僧舍之属凡三百八十一间。由于朱五四的这次神奇梦游，如今耸立在凤阳山日精峰下的皇觉寺已经与原初景象不可同日而语。朱元璋夺取天下后，拨款重修此圣庙，使其名扬天下。

不出几天，小重八肿胀的肚子不治自愈，竟慢慢地瘪了下去，成了一个会哭闹、会吃奶的正常孩子。可接下来的日子，也并不让人省心。由于营养不良，小重八瘦得皮包骨头，还三天两头闹病。朱五四又多次往返于寺庙和家之间，当然，这也是他唯一能做的事了。朱五四不止一次向菩萨和住持方丈许下诺言，只要孩子平安长大，将来让他到寺院里服侍各位菩萨大人。这就是当时流行的"舍生"，由父母许愿，如果佛祖保佑孩子平安长大，那么孩子长大之后就入寺为僧。

也许真是佛祖显灵，也许穷人家的孩子本来就命硬，小朱元璋就在这样一个贫困而又温馨的家庭中慢慢长大。但凡能成大事的人都有其过人之处，小朱元璋虽然瘦弱，但瘦得小巧玲珑，鬼精鬼精的，是个人人见了都想"逗你玩"的小鬼头。

当时还没有托儿所、幼儿园这些地方，就算有，朱五四也送不起，大人们要忙于生计，小朱元璋和小伙伴除了捉泥鳅、掏鸟窝外，干得最多的就是去皇觉寺。因为皇觉寺从早到晚烟火缭绕，大门都是敞开着的，遇到有香客进香也是蛮热闹，看那些大人烧香拜佛，也是一种莫大的享受。

高彬法师是个有老婆孩子的人，所以对孩子们的到来并不反感，任由他们嬉耍玩闹。不但如此，他还比较喜欢人小鬼大的朱元璋，除了逗他玩以外，还时常教他识字。朱元璋的一个过人之处在于脑瓜子特别好使，小小的人儿竟然有过目不忘的本事，时日一长竟认识了三四百个汉字，法师的经书任由他翻看，那些经书就成了他的启蒙读物。等到六七岁的时候，朱元璋已经会念不少佛经，算是初通文墨。

小朱元璋就这样无忧无虑地慢慢长大，到他十岁那年，家里租种的田地又被地主无故收回，朱五四再次面临搬家的命运，无奈之下由东乡搬到了太平乡的孤庄村。孤庄村是个大村子，有千余人口。村里最大的财主叫刘德，全村二百来户人家有一多半都租种他的田地。

新搬过来的朱五四说尽好话，也租种了刘德的十几亩荒地。朱家本来就贫困，如此一折腾，更是雪上加霜。为了生计，三个哥哥只好分头到地主家里去做长工，朱元璋也到刘德的胞兄刘继祖（字大秀）家当起了放牛娃。

当时，同朱元璋一样放牛的穷人家的孩子有好几个，主要有徐达、周德兴和汤和三人。他们都比朱元璋大，但朱元璋胆识过人，又讲义气，小伙伴对他是既敬佩又服气。几人提议结拜成异姓弟兄，但得照古书上按年龄大小来排定兄弟的次序。

这个提议当即遭到朱元璋的极力反对，他执意要以打架论高低，谁赢谁当老大，对此提议徐达、周德兴举双手赞成，只有年龄比朱元璋大而个头比他小的汤和不敢应声，可如今是三票对一票，此事就定了下来。最终大家约定，等第二天填饱肚子再正式开始比赛，因为此时，大家都已经饿得前胸贴后背，实在没力气打架了。

次日一早，几个人像往常一样把牛赶到山坡上，让牛自由自在地吃草。那个时候生态环境还比较好，到处都是植被。虽说放牛娃名声不太好听，可是他们几个帮地主老财放牛，工作还是很轻松的，只需把牛赶到山坡上，那牛吃饱了就会自己下山，到时再把它们赶回牛棚就是了。这段时间他们可以尽情玩耍。当然，地主是不会发工资的，只管他们两顿饭。

既然要比武，就得捉对厮杀。按照朱元璋的提议，采取淘汰制的方法：他与汤和先打，随后徐达和周德兴再打，两个小组的胜者进入决赛，大哥、二哥的排位由此产生；剩下那两个复赛一场，定出谁是老三、老四。

朱元璋这番提议是费了一番心思的，无论是跟徐达或者和周德兴打，他都没有取胜的把握，只有跟汤和打才有胜算。汤和这个人胆小，块头又没有自己大。周德兴跟徐达两人旗鼓相当，他们为争做老大肯定会拼尽全力打斗。等他们打得筋疲力尽，两败俱伤时，自己才有机可乘。前提是自己必须战胜汤和，而且还不能消耗太多的体力，否则一旦肚子里那点粮食消化完了，就再也提不起劲了。

比赛规则定好后，朱元璋跟汤和先上场，周、徐就在边上看着。双方上场摆好姿势后，朱元璋玩阴的，汤和很快就求饶认输。

轮到徐达和周德兴出场了，正如朱元璋所料，两人都使上吃奶的劲儿，苦战了半天。最后徐达虽然把周德兴打趴下了，可自己也累得连站起来的力气都没有了。朱元璋当即走过来要求开战，否则就认输。

徐达刚一爬起来，朱元璋就一头撞了过去。徐达"哎——"一声还没叫完，又重重倒在了地上，朱元璋趁势骑在徐达的身上，左右开弓，没头没脑地抡起小拳头只管猛擂。直打得徐达七荤八素开口认输，才跳了起来。

本来还有一场附加赛的，可由于汤和发扬"友谊第一，比赛第二"的精神，甘愿做老四，这场比武大赛到此圆满收官。随后他们按照戏文里说的，举行了一套仪式，像模像样地磕了头，朱元璋从此就当起了带头大哥，这不能不说是一个胜利！

经过一番激烈的打斗，又举办了一场隆重的仪式，大伙也累了，新诞生的四兄弟再加上邻近村过来围观的放牛娃，十来个半大的孩子，懒懒散散地躺在草地上。只听徐达的肚子咕噜噜直叫，接着是他有气无力的声音："要是有碗面糊糊吃就好了……"这是他们所能想到的最好的美食了。

听他这么一说，周德兴、汤和也都说饿了，这个说哪怕有个菜团（南方农村粮食不够吃，常用一些野菜掺杂做成饭团，跟北方的杂面窝窝头一样的性质）也行啊！那个说要是能吃上碗白面条那才好呢！有人甚至异想天开地说，真想吃一块油油腻腻的大肥肉。

此言一出，马上引起激烈的讨论。有人说，得了吧，地主老财才吃肉呢！有人附和，是呀，我见过刘老爷吃肉，满嘴流油的，就是不知道啥滋味。更有人无限向往地说，这辈子要是能吃上顿肉叫我干啥都行！

大伙七嘴八舌的，越说越饿，个个垂涎欲滴的一副馋样。刚当上大哥的朱元璋听大家在讨论，心里充满豪情壮志，觉得是拿出点儿当大哥的本事为大家谋取点实际利益的时候了，戏文上不是说了吗，新官上任都放三把火。朱元璋想到火，再看着远处悠然吃草的牛群，突然一拍他那不怎么粗壮的大腿："有了！"

大伙听他这么一喊，纷纷停下来问道，有了什么？朱元璋一脸坏笑地说，嘿嘿！咱们天天守着那么多肉，竟然没尝过肉的滋味，你们说是不是天下最大的傻子？

大家还是没反应过来，朱元璋招呼三个小弟过来，如此这般地嘀咕了一阵。直说得周、徐两人眉开眼笑。汤和听得瞪起了眼珠，虽然心里直发毛，但终究还是经不起诱惑，就一个劲儿地点头。

打虎亲兄弟，虽然他们现在只是准备打牛，但还是亲兄弟靠谱。朱元璋吩咐完毕，就过去牵了一头自己所放的小牛犊回来，徐达马上过来用绳子将牛犊的前后腿捆上，周德兴早就抄着砍柴斧在等着了，照着牛头就是一斧子。牛的额头就如同蛇的七寸，是要害之处，他们天天跟牛打交道，自然明了其中的奥秘。

那牛虽然知道自己的要害在头上，但它做梦也没想到今天竟是自己的末日，不但成全了一帮吃货的心愿，还成了别人笼络人心、树立威信的牺牲品。牛头上挨了势大力沉的一斧，当即前腿一软就倒下了，接着砍柴斧、砍柴刀一个劲往脖子、身上招呼，牛很快就咽气了。

其他那些放牛娃也都是十二三岁的小大人，到这个时候也明白过来了，有人主动加入宰牛大军的行列。对那些还愣着的，朱元璋吩咐："还愣着干什么？想吃牛肉的，赶快多捡一些树枝，垒好石头，咱今天也当回财主，吃烤牛排！"

大家欢呼雀跃地忙碌起来，随后，牛肉就一块块地架到了火上。这些从没吃过肉的少年，两眼冒着光，也不管嘴巴里嚼的是红是黑，只管一个劲往肚子里咽，红的当然是没烤熟的肉，黑的是外面烤焦了的肉。这一顿烤牛排吃下来，大家一边捂着圆鼓鼓的肚皮打滚，一边打着饱嗝，一副得偿所愿的惬意样。

贫苦人家的孩子，能吃上顿肉，并且还管够，确实是一件很惬意的事。可没惬意多久，有人回到了现实，开始害怕起来了，说："我们吃了大老爷的牛，大老爷不得吃了我们啊？"

这一提醒，大家都慌了，还在啃着一大块骨头的汤和手一抖，扭头向朱元璋望去，徐达和周德兴也不约而同地把目光集中在了朱元璋身上。朱元璋看着大家一脸的窘样，一股豪情直冲云霄，说："你们都不用害怕，牛是我杀的，只要大家不说出去，并且按照我吩咐的去做，有事我一个人担着。"

于是，朱元璋指挥大家把剩下的牛头、牛皮和牛骨头等全部埋藏起来，然后把单独留下的牛尾巴找条石缝插了进去，并交代大家如此如此，这般这般，订立了攻守同盟。

等大伙处理完"作案"现场，太阳也下山了，一伙人各自怀着忐忑不安的心情赶牛回家。刘继祖正站在村口等着他家的牛宝贝回家呢！这是他每天必做的事情，要知道每头牛都是一笔财富哩！很快他就发现少了一头牛犊，这时朱元璋撒起谎来连眼都不眨，他说："老爷，您老人家有福啊，山神爷看中咱家那花牛犊，把它召去了，牛犊钻进山洞，被夹在石头缝里出不来了。您老就等着山神爷赐福给您吧！"

刘继祖可不傻，这种小儿科的伎俩他能相信吗？他叫来两个家丁陪他到现场走了一圈就明白了。恼羞成怒的刘继祖一脚将朱元璋踹飞，命令两个家丁道："给我往死里打！"

一大群放牛娃眼睁睁看着朱元璋被打，大气都不敢出，腿肚子直打战。还是汤和脑子反应快，慌慌张张地跑去向朱五四夫妇报告。等到朱五四和陈二娘赶到时，朱元璋躺在地上已经奄奄一息了。

陈二娘的眼泪像泉涌一样，朱五四抱起爱子就要去找刘继祖理论。朱元璋睁开眼，有气无力地说："爹，娘，咱们回家吧，咱是斗不过大老爷的！"

如果说刘继祖跟他弟弟或者其他的地主老财比起来还存在一丝仁慈的话，那就是他没有赶尽杀绝。在农耕社会，牛可是重要的生产资料，要是告到官府，够他们老朱家受的。刘继祖既没要朱家赔偿（知道他们赔不起），也没有告官，只是毒打了朱元璋一顿出气。

朱元璋挨了顿毒打，放牛的差事也丢了。可他在小伙伴中间的威信却更高了，大家都很服他，因为牛肉是大家吃的，可挨打的只有他一个，都觉得他特别讲义气、有担当。

多年以后，这段磨难与羞辱就如皮鞭抽打在身上留下的印记，深深地刻在朱元璋的脑海里。也许就是从这一刻起，他开始以一种睥睨的眼光打量着这个灾难深重的世界，忍受着、等待着、积聚着……幻想着有朝一日如宰杀牛犊般进行疯狂而快意的报复。

朱元璋印象最深的是母亲翻来覆去讲外公的故事。外公曾在宋朝大将军张世杰部下当过亲兵，跟着张将军与陆秀夫丞相保护着宋朝小皇帝逃到南海中的崖山。张将军集合了一千多条大船与蒙古兵决战，但被蒙古兵打败，忠心耿耿的陆丞相让自己的家人跳海后，背起年仅六岁的小皇帝也跳下了大海。张将军带领十几条船突出重围，以图东山再起，恢复疆土。不幸四天后遭遇飓风，海船沉没，张将军及部众全部淹死，外公侥幸被人救起，历尽千辛万苦才回到家里。

朱元璋就这样在贫困清苦中享受着穷人特有的那份"自得其乐"。如果生活就这样过下去，不用多久，他也会在父母的竭力帮扶下讨上一房媳妇，然后生子，儿子长大了再去地主家放牛，他则像祖辈一样，继续给地主老财当牛做马，忍饥挨饿，受气被搽，将佃农的事业进行到底。大哥已经娶了媳妇，是母亲求村东头热心肠的汪大娘给张罗撮合的。二哥、三哥因家里实在太穷，又没有房子住，就由大老爷刘继祖热心帮助，各自寻了一户没有儿子的人家做了倒插门女婿。大姐嫁给一个叫王七一的，二姐夫姓李，叫李贞。这些亲家论起来都是门当户对的贫困户家庭，但农村人只要老天不造孽，勤勤恳恳卖力气在土里刨食，总还不至于饿死。

可世间的事总是怕什么就来什么。元顺帝至正三年（公元1343年），淮西地区遇上了百年大旱，一连数月滴雨未下。百姓们不得不开展自救行动，按照当时的惯例，大家拿出不多的积蓄，请神职人员替大家恳求龙王老爷开恩降雨。

眼看着田地已经晒成焦地，庄稼苗早已干枯，可任凭百姓们在炎炎烈日下磕破了头，跪折了腿，锣鼓唢呐震天响，那天空还是不见一丝乌云。除了那些僧侣和神职人员暗暗得意以外，靠天吃饭的农民就像热锅上的蚂蚁，团团乱转，却又无计可施，都在愁眉苦脸地唉声叹气：这日子让人活不下去了。

也许正应了一句老话：好话不灵，丑话灵。就在劳苦大众叫天天不应、叫地地不灵的时候，转年春天，求雨不来，却迎来了一场严重的蝗灾。铺天盖地的蝗虫，把人们赖以生存的野菜、嫩树叶吃了个精光。由于上年大旱没打下粮食，整个孤庄村除了二老爷刘德外，连大老爷刘继祖家也没有多少余粮，其他的村民就更不用说了。

更要命的是，蝗灾过后没多久，村里就开始有人病倒，人们已经是靠树皮、草根在维系生命了，一倒就挺不过去。先是村里一个老妇人突然发烧，上吐下泻，没过两天就死了。接着是算命先生的婆娘也死了。村里不断有人发烧呕吐，相继死去。最多的一天村里死十几个人，连村子里天天给人瞧病的郎中也死了。郎中临死前告诉人们：

"是瘟疫！"

人们开始慌了，孤庄村乃至整个濠州一带，但凡能走得动的人都纷纷逃离，几天工夫就人烟寥寥，鸡犬之声不闻，一片凄凉。朱元璋家也难逃厄运，一开始是大哥的大儿子文直，上午发烧，下午又是吐又是泻，晚上就闭上了眼睛。大嫂王氏哭晕过去好几次，母亲陈二娘目光呆滞地看着大孙子的尸体，除了面部表情能看出悲伤外，没有任何反应。朱五四叫上朱元璋，趁没人的时候，连夜将文直的遗体丢到一条干枯的水沟里。

侄子文直的死只是开始，接下来不到半个月，六十四岁的父亲朱五四也死于同样的状况，然后是大哥朱重四，最后是母亲陈二娘。

朱元璋眼看着劳累了一辈子的父母和大哥相继死去，伤心得一个劲儿地痛哭，他是真切地感到，自己从此就是一个没爹没娘的孩子了，再也没人疼没人爱了。此时的朱元璋还不满十七岁。

还有一个天大的难题摆在悲痛欲绝的朱元璋面前，给地主老财开了一辈子荒山野地的父母，竟没挣下一分属于自己的地，如今上哪找地方葬去？正在此时，二哥朱重六回到了这个只有三间茅草屋的家里来。朱元璋这才从二哥口中知道了很多事情。

原来朱重六入赘的那户人家也死得只剩他一个人了；三哥朱重七入赘的那户人家更惨，包括三哥在内全死光了；二姐家还算幸运，二姐死了，二姐夫李贞还活着，在朱重六回家的时候，已经带着他的儿子、朱家的外甥保儿外出逃荒去了。

原本偌大的一个家，眼下只剩下二哥、大嫂、二侄子文正和朱元璋四人了。哥俩悲痛之余就商量着要找块地让过世的父母和兄长入土为安，这是这辈子能为他们所做的最后一件事了。两人不约而同地想到了二老爷刘德，因为好歹朱刘两家做了几年的主仆，从未拖欠过租谷，也没闹过任何不愉快的事。心想如今落到这步田地，他总该发发善心，施舍点边角荒地帮朱家渡过眼前的难关。

刘德得知朱五四家连连遭殃，所欠的租子是没有指望了，心中正懊恼呢。得，这兄弟俩碰了一鼻子灰不说，还被数落了一顿。当二人垂头丧气返回家时，邻居汪大娘正在等着他们。汪大娘是过来看望大嫂和侄儿的，她是个心地善良的人，早年守寡，带着儿子汪文靠织布为生。在这场灾难中很幸运地没染上病，见朱家遭了大难，过来宽慰和提供帮助。

汪大娘知道朱元璋眼前的难处后，虽然她也很无奈，但还是告诫他们不能把爹娘的尸首乱扔，无论如何要给爹娘弄块坟地。正没着落处，大老爷刘继祖带着老婆娄大娘及儿子刘英上门来了，他们家在这场瘟疫中也死得只剩下这三口人了。

原来刘继祖的小儿子刘英常常跟朱元璋一块玩耍，与其他孩子一样特别崇拜朱元璋。虽然朱元璋监守自盗吃了他家的牛，但那是他爹的，他一点都不在乎。刚才朱元璋和朱重六去求刘德时，他正好在场，看到二叔不肯给地还臭骂他们，就跑回家把事情跟他娘说了。

娄大娘一上来就埋怨朱重六，这事为什么不找大老爷，而要自讨没趣找二老爷？刘继祖也开口了，说他愿意把南面山坡上的一块地送给朱元璋兄弟，作为朱家的坟地。朱元璋一听，立即和二哥一道跪下给大老爷叩头道："大老爷，您的大恩大德，我朱重八永生难忘。若有朝一日我混出个人样，一定报答大老爷。"刘继祖的慷慨赠地，让朱元璋感动不已，令他感动的还有汪大娘。

墓地是有了，可是棺木衣衾还没有着落，事到如今也顾不上了，遗体放了好多天不说，也实在没地方求去了。只好将老人生前的破衣衫给裹上，再用汪大娘送来的一丈多白布铺上，算是安顿停当了。朱元璋又要给汪大娘跪下，汪大娘催促道："赶紧让你爹娘入土为安吧，别再耽搁了。"

兄弟俩再加上汪大娘出面请来的几个乡邻，用门板抬着尸首，一路走一路哭，好不容易抬到山坡下，突然乌云翻滚，刚才还火辣辣的太阳顷刻就不见了，随即狂风怒号，电闪雷鸣，倾盆大雨把整个大地都笼罩了，砸得人眼睛都睁不开。

大伙连忙跑到树林里避雨，一道道闪电撕裂着从头顶掠过，一声声炸雷在耳边响起，在树下瑟瑟发抖的哥俩虽然惦记着父母的尸身，但也无可奈何。约莫一顿饭的工夫，雨过天晴，兄弟俩急忙跑过去一看，却大吃一惊：尸首不见了！

原来是刚才那场大雨太过迅猛，导致被暴晒得干裂松散的土地发生山体滑坡，一大堆坍塌下来的黄土已然把尸首掩埋得严严实实，堆起来的黄土就像一座小山包。兄弟俩觉得很不孝，很没用，汪大娘对他们说："这叫'天葬'。赶快给你们的爹娘磕头吧。"朱元璋对着土堆发誓："爹、娘、大哥，我和二哥只能将就着这样把你们葬了，等重八有了出息，一定回来给你们修一座天底下最大的陵墓。"三十五年后，朱元璋回忆起此事，仍难抑悲痛之情。他在《皇陵碑》中写道："殡无棺椁，被体恶裳，浮掩三尺，奠何肴浆！"

父母算是安葬好了，可昔日和睦温暖的家已不复存在了，今后的生计更是大问题。二老爷刘德已经派家丁过来发话，如果他们还租种他的田地，就继续住那几间草屋，要是不打算租种他的地，就尽快交出房屋。朱元璋仿佛一夜之间就成熟了起来，父母和大哥辛苦劳累，也只勉强维持生计，如今二哥饿得软绵绵的，真担心他也挺不过去，自己一个人能干什么？大嫂好歹还有娘家，不如让她带着文正暂且投靠娘家再做打算。

汪大娘把朱元璋的困境看在眼里，就找到他说："你爹娘曾抱着你到皇觉寺舍生，依我看不如让你二哥出去逃荒，你就到皇觉寺去，既还了愿，又有口吃的，总比饿死强。"事到如今也只有这条路可走了。二哥病恹恹地抱着兄弟大哭了一场，朱元璋也不由自主地痛哭流涕。为了活命兄弟俩就此含泪别过，各奔前程。

在编僧人只为混口饭

　　徐达、周德兴、汤和等人也准备跟随家人外出逃荒。他们听说朱元璋要去庙里当和尚，都过来告别，四个小兄弟抱头痛哭了一阵，除了哭诉各自的亲人死的死、逃难的逃难外，还哭诉小兄弟们就此分散后，不知哪年哪月才能再相见。还是朱元璋这个当大哥的鼓励和安慰大家：不管走到哪里，不管遇到多大的困难，都要活下去，只要活着，兄弟们总有相聚的一天！

　　汪大娘替朱元璋备办了香烛纸钱等一应物品，去跟长老高彬法师一说，高彬一口就应承了下来，对于小时候经常来这玩的朱元璋，他太熟悉了，自己还教过他认字。再说他这庙里又没有固定的编制，多一个人来帮忙打杂，有什么不好呢？又不用开工资，两碗粥就搞定的事。高彬跟住持德祝打了声招呼，连表格都不用填，就让朱元璋前来报到。

　　元至正四年（公元1344年）九月，皇觉寺多了一个沙弥，这称谓是佛教中对年龄不足二十岁，或其他初级出家男子的称呼，因为叫起来拗口，老百姓一般统称"小和尚"。

朱元璋刚刚剃度入行，属于新人，只能是僧人中级别最低的小和尚。庙里的僧众除了师傅以外，都是他的师公、师伯、师叔、师兄，甚至还有师娘，见人都得双手合十。他的功课是扫地上香、击鼓打钟、洗衣做饭，说白了就是皇觉寺里的一名杂役。

皇觉寺就坐落在孤庄村西南方向不远的一个山坡上，寺的规模相当大，进了两扇红漆漆的庙门，就能看到瓦房一间连着一间，一排接着一排。进门两边排列着横眉怒目的四大金刚，中间坐着"笑尽天下可笑之人"的大肚子弥勒佛，背后是挂着降魔宝杵的护法神韦驮。大雄宝殿坐着如来佛祖释迦牟尼，两旁是他的弟子十八罗汉。

大雄宝殿后面是众僧坐禅、念经祷告的禅堂。禅堂的左边是伽蓝殿，右边是祖师殿，供奉着皇觉寺历代高僧的牌位。禅堂的后面就是该寺庙大小和尚吃、喝、拉、撒、睡的生活区，有食堂、僧舍等一应设施。跟其他寺庙不同的是，这里还住着高彬法师的家眷。

晨钟暮鼓、黄卷青灯的日子里，朱元璋每天除了扫地、上香、打钟、击鼓之外，还要砍柴、挑水。虽然苦点累点，但能吃上口饱饭，他已经很满足了。可时间一长，就有师兄拿他那与众不同的长相开涮，甚至把自己该干的活儿也推给了他，颐指气使地让他干这干那。尽管心里憋屈，但他不敢发作，就为那口吃的。

人跟其他物种最大的区别就在于有思维，朱元璋在家里是小儿子，虽然家里穷给不了他什么，但对他的宠爱一点也不比那些富贵的人家差，父母哥嫂总会让着他点，一块玩耍的伙伴又总听他的。如今在寺里尽受窝囊气，又无处发泄，可想而知他有多么难受。

终于有一天，他爆发了。这天打扫卫生时，扫到伽蓝殿已经很累了，不留神被伽蓝神的石座绊了一下，结结实实摔了个大跟头，再看看伽蓝神那趾高气扬的样，朱元璋气不打一处来，活人我惹不起，还怕你这尊泥塑像不成？就照着伽蓝神的屁股狠狠地打了十几扫帚。

还有一次，大殿上的蜡烛被老鼠咬坏了，师父就当众训斥了朱元璋，怪他没有管好殿堂。朱元璋心想，作为寺院的守护神，伽蓝连自己面前的东西都管不住，还怎么管殿宇？让我替你受责骂，越想越恼火。于是，朱元璋找来一块白灰，在伽蓝神的背后写了"发配三千里"五个大字。

被朱元璋打了板子，又被发配到三千里外充军的伽蓝神的化身是谁呢？说出来大家一定耳熟能详，他就是三国时期桃园三结义里的老二，盖世英雄——关云长。由于其为人刚正不阿，仗义忠诚，去世后被人神化，尊为"关公"，被佛教界人士奉为护法神，冠以伽蓝神、伽蓝菩萨的称号。

皇觉寺是靠收取租谷过日子的。皇觉寺的土地虽然不少，可接连的旱灾、蝗灾再加上瘟疫，那些佃农自己都吃不上饭，死的死，逃难的逃难，就是剩下的寥寥几家租户，师叔、师兄们也没少上门去催要，好话说尽、狠话说绝也不顶事，那些佃农实在拿不出粮食。

租谷是没指望了，米价又高得要命，放出去的高利贷一时半会儿也要不回来。即使能要回来，那德祝和高彬估计也舍不得花，仓库里那点儿粮食眼看就要消耗完了。一、二把手就在高彬家里开了个秘密碰头会，还是高彬老婆想出了主意，她说让庙里那些挂单的和尚云游化缘去。这一提案当即得到德祝和高彬的同意，在宣布会议精神时，唯独留下了朱元璋。不用说也是师娘的意思，因为她还想让他帮着洗衣物，他洗得太干净了，穿起来特舒服。

可是朱元璋的特殊待遇没能维持多久，仅过了半个月，他连一日三顿青菜粥的最低愿望也泡汤了，最终还是被赶出皇觉寺去化缘。算起来他在皇觉寺也就待了五十多天，就为生计所迫而离开寺庙。

朱元璋没有念过一天经，法事更是一窍不通，可事到如今也只好领了一个木鱼和一个瓦钵，背个小包袱，拜别了师傅、师娘和住持，离开了皇觉寺。

漂泊淮西的游方僧

朱元璋出了皇觉寺，先到爹娘的坟前跟二老和大哥告个别，前路茫茫，生死未卜，真不知道这辈子还能不能再回来拜见他们。之后又见了大恩人汪大娘母子及刘大老爷一家，至此才觉得了无牵挂，义无反顾地踏上了化缘的征程。

凭着聪敏，再通过实践和锻炼，朱元璋总结出了化缘工作的十三字方针：突朝烟而急进，暮投古寺以趋跄。意思是说，早晨起来走在路上，看见哪家烟囱里冒烟了，说明这家开始做饭了，要赶着饭点儿过去讨口吃的，去晚了讨不到菜肴，只能吃白饭，或者一把生米；云游一天了，老是睡在荒山野岭，不定哪天就成了野狼野狗的盘中餐，尽管很累，还是要跟跟跄跄去投奔寺庙。

走呀走啊，走呀走，朱元璋穿州过府，漂泊在广袤的淮西大地上。先从濠州向南到了合肥，然后折向西进入河南，到过固始、光州、息州、罗山和信阳，又往北到过汝州、陈州等地，最后由东返回，经鹿邑、亳州和颍州，足迹几乎遍及每个村落。他走了一路，也看了一路，把各地的风土人情、山川地貌，以及人世间的尊卑贵贱、美丑善恶、富贫荣辱统统装在了脑子里。

外面的世界很精彩，外面的世界很无奈。化缘生涯虽然充满艰辛，但收获颇丰，用朱元璋自己的话说，这段经历让他极大地开阔了视野、增长了见识、丰富了人生的阅历。有一句他没说，这三年多的时间极大地锻炼了他的心智、磨炼了他的意志，在他面前已经没有什么困难是不能克服的了。

据《青州府志》记载，朱元璋游方时曾流落到青州，并且重操旧业，在该地的核桃园村给一个叫崔迪的财主放过一段时间的牛，东家崔迪待朱元璋不薄。因此，朱元璋革命成功后，给予崔迪高规格的回报：让他在当地出任政府官员，赏赐他白金文绮龙头拐杖、一品服色等物品。如今青州西部还有一座"明祖山"，据说就是朱元璋当年放牛的地方，山的北面是核桃园村。

还有一个传说，朱元璋云游进入繁华的庐州时，看到一个有九层台阶的朱漆大门，心想这是一户富贵人家，决定在此化一顿丰盛的斋饭。还没等他靠近就听见几声清脆的鸣锣声，随后有几顶绿呢大轿奔大院而来，跟班的一大溜。中门洞开，一个穿戴奢华、腆着大肚子的中年男子出门迎接。

朱元璋向边上一个看热闹的老人打听道："请问施主，这可是官宦人家？"老人看了他一眼，说道："虽然不是官，可是他比官还牛，那些当官的都来拜他。"朱元璋明白了，原来是个富甲一方的土豪啊！

那老人还生怕他不明白，补充说："小师父是外乡来的有所不知，看见那个胖子了吗？庐州、姑苏到处都有他的房产和田地，他的名字知道的人不多，可提起他的外号'钱万三'，则是无人不知，无人不晓。"

朱元璋很高兴，钱万三那么有钱，说不定真能给顿好吃的。这时那些达官贵人已经在大门外落轿，被钱万三迎进大门。朱元璋打破惯例上去就开口道："钱员外，贫僧久闻施主仗义疏财，今日特来贵府化点斋……"

谁知话还没说完，钱万三就挥手像赶狗一样说："去去去！一边去，没看见我正忙着吗？这年头，要饭的都能挤破门了！"

朱元璋连忙纠正说："贫僧是化缘的，并非讨饭的。"颇有点孔乙己的意思。

钱万三正忙着迎接当官的，不耐烦了："我看不出你比要饭的叫花子强在哪里！"转身引着下了轿的官吏，一路谈笑风生地进去了。

这应该是朱元璋自尊心受到最大打击的一次。那家丁见主人这个态度，就一边关大门，一边放出几条恶犬，一路狂咬，吓得行人四散逃走。尽管朱元璋手中有打狗棍，可还是被狗咬了一口，对"万三"这个名字算是牢记在心，梁子也就结下了。

朱元璋在即将结束游方生涯，准备返回亳州时，不幸染上了一场大病，身体虚弱得连走路都直打晃，倒在了大街上。一位过路的老婆婆毫不犹豫地将朱元璋救醒带回家中。

老婆婆心肠好，可她的家境并不好，也是个穷苦人，但这并不影响她献爱心做善事。她将家里仅有的一块豆腐和一小撮菠菜放在一起，浇上一碗剩米饭一煮，给朱元璋端了过来。

一碗热汤下肚，朱元璋精神大振，就问老婆婆道："阿弥陀佛！请问施主，这是什么汤？"

中国的劳苦大众天生都是乐天派，在逆境中生存总要给自己找点乐子，不至于让自己活得太累。老婆婆很幽默地告诉朱元璋，那叫"珍珠翡翠白玉汤"。

"这汤太好喝了，贫僧活了二十多岁，从来没喝过这么鲜美可口的汤。"朱元璋不由自主地重复道，"珍珠翡翠白玉汤，多么美妙的名字，香甜可口的味道，日后贫僧时来运转，定要顿顿喝这珍珠翡翠白玉汤。"如今这"珍珠翡翠白玉汤"已经成了一道名菜，是很多星级酒店的保留菜谱。

关于未来皇帝朱元璋漂泊淮西、受苦受难的情节，暂且说到这里，回过头先捋一捋当朝皇帝的事情。大元帝国自公元1271年（至元八年）忽必烈建王朝以来，到朱元璋降临人间已经走过了半个世纪。在其统治集团内部，政治上日趋腐化堕落，统治者之间为争权夺利而互相征战。尤其是元惠宗上台以后，与权臣、右丞相伯颜之间的矛盾日益尖锐。手握重兵的伯颜并不把元惠宗放在眼里，他把持朝政，权倾朝野，甚至将皇权架空。元惠帝虽然心里怨恨，却又奈何他不得。

伯颜有个侄儿叫脱脱，自幼聪明过人，由伯颜一手抚养长大。脱脱也不负伯父的厚望，文有经天纬地之才，他的父亲马札儿台对这个儿子的智谋大加赞赏，将其比为诸葛孔明；武的方面臂力过人，能挽弓一石，天生一位带兵的将才。

伯颜为了在与皇帝的斗争中占据主动，就派脱脱进入内廷，以监视皇帝的言行举止。这主意虽然老套，但也不失高明，只是让伯颜所料不及的是，脱脱与皇帝有了亲密接触以后，两人大有相见恨晚的感觉。脱脱内心就有了想法，跟着伯父混下去，撑死了也只是他手下的一枚棋子，而伯父一旦失势，自己必定会受到株连。于是，他决定弃暗投明，准备帮助皇帝铲除伯颜，自己取而代之。

脱脱表明心迹后，不甘心做傀儡的元惠宗大喜过望，一项铲除伯颜的工作开始紧锣密鼓地筹划了起来。堡垒最容易从内部被攻破，伯颜视脱脱为心腹，没想到最大的敌人竟然也是此人，他的失败就在情理之中了。

后至元六年（公元1340年）二月，在宫中闲得无聊的伯颜想出去活动活动筋骨，于是就带领宿卫军出城打猎。到了城外，又派人进宫邀请皇帝出猎柳林。

这是铲除伯颜千载难逢的好时机，元惠宗再傻也不会自己送上门去做人质。脱脱也决定对伯颜采取行动，由于之前已经把统领宿卫军的大印谋到了手，所以操作起来非常方便。当晚，在城外嗨得正欢的伯颜就接到诏书，诏书称："伯颜不能安分，专权自恣，欺朕年幼，变乱祖宗成宪，虐害天下，今命伯颜出为河南行省右丞相。"

随后，脱脱下令大都全城紧闭，自己坐在高高的城门上恭候。天一亮伯颜派人到城下问为什么要派他离开京城到河南行省去。脱脱在城上宣布，只免去丞相一人，不牵连其他官员，希望大家一如既往，各司其职。

伯颜还抱着一丝幻想，请求当面向皇帝辞行，元惠宗当然不干放虎归山的傻事。伯颜原先的属下及众多官兵见大势已去，纷纷改换门庭，投到了脱脱的门下。伯颜除了后悔和叹息外，已无计可施，只得奉旨南下赴任。经过真定时，他问当地的父老乡民：你们曾见过子杀父的事吗？得到的答复是：不曾见子杀父，只见过臣杀君。三月十八日，伯颜又接到诏书，强令他迁往南恩州阳春县，伯颜又气又恨，走到龙兴路（治今江西省南昌市）就染病身亡了。

第二章

英雄不问出身

一封要命的来信

　　成功逐走心腹大患伯颜，脱脱功不可没，元惠宗马上任命其为中书右丞相。明眼人都清楚，元惠宗此举不过是走个程序。脱脱深受儒家文化的影响，是个很有抱负的人，上任后就开始了大刀阔斧的改革，极力革除前任积弊，推行一系列新政，试图挽救大厦将倾的大元帝国，史称"脱脱更化"。如恢复了元朝入主中原以来中断了几十年的科举制度；减轻对百姓的控制和剥削，以缓解民族矛盾；主持编撰宋、辽、金三史，《宋史》《辽史》《金史》是中国二十四史中仅有的由少数民族宰相主持编修的史书。

　　可是大元王朝政治上已经腐败透顶，国库也早已空虚，国家财政到了崩溃的边缘。加上天下民乱四起，朝廷已经应付不过来。为此，脱脱只得推行"变钞法"，大量发行钞票，导致的恶果就是，市面上物价飞涨，严重的通货膨胀让元朝又回到了以物易物的原始交换状态，朝廷发行的钱钞等同废纸。元帝国已然成了一匹不堪重负的骆驼，只等那最后一根稻草了。

　　黄河是中华民族的母亲河，可这位母亲却给她的儿女们提出了严峻的考验，年年决堤，年年修。山东有许多盐场，黄河每次决堤都会威胁到盐田，而国家的税收十之八九来自此地，保住盐场就等于保住了国家财政的命根子。同时黄河的问题又影响到北方赖以生存的物资通道——运河。

　　尽管元帝国的当权者们不拿百姓的生命和财产当回事，却认定黄河非修不可，脱脱甚至提交了根治黄河以绝后患的提案。此提议当即引起争议，朝堂上出现了两种不同的意见：一种认为一定要修，另一种认为不能修。

　　脱脱力排众议，让元惠宗下诏由工部尚书贾鲁负责治理黄河。此诏一下，就为元朝埋下了一个极大的隐患，并最终演变成了压垮元朝的最后一根稻草。因为修河要大量征调民工，这等于把一盘散沙的底层民众给有效地组织了起来。

　　更诡异的是，元惠宗的修河诏书才发下去，元大都就下了一场大雨。城南的一段古墙经不起雨水冲刷，倒塌了数十米。随后，皇城内一座偏殿上的兽吻又被雷电击毁。几位从山东来大都的客商则告诉京城的民众，前几天泰山也崩了一块。接下来的日子，流言四起，有天上下黑石雨说，有太白星在大白天出现说，众说纷纭，不一而足。

　　河南、山东等地甚至开始有歌谣流传，歌云："丞相造假钞，舍人做强盗；贾鲁要开河，搅得天下闹。"又有歌云："莫道石人一只眼，此物一出天下反。"歌谣的传播速度一点也不比今天慢，大家都在传言胡人无百年之运。

　　读者朋友一定知道是怎么回事，这已经是老掉牙的套路，这样的版本从陈胜吴广的"大楚兴，陈胜王"开始，在历史上不断地重复上演。在起义之前利用迷信的手段造势，是必不可少的一个重要环节，老百姓们就认这一套，其他的说多了白搭。

此时的天下形势对于朱元璋来说，似乎还扯不上什么关系。他只想回到当初收留他的皇觉寺，继续当他的和尚。天下之大，能给他遮风避雨的也只有这座庙宇了。

元至正八年（公元1348年），阔别了三年多的朱元璋又回到了濠州，回到了皇觉寺。在回到寺庙之前，朱元璋曾巧遇汤和，哥俩见面不胜唏嘘，几年逃荒下来，汤和也没有家了。两人结伴回了一趟孤庄村，汪大娘母子看到他们都活着，异常高兴。

汪文已经娶了媳妇，从他的口中得知，徐达、周德兴一年前回来过，曾到皇觉寺打听朱元璋的消息，之后又离开了孤庄村，不知去向。二老爷刘德家已经养起了一百多个舞枪弄刀的家丁，势力比以前更大。大老爷刘继祖还是老样子，守着他那份家业，虽比不上他弟弟，但比其他人强。高彬法师一家人早已离开了皇觉寺，寺里现在剩下的几个和尚老的老、小的小，都是无力外出化缘的角色。

朱元璋领着汤和直奔皇觉寺。如今的皇觉寺已是满目凄凉，杂草丛生。二人走进院内就隐隐约约地听见敲木鱼的声音，朱元璋向汤和解释："他们都在禅堂里念经呢。"

朱元璋熟门熟路，直接走进了禅堂。果然，禅堂里有几个老态龙钟的和尚正在一边敲着木鱼一边合目祷告。朱元璋用力干咳了几声，大声言道："我回来了！我朱重八又回来了！"

几个老和尚睁开昏花的眼睛，一起回过头来。其中一个老和尚认出是当初打杂的小沙弥朱元璋，念了一声"阿弥陀佛"，朱元璋下意识地回了一声"阿弥陀佛"，其他几个老和尚也一齐"阿弥陀佛"起来。

朱元璋再次在皇觉寺里安下了身。寺里除了这几个老和尚之外，还有两个十多岁的小和尚，负责在寺里煮饭和到寺外去催讨租子。几个老和尚加上两个小和尚，当然不敢不让年轻力壮的朱元璋、汤和在此住下。不但如此，没过多久朱元璋还当起了皇觉寺的住持，这是他人生中的第一份领导职务。汤和则因受不了枯燥乏味的寺庙生活，再次外出闯荡去了。

在外流浪了几年，安定下来的朱元璋除了吃饭睡觉外，更多的时间用来研读经书，给自己充电，争取做个合格的僧人，将来像他的师傅一样，在寺院里安个家，给朱家传宗接代，延续香火。

这样有规律而又简单枯燥的生活，一转眼又过了三年，如果没有意外发生，朱元璋也许会继续做下去。以他的聪明勤奋，他可能会成为一个精通佛经的高僧，传经布道，终老一生。

但是，一封来信改变了他的一生。原来朱元璋在皇觉寺潜心修行的这段时间，外面的世界已经躁动了起来，先是修河的民工挖到山东河段时，从河床里挖出了一个一只眼睛的石人，背后镌刻着"莫道石人一只眼，此物一出天下反"十四个字。这不就是传唱了几年的歌谣吗？既然这是天意，那就反吧。

随后在朱元璋讨饭曾经到过的颍州（今安徽省阜阳市），祖辈从事白莲教活动、八辈子姓韩的韩山童突然变成了宋徽宗的八世孙，举起了反元大旗，聚众造反了。那个因修河改道、房屋被政府强拆了的地主刘福通也成了刘世光将军的后人，与韩山童合伙造反了。时间是元至正十一年（公元1351年）五月。

此例一开，迅速引起多米诺骨牌效应，各地纷纷响应，如同燎原之火迅速在神州大地蔓延起来。同年八月，彭莹玉、徐寿辉在蕲水（今湖北省浠水县）起义。这些起义者用红巾裹头，故称红巾军。当地的郭子兴和孙德崖等人，在元至正十二年（公元1352年），也拉起一支几千人的队伍，一举冲进濠州城，杀掉了元朝的官吏。

朱元璋就是在这种背景下收到汤和从濠州托人给他捎来的一封信，汤和已经参加了红巾军，在濠州郭子兴麾下混了个千户，他在信中邀请朱元璋"速从军，共成大业"。朱元璋当时是"既忧且惧"，这真是一封要命的信啊！

朱元璋面临着三种选择：一是继续待在寺庙里；二是响应汤和投身义军；三是逃跑，有多远跑多远。要知道朝廷派来镇压起义的政府军，他们不敢攻城，奈何不了红巾军，可完不成上头摊派的"剿匪"任务是要军法处置的。"上有政策，下有对策"，奈何不了红巾军的政府军是奈何得了老百姓的，于是老百姓就成了替罪羔羊，元军在城外大肆抓捕老百姓，把抓到的百姓头上系上块红布就说是乱民，以邀功请赏。连军队都腐败至此，元朝不灭，天理难容。

在这种白色恐怖之下，朱元璋接到汤和的来信，此事如果张扬出去，他的脑袋非掉不可。为了慎重起见，朱元璋决定求助于神灵，让神给自己指一条出路。他发愿说，如果指示他可以活着离开此地，就请神显示二阳；如果继续留守在寺庙，就请神显示一阴、一阳；若是非造反不可，就请神显示二阴。

朱元璋接连抛了两次，得到的都是二阴。这不是让他造反吗？朱元璋心里害怕得要命，因为他压根就没想过要造反，那风险实在是太大了，随时要掉脑袋的。他不死心，又抛了一次，结果还是得到二阴。

朱元璋都快要崩溃了，他多么希望得到二阳，这样就可以拍屁股一走了之。可上天似乎是决意要给他一个机会，就在他茫然不知所措之际，一个小和尚好心地告诉他，他与叛军私通的事被人觉察了，正准备报告官府呢。这可把朱元璋逼上绝路了，想不造反都不成了。

就是从这一刻起，朱元璋才坚定了投奔义军的决心。这才是真实的朱元璋，而不是像很多书上写的早早就立下宏图大志，他的伟大之处就在于做任何事情之前都经过深思熟虑，一旦决定下来就果敢地进行。至此，朱元璋才终于毅然决然地向濠州城进发。

元帅府亲兵九夫长

濠州，地处淮河中游，为历代通衢要地，是安徽省四大历史名镇之一，如今为郭子兴、孙德崖、张天祐等所率领的一支红巾军所占领。当朱元璋雄赳赳气昂昂赶来要入伙之时，濠州城已被元朝的政府军围困多时。

元军虽然围住了城，却没有拼命要攻进去的迹象，而城里的守军也没有要往外突围的意思。双方就这么耗着，可必要的防范工作还是要做的，因此，当郭子兴听到报告说巡逻队抓到一名探子的时候，急于想摸清对方情况的他让士兵把人押上来，他要亲自审问。

郭子兴的元帅府是原先的知府衙门，虽然挂了元帅府的牌子，却保持着原来的格局。朱元璋走得急，什么都没带，其实也没什么可带的，赤手空拳，顶着一个葫芦头，除了一身和尚服外，再也找不出第二件能称为东西的物件了。被押到府衙过堂受审时，他看见知府问案的桌子后头坐着一个穿军装没着铠甲、个头中等、白白净净、圆圆的脸庞、扁平鼻子、模样像个书生的人，心里盘算这大概就是郭子兴了吧。

此人正是郭子兴，他一看押上来的是个和尚，不禁大失所望，直觉告诉他眼前这个和尚绝对不是什么探子，这点相人的本事还是从他爹那里学来的。郭子兴他爹是一个专门给人看相算命的江湖术士，人称郭半仙，给人看相十有八九被他蒙中，郭子兴多少也遗传了一点基因。再看朱元璋的长相，哎哟！真是百年一遇啊，太奇特了，是个谁看过一眼都会终生难忘的类型，谁会派这样的人当间谍啊？

郭子兴当即让人给朱元璋松绑，问他："请问大师的尊号？来此有何贵干？"

朱元璋镇定自若地说道："我现在不做和尚了，俗名朱重八，我是投军参加你们的队伍的。"接着把他跟千户长汤和的关系以及收到他的来信等说了一遍。

郭子兴大为感动，要是在平常来投军，那没什么稀奇的，而在大军围城，眼看就要血流成河、尸横遍野的时候还有勇气来投军，这样的人实在是难能可贵。

郭子兴当即就将朱元璋留在身边，而不让他到汤和的前线部队去。朱元璋很清楚，既然选定了参加义军，就表示已经没有任何退路了，自己没有任何背景，唯有拼命地创造机会表现自己，才能像外公那样跟随将军驰骋疆场。母亲讲过的故事犹响耳畔，此时此刻，他很自然地想到了外公，并把他当成了自己的榜样。

榜样的力量是无穷的，朱元璋在训练上表现得异常出色，不仅很好地完成各项训练任务，还能够创造性地加以发挥，充分显示了强烈的进取心。郭子兴一直默默地注视着朱元璋。对他的良好表现，郭子兴是看在眼里的，出兵打仗的时候，总是有意把朱元璋带在身边，以此来考验朱元璋在战场上的能力。

在战场上，朱元璋的表现依然出色。《明史·郭子兴传》里对朱元璋的描述为"数从战有功"。比起其他的士兵，朱元璋除了作战勇敢、讲究策略、处事冷静外，还很有风格，总是把困难和危险留给自己。再加上他在皇觉寺坚持自学，饱读经书，因此他又是一个有文化、有觉悟的军人。这一切都让他显得与众不同。

没过多久，郭子兴就把朱元璋调到元帅府当亲兵，并提拔他为九夫长，相当于警卫班长。作为元帅的贴身警卫，朱元璋是非常称职的，他记性好、反应快，加上以前在皇觉寺的打杂经历，让他遇事既坚持原则，又灵活处置，执行命令能够举一反三，既很好领悟和贯彻了上级的意图，又不拘泥于小节。郭子兴对他刮目相看，军中的一些事情也逐渐征求起他的意见来。朱元璋之前所承受的磨难、所吃过的苦头以及刻苦学习的经历终于有了回报，他那些独特的见解往往能切中要害，他不知不觉竟成了郭子兴的智囊，进而引为心腹。

郭子兴的许多底细，由此就慢慢地展现在朱元璋面前。郭子兴是定远县人，他爹叫郭公，人称郭半仙，这个前面说过。郭半仙原先也不是定远人，只是听说定远城里有一户有钱人家，家中有一个双目失明的女儿，还没有出嫁，于是就动起了心思，支付了一大笔中介费委托一个媒婆帮忙说合，那盲女的父母正愁女儿嫁不出去，当即欣然应允。这让郭半仙整整少奋斗了五十年，立马加入了富人的行列。之后郭半仙就有了三个儿子：郭子旺、郭子兴、郭子隆。

郭子兴曾经讨过一个老婆，她为郭子兴生下两个儿子郭天叙和郭天爵，之后没多久就离开了人世。后来，一个姓张的铁哥们，硬是把自己的妹妹塞给郭子兴做填房。郭子兴盛情难却，只好半推半就地将张氏娶进了家门。张氏不但人长得漂亮，还温柔体贴，深得郭子兴的喜欢。第二年就为郭子兴生了一个女儿，起名叫郭惠。

张氏生郭惠的时候，由于保健工作没做好，感染了风寒，虽然保住了性命，却落下了病根，从此失去了生育能力。郭子兴愈加怜爱张氏，所以有人说郭子兴的耳朵根子软，对张氏言听计从。

郭子兴的元帅府里除了郭子兴本人和张氏外，再加两儿一女郭天叙、郭天爵和郭惠外，还有他的一个养女——马氏。马氏原是郭子兴的一个好友马公的女儿，母亲郑媪在生下马氏不久就去世了。马公没有儿子，视马氏为掌上明珠。后来马公因为行凶杀人，成了通缉犯，畏罪潜逃前将爱女托付给了生死之交郭子兴。之后听说马公在逃亡中客死他乡，郭子兴越发可怜这个孤苦伶仃的养女，将她视如己出，张氏平白多了个女儿也是喜欢得不得了，甚至让亲生女儿郭惠都有些嫉妒。

年近二十的马氏模样算不上漂亮，却聪颖有悟性，凡事稍加指点，便可领会，态度温婉，无论什么急事，她总能从容应对，所以郭子兴夫妇对她更是钟爱有加，一直想给她寻一个好夫婿，不辜负马公的托付。

马氏比朱元璋小五岁，他们之间的第一次近距离接触，是在一个平常得不能再平常的上午。当时朱元璋来元帅府领受任务，马氏站在郭子兴的身边，朱元璋知道她是元帅府里的大小姐，便很有礼貌地叫了一声"大小姐"，然后就等待郭子兴的指令，并没有多看马氏一眼。

事有凑巧，郭子兴因为临时有事，就急匆匆地出去了。临走时什么话也没说，朱元璋不敢擅自走开，只好在原地站着待命。一开始，朱元璋很不自在，甚至可以说是局促不安。他不敢看大小姐，可这里除了她又没有别人。朱元璋的目光终究还是有意无意地瞟向了马氏这边，只是目光始终躲躲闪闪。与之形成鲜明对比的是，马氏落落大方，毫不扭捏，大方地看着朱元璋，这让他既自卑又害羞。不光如此，大小姐还发话了，声音很轻盈，轻盈得如同她那双温柔的小手；她的话语却又很实在。

马大小姐的第一句话是这样说的："如果我没猜错的话，你就是朱重八！"

朱元璋先是一愣，继而心情激动，随之有些慌乱，没想到大小姐还知道这世界有个朱重八，人家可是大户人家的小姐啊，就算郭元帅不造反他也是个富翁啊！好在朱元璋在外转悠过几年，还算见过点世面，回答起问题来一点也不慌乱："是的，大小姐，鄙人就是朱重八！"

马氏笑了，朱元璋不知道她为什么要笑，但他知道对他笑总比对他生气好，因此他也咧嘴笑了起来。他觉得马氏笑起来的样子很美，这让他心情愉悦，脸上也随之露出了真切的笑容。他俩就那么笑着、互相望着。

大明王朝的开国皇帝与皇后的这次历史性会面，决定了明朝今后的历史走向，朱元璋的很多决策都离不开马皇后的影响，咱留在以后细细说。

驻扎在濠州城中的这支红巾军是挂靠在刘福通旗下的，当初，郭子兴与孙德崖等四人共襄义举，齐心协力攻取了濠州城，刘福通为搞平衡，一口气封授了五位元帅。一山尚难容二虎，如今竟然出现五位元帅，那日子能安宁得了吗？

一开始倒也相安无事，遇事大家还商量着来，可由于出身不同，看待事物的眼光和角度就不同。孙德崖等四位元帅都是地地道道的农民出身，不通文墨，粗鲁爽直，办事缺少章法，只知道使横蛮干，缺少智谋，整天只会打家劫舍。道不同不相为谋，郭子兴嫌他们粗俗不堪，他们也看不惯郭子兴的作风，以孙德崖为首的其他四人便联合起来对付郭子兴。

在此情形之下，郭子兴就必须壮大自己的实力，既要对付共同的敌人——元军，又要防备来自内部的政敌。他既已认定朱元璋是个可用之才，就要把他拉到自己的阵营，为己所用，所谓"千军易得，一将难求"。郭子兴很自然就想到朱元璋目前最需要的是什么，从朱元璋的履历来看，这些年他孑然一身，最需要的是一个家和温暖的家庭生活。

为此，郭子兴便与夫人商议要把养女马氏嫁给朱元璋。张氏表示赞同，因为她也听到过朱元璋的一些事迹，知道丈夫此时正是用人之际。

梦想就此起步

郭子兴打定主意后便选了个日子将朱元璋叫到家里，开门见山就说："小朱啊，我打算让我们家大小姐跟你成亲，你可愿意？"

这"天上掉下个林妹妹"，巨大的幸福砸得朱元璋有点蒙，好在他脑子转得快，双腿一弯就跪在了郭子兴的面前："我朱重八父母死得早，剩下个二哥又生死未卜，承父帅抬爱，如今能与大小姐结为夫妻，属实祖坟冒青烟了，全凭元帅和夫人做主，从今往后二位就是我朱重八的父母！请岳父大人受小婿一拜！"

郭子兴见他脑子转得快，越发高兴，乐哈哈地对他说："你既然是我的女婿，先把名字改一改，别老是重八、重八的，一点档次也没有，又上不了台面。我昨晚想了半宿，又征求了你岳母的意见，给你起了个官名元璋，字国瑞，你看可好？"

朱元璋又激动得连磕了几个响头，说："谢谢岳父大人，岳父给小婿赐名哪有不好的道理？一切听父帅的！"

朱元璋，这个振聋发聩、永载史册的名字就此横空出世，之后的许多年里，这三个字让很多人闻之色变。

首先色变的人应该是马氏，当养母张氏把事情跟她一说，她的脸蛋就唰地红了起来。朱重八，不，朱元璋她见过，虽然长得与众不同，但在她看来一点都不丑，尤其他那身材和体格，简直是一个运动健将啊，嫁汉嫁汉，穿衣吃饭，只要男人有出息，谁在乎长相啊，小白脸靠不住。转而又想到自己的身世，其实跟朱元璋没什么区别，只是自己运气好，有养父母照顾。因此，她很爽快地点了点头。

元至正十二年（公元1352年），农历壬辰年（龙年）九月，在郭子兴的主持下，朱元璋和马氏拜堂。这一年，朱元璋二十五岁，马氏二十岁，在今天来看正是适婚年龄，可在当时已经是晚婚了。新婚之夜，外面热热闹闹，欢声笑语，可新房里的朱元璋想起死去的爹娘和兄长，想起之前的苦日子，竟号啕大哭起来。

马氏自己掀起红盖头，为他擦干眼泪，安慰他说："夫君，不要难过，苦日子都过去了，从今以后你不再是一个人，无论生死贵贱，我都会陪伴着你。"

朱元璋望着眼前的新婚妻子，心中倍感温暖，他觉得这个女人好像很懂自己，得妻如此，夫复何求！

马氏倒了两杯酒，拉朱元璋一起对窗跪下，朗声说道："爹、娘，女儿今天和元璋大婚，我们给您二老，还有娘家父母敬酒了！望你们在天之灵祝福我们夫妻白头偕老！"

朱元璋更加感动，一把将爱妻揽入怀里。夫妻对饮，直喝得天旋地转，朱元璋从未像今天这么开心过，马氏也是生平第一次如此快意。

喝得正兴起，只见马氏跷起她那双大脚，笑着说："我这双脚是大，可大有大的好处，走路不会输给别人。指不定哪天情况紧急了，我还能背上你跑路，你信不？你不会嫌弃我吧？"

朱元璋也不客气地说："以后我就叫你马大脚了，人家都说我长得丑，你既然不嫌弃我，我怎么会嫌弃你呢，咱俩是天造地设的一对。"

马氏接着说："郭元帅待我很好，但是我过得并不自在。我父母不在了，没有人逼我缠足，不管别人怎么看，我只管用这双大脚走自己的路！"说着竟哭了起来。夫妻俩的新婚之夜在充满甜蜜又有点伤感的气氛中度过。

事情的发展连朱元璋自己都始料未及，参加义军才几个月，便结了婚，提了干，关键是他成了郭子兴元帅的乘龙快婿，这确实是值得高兴的事。可没过多久，当他重返岗位的时候，他就高兴不起来了。

前面说过，濠州这支红巾军形式上接受刘福通义军的领导，刘福通一口气任命了五位元帅，他们之间谁也不服谁。郭子兴是富家子弟出身，很有优越感的他，自然看不惯另外四个出身贫苦的元帅，认为他们"粗而戆，日剽掠"。孙德崖等人对郭子兴的轻视当然不爽，于是四人联合起来，把郭子兴边缘化，很多事情四人都是先串通好了再跟郭子兴说，而只要是郭子兴提出的意见，无论对错，四人一概否定。

郭子兴既没有了发言权，也没有了否决权，干脆就不参与他们的事务，四人也就自行处理事情了。郭子兴就更加不高兴，后来发展到干脆连会议都懒得去参加。

朱元璋是郭子兴的女婿，一家人就没必要隐瞒了，于是郭子兴就将眼前的状况告诉了朱元璋，想听听他的意思。

一个人婚前与婚后看事情和处理问题的角度和方法是截然不同的，朱元璋仿佛一夜之间成熟起来，他从大局出发，认为这样下去于大局不利，对郭子兴本人也没有好处，便婉言相劝，劝岳父还是打起精神，照常去和大家一起办公开会，起码能及时知道很多事情，要真的啥事不管，就正中人家的下怀，局面就更难控制了。

郭子兴认为朱元璋分析得很有道理，于是照例去参加会议。但每当郭子兴到会时，那四人都瞪着郭子兴。郭子兴哪里受得了这个，自然是出言不逊，每次都是不欢而散。

好在大家都明白眼下各自羽翼未丰，势力还小，谁也离不开谁，都还能按捺着，但相互间猜忌提防，已形同水火，只要有根导火线，矛盾便会一触即发。

却说有个叫李二的邳州（今江苏省邳州市西南）人，在红巾军起义中把家里仓库的芝麻都奉献了出来，人称芝麻李。至正十一年（公元1351年）秋与赵均用、彭大等八人，烧香聚众，在萧县起义，响应刘福通，攻克徐州，很快就发展到十多万人。他还不断派兵四处出击，攻掠附近许多州县，那声势造得比任何人都大。

徐州的沦陷让元朝政府坐不住了，脱脱丞相亲率数十万元军进攻徐州，希望打通漕运，这是整个元朝贵族的生命线。文惠宗时期脱脱两次亲征都与漕运受到威胁有关。脱脱还真有两下子，一出马就打得芝麻李落荒而逃，最后被元军捕杀。部将彭大、赵均用收拾残兵败将投奔濠州。郭子兴赶紧打开城门，将他们迎入城中，摆酒为他们压惊。

孰料竟然引狼入室，彭大和赵均用进入濠州城后，仗着自己人多势众，反客为主，节制起原先的五位元帅来，使原本就剑拔弩张的派系斗争变得更加激烈。彭大有智谋、有胆略，遇事果断，因此和郭子兴气味相投，相交甚好。而赵均用和孙德崖他们属于同类，很快就合并成了一伙，两派集团的争斗也随之明朗化。

这天，趁朱元璋带兵上淮北之际，孙德崖撺掇赵均用将郭子兴给绑了，直接拉到孙德崖的元帅府去修理一顿，然后关了禁闭。

正在淮北的朱元璋听到报告，就十万火急地赶了回来。此时郭子兴一家老小就像无头苍蝇急得团团乱转，却又无计可施。朱元璋回到濠州第一时间就去找彭大，他说："彭大帅啊，赵大帅和孙德崖那伙人也太不拿你当回事了，连招呼都不打一声，就随便把你的人给抓了去，这口气就算你能忍，我们这些做下属的也忍不下去，你知道底下人是怎么议论的吗？我都不好意思跟你说！"

彭大连脑子都不过就当场发飙："小朱你别说了，有老子在，看谁敢乱来！来人，跟老子要人去。"

要的就是这句话。朱元璋于是带上自己的兵随彭大到孙德崖府中要人。彭大有兵权有实力，赵均用和孙德崖见彭大亲自出面，只好忍气吞声将郭子兴放了。可此时的郭子兴也只剩半条命了，被朱元璋叫人抬了回去。

经此一事，朱元璋身边的人看到他遇事不乱，又讲究策略，包括郭氏一族在内的很多人对他更加佩服，他在人们心目中的威信又提高了好几个档次。

然而有两个人在佩服的同时却多了几分嫉妒和危机感，这两位不是别人，正是郭子兴的儿子、朱元璋的小舅子郭天叙和郭天爵。连郭子兴本人也觉得朱元璋比他强，心里总不那么舒服。因此，在他的默许下，两位公子哥耍点手段就关了朱元璋的禁闭，并采取断粮断水的办法，企图让朱元璋这个姐夫从世界上消失。

马氏知道丈夫的处境后，时常暗中给丈夫送点吃的。有一次，她在厨房顺了几张刚烙好的烧饼藏在怀里准备故技重施，刚急匆匆地走出厨房，就与养母张氏撞了个满怀，马氏害怕张氏识破她，连忙把烧饼塞进了怀里，一边向张氏请安，一边想借故尽快开溜。张氏见马氏神色慌张，急于离去，就故意没话找话，与她拖延时间。马氏前言不搭后语，还一个劲地扭捏，直至疼得腰都弯了，眼泪、汗水一个劲往外冒。张氏以为她得了什么难言之隐的病痛，忙将她扶进了里屋，好言询问。

马氏此时终于忍不住痛哭，一方面是身体上的疼痛难忍，另一方面是担心朱元璋的安危，就把实情一股脑儿地告诉了养母。张氏又气又急，忙叫她解开衣服拿出烧饼，那烧饼还热气腾腾地粘在胸口上，等把烧饼扯下来时，白皙的胸脯已被烫得通红。这下轮到张氏心疼掉泪了，一面命人给爱女敷药，一面命人赶紧给朱元璋送饭。等到晚上，张氏把枕边风一吹，郭子兴就命人把朱元璋给放了，禁闭解除。

朱元璋被平白无故地关了几天黑屋子，好在他现在不是一个人在战斗，已经有人爱有人疼了，不然饿死都没人知道。他这几日在黑暗中悟出了一些道理：这是个弱肉强食的时代，只有自己有足够的实力才不会处在食物链的最底端，彭大一句话就让赵均用和孙德崖俯首听命，给了他很大的启示。此时的朱元璋到底心里有了怎样的打算，我们接着往下看。

回乡招兵买马

元至正十二年（公元1352年）冬，正在濠州城内部相互算计之时，元丞相脱脱命令贾鲁率领元军杀来，红巾军的头头们不得不暂时停止内战一致对外，于是大家又坐在一块商讨对策。虽然郭子兴差点命丧在李均用手里，但他也明白"覆巢之下，安有完卵"的道理。

郭子兴散会归来后，马上召集朱元璋、郭天叙还有几个手下过来，除了传达元帅会议的精神外，主要是讨论郭家军的作战问题。

在发表意见时，照例由郭天叙首先发言，他慷慨激昂地表示，郭家军应该主动出击，杀出城去把元军打个屁滚尿流，一是可以灭元军的威风，二是让那些瞧不起郭家军的人知道厉害。

其他人见公子如此说，都紧闭着嘴，因为大家心里都清楚，以自己区区几千人出去硬拼，无疑是送死。郭子兴对儿子的慷慨激昂一点都不感兴趣，见大家不作声，就点了朱元璋的将，说："元璋啊，说说你的看法吧！"

朱元璋见躲不过去，先看了郭天叙一眼才开口道："郭天叙的发言令我大受鼓舞，他的意见很有建设性，兵来将挡，水来土掩，对敢于来犯之敌就必须给予迎头痛击，这战斗意志是值得肯定的。不过目前的局势不容乐观，就外部来说是敌众我寡，而我们内部又不是那么精诚团结，如果光是我们郭家军出城跟元军硬拼，胜败姑且不论，我担心到时候，这濠州城我们还能不能进得来，这点是必须慎重考虑的。"

这番话算是说到郭子兴心里去了，想起昨天还剑拔弩张的氛围，他也不相信城内的那几位元帅能对他坦诚相待。因此他点了点头，示意朱元璋继续说下去。朱元璋见郭天叙正怒视着自己，为了不把矛盾公开在众人面前，于是又敷衍了两句，无非一切由元帅定夺、坚决服从调遣之类的话，之后就把嘴巴闭得严严实实的。

郭子兴当然明白，因为他们之间的矛盾也有自己的一份功劳。于是就宣布散会，以有事交代为由，单独留下了朱元璋。等剩下两个人的时候，朱元璋谢过岳父，再接着刚才的话题，他的意见是，贾鲁来势汹汹，不能硬拼，咱们人数本来就不占优势，一旦贸然出击，后果不堪设想，即便能侥幸取胜，谁敢保证李均用不在背后使坏？万一他们紧闭城门，不让咱们进来，那咱们就死无葬身之地了。为今之计只能凭借城坚墙高，跟元军死扛，还要做好打持久战的准备，对来自内部的威胁也不能掉以轻心。

郭子兴问："我们还有多少粮食？"朱元璋就将近日征粮的情况做了汇报，同时告诉郭子兴，据他掌握的情况，其他几位元帅的存粮也很充足，坚持半年不成问题。接着两人又继续就遇到突发事件该如何应付等问题展开讨论。

郭子兴认为，元军兵临城下，城是固然要死守的，但也不可能一枪不发，万一李均用他们联合起来要我们郭家军出击怎么办？

朱元璋又给他支了一招，说："如果真的是这样，咱们可以出击，但一定要拉上孙德崖，只要将他控制在身边，咱们就有回旋的余地，如果他不愿跟咱们一起行动，咱们就不出城。"

郭子兴的心里有底了，可濠州城军民的心却提到了嗓子眼。因为放眼望去，元军把濠州围得跟个铁桶似的，也不知道有多少元兵，他们在城的四周安营扎寨，像蒙古包似的帐篷一眼望不到边。

再说元军，脱脱自从攻破徐州砍了芝麻李的脑袋后，又接连拿下汝宁等地，徐州一带的红巾军遭到重创。为继续扩大战果，他命贾鲁率领十八万大军进逼濠州。贾鲁应该算是水利方面的专家，是治理黄河的总负责人。临行前，脱脱给他的指示是，无论付出多大代价，花多少时间，就算困也要把濠州城的叛军给困死。

贾鲁坚决执行命令，因为他清楚自己手下的人马虽然人数众多，但早已失去了当年马背民族的雄风，几十年灯红酒绿的奢靡生活，让他们变得贪生怕死起来，除了欺负手无寸铁的老百姓外，看到拿刀的人都不免胆寒。所以贾鲁采取围而不打的办法，想等城里的守军消耗完他们那点粮食，连刀都举不动后，再进去血洗掳掠一番。

可城里的人并不知道贾鲁的战略意图，神经绷得紧紧的，天天瞪着警惕的眼睛，二十四小时不间断地监视。双方就这么耗了七个月。城里的守军已经喝了一个多月的稀粥了，再这么熬下去恐怕连稀粥都喝不上。

朱元璋已经被任命为总管，半年的存粮眼看着即将耗完，朱元璋内心着急万分，可他告诉自己要沉住气。

朱元璋沉住了气，有人却沉不下去了。彭大、赵均用他们一商量，与其被敌人活活困死，不如趁现在还有点力气出去干一仗。果然如郭子兴所料，他们以郭家军训练有素为由让郭子兴出战。

可有一点是郭子兴和朱元璋都没想到的，孙德崖主动提出让他的部队一起上。就在大家摩拳擦掌准备跟元军大干一场时，元军统帅贾鲁却突发心脏病死了。元兵住了半年多的战壕，从寒冬到酷暑，风吹日晒再加雨淋，早就不耐烦了，那些军官更是惦记老婆孩子热炕头，见主将一死，便一哄而散。

元军不战自溃，濠州沸腾了！他们是有理由为自己取得的伟大胜利欢呼的。红巾军的七位大将举杯痛饮，召开濠州城保卫战总结会议，最主要的议题是要表彰一批功臣。孙德崖、俞老大、曾老二和潘老三一致认为赵均用应该授头功，原因是元军首先是从他的防区开始撤走的。

郭子兴则认为彭大指挥有方，把握全局，各红巾军部队在他的领导下众志成城，才有了今天的伟大胜利。他们自然是不会考虑到基层的军官和士兵的。最终的结果是，赵均用、彭大记特等功一次，其他五位元帅各记一等功。皆大欢喜，会议就如这次保卫战一样取得空前完满的成功。

与此截然相反的是，朱元璋主张趁元军撤退、秩序混乱之机出兵追击。他向郭子兴建议，元军围困濠州城半年多，早已疲惫不堪，这是个大好的机会，我们抢在各元帅之前出击定能获取诸多好处，顺便再搞点粮食回来以解燃眉之急。

朱元璋的建议获得批准，郭子兴让他率兵出击。朱元璋斗志昂扬，率领郭家军迅速追击元军，一路穷追猛打，果然捡回不少军需物品，更主要的是让郭子兴长了脸。

郭子兴一高兴就说要让朱元璋出任郭家军的副元帅。经过黑屋子事件，朱元璋的政治水平与之前已经不可同日而语，他态度诚恳地坚辞不受。一是他不敢确定郭子兴是否在试探他，二是还有个郭天叙，大家私底下都公认他是郭家军的二把手，自己横插一杠，会引起内讧。

朱元璋看透了濠州城这帮人都是目光短浅、心胸狭窄之辈，他们只会窝在这屁大的地方争权夺利、不思进取。跟着他们是不可能有前途的，有时候最危险的往往不是敌人，而是来自内部的自己人，在别人手下混终究不是办法。因此，他盘算着必须走具有自己特色的道路，创建自己的武装，建立自己的地盘。

这天趁着郭子兴召集众人议事的时候，朱元璋就向郭子兴提出濠州空间太小，而且挤着两位主帅、五位元帅，我们要走出这个局限拓展生存空间，到时就没有必要跟这些鼠目寸光的人较真了。

郭子兴也意识到有人有枪腰杆才硬得起来，于是给了朱元璋一个镇抚的头衔，让他去征兵。至正十三年（公元1353年）六月中旬，朱元璋邀上汤和一道回到钟离招募士兵，他们先找到了徐达和周德兴，又走村串户地宣传，附近的乡邻、熟人听说同样是穷小子出身的朱元璋和汤和一个做了红巾军的镇抚、一个做了千户长，都纷纷前来投奔。没过多久，朱元璋就招到了一支七百多人的队伍。

通过此事，郭子兴认为朱元璋不但有勇有谋，而且威望日盛，把他继续留在身边恐怕会对自己构成威胁。因此当朱元璋提出要寻找生存空间时，他心想这小子既然主动提出，就让他冲到第一线去玩命好了，如果他能玩出名堂，又能保住小命，那是他的造化，胜利的果实还是自己的，若是他把小命玩没了，也怨不到自己头上，大不了再给养女找个夫婿，她还会感激为父的这份良苦用心的。

第三章

创建自己的武装，开辟自己的根据地

经略定远

朱元璋终于有机会为自己的理想迈出第一步了，郭子兴让他带领三千精兵强将打回定远老家去。

从元帅府出来，朱元璋抑制不住内心的激动，只想找个人倾吐，分享喜悦的心情，当即就去找汤和喝两杯。

汤和小时候有点胆小，但出去闯荡几年后，性情大变，变得胆大起来，是朱元璋所有发小中第一个参加造反的人，论起来也是朱元璋造反的引路人。朱元璋来到部队后一直在郭子兴身边工作，职务虽然没有汤和高，但汤和一直很敬佩朱元璋这个从小叫到大的大哥。

经过部队大熔炉的历练，汤和的思想觉悟大为提高，成了有勇有谋的一员悍将，听说朱元璋能领军出战，他也很高兴。席间，当朱元璋将自己的打算向最信任的四弟透露后，两人一拍即合。

朱元璋与汤和正得意之时，郭子兴这边却起了变化。原来是郭天叙从中作梗，他不愿意看到朱元璋出风头，可说出来的话却有点水平。他说："爹，你把精锐都交给了姐夫，他可是从没带过那么多人的啊，万一他把这点家底都拼光了，你在孙德崖他们面前就更没有立足之地了。再说他毕竟姓朱，谁知道他安什么心，要是他把队伍带走了又不听从你调遣，到时候咱还真拿他没办法。"

郭子兴耳根子软的毛病又犯了，本想收回成命，又怕落个出尔反尔的名声，而且他也希望朱元璋去解放他的家乡，好在父老乡亲面前长长脸，于是就把原先准备随朱元璋出征的部队换成一些老弱病残的士兵。

等到军号吹响、部队要出发的时候，朱元璋才发现情况不对。就询问郭子兴道："父帅，不是说带精锐部队的吗？可你看这……"

郭子兴说："这就是精锐啊，元璋你看哈，这些个个都是人精，吃过的米、走过的桥比你我都多，作战经验异常丰富，你带上他们肯定能创造出意想不到的战绩，你可不要辜负了为父的希望哦！"

朱元璋全明白了，郭子兴父子是既想让自己去卖命，又舍不得自己带走他的本钱，可眼前这些老弱病残不但帮不了自己，带上还会变成累赘。他心想老子又不开敬老院、福利院，于是就公事公办地对郭子兴说："父帅，这支'精锐'我就不带了，我只请求元帅让我挑上十几二十个人就行了。"

郭子兴很惊讶地道："元璋啊，这可不是开玩笑的，区区几十人怎么打仗？"

朱元璋说："只要元帅答应让我在军中挑选二十来个人，我愿立下军令状！"

郭子兴见他如此坚决，就答应了。最后朱元璋只挑选到二十四个人。这二十四人就是后来的"淮西二十四将"，明初开国公爵徐达和汤和都在其中。朱元璋就带着这二十四人开始了自己的戎马生涯，目标异常明确，那就是开辟自己的根据地，建立自己的政权。

朱元璋之所以如此自信，是由于天下大乱，兵源俯拾皆是，自己又有过招兵的经验。更主要的是，作为政府军的蒙古兵连自己都保护不了，很多有钱有势的大户人家指望不上政府，纷纷组织民团武装以保护他们的既得利益，这些民团在元军得势时就投靠政府，在元军失势时则投靠红巾军，是最不稳定的因素。

朱元璋从前来归降的毛麒口中得知，当时定远的驴牌寨盘踞着一支三千人的民兵武装，粮草匮乏，正想找有实力的集团投靠，据说元军也在向他们抛出橄榄枝，现在还没有决定何去何从。朱元璋马上意识到这是个天赐的良机，当即带上两名骑兵、九名步兵，一行十二人登门拜访。

驴牌寨这边一听说是郭子兴元帅派来的人，马上以礼相待。双方相谈甚欢，朱元璋告诉领头的说："郭元帅让我转告你，你如今是一支孤军，又缺粮缺钱的，要么跟我走，要么赶紧转移，否则只有挨打的份，听说附近有人要来打你们了。"

那头领除了点头外，也没别的选择了，并说好三天后队伍开拔。于是，朱元璋留下费聚盯着他们，三日之后，费聚灰溜溜地跑回来说，他们变卦了，不打算来了。朱元璋当机立断带着人赶到驴牌寨，斥责他们不守信义。朱元璋骗头领说最后有一句话要跟他说，让他出来一下，头领一出来马上遭到绑架，朱元璋轻而易举得到了三千人马。

首战告捷，朱元璋又趁夜袭击了盘踞在横涧山（今安徽省定远县西北）的另一支地主武装缪大亨部。

　　缪大亨，定远人，拥有一支两万多人的队伍。在元军围困濠州时，他曾率队伍参加，没讨到什么便宜。元军撤走时，他率领队伍退守到了横涧，元朝政府授予他"义军元帅"的称号，还派了一个监军张知院。

　　缪元帅还在做着春秋大梦时，突然四面八方鼓声擂动，喊声震天，张监军被吓得连衣服都没穿就趁黑逃走了。朱元璋命猛将花云组织敢死队一阵猛冲猛打，很快攻破缪大亨的营地。缪大亨和他的儿子不甘心就此失败，天亮后收集残兵，准备跟朱元璋明刀明枪地干一仗。

　　朱元璋的目的并不是消灭他们，事先已经打听清楚，缪大亨有个叔叔叫缪贞，就让人连蒙带骗把缪贞带了过来，让他前去劝降。经过叔叔的一番洗脑，考虑到没有更好的退路，缪大亨就答应投降了。

　　朱元璋又得到两万人马，再加当地管辖的七万人口，队伍空前壮大。接下来的主要工作是重新编制队伍、抓好整训，尤其是抓好组织纪律的建设。在全军成立的大会上，朱元璋告诫他们："你们那么多人为什么会被我收编呢？一是你们没有组织纪律性；二是队伍缺乏严格的训练。因此从今天起，我要对你们进行改造，你们必须彻底抛弃过去的一切，开始一种全新的战斗生活。为此，我要求你们必须严格遵守纪律，全身心地投入刻苦的训练中，只有这样，我们这支队伍才有出路，等我们这支新型的队伍打出一片天地，大家都能光宗耀祖。"

　　一席话说得大家心里亮堂堂的，无不欢欣鼓舞。朱元璋一下子拥有了几万人马，手下又有众多勇猛异常的骨干分子。这支经过改造的部队与其他农民起义军有着本质的区别，完全是一支纪律严明、训练有素的精锐之师，为他今后打天下奠定了坚实的基础。

朱元璋的名头响了，主动来投奔的人就多了起来。当中属从定远过来的兄弟俩最为知名，哥哥叫冯国用，弟弟叫冯国胜。这哥俩是定远两个中小地主，家里有好几百亩田地。兄弟俩都喜欢读点经典史册、兵书什么的，哥哥深沉，喜欢研究谋略；弟弟彪悍，喜欢冲锋陷阵。看见各地农民纷纷扔掉锄头，走上反抗的道路，为了自保，兄弟俩就联合其他地主富农，也拉起了一支地主武装。

本来他们与红巾军不是一路人，可知识改变命运的时刻到了，他们审时度势，知道元朝快要撑不下去了，天下将要重新洗牌，听说了朱元璋的做法后，认为他是一个有作为的人，于是就主动入伙来了。朱元璋正值用人之际，听说他们读过很多书，于是就把他们留在身边随时请教。

冯国用提的第一条建议是：占领集庆（今南京市），以图大事！他引经据典，说集庆自古就是龙盘虎踞之地，因其地势险要，很多帝王在此建都。他建议应谋取集庆，以此为中心向周边发展，只要坚持走群众路线，不侵犯百姓利益，得到民众拥护，不难成就一番大业。估计朱元璋当时可能连集庆在哪个旮旯都没整明白，可却听得心花怒放，当即任命冯国用为幕府参谋（军事指挥机关参谋长）。

元至正十四年（公元1354年）七月，朱元璋在南下攻击滁州（今安徽省滁州市）的途中，又得到一位重量级的人物。此人名叫李士元（后来因避讳改名李善长），是朱元璋帝王路上的关键人物，被朱元璋称为"在世萧何"。

朱元璋向他请教，如今天下大乱，刀兵四起，不知什么时候才是尽头。李善长说，秦末天下大乱时，汉高祖刘邦也是以一介平民起事，刘邦豁达大度，知人善任，不大开杀戒，只用五年便成就帝业。如今的情形何其相似，主公生在濠州，离刘邦的老家沛县不远，多少也沾点王气，只要将刘邦的办法复制一遍，平定天下指日可待。

冯国用指明方向，李善长指出方法。朱元璋的思路终于明晰了，眼下第一步就是拿下滁州。

滁州地势险要，易守难攻。朱元璋再次启用花云打头阵。花云一马当先，率领上千骑兵直捣对方阵地，本来马背功夫是蒙古人的拿手好戏，可如今的元军简直成了摆设，一触即溃。朱元璋令旗一挥，大军一举攻占了滁州。

朱元璋这一段时间可谓喜事连连，进驻滁州前收到郭子兴的任命书，授予他总管之职，进滁州城后又得了范常、胡大海等几员大将。三个月后，多年没有音信的侄儿朱文正、二姐夫李贞带着外甥保儿（后来取名李文忠）相继找了过来。相叙中得知，他那苦命的二哥早已离开了人世，朱元璋是悲喜交加，喜的是，他朱元璋在这个世上还有亲人；悲的是，就算把外甥和姐夫算上，他也没几个亲人了。

从此，朱文正、李贞及保儿就留在了朱元璋的军中。许是觉得自己的亲人太少了吧，朱元璋后来不仅把外甥保儿收为义子，还陆陆续续地收了二十多个人做自己的义子。这二十多个义子，除不幸阵亡的外，后来大都成了朱元璋手下的战将，有的则成了朱元璋用来监视其他大将的密探。

朱元璋拥有了两座城池，于是就分派徐达、周德兴驻守定远，自己率李善长、冯氏兄弟及汤和等驻守滁州。

积聚资本

　　朱元璋这边才安顿下来，老丈人郭子兴就带领全家老小找了过来。原来他在濠州实在混不下去了，自从朱元璋走后，彭大和赵均用曾率领濠州红巾军主力展开积极活动，先打下盱眙，又进占泗洲。后来为了郭子兴，彭大与赵均用竟然发生火并，彭大不幸丧生，赵均用大权独揽，好在他没有赶尽杀绝，还是让彭大之子彭早住继称鲁淮王，统率彭大的部队。

　　可郭子兴的日子就难过了，彭早住虽然顶着鲁淮王的称号，却毫无实权，完全是赵均用的傀儡，赵均用只是给他个鲁淮王的名义来安抚彭大的部众而已。孙德崖几个早就看郭子兴不顺眼了，好几次想把他弄死，但又忌惮他的乘龙快婿朱元璋。事情明摆着，这小子能以二十来号人闹出那么大动静，收拾濠州还不是分分钟的事？因此，明的不敢就暗地里往死里整。

　　郭子兴受不了这气就来到了滁州，朱元璋以属下的身份迎接，并把指挥权还给了他。郭子兴既感动又惭愧，庆幸当初没有看错人，悔恨自己差点害了他。当初孤庄村四兄弟之一的汤和是见证了朱元璋的经历的，他曾私底下问过朱元璋，为何要拱手让出指挥权？

朱元璋嘴里蹦出俩字：豁达！见汤和一脸茫然，就解释说，他是我的老丈人，当初要是没有他，哪有我朱重八的今天，做人要有一颗感恩的心，要知恩图报啊！是的，朱元璋变了，变得成熟、自信了，他知道一个人只要内心强大了，整个天下都将是自己的，放弃眼前的一点小利又算得了什么呢！何况只是个名分。

不久后，郭子兴收到另一支义军首领张士诚的求救信，说是元朝丞相脱脱亲自率兵攻打他，情况十分危急，求郭大帅看在大家都反元的分上伸出援手，帮兄弟一把。

张士诚，原名张九四，兴化白驹场人（今属江苏省盐城市大丰区）。原先是个私盐贩子，贩卖私盐在古代可是重罪，抓到了基本就是死刑犯。这是提着脑袋混日子的活儿，走上这条道的都是些亡命之徒，最典型的人物莫过于隋末唐初的程咬金。看到红巾军红红火火地闹腾，张士诚也纠集起圈子里的一帮人趁机攻占了高邮，摇身一变就成了起义军，但他并不打红巾军的旗号，因此他不算红巾军的战斗序列。

张士诚好大喜功，占领高邮后立马称王建国，定国号"大周"，年号"天佑"。张士诚没有意识到，他已经截断了元朝的漕运，还以为是自己称王招来的祸，后悔不该死要面子活受罪。更惨的是，他连悔过自新的机会都没有，脱脱决心要拿他开刀以警示其他造反派，因此，高邮遭到了元军的围攻。

在救不救张士诚的问题上，郭子兴和朱元璋出现了分歧，郭子兴受尽了以永义王赵均用为首一伙人的打击和排挤，听到又是一个称王的，就说："张士诚不过是新竖起的旗子，七八条枪就称王，他要找死，我们又何必救他？"

朱元璋则认为高邮不保，张士诚肯定会撤往六合，六合离滁州不过百里，是滁州的天然屏障，六合破则滁州就暴露在元军的枪口下，因此，他主张出兵救援。

就在他们讨论之时，张士诚那边又传来最新战报，元军围攻张士诚的同时已经分兵攻打六合。

情况紧急，朱元璋拉来李善长加冯氏兄弟一起劝说，郭子兴这才勉强同意，还问了一句，既然情势如此危急，应该派谁好呀！这不是摆明了装吗？

朱元璋拍着胸脯说："非我莫属！"李善长告诉朱元璋，要救六合可先进入瓦梁垒与元军对抗，瓦梁垒三面环山，山上多是乱石杂树，易于设伏，如果情况不妙可让六合的人撤往瓦梁垒。

朱元璋带着一万人在瓦梁垒一击得手，等赶到六合时，张士诚的义军已被元军围困得都要绝望了。朱元璋派悍将花云带人杀进去取得联系，让守将不要放弃。随后兵分三路：一路在南门佯攻吸引元军，一路从东门突进城去，另一路留守城外以便接应。

等朱元璋率汤和等人打进城时，发现情况比预想的还要糟糕，城防工事被摧毁殆尽，元军一反常态似的潮水般涌来。他马上让缪大亨组织掩护老弱伤残先撤，令耿再成打开一条通道，自己殿后，边打边退。

突出城后，由徐达和汤和分头设伏，朱元璋与花云一路，耿再成一路，向两个方向撤退。元军的两路追兵都遭到伏击，损失惨重，失去了大批战马。朱元璋两路人马会合后驻扎在瓦梁垒，然后再派一部分人马赶回六合救援那里的守军。

元军这次号称百万精兵，虽然他们的目标是高邮，但朱元璋还是担心元军会趁机围攻滁州。冯国用说："此次进剿高邮的政府军是清一色的胡人，胡人最大的特点是贪利而乏智，逐益而少谋。我们挑选一批能言善辩的人组成慰问团带上酒肉，再把缴获的马匹还给他们，就说滁州的百姓都是朝廷的良民，让他们不要骚扰滁州就行了。"

朱元璋依计而行，那些军官得了好处，加上又没有命令，谁还会节外生枝跑去打滁州？而此时的张士诚连上吊的心都有了。元军在脱脱的督战队逼迫下，发起一轮又一轮冲击，张士诚无奈之下正要下令各自突围、能跑出几个算几个的时候，眼前出现了一幕令他难以置信的场景：围攻高邮的数十万元军突然四散而逃，而且逃得出奇的快速彻底。张士诚不知道发生了什么事，也来不及想，下意识做出决定：打开城门快逃！

原来是脱脱遭人暗算，元惠宗听信谗言，一纸诏书把他就地免职押往吐蕃，半路就被一杯毒酒送上了黄泉路。脱脱的旧部听闻消息，当场就撂了挑子。有些人甚至转而投奔了义军，张士诚弄清缘由后，又转过头去追击，连收编带俘获的，竟达数万之众。张士诚的势力由此越来越强大，强大到已经无人能将其撼动，成了朱元璋后来的劲敌。

高邮之战是元朝末年农民战争的一个转折点，在此之后，东南产粮区常州、平江至湖州（今浙江省吴兴区）一带为张士诚所占领，浙江沿海地区被方国珍控制。

一直屈居人下的郭子兴，摆脱了赵均用一伙人的束缚后，日子过得十分惬意，既无内忧又无外患，就动了称王的念头。他与那些被逼得没有活路的造反派不同，放弃万贯家产，走上与政府为敌的道路，为的就是有一天能称孤道寡。

郭子兴的想法自然得到很多人的支持和拥护，却遭到了朱元璋的极力反对。他劝郭子兴说："父帅你看，张士诚打出王号就招来百万大军的围剿，你一旦称王必将重蹈他的覆辙。咱这滁州不过是座小山城，比不得濠州，那李均用他们见你称王，恐怕也会过来袭击，咱暂时还是不要称王为好，你放心，将来机会成熟了我们一定拥立你为王！"这番话令郭子兴很是郁闷，但也只能暂且忍耐。

朱元璋是说话算数的人，后来果然让郭子兴成为"滁阳王"，不过郭子兴是看不到了，因为那是他死后好多年，朱元璋当上皇帝后给封的。

朱元璋考虑的是，滁州本来就不大，如今一下涌入几万人，连吃饭都成问题。

为解决几万人的吃饭问题，最好的办法是开辟新区，既扩展了生存空间，又减轻了滁州的压力。经与李善长、冯家兄弟商议，决定出兵和州。那胡大海人高马大，饭量一个顶仨，又带着全家，朱元璋第一个就想到了他。

胡大海原先是街头炸油条的摊贩，长得跟铁塔似的，一身蛮力。朱元璋见他相貌威严、说话憨厚，爱慕之余就将他留在了身边。此次就命他为先锋攻打和州。

和州施政牛刀小试

　　至正十五年（公元1355年）正月，经郭子兴批准，滁州义军决定攻打和州。先锋官为朱元璋选定的胡大海，为了平衡，郭子兴派他的小舅子张天祐担任战役总指挥。

　　滁州义军一个突袭就冲入了和州城，守将也先帖木儿弃城逃跑，张天祐率大部队跟上，顺利地占领了和州。捷报传来，郭子兴大喜，任命朱元璋总领和州军队。

　　朱元璋到了和州后并没有亮出郭子兴的委任状，因为看得出来，郭子兴手下那些资格比他老的军官还不怎么服他，尤其是张天祐、郭天叙和郭天爵几人，要制服他们就不能按常理出牌。因此在到达和州第一次参加工作会议时，朱元璋故意走在后面，元朝跟中原不同，他们以右为大，比如右丞相的地位就高于左丞相。等朱元璋走到会议室时，右边的位置全是郭子兴的旧部，只留下左边的位子给他及汤和等人。

　　等到会议展开讨论后，大家虽然都畅所欲言，可大都是泛泛而谈，根本没说到要点上。轮到朱元璋发言时，他抓住要害，针砭时弊，提出很多有建设性的建议。朱元璋最后提出，和州的城墙太过低矮陈旧，一旦受到攻击，将无险可守，因此要把责任划分到人，此次参加会议的军官每人负责一段，限三天后完工，贻误工期者军法处置。

与会者们也没太把这个任务当回事，只想快点散会各自娱乐，纷纷点头，笑嘻嘻地称好。三天很快过去，除了朱元璋、汤和如期完工以外，其他人都没有完成任务，张天祐及二郭更是八字还没有一撇。等大家再走进会议室时，朱元璋早在右边上首的位子坐着了，那些人虽然很不习惯，可也很无奈，毕竟到目前还没明确统属关系。谁知他们连屁股还没坐下，只见朱元璋一拍桌子：你们没能完成上次会议布置的任务，该如何处罚？

张天祐火了，说："没完成让士兵们接着干就是了，你拍什么桌子？吓本少爷一跳！"

朱元璋冷冷一笑，说："这可是军事任务，你知道不完成任务意味着什么吗？说明你们不执行军令，不执行军令就要受军法处置！"

郭天叙傲慢地说道："就算要处罚也轮不到你在这发号施令啊！"

朱元璋拿出任命书，对与会人员宣布："我奉郭元帅之命总领和州，现在我宣布，从即日起和州的军政事务由我朱元璋负责。来人，把贻误军机的人拉出去军法处置，完成一半以上的打三十军棍，还未动工的立即斩首！"

呼啦啦就跑进来一队士兵，一帮人开始冒汗了，郭天爵连忙喊道："姐夫，总领大人，都是一家人，何必呢？我们知道错了，给次机会，我们一定听从你的领导！"

朱元璋冷冷地望着其他人，张天祐、郭天叙一副惊惶失措的样子，剩下那几个也如同丧家之犬一般承认错误，表示知错即改，愿意听从调遣，汤和则唱红脸出面讲情。

朱元璋这才说道："看在你们态度诚恳、汤将军又为你们说情的分上，这次且既往不咎。但我要强调的是，要都像你们这样拿军国大事当儿戏，还怎么打仗？怎么能完成郭元帅交给我们的重任？从今往后一定要加强组织纪律性，严格执行命令，如有再犯就休怪本总领不认兄弟情分了！"

尽管如此，张天祐和二郭仗着自己的特殊身份，心里还是老大不服，可至少表面上不敢公开对抗了。朱元璋也没有就此罢手，他要拿和州做试验，效仿刘邦"约法三章"。正好有一天，朱元璋走出办公室下基层转悠，看见有个小孩在军营外往里张望，就上前问道："小朋友，你在看什么呢？"

小孩说："我在看我爹出来没有，我等他回家！"

朱元璋："你爹在哪呢？"

小孩："在给官家喂马。"

朱元璋："那你娘呢？"

小孩："娘也在官家，爹说他不敢认娘，只能叫她妹妹，爹能回家，娘不能回家，我不敢进官家的门，每天在这里等爹回家。"

朱元璋听了很是震惊，意识到问题严重。队伍发展扩大了，人员的素质参差不齐，成分十分复杂，有农民、小商小贩、小工业生产者，还有小摸小偷者，甚至是地痞流氓，这些人单打独斗可能掀不起什么浪花，但仗着有组织了，欺负起老百姓来一点都不比当官的逊色。有杀人抢掠的，有强抢妇女妻儿的，无所不为。

朱元璋痛心疾首，得到了城池却失去了民心，长此以往，怎么能够成就大事？于是决定先从眼前这件事做起，对军纪进行一次彻底的整顿。

朱元璋召集所有军官申明纪律："大家是从滁州打过来的，都是单身汉，入城后乱搞一气，有人强抢人家的老婆、女儿，破坏别人的家庭，百姓敢怒不敢言，如此扰民，怎能安众？今天若主动将抢来的妇女交出来，既往不咎，否则绝不轻饶！"接着宣布：今后只有在对方愿意的情况下才能婚娶，不能采取威逼利诱的手段，更不能对有夫之妇下手，否则，发现一个查处一个，绝不姑息！

那些掳掠了妇女的军官只好乖乖交出到手的"老婆"，朱元璋让那些老婆被强掳走的男人到他的办公楼前集中，让妇女一个个从院里出来，大声宣布："各人认领自己的老婆，如果不是自己的老婆，不得冒领！"

许多妇女回到了自己丈夫的怀抱，家庭得以团聚。百姓们对朱元璋竖起了大拇指，军队的形象及军民关系得到极大地改善。从此朱元璋就喜欢上了下基层，以致当了皇帝以后，更是以微服私访的形式深入民间。

就在朱元璋治理和州取得初步成效，他的威望和地位得到巩固的时候，濠州那边由于人多粮少，孙德崖竟然强行要到和州来蹭饭，而且他的队伍浩浩荡荡十分庞大，那些官兵都带着家眷，家眷又带上自己的亲戚，以及亲戚的亲戚。

孙德崖连招呼都不打就让手下人在和州抢占民房住了下来，他本人则带了一队警卫人员直接闯进了朱元璋的办公楼。朱元璋正在抓耳挠腮，郭子兴得知孙德崖竟然欺负到自己的地盘上来，也带上滁州的几万部队赶了过来。

朱元璋暗暗叫苦，他知道这两个冤家积怨太深，郭子兴肯定是来找孙德崖算账的，虽然他也看孙德崖不顺眼，可大家都是红巾军，是抗元的队伍，此时火并，高兴的是他们共同的敌人元朝政府，让敌人高兴的事他朱元璋能做吗？

郭子兴最大的毛病是耳根子软，容易偏听偏信，第二个毛病是性情急躁，遇事不够冷静。先是听说朱元璋独断专行，有意打压他的旧部，甚至连讨个老婆都要横加干涉，现在又让孙德崖过来，还与他一块办公，认定两人是搞到一块了。因此一上来就铁青着脸，朱元璋跪在地上诚惶诚恐静等着发话。

好半天郭子兴才冒出一句："堂下所跪何人？"朱元璋："报元帅，是总兵朱元璋在听候指示！"

郭子兴大着嗓门喊道："你可知罪？"

朱元璋从容答道："元璋不知所犯何罪，请元帅明示！"

"我且问你，和州城是不是要变天了？你还认不认我这个老丈人了……"

朱元璋连忙压低声音说："家里的事下一步再说，元璋正有要紧事禀报，请元帅听我说……"

郭子兴说道："有话就说，有屁就放。"

朱元璋忙站起来小声说道："孙德崖不请自来，人就在隔壁，元帅既然来了，咱一块想个万全之策把他打发走。"

几句话既表明孙德崖不是自己请来的，又表达了自己不愿动武的意思。郭子兴这才放心，你们不是一伙就好，老子收拾孙德崖就轻松多了。

朱元璋不愿动武，孙德崖不敢动武，所以天不亮就派人来向朱元璋辞行："感谢朱总兵的热情款待，你老泰山来了，本帅就告辞了！"

朱元璋把情况汇报给了郭子兴，又亲自去见孙德崖，说："孙元帅何必走得这么匆忙，你和我父帅是老战友，不妨多住些日子好好聚聚。"这就是朱元璋，听孙德崖说要走，心里有说不出的高兴，还嫌他走得不够快，抬出郭子兴死对头来提醒一下，可听起来满满的都是客套话，没毛病。

孙德崖没那么多弯弯绕，直来直去地说："我跟你那老丈人不对付，尿不到一个壶里，见到他只怕会伤了和气，让你两头为难。"

朱元璋又假意挽留了一番，最后话锋一转，说："哎呀，既然孙元帅执意要走，元璋就不好强留了，只是外面驻扎了那么多部队，要走也得让部队先走，孙元帅在后边压阵，免得发生擦枪走火或者什么意外事件。"孙德崖采纳了朱元璋的建议，准备等部队都开拔了再走。

朱元璋不放心，就亲自到城外看着，想等濠州军走完了再回来给孙德崖送行。

晋升左副元帅

朱元璋在城外监督着濠州军离去，估摸着走得差不多了，正想回城亲自送孙德崖那尊大神，却听孙德崖的亲兵跑过来嚷嚷：坏了，坏了，城里打起来了，折了不少弟兄！

朱元璋一听，知道坏事了，光顾着这头了，肯定是小肚鸡肠的岳父在城里搞事。他的第一反应就是快逃。可孙德崖的手下也不是吃素的，早已举刀挺枪拦住了去路，有人还跑过来拉住了缰绳，大家七嘴八舌，说这事朱元璋肯定知情，跟他脱不了干系。朱元璋是百口难辩，趁人不备猛抽一鞭子，拍马就狂奔。濠州兵哪里肯善罢甘休，在后面紧追不舍，箭矢像蝗虫般飞来，好在他穿有护甲，并无大碍，可惜他的马不是赤兔，跑了一阵就被追兵赶上，随即被乱枪从马上捅了下来，眼看就要成刀下之鬼。幸亏都是濠州混出来的，有熟识的军官劝大家冷静，说元帅还在城里，此时杀了朱元璋，元帅也活不成了，不如派人进城查探清楚再做打算。

负责进城的军官看见孙德崖正戴着手铐脚镣坐在那喝酒，看情形是断头酒，因为郭子兴正兴高采烈地陪着一起喝呢。

可郭子兴没能高兴多久，很快就听闻朱元璋被对方擒住的消息。这个时候他可不想失去朱元璋这根顶梁柱。于是，他急忙派徐达等人去跟对方谈交换人质。用孙德崖换回朱元璋，一帅换一将，本来是很公平的事。可具体怎么换，双方却发生了严重的分歧。

濠州方面要求先放了他们的元帅，和州方面则要求先放了朱元璋。双方争来论去也论不出个所以然，这时徐达主动站了出来，对濠州方面说："我愿意留下换我们总兵，等他回城后，再放你们孙元帅，等孙元帅回来你们再放我，这样总成了吧？"

眼下也只有这个办法了，不然争到年三十都解决不了。徐达是朱元璋手下的猛将，又是他的结拜兄弟，估计朱元璋不会撂下他不管，因此，濠州方面就同意了。

朱元璋回城后，郭子兴心不甘情不愿地挥了挥手，让孙德崖从眼皮底下溜了，一场灾难就这样化险为夷，一场风波就此平息。

这本来是皆大欢喜的好事，可有人却欢喜不起来，不但欢喜不起来，还郁闷得要死。这个人就是郭子兴，眼看到手的鸭子给飞了，能不郁闷吗？可他这一郁闷却闷出了大毛病，躺在床上唉声叹气了一阵子就再也没能起来。

郭子兴死后，军中的事务就由郭天叙、张天祐和朱元璋三人共同掌管（这应该是郭子兴临终前的意思）。朱元璋担心主帅死后，元军会来犯，又怕孙德崖他们来找事。正在这时，来了一位不速之客，正是新成立的大宋政权的使臣，是小明王韩林儿派来联络他们的。

早在元至正十一年（公元1351年）五月，中书省栾城（今河北省石家庄市栾城区）人韩山童就在颍上县（今安徽省颍上县）与刘福通、杜遵道等人一道举起了反元大旗，由于保密工作没做好，韩山童等人被元军包围，韩山童被俘遇难，他的老婆杨氏带着儿子韩林儿逃匿到了武安山（今江苏省徐州市境内）一带。而刘福通、杜遵道等人在侥幸逃脱后，继续聚集徒众攻占了颍州等地，队伍迅速发展到十几万人，成为当时最大的一支红巾军武装。因此，他们自然就成了元朝政府重点打击的目标，多次遭到元军的重兵围攻，一直忙于应付，无暇他顾。

自从脱脱丞相在高邮被元惠宗解职之后，刘福通的力量又迅速壮大起来。此时刘福通才发现，自己虽然是最早起事的，可到现在连个像样的名号都没有，而其他各路打着红巾军旗号的头领都纷纷称了王。他也想称王，更想称帝，好让自己名垂千古，可问题是与他一起打拼的杜遵道、盛文郁等人一直是尊韩山童为领导、打着恢复大宋的旗号的，他怕自己称王会引起众人不满，他要等待时机。因此，他派人到砀山找到了杨氏和韩林儿，并亲自迎回了亳州。

一番运作之后，为坐实"明王出世"的政治预言，拥立韩林儿为皇帝，称小明王，定国号大宋，改元龙凤，定都亳州，尊杨氏为太后。刘福通的如意算盘是，韩林儿年纪小，他可自恃拥立之功，先让韩林儿暂时帮他把位置占着，自己掌握实权，等时机合适再取而代之。可他忽略了一个人，这个人就是小明王的生母——杨太后。

杨太后这个女人可不简单，她保持着清醒的头脑，并不为刘福通的表面所迷惑，因此在人事安排上，并没有让刘福通如愿以偿坐上一人之下、万人之上的那把交椅。大宋政权的人事安排为：杜遵道、盛文郁为丞相；刘福通、罗文素为平章政事；刘福通的弟弟刘六为知枢密院事。他们提出的口号是要统一全国。于是，便派使者分赴各地联络红巾军，让各地选派一名代表到亳州商议统一事宜。

刘福通对杨太后的安排极为不满，不久就派人击杀了杜遵道。刘福通自任丞相，随后又自封"太保"，小明王最终还是成了刘福通的傀儡。

和州方面自然不知道韩宋政权高层的事情，使者到和州的时候，朱元璋不在和州城，他下基层视察部队去了。张天祐和郭氏兄弟觉得机会难逢，几个人嘀咕了一阵，就由张天祐代表和州红巾军随来人去了亳州。

张天祐从亳州返回的时候，带回了三份韩宋皇帝的委任状，任命郭天叙为和州红巾军的都元帅，张天祐为右副元帅，朱元璋为左副元帅，并且规定接受委任的红巾军一律要采用"龙凤"年号。

和州城一下子出了三位元帅，朱元璋虽然排在末位，但他并不反感韩宋政权的安排，不管怎么说人家毕竟是老资格的造反派，挂靠他们至少不必担心其他造反派来无理取闹，就是元军来犯多少也能获得道义的支援。在和州内部，郭天叙名义上是主帅，可他还嫩了点，朱元璋有自己的嫡系，有李善长和冯家兄弟出谋划策，更是拥有一批如汤和、徐达、胡大海这样的心腹猛将，随便吱一声都比郭天叙的令牌管用。这还没完，如今他又增添了两员猛将邓愈和常遇春。

邓愈，虹县（今安徽省泗县）人，至正十三年（公元1353年）就随父亲邓顺兴拉起一队人马。邓顺兴在与元军交战中中箭身亡，由哥哥邓友隆接掌兵权。邓友隆死后，十六岁的邓愈继掌兵权，听说朱元璋治军与众不同，心生佩服，就带领麾下一万多人前来入伙，被朱元璋授为管军总管。

常遇春，怀远县（今安徽省怀远县）人，一个地地道道的草根，曾误入歧途加入绿林大盗刘聚的组织，跟随刘聚干些拦路抢劫、入室盗窃的勾当。起初觉得新鲜，能大碗喝酒大块吃肉，还有银两进账，着实快活了一阵子，后来觉得打家劫舍、四处抢掠毕竟不是正当营生，想谋条出路，经过多方考察就投奔了和州。

和州位于长江下游西北岸，只是座小县城，随着部队不断扩充，粮食供应面临很大压力，常常要饿肚子。而此前和州曾遭到元军的围攻，朱元璋依靠出色的指挥能力，加上和州军民众志成城，才力保和州不失。经过此战，和州面临的经济压力更大了。长江对岸是太平路（今当涂县），太平南面是芜湖，往东北六十千米就是集庆，集庆周边都是产粮区，要实现冯国用当初提出的占领集庆的战略构想，就必须先据有太平。

长江天堑就成了难以逾越的大壕沟，当时跨越长江两岸的交通工具只有船只，要让几万人马渡江过去绝非易事，船少了不顶事，等于将一船一船的人送过去给对方收拾，必须千帆齐发方能奏效。为此朱元璋与众人日夜开会讨论，有人提出打造，有人建议到民间广泛征集，意见不一而足。会议持续了几天，最后冯国用想到了一个人，朱元璋忙问是什么人，冯国用说是巢湖水军头目李国胜（李扒头）。

李国胜是彭莹玉众多门徒之一，当彭莹玉在芜湖周围地区举起反元大旗时，他与赵普胜（双刀赵）等人纷纷起来响应。李国胜、赵普胜会同俞廷玉父子（俞通海、俞通源、俞通渊三子）、廖永安兄弟

（弟廖永忠），以巢湖为根据地，发展水师，有大小战船上千艘。

此前，李国胜因与庐州（今安徽省合肥市）地方头目左君弼结下怨仇，在长期的较量中屡占下风，曾三次向朱元璋求救。朱元璋如今听冯国用提起，猛地一拍脑袋，对呀，何不把他们争取过来呢?

第四章

王者初现

打过长江去

朱元璋亲自前往巢湖劝李国胜，他说："如今天下豪杰四起，咱俩都势单力薄的，在江北已很难立足，不如两家联合起来，一起渡江，到江南去另谋出路。"朱元璋又把江南的情形及自己的伟大构想一一作了详细介绍。李国胜正为久困巢湖又与地方势力纠缠不清而苦恼，被朱元璋描绘的蓝图所吸引，就同意与朱元璋合作一起打过长江去。

元至正十二年（公元1352年）五月，正是长江中下游的梅雨季节，河水暴涨，船只可以轻而易举驶出巢湖，赵普胜不愿意与朱元璋合伙，半路开了小差，率领其手下部分船只投靠彭莹玉而去，其余船只顺利到达和州集结。

六月初一，一艘艘战船整齐有序地排列在江边，和州红巾军神情肃穆，整装待发。朱元璋进行战前动员："我们马上就发起渡江战役了，这一仗关系到我们能否完成重大的战略转移，更关系到我们今后的出路，是安于现状还是开创美好前程，就看我们这一仗是否能够取得胜利，并且还要能够站稳脚跟！"

随即，朱元璋登上战船，率领徐达、冯国用、李善长、邵荣、常遇春、廖永安等一干能臣战将，挥师江南。战船从和州起帆，水军将领廖永安与朱元璋同船出发。

战船乘风破浪，很快驶达采石江面。驻守采石的元兵惊慌失措，仓促应战。此刻朱元璋的战船距离江岸还有三四丈，一时无法登岸，旁边却杀出了一个常遇春，只见他的战舰飞速驶来。朱元璋令旗一挥，常遇春一跃而起，脚踩矶石，挺戈杀上江岸。其他将士也随之蜂拥而上，江岸上杀声震天，元兵被杀得溃不成军，死伤过半，和州军一举占领采石。

采石有元军的一个粮食仓库，不管是和州军还是巢湖水军见了堆积如山的粮食，都眼馋得要命，抢着要搬上船运回江北，过一段丰衣足食的日子。朱元璋与李善长、徐达一合计，不趁此良机占领太平更待何时？

于是朱元璋悄悄命人把所有船缆全部斩断，此时江水正急，一千多艘战船瞬时被湍急的江水带走。李国胜、廖永安等水军头领大吃一惊，其他官兵也暗暗着急，没有了船只还怎么回江北啊！

朱元璋让人传话：各位将士，太平城比采石还要大，那太平城中美女玉帛无所不有，大军马上向太平进发，打下太平，那里的金钱美女任由你们处置。一众将士听了异常兴奋，立马精神抖擞。

等全体官兵饱餐一顿后，朱元璋即刻挥师南下，兵锋直指太平。发动攻击之前，朱元璋召集李善长、冯国用、徐达等人开了一个临时会议，会议采纳了徐达的提议，采取不分主次、四面围攻，快速拿下太平城的战术。朱元璋发布命令：由汤和率兵攻打东门；徐达领兵攻打南门；胡大海从北门进攻；常遇春负责西门。

红巾军是冲着金钱美女去的，生怕被人抢了先，所以都不甘人后地往前冲，太平守将吓坏了，弃城逃跑。红巾军蜂拥进城，正要打砸抢，朱元璋派人四处张贴预先准备的布告、标语、传单，都是不准抢掠、不准烧杀、不准损坏公物、不准强抢民女、不准……违者严惩不贷！还派出执法队四处巡逻，并惩治了几起顶风作案的事件，当然了，基本是李国胜的手下。

城中秩序很快得到恢复，百姓未受到太大影响，大家该干嘛干嘛，对朱元璋的部队交口称赞。朱元璋清楚，部队没点好处是很难驾驭的，于是就采取打土豪的办法，逼迫当地的土豪劣绅把剥削来的金银财物统统拿出来，作为劳务费分发给了部队官兵。

李国胜对朱元璋处置了他的手下是有看法的，当初答应合伙的时候，他就有点动机不纯，到来之后，一切事情又都由朱元璋发号施令，那一千多条战船无缘无故被水冲走，你真拿老子当傻瓜？要没有我的水军，你朱元璋能飞过江来？得了好处就全归了你，老子连毛都没捞到一根！

人的思想不平衡就要出问题，李国胜如今就想着如何除掉朱元璋进而收编他的队伍。同样地，朱元璋对李国胜也有所防备，他走过那么多地方，见过那么多人，虽然不知道什么叫心理学，但对人的心理活动还是能感觉得到的。他觉得李国胜的价值已经利用完了，因此就没怎么把他放在心上。

攻下了太平城又缴获了元军的几百条战船，李国胜要在船上摆庆功宴，请主帅朱元璋务必出席，以示对水师官兵的褒奖。朱元璋觉得事情恐怕没那么简单，李善长、冯国胜也觉得是鸿门宴。更巧的是李国胜手下也出了个项伯，此人叫桑世杰，为人正直，不屑于李国胜的小人作为，在劝阻无效之下，暗地里联系了朱元璋。

李国胜这回是打虎不成反受其害，想不死都不成了。朱元璋派人代他前去道歉：刚从江北过来，可能水土不服，这两天正上吐下泻，实在抱歉，过两天等身体恢复好了，我再请你，咱们喝个痛快！

朱元璋说话算话，两天后，李国胜果然接到了朱元璋的邀请，要说李国胜的智商真的让人不敢恭维，你能想到用饭局的招数杀人，怎么就不想想别人也能用此招数呢？他接到邀请就屁颠屁颠地跑了过去。结局可想而知：被灌得酩酊大醉，缠得像个粽子一样扔到江里去了。巢湖水军全部被收编，朱元璋从此拥有了水、陆两个兵种。

不久，当地名儒陶安、李习带着几个遗老遗少前来求见，陶安摇头晃脑地向朱元璋献言："海内鼎沸，豪杰并争，明公渡江，神武不杀，人心悦服，应天顺人，以行吊伐，天下不足平也！"朱元璋说："我打算取集庆，你认为如何？"陶安继续卖弄道："集庆乃古帝王都，取而有之，抚形胜以临四方，何向不克？"

朱元璋虽然不喜欢陶安说话的腔调，可对他说的话很是受用，于是将他留在了幕府里，又采纳了李习的建议，改太平路为太平府，让李习出任知府，成立太平兴国翼元帅府，自任元帅，李善长为元帅府都事，潘庭坚为元帅府教授，汪广洋为令史。这下可忙坏了那些做招牌、刻印章的手艺人了。

比那些手艺人更忙的是元朝政府军。六月六日，元军兵分两路袭击太平，水路由元朝右丞相阿鲁灰、中丞相蛮子海牙等以战舰横截采石江面，封锁姑溪河口，企图截断朱元璋的退路；陆路则由地方依附元朝统治势力的"义兵"陈野先率领数万兵力，由北向南攻击太平城。

陈野先可是老面孔了，此人死心塌地效忠元廷，之前他曾南渡长江围攻和州，被朱元璋偷袭，损兵折将后退回江南。如今又一马当先，与手下悍将康茂才分水陆并进，充当元廷的急先锋。

在此情况下，朱元璋采取各个击破的战术，在陆路先派徐达、邓愈、汤和等出兵绕道对伪军实施反包围，形成前后夹击之势，致使陈野先腹背受敌，在襄阳桥下被一举活捉。

陈野先是个诡计多端的家伙，为了活命提出愿意加入朱元璋的队伍，随即给手下各部写信，信写得很晦涩，表面上是让各部放下武器前来归降，实则暗含了他宁死不屈、激励将士的意思，可他太高估了那些手下的文化水平，很多人见了主帅的亲笔信，都没能领会深层的思想，噌噌地跑过来投降了。陈野先狠狠地扇了自己两耳光后，又暗骂手下猪脑子，可事已至此，只能走一步看一步了。阿鲁灰和蛮子海牙见陈野先部队哗变，估摸着讨不到便宜，只好退兵。康茂才虽然也收到了陈野先的信，但他率领的是水军，脱不了身，只好跟着元军水师撤离。

十二月，蛮子海牙率元朝水师封锁采石江面，阻断南北交通，试图再次攻夺太平府。至正十六年（公元1356年）二月，朱元璋亲率常遇春、冯国用、俞通海、廖永安等人分两头袭击蛮子海牙。战斗打响后，常遇春乘坐快艇，直接冲进元军船队，将元军分割开来；俞通海则指挥敢死队杀进元军水寨；朱元璋指挥大部队左右合击，纵火焚毁敌军舰船，杀敌无数，抓获俘虏近万人。蛮子海牙只身逃脱。

稳定了太平府后，八月，朱元璋命徐达等人再取溧水、溧阳等地，将集庆城外围的元军据点悉数拔除。接下来就是进攻集庆了。陈野先表示自己熟悉集庆的形势，愿为攻打集庆打头阵。朱元璋虽不全信，但人家主动请战，也不好拒之千里。于是朱元璋硬拉着陈野先行八拜之礼，随即把陈野先的老婆家眷送往太平，向其解释道："太平的条件虽不比集庆，可现在是战争时期，到处打仗，为了保障嫂夫人的安全，只好委屈一段时间，等打下集庆再将你们送过去。"实际上是扣作人质。

随后陈野先就很荣幸地接受了攻打集庆的光荣任务，主帅当然是张天祐，因为他看到近段时间和州军进展异常顺利，便兴奋地主动去攻打集庆。可他不知道，陈野先比他还要兴奋，陈野先的家庭成分是大地主，对这些泥腿子红巾军是充满了阶级仇恨的，暗地里吩咐属下："比画两下就行了，千万别玩真的，等我脱身后再领着你们跟红巾军干！"

张天祐带去攻打集庆的部队看热闹的人多，真正赤膊上阵的人少，加上集庆守将行台御史大夫福寿是个对政府、对组织忠心耿耿的好干部，沉着应战、指挥自若，张天祐无功而返。

九月，郭天叙自告奋勇，说是要加强前线的领导力量，与张天祐、陈野先整合部队再次进攻集庆，把集庆四面围困起来。陈野先暗中勾结福寿，要联手做掉攻城的义军。

又是老一套，一个鸿门宴就把郭、张两人绑了送给福寿。福寿也不废话，一刀一个，随后指挥元军反击。陈野先掉转枪口杀了个痛快，倒下了两万多人，残兵败将往溧阳方向逃窜，陈野先穷追不舍。当地的地主武装不知道其中缘由，听说陈野先已经归顺了红巾军，认定他就是个大叛徒，在拦截红巾军时，远远见到了陈野先的旗号，以为他也是逃命的，立刻迎了上去。陈野先看到迎上前来的是自己人的装束，刚要张口道声"同志们辛苦了"，却被对方不由分说地一顿乱砍，当即毙命。

郭、张带去的人逃回来的不到半数，多亏朱元璋有所准备。元军分两路追赶，企图趁机夺回太平，福寿倾巢出动，陆路就是陈野先的"义军"，陈野先死后，陈兆先率兵继续追击。徐达率一万多人在陆路布防，看陈兆先过来就突然杀出。陈兆先怕中埋伏，丢下数百具尸体就退了回去。徐达知道自己的人马少，也没有追赶。

水路由康茂才带着三万多人直扑采石，这场水战从早上一直打到黄昏，康茂才的水军在损失数百艘战船和丢下几千官兵后，也败退回到集庆。廖永安、廖永忠兄弟水军也损失了大小战船三百余艘及六千多官兵，总算守住了采石。朱元璋异常兴奋地说："廖氏兄弟真了不起，他们的胜利对岸上的元兵也是一个极大震撼。"

朱元璋见陈野先设计害死了郭、张二人，心里暗自高兴，他不用负任何道义上的责任就去掉了韩宋政权任命的两位上司，从此，这支部队唯一的指挥官就是他了。为了安抚郭天爵那颗受伤的心，还有家里的大脚婆（朱元璋结发妻子马秀英）、丈母娘、小姨子，陈野先的家眷当然没有好下场。不过，郭天爵也没能善终，关于他的死，有两种说法：一种是朱元璋随便找了一个借口就把他给杀了；另一种是郭天爵对这支红巾军由姓"郭"改姓"朱"极为不满，联络一些郭子兴的旧部下，企图暗杀朱元璋，夺回指挥权，不料阴谋败露，被朱元璋以"谋反罪"处死。

朱元璋完全接手了郭子兴的旧部后，于元至正十六年（公元1356年）三月初一亲率水陆两军从太平出发，来个"三打祝家庄"。陈野先死后，由其子陈兆先接管"义军"，负责集庆的外围。太平军在江宁镇（今南京西南三十千米）大败陈兆先部，陈兆先步其父后尘成了俘虏，手下三万六千人再次举手投降。此时元朝湖广平章阿鲁辉所率苗兵驻扬州（今扬州市），阿鲁辉被苗兵所杀，集庆外援断绝。朱元璋挥师攻城，福寿督兵死守。初十，太平军架云梯登城，元军支撑不住，被攻入城内，福寿领兵与太平军展开巷战，直至流尽最后一滴血，集庆终于被彻底拿下。蛮子海牙向张士诚投降，水军元帅康茂才及苗军元帅寻朝佐等率军民五十余万人向朱元璋投降。

设置江南行省

朱元璋进城后，继续严明号令，告诫将士要严守纪律，不得抢劫民财，扰乱民生，违者一律军法处置。随后又召集元朝官吏及士农工商各界代表座谈，说元朝政治腐败，导致干戈四起，我来到此地只是为民除乱，保一方平安，你们不必担心，日子还像之前一样该干吗干吗，是人才我一定重用，不好的旧政策我会废除，不让官员贪暴而殃及老百姓。大家听了都很高兴，从而安定了人心，稳定了秩序。当即改集庆路为应天府，当地儒士夏煜、孙炎、杨宪等十余人前来入伙，朱元璋兑现诺言全部留用。又设天兴建康翼统军大元帅府，以廖永安为统军元帅；赵忠为兴国翼元帅，镇守太平府。

小明王获悉朱元璋占领集庆，发来诏书，升朱元璋为枢密院同金，不久又升江南等处行中书省平章事（仅次于丞相），李善长为左右司郎中，以下诸将都升为元帅。这一年朱元璋二十九岁，初步实现了冯国用为他谋划的成就霸业的战略构想，名义上成为韩宋政权统率十万大军、独当一面的封疆大吏，麾下文有李善长、冯国用、陶安、李习、杨宪等人，武有徐达、常遇春、汤和、胡大海等战将，可谓兵强马壮，王者之风初具。

应天府据长江天险，进可出兵四方，退可凭险据守，坐拥江南富饶之地。朱元璋所建立的以应天府为中心的根据地，当时周边情形为：在长江上游（西面）有天完皇帝徐寿辉占据池州；长江下游（东南面）由周诚王张士诚占据平江、常州和浙西地区；东面由元军扼守镇江；东南邻方国珍，南面为陈友定；东北面有青衣军张明鉴占据扬州；北面为小明王、刘福通的正牌红巾军。

刘福通一直是元朝的重点打击对象，而此时韩宋政权已经展开了对元军的全面反攻，转战于北方地区，将元朝的主力部队几乎全部牵制住。东、西、北三面分别由张士诚、徐寿辉、刘福通为朱元璋的应天根据地筑起了三面屏障，将元朝的主力部队隔在外围。南边方国珍的目标在于保土割据，陈友定与后面将要出场的陈友谅没有亲戚关系，这是个对元朝政府赤胆忠心的家伙。

朱元璋处于这样一个敌友难分、形势不明的险恶环境中，要想有所作为，就必须抢在情势未明之前主动出击，闷声不响地不断做大做强。因此，朱元璋在应天府站稳脚跟后，对着地图审视了好几天，发现东边的镇江是个缺口，而且还由元军把守着，此地要是落入张士诚的手里，将直接威胁到应天府，而南边的宁国（今安徽省宣城市）也是必须掌握在手的，一旦被徐寿辉抢了先，应天府的背部将裸露在他的面前。为了保证应天府的安全，必须抢先拿下这两个据点。

朱元璋已经今非昔比，应天府新建，很多事情等着他拍板定调，那时通信又不发达，实在走不开。回想当初渡江作战之时，朱元璋命令包括自己的家眷在内全部留在和州，这段时间他先是讨了二夫人孙氏，之后又以更好地照顾郭子兴的遗属为名，将郭子兴的亲生女儿郭惠纳为小妾。到应天府后才将所有家眷从和州接了过来，有点地位的军官还沉浸在久别胜新婚的甜蜜之中，考虑到此时出兵，怕他们无心打仗，就决定派最信任的兄弟徐达挂帅攻打镇江。

由于部队扩充过快，成分复杂，加上之前和州发生过的事件，朱元璋生怕他们故技重施。因此在出战前，朱元璋与徐达唱了一出很煽情的双簧戏。千军万马已集合完毕，就等着主将的一声令下，却突然听说徐达违了纪律，说是他手下一名军需官私下藏匿财物，徐达以玩忽职守、放纵士卒罪被抓了起来，宣布要按军法处斩。众将慌忙赶了过去，这时由李善长唱红脸出面求情，汤和、常遇春、胡大海、邓愈、花云等武将不知是计，与即将出征的将佐跪了一地，一起求情。

于是朱元璋就看在众人的面子上，暂且免去徐达的死罪，不过要徐达写下保证书，保证占领镇江后，要做到秋毫无犯，否则罪加一等，继续执行军法。大家见朱元璋对昔日兄弟又是心腹爱将尚且如此严厉，自己稍有差池，恐怕十个脑袋都不够砍的。

朱元璋趁机对在场的将士再次强调："此次出兵，关系重大，要想留住徐将军的脑袋，你们就得可劲地攻城，打进城后切记不可抢掠财物，更不能杀人烧房子，谁违反军令，将与徐将军同罪。"这才命徐达、汤和、张德麟、廖永安等人一同攻取镇江。

镇江守将为元朝的平章定定，此人是元朝不可多得的死士，另外还有号称元军一代名将的杨完者。这杨完者可是大有来头，这位仁兄原本也是元末众多造反派之一，原名杨通贯，史书评价他"善骑射，能文章，有入相出将之鸿才"。他在湘西老家拉起一支几万人的苗兵，湘西民风那可是出了名的彪悍，因此这支部队的战斗力可想而知。元朝政府奈何不了，只好招安。

接受招安后的杨完者对付起义军那是相当狠，一出手就击败徐寿辉，收复了军事重镇武昌，被元朝封了个湖广副都元帅的头衔，其手下官兵也得到不同程度的奖赏。后来杨完者的苗军奉命开赴江浙，至正十六年（公元1356年）正月，张士诚攻下杭州，杨完者临危受命前去收复，在杭州打得张士诚的弟弟张士德丧师失地，"士德大溃，收拾残兵，十丧八九"。

但强中更有强中手，杨完者遇到徐达只能甘拜下风，最后跑路，平章定定战死。徐达等人进城后，军令严明，城中安然如常。徐达随即分兵连下金坛、丹阳（均属今江苏省）各县，彻底占据了镇江。

徐达占据了镇江，就为应天府在东面竖起了一道屏障。朱元璋改地名已经改上了瘾，接到战报就立马将镇江府改为江淮府，任命徐达、汤和为都元帅镇守。命令发出不久，朱元璋脑子一热，又再次把镇江府的名字给改了回来。徐达也从此战之后成了独当一面的大将。

六月，朱元璋又命邓愈率军攻取广德（安徽省广德市），将其改为广兴府，由邓愈镇守，给应天府又加了一道保障。

朱元璋和张士诚之间本来是井水不犯河水的，现在徐达占领了镇江，两军就接壤了。为了不惹恼这个邻居，朱元璋派新来的杨宪作为特使给张士诚带去了一封信，信写得阴阳怪气的，其中心思想是双方友好相处："昔日隗嚣称雄于天水，今日足下也据姑苏称王，事势相等，我深为足下高兴。睦邻守境，这是古人所重视的，我非常羡慕。

但愿从今天起我们能信使往来，不为谗言所惑，以生边衅。"张士诚收到信后，心想你小子抢地盘抢到我家门口来了，还跟老子谈什么和平相处！当场将杨宪扣下，懒得跟他废话，干脆信也不回。

朱元璋并不指望一封信就能让张士诚与他和平相处，他要争取时间筹划一件大事。原来郭天叙、张天祐死后，郭子兴的旧将邵荣、赵继祖仍然控制着郭、张二人的余部，刘福通在封给朱元璋江南行省平章的同时，还封了邵荣为行枢密院同知，为名义上的最高军事长官，地位仅次于朱元璋，用意很明显，就是要牵制朱元璋。朱元璋要争取更大的头衔，所以就授意李善长等人联名"奏请"小明王封自己为吴国公。刘福通正指挥红巾军北伐，无暇顾及太多，考虑到给头衔又不用拨钱调粮，很快就批复下来。

龙凤二年（至正十六年，公元1356年）七月，朱元璋晋封吴国公，设立江南行中书省，行使丞相职权，总管中书省一切事务。李善长、宋思颜为参议，李梦庚、郭景祥为左右司郎中，侯原善、杨元杲、陶安、阮弘道等为员外郎，孔克仁、陈养吾、王恺为都事，王璹为照磨，夏煜、韩子鲁、孙炎为博士。冯国用为帐前亲兵都指挥使，置左右前后中五翼元帅府及五部都先锋，各地方大员如徐达、常遇春、汤和等都是战斗在第一线的翼元帅府领军。另设置了一个新的机构——营田司，第一任营田使是在集庆战斗投降过来的康茂才，负责后方军士屯田事务，以缓解军粮供应的压力，还设置了提刑按察司，封王习古、王德为佥事，负责刑事诉讼。

高筑墙，广积粮，缓称王

　　吴国公朱元璋正美滋滋地搭建自己的班子，他想团结的邻居张士诚就来搞事。张士诚与弟弟张士德兄弟齐上阵，一块领兵过来攻打镇江，可张士诚不知道自己这次纯粹是来找抽的，因为他遇到的是后来有"明长城"之称的徐达。龙潭一战，张士诚被打得灰头土脸，大败而归。

　　朱元璋一看，好呀，来而不往非礼也！既然你不想好好做邻居，那就休怪我无情了。一纸命令让徐达、汤和进攻常州，同时增派三万人马去协助攻城。

　　常州是张士诚的外围核心阵地之一，一旦丢失，他的长兴、江阴将岌岌可危，若这两处再有差池，整个太湖地区就会完全暴露在朱元璋部队的枪口之下，再也无险可守。随着时间的推移，后来的战略态势也果然如此。

　　张士诚不敢怠慢，立马赶来增援，张士德和大将吕珍也随同上阵。常州之战可以说是一场决定两家之间，谁能够取得战略主动权的关键之战。

张士德作为先锋十分狂傲，没怎么把对方放在眼里。徐达充分利用了张士德的狂傲，采取诱敌深入的战术，先在外城十八里的地方设下伏兵，然后派骑兵向张士德军发动攻击。张士德指挥数万人马迎战，结果被引到了徐达设下的伏击圈，王玉率领骑兵直冲张士德的中军，王玉的儿子王虎则追着张士德乱砍，几万援兵被打得七零八落，张士德被活捉。张士诚一看弟弟被俘，十分沮丧，命令退兵。

张士诚是个孝子，又讲兄弟情义，按照母亲的意思，派使者孙君寿到应天府讲和，愿意每年拨付朱元璋二十万石①粮食、五百两②黄金，再加三百斤③白银换回张士德，然后双方停火，各守疆土。

朱元璋抓住张士诚急于赎回弟弟的心理，像个绑匪一样，狮子大开口，对孙君寿说，你回去告诉张士诚，先放了杨宪，每年再加五十万石粮食，否则一切免谈，摆明了就是要敲诈你。事已至此，张士诚也不含糊，既然谈不拢，那就接着干吧，就再派吕珍率大军援助常州。

论计谋，张士诚的班子与朱元璋的相比，差的可不止一点两点。当他把注意力都集中在常州一线的时候，朱元璋这边又派出一支奇兵，由耿炳文、刘成率领所部从广德东进，一举占据了长兴，缴获战船三百多艘，彻底切断了常州与湖州之间的联系。常州的水上运粮通

①　1石=135斤=67.5千克。

②　1两=50克。

③　1斤=500克。

道不复存在，有力地支援了徐达、汤和的常州之战。此时的耿炳文根本没有料到，他钉在长兴就抑制住了张士诚向西扩张的企图，而且他一钉就钉了将近十年。在这近十年的时间里，不管朱元璋与陈友谅之间打得怎么热火朝天，张士诚始终无法突破江阴—常州—长兴这条防线去进犯应天府。

可眼下的常州却打得异常艰难，徐达他们久攻不下，朱元璋十分恼火，着令徐达以下官佐一律官降一级。八月，他又写了一封措辞严厉的批评信，批评徐达指挥不力。九月，再也坐不住的朱元璋亲临镇江督战。十一月，朱元璋孤注一掷，又调拨了两万精兵赶来增援，可常州还是岿然不动。

直到至正十七年（公元1357年）三月，在弹尽粮绝之下吕珍被迫撤出常州，历时九个月的常州之战才宣告结束，朱元璋大获全胜。三个月之后，江阴要地也被吴良轻松拿下，至此，一道遏制张士诚水师西进的屏障构建起来。张士诚被紧紧地压缩在了太湖流域以东，再也难以对朱元璋的核心地区构成威胁。虽然双方从没消停过，大大小小打了上百仗，但张士诚毕其十年之功也没能越过这道屏障一步，而且地盘是越打越小，直至退出历史舞台。

我们知道朱元璋当初在地图上画了两个圈，镇江搞定了，按照既定方针，接下来就应该是宁国了。至正十七年（公元1357年）四月，朱元璋又命徐达、常遇春自常州回师去攻占宁国城。出人意料的是，这又是一块难啃的硬骨头，宁国城不算大，可却异常坚固，更要命的是驻守该城的是个让所有对手都为之畏惧的猛人。此人叫朱亮祖，其身份跟陈野先的性质一样，为亲元朝的"义兵"元帅。宁国的驻军分为两部分，驻扎城外的部队清一色使用长枪，号称长枪队，长枪队元帅叫谢国玺，他们不但枪长，腿也很长。前阵子听说朱元璋的部队刚拿下广德，谢国玺就想趁对方立足未稳过去搞点打砸抢活动，哪知被邓愈打得满地找牙，只好乖乖滚了回来。谢国玺听说这次带兵过来的徐、常两人比邓愈还要狠很多倍，当场就怕了，招呼也不打一声，就带着手下连夜逃到了宣州。

对于长枪队的逃跑，朱亮祖没当回事，见徐达的部队开到城外，抄起家伙就冲了出去。双方大打出手，常遇春见朱亮祖一把大刀十分了得，刀锋所到之处就是一片血光，当即迎了上去，真是棋逢对手、将遇良才，直杀得天昏地暗、日月无光。正打到酣畅处，常遇春的腿肚子被一支流矢射穿。可常遇春根本无暇顾及，朱亮祖实在太厉害了，稍一分神就可能成为他的刀下鬼，只好瞪圆双眼死扛着。

徐达见常遇春挂了彩，连忙过来支援，常遇春才趁机脱身。徐达与朱亮祖又打了半天，也没能讨到半点便宜，只好收兵回营。大家见连常遇春都打不过朱亮祖，未免有些气馁。徐达不服气，次日再遣赵德胜、郭兴双双出战，却被朱亮祖撵着跑，常遇春带伤上阵才稳住了阵脚。

朱元璋听到报告也傻眼了，连徐达都对付不了，看来得亲自出马了。朱亮祖听说朱元璋来了，兴奋地大叫："来得好，省得老子去应天府找他！"朱文贵劝他："哥，朱元璋带来不少人马，可要当心啊！"朱亮祖哪里听得进去，带着手下就冲出了城门，很快就看见一张很特别的脸，知道那就是朱元璋，二话没说就冲杀过去。

这正中朱元璋下怀，他早就让冯国用、陆仲亨在南门外的树林中做好了埋伏，便引着朱亮祖往南边败退。朱亮祖只记着擒贼先擒王这条古训，却忘了还有一个瓮中捉鳖的把戏，等候已久的冯、陆二人见朱亮祖过来，突然杀出。此行朱元璋还带着胡大海、周得兴等一大批猛人，可朱亮祖手下并非个个都是朱亮祖，他一个人再厉害也敌不过众多猛将的车轮战，终成了对方的俘虏。

朱元璋得到了宁国这座山城的同时，还收获了朱亮祖这员猛将，他归降之后答应带人去把宣州拿下作为见面礼，后来更是为朱元璋驰骋疆场，为大明王朝的建立立下赫赫战功。这时一个名字进入观众的视野，他就是中国历史上最后一个宰相胡惟庸，胡惟庸是定远人，在和州就加入了朱元璋的团队，一直在元帅府当差。朱元璋随即让他担任宁国县令，虽然他后来的事迹不大光彩，但当时确实是个好官，把宁国治理得井井有条，被当地百姓称为"胡青天"。胡惟庸的青云之路就是从这里起步的。

如今的形势对朱元璋来说，不是小好，也不是中好，而是大好。他在东线展开攻势之时，在西线是以防守为主，因为当时西边徐寿辉天完政权的控制范围还局限在安徽省的西南部，未到达安庆，并且要忙于与元军开战，更为重要的是此时天完政权内部的争权夺利正愈演愈烈，根本无暇东顾。因此，朱元璋的下一个目标是全力向南发展，赶在天完政权反应过来之前，把安庆以东、芜湖以南、浙江以西和江西以北这一大块地盘先划到自己的版图上。

对朱元璋来说，至正十七年（公元1357年）是一个丰收年。七月，骁将邓愈和胡大海联手拿下徽州，朱元璋将宁国路和徽州路一并交给邓愈镇守，他对这位青年将领非常看好。邓愈也没有辜负朱元璋的厚望，向他推荐了一位对朱元璋的帝业起着重要影响的人物——老儒朱升。

朱升出生于书香世家，一生出版过大量著作，为了躲避战乱跑到一个叫石门的地方开培训班赚钱糊口，自称隐居不过是一种营销策略，不然朱元璋也不会轻易找到他！

朱升见终于有人肯赏光，就献出了潜心琢磨已久的九字真言"高筑墙，广积粮，缓称王"。这就是能耐，把深奥复杂的理论简单化。这九个字直白、简单，他终其一生对朱元璋所做的贡献也就这九个字，不过对朱元璋来说已经足够了。就像一个人在思考问题遇到瓶颈时，有人从旁点拨一句就豁然开朗一样，朱元璋得到这并不深奥的九个字后，就把其当作今后一切工作和行动的指南。而朱升也靠这三句话彻底摆脱了办培训班过日子的生涯，从此过上了荣华富贵的日子，又一个知识改变命运的生动例子。

攻占扬州

朱元璋在南线主战场是攻无不克、战无不胜，划拉了不少地盘，同时在西面，常遇春攻取了池州，在江北，除了据守泰兴外，缪大亨已经将目光投向了扬州。

扬州原来是由元镇南王孛罗普花镇守，倚仗着手里一支无比强悍而又凶残的义兵让很多人不敢窥视，义兵头领叫张明鉴。

张明鉴于至正十五年（公元1355年）在淮西聚众起兵，政治立场亲元，以青布作为旗号，又以青布裹头区别于红巾军，号称"青军"。张明鉴惯使长枪，手下也有样学样跟着使用长枪，因此又称长枪军。这支武装好勇斗狠，纪律极差，一路烧杀抢掠无恶不作，所过城镇一片狼藉，江北含山、全椒、六合、天长、扬州一带，无不闻之色变。由含山转而准备攻打扬州时，张明鉴被镇南王孛罗普花招降，被授为濠、泗义兵元帅。青军摇身一变，就成了元军的一部分驻守扬州，并帮助孛罗普花抵挡住了张士诚的几次进攻。张士诚抽兵南下后，扬州压力骤减，张明鉴自恃守城有功，逐渐骄横起来。

至正十六年（公元1356年）江北闹起饥荒。三月，由于扬州缺粮，张明鉴向孛罗普花建议，出兵南下，打通粮道，以救饥馑，并怂恿孛罗普花说扬州有王气，愿意帮助他再上一个台阶（意为拥他为帝）脱离元王朝。孛罗普花吓得不轻，他既不敢接受张明鉴的好意，也不同意出兵南下。他的任务就是坚守扬州，好好当他的王爷。

张明鉴碰了一鼻子灰，就纵容手下捕杀城中百姓充作军粮，对这种吃人的行径，就连孛罗普花都看不下去。张明鉴干脆发动哗变，孛罗普花弃城逃往淮安，后被赵均用所杀。

张明鉴没有什么远大目标，即便占据了扬州也只是窝在城中，不敢出兵争夺领地。缪大亨听说了扬州的情况后，向朱元璋建议攻打扬州，说这家伙如今饿得快要崩溃了，正是容易招抚的时候，一旦等他缓过劲来，就难以控制了。这张明鉴的那股狠劲正是我们所需要的，千万别让他落到别人手里。朱元璋非常赞同。

十月十四日，朱元璋在长江举行盛大的阅兵式，随后命缪大亨率部奔赴扬州。之后，扬州就被缪大亨率领的军队围得如同铁桶一般，张明鉴不敢与缪大亨对抗，率部归降，共有战马两千，部众数万。朱元璋命令把青军将佐的家眷全部送到应天府扣为人质，在扬州设置江南分枢密院，让缪大亨出任同金枢密院事，总领扬州、镇江。

据《元史》记载，扬州路的人口原本有二十多万户，而到了朱元璋手里后，缪大亨命新任扬州知府查勘扬州户籍人口，发现只剩了十八户，其余的多被张明鉴及其部下给吃了。今天的扬州还保留有一条"十八家巷"，就是六百多年前"吃人张"张明鉴的罪证！至于张明鉴的下落，没有确切的史料记载。不过根据他所犯的滔天罪行，自命吊民伐罪的朱元璋，应该是把他处死了。朱元璋下令再造一个扬州城，并调拨了大批粮食救急，青军将士早已吃腻了人肉，见到粮食无不欢呼雀跃。

人生舞台上有赢家就有输家，资源有限，抢到了就是赢家。一年下来，朱元璋赚得盆满钵满，可有几家日子却混惨了。元惠宗就不说了，这一年刘福通兵分三路北伐，让强悍凶猛的蒙古人顾此失彼，疲于奔命。

对张士诚来说，这一年也是够背时的，几乎是每月都要丢失一座城池：二月失长兴、三月失常州、五月失泰兴、六月失江阴、七月失常熟，弟弟张士德还当了俘虏。元朝政府又趁机从背后捅刀子，八月命令方国珍出兵讨伐张士诚，方国珍拿了朝廷的军饷不敢怠慢，派出五万水师进攻昆山。张士诚派出史文炳、吕珍率七万水师迎战，结果被打得溃不成军，方国珍连战连捷，兵临昆山城下。张士诚失城丧地，又损兵折将，无奈之下，便使出当时很多义军都在使用的招数——向元朝政府请求投降。这对张士诚来说已经不是第一次，可元朝政府既不接受教训，更不愿意费劲去打仗，接受张士诚的请降后，授予他太尉之职，方国珍也因征讨有功授升太尉，皆大欢喜。

这一年对徐寿辉来说也够悲哀的，他先是差点被倪文俊谋害，后又来了个陈友谅，权力完全被架空，正逐步沦为陈友谅控制下的傀儡。他眼下的工作重心是如何把权力夺回来，而不是对付外敌。天完政权已经陷入了严重的内忧外患之中。

朱元璋为了避免两线作战，一直把发展的重点放在东南方向，尽量避免与西边的徐寿辉发生摩擦，可一个偶然的事件让情况发生了变化。至正十五年（公元1355年）五月，池州路铜陵县的政府官员迫于天完军的压力，带上户册、印信主动来到宁国，交给了徐达、常遇春，常遇春率部进驻铜陵。

不久，池州也想效法铜陵，不过此时的池州在天完政权的管辖之下，池州路总管跑到铜陵告诉常遇春，池州城中没有多少驻军，城防空虚。常遇春一听有利可图，来不及请示报告，拉上廖永安就溯江西进，一举从天完军手里夺取了池州，为后来朱元璋与陈友谅之间发生大规模军事冲突埋下了伏笔。

进入至正十八年（公元1358年）后，各方又开始忙碌起来，在江阴、常州一线，朱元璋与张士诚两家展开一系列攻防战，双方都没能从对方身上讨到便宜。进入相持阶段以后，朱元璋又抽兵投入南线，此时他把目光瞄向了建德、衢州、婺州、处州等浙江西部重镇。

三月十八日，邓愈、李文忠、胡大海奉命从徽州显岭向东进发，攻取了张士诚的建德路，朱元璋将其改名严州府后，命胡大海镇守。六月，李文忠进攻军事要地婺州（今浙江省金华市），婺州地处浙江的交通要冲，占领了婺州就等于控制了两浙。然而李文忠攻了近十天，婺州还是未能攻下，朱元璋亲自率领十万大军前往婺州。

朱元璋到来时，婺州城内聚集了大量元军，他们隶属许多不同派系的将领。其中值得一提的是一个叫石抹厚孙的元将，他哥哥石抹宜孙是浙江行省参知政事，坐镇处州（今浙江省丽水县）。石抹宜孙自称是契丹人的后裔，不仅文武双全，而且对元朝政府忠心耿耿。

本来石抹厚孙是奉哥哥的使命前来救援的，可没想到他的到来反倒加速了元军的败亡。原来婺州城中派系林立，有行枢密院同金宁安

庆、南台侍御史帖木烈思，外加两位大员达鲁花赤僧住和浙东廉访使
杨惠。

石抹厚孙的到来打破了婺州城的政治格局，被彻底孤立的宁安庆
适时地收到了朱元璋的劝降信，于是打开城门迎接红巾军进城。朱元
璋占领了婺州之后，改名宁越府，并在该城设置了应天府在浙江的派
出机构"江南等处行中书省分省"，打的依然是大宋旗号，让李善长
在行省门前竖起两面大旗，分别写上"山河奄有中华地""日月重开
大宋天"，在大旗两边又各竖了一块木牌，分别写着"九天日月开黄
道""宋国江山复宝图"。

婺州是儒学的中心，有"小邹鲁"之称。朱元璋在此招揽了一批
文人儒士为他所用，以扩大他的影响力和号召力，其中就有当地很有
名望的王冕和宋濂。朱元璋委任王冕为咨议、参军，委任宋濂为五经
师。也就是从这个时候起，朱元璋开始一本正经地跟儒学结缘，一改
之前说话的语调，刻意"之乎者也"了起来，并聘请许元、叶瓒玉等
十多位儒士参议军政大事。

朱元璋占领了婺州，就与老奸巨猾的浙东军阀方国珍接壤了，为
了避免同时与两个强敌开战，朱元璋主动派人到方国珍的老巢庆元
（今宁波市），请他提供必要的支援。方国珍知道朱元璋兵锋正盛，
不好惹，自己身处四战之地，北有张士诚，南有福建的陈友定，西面
又多了一个强敌，无奈之下只好假意应承，派人带上大批金银财宝送
到婺州，以示愿结同盟，联手对付张士诚。朱元璋不管方国珍是真心
还是假意，要的就是他这个态度。

搞定了方国珍后，朱元璋于至正十九年（公元1359年）正月，命

耿再成领兵进驻处州北面的门户缙云，给石抹宜孙施压，同时又让胡大海进攻张士诚在浙南的门户诸暨，并很快攻克了诸暨，向绍兴挺进。

张士诚为了缓解南线的压力，实施了围魏救赵的策略，在北面进攻朱元璋的江阴、常州、长兴等要地，当时是"耿炳文守长兴，吴良守江阴，汤和守常州，皆数败士诚兵"，朱元璋"以故久留宁越，徇浙东"。

到至正十八年（公元1358年）的下半年，朱元璋的南线攻势取得了突破性进展，"九月，常遇春克衢州，擒宋伯颜不花"，"十一月壬寅，胡大海克处州，石抹宜孙遁"。经过两年的征战，南线战事暂告一个段落。浙江由张士诚、朱元璋和方国珍三家瓜分完毕，张士诚控制浙北四府，朱元璋控制浙西四府，方国珍则仍然占据浙东沿海。

第五章

丧师失地的『大汉天子』

强劲的对手陈友谅

在朱元璋与张士诚打得热火朝天的时候，天完政权的内斗也进入了白热化，至正十七年（公元1357年），丞相倪文俊已不满足于只做个权臣了，想唱出弑君篡位的好戏，阴谋败露后逃奔到他一手提拔的亲信陈友谅处。上梁不正下梁歪，陈友谅早就觊觎他的位置，趁机以谋逆罪诛杀了倪文俊，收编了他的部队，然后自称宣慰使，又改称天完国平章政事，控制着天完国的实权，成为徐寿辉的又一个噩梦。

陈友谅，出生于沔阳（今湖北省仙桃市），是长年在海上以打鱼为生的渔民后代。其祖上姓谢，因为祖父当了陈家人的上门女婿，他父亲就随母姓陈。陈友谅小时读过几天私塾，据说曾有风水先生说他祖父葬的地方不错，将来会出贵人。陈友谅牢牢记住了风水先生的话，通过走后门谋了一份小县吏的差使。而他的老板徐寿辉则是卖布出身的，那个时候生产力还不发达，社会分工还没那么细，很多人家要买布回家自己缝衣服，所以徐寿辉只能扛着布匹满大街叫卖。一来二去被白莲教头子彭莹玉（又称彭和尚）相中，说他身格魁伟，相貌非凡，是"弥勒降生"，有王者之气。

至正十一年（公元1351年）五月，北方的白莲教韩山童、刘福通等人在大别山暴动。彭和尚串通麻城铁匠邹普胜、黄州渔民倪文俊等人，硬拉上徐寿辉一起造反，此举无非是想沾徐寿辉所谓的王气。攻占了蕲水和黄州路后，彭、邹、倪等人就以蕲水为都拥立徐寿辉称帝，定国号"天完"，建元"治平"。

陈友谅既然读过书，肯定知道乱世出英雄这个道理，意识到机会来了，便当即炒了政府的鱿鱼，加入了造反大军。他最初在倪文俊手下当个小文书，不久凭着聪明才智和处心积虑的谋术，博得了倪文俊的好感和信任，竟混了个元帅的头衔。

陈友谅既已认定自己的祖坟会冒青烟，他的野心就小不了。为达目的他会不择手段，更不会放过任何机会，倪文俊给他提供了太多的机会，临死还给他创造了一个绝好的机会。

至正十八年（公元1358年）年初，野心爆表的陈友谅挥师由黄州顺江东下，准备夺取安庆。安庆位于安徽省西南部，长江下游北岸，其上扼黄州，下锁应天府，战略位置十分重要，元朝政府派淮南行省左丞余阙驻守。

余阙，先世为唐兀人（唐兀人是元统治者对以党项族为主体的西夏移民的称谓，在元朝也被视为色目人的一支），世代居住在河西武威（今甘肃省武威市），他的父亲到庐州（今安徽省合肥市）做官，他出生在庐州，也就成了庐州人。陈友谅进攻安庆，有党项血统的余阙率领全城军民拼死抵抗，城破之日，余阙自杀殉国，他的老婆及一双儿女也投井自尽，其手下一千多人自焚而死，这是元朝末年极为罕见而又悲壮的一幕。陈友谅感念其忠勇，称之为"天下第一人"，给予厚葬。

陈友谅占领安庆后，将兵锋指向了池州。四月初一，陈友谅一举攻克池州，守将赵忠兵败被俘身亡。至此，陈友谅占据了长江上游两岸的两个要塞，对应天府构成了直接的威胁。

朱元璋明显已经感受到了巨大的压力，可他此时的战略重心在浙江，他的主力部队正在东、南线作战，无力西顾。陈友谅抓住时机继续扩张领地，江西地区任由他攻取，大部分州县被他收入囊中。直到一年之后的至正十九年（公元1359年）四月，朱元璋才算腾出手来，派徐达、俞通海收复了池州，从而引发了两个集团的全面冲突。

陈友谅安排镇守安庆、池州一带的人选是赵普胜，此人就是之前巢湖义军的二把手"双刀赵"，李国胜带队到和州投靠朱元璋时半路开溜的那个家伙，如今已经成了陈友谅手下的一员悍将。俞通海再见赵普胜时，就从生死与共的战友变成了你死我活的敌人，双方各为其主，展开厮杀。

天完政权内部矛盾重重，致使他们在与朱元璋的角逐中软弱无力。尽管陈友谅战斗力爆表，可由于受到徐寿辉的掣肘，加上赵普胜也是个有野心的人，他也想取代陈友谅，早已暗中向徐寿辉表了忠心，两人紧密合作，内外勾结，共同制衡陈友谅，让他有劲无处使。两人以为配合得天衣无缝，殊不知死神已经在向他们招手。

至正十九年（公元1359年）九月，陈友谅以要在池州地区组织会战为名，从江州领大军东下，驻守安庆的赵普胜派人驾船亲自前去迎接。陈友谅将船停在雁水义，满脸笑容地邀请赵普胜上船。赵普胜刚登上船就被绑了起来，陈友谅历数了他的罪过后，以图谋不轨的罪名把他剁了丢进江里。赵普胜终究没有像陈友谅杀了倪文俊，收编其部队那样的机会了。

陈友谅除掉了赵普胜后，仍按照原计划袭击池州。被陈友谅杀害的倪文俊和赵普胜都是天完政权的元老，倪文俊就不用说了，赵普胜是彭莹玉辈分最高的"普"字辈弟子，又是天完政权的"四大金刚"（另外三人为邹普胜、丁普郎、傅友德）之一，很多中层军官都是他们一手带出来的，他们创建天完政权的时候，陈友谅还是元朝政府的小吏。如果说倪文俊被杀还事出有因的话，他杀赵普胜就引起了很多人的不满，他们秘密联系驻防池州的俞通海、廖永忠等老熟人，将情报传送了过去。

朱元璋接到报告后，当即派徐达、常遇春赶往池州，并面授机宜，让他们以五千人守城，把大部队拉到九华山设伏，布一个口袋阵让陈友谅来钻。

至正二十年（公元1360年）五月，陈友谅率部直扑池州，命令将士们猛冲，奋力登城，争取速战速决。天完军正在奋力攻城之际，九华山下的伏兵突然杀出，城内守军也冲杀出来，陈友谅遭前后夹击，被打得落荒而逃，死伤一万多人，三千多人被俘。

徐寿辉接到陈友谅吃了败仗的消息后，就考虑要趁此机会亲自到陈友谅那里走一趟，陈友谅杀害了赵普胜让他感觉到更加无力约束此人，为此他要赤膊上阵，试图夺回军权，必要时不惜跟陈友谅摊牌，这个傀儡他实在不想再当下去了。于是以要"迁都"龙兴为名，带着几万人从汉阳出发，直奔江州而来。

看得出来，徐寿辉是抱着不成功便成仁的决心出发的，又或许他这些年被人哄得多了，真的以为自己是弥勒佛降生，能降伏陈友谅这个凡人。至正二十年（公元1360年）五月，徐寿辉从汉阳来到陈友谅的大本营江州（今江西省九江市）。陈友谅正为吃了败仗而窝火，听说徐寿辉不请自来，火气就更大了，他早就不耐烦徐寿辉的存在了，便派兵在城外设伏，将徐寿辉一行迎进城中，即刻关闭大门，把数千人杀了个精光，把徐寿辉变成一个真的孤家寡人给供了起来。

陈友谅准备好文件让徐寿辉签字，封他为汉王，在江州设置王府。完全摆脱束缚的陈友谅可以按照自己的意愿去干他想干的任何事情了，对他而言不找朱元璋报一箭之仇，心情就好不了。闰五月初一，距池州战役还不到一个月，陈友谅就开始了他的复仇之旅。这次他在战术上做了调整，率领船队绕过朱元璋的第一道防线池州，直接去攻击下游的太平府，徐寿辉则被安排在船上"御驾亲征"。

太平府是朱元璋渡江后赖以发家的第一座城池，又是应天府西面的门户，重要意义不言而喻，朱元璋命猛将花云、养子朱文逊一同镇守。陈友谅这次是有备而来，手中握有王牌———艘超巨大的战船，船尾几乎与城墙等高，这是针对太平府城墙倚江而建的特点打造的。陈友谅趁着涨潮命水手掉转船头，让船尾靠近城墙，汉军从船尾登上城墙，从而一举攻陷太平府，花云、朱文逊等人或战死，或被擒杀。

陈友谅世代渔民，对船只的使用可谓是行家里手，太平府一击得手，令他异常得意。他认为凭着这种先进的巨船战法，在整个长江水域可以通吃了，消灭朱元璋指日可待，于是指挥战舰继续顺流东下，准备一举拿下应天府。

人一得意就会忘形，如今的陈友谅已经得意到忘乎所以了，当船队行驶到采石村时，他命人将徐寿辉"请"到武通庙里，然后让手下的一个壮汉一锤子就砸碎了天完皇帝徐寿辉的脑袋。

于是，一座破庙，几句"万岁！万岁！万万岁！"的欢呼，陈友谅就实现了自己的夙愿，为风水先生做了一次活广告。一套简单的程序过后，陈友谅就成了大汉皇帝，年号大义，封邹普胜为太师，张必先为丞相，张定边为太尉。

南京，南京

　　陈友谅终于到达了他的人生顶点，从汉王到汉帝，实现了质的飞跃，这是当年汉高祖刘邦所走的路，他决心要效仿刘邦再复制一个大汉王朝，让自己也成为千古一帝。他确实有理由也有本钱这么想，因为此时陈汉政权的势力包括今天的湖北、湖南、江西三省全省和安徽、浙江、福建的部分地区，相当于今天中国四个省的地盘，是江南地区最强劲的割据势力。相比之下，朱元璋的势力仅有今江苏、安徽部分地区及浙江的中部、南部，相当于今天中国一个省的地盘，和陈友谅根本不是一个级别。

　　朱元璋听说太平失守后慌了神，从太平到应天府走水路只有半天的路程，当年他就是从那里打进应天府的，他非常清楚陈友谅的大军随时可能兵临城下。更要命的是，一旦东面的张士诚与其联手西进，他将面临腹背受敌的局面，应天府将岌岌可危。

　　危急时刻，朱元璋马上召集在应天府的所有谋士、武将召开紧急会议商讨对策。就像普天下所有会议一样，免不了有左、中、右三种意见。有人提出从陆路收复太平府，有人主张放弃应天府，退守钟山保存实力，还有人建议干脆投降陈友谅算了。

朱元璋对这三种意见都不认同，但一时又拿不出好的方案，他现在最需要的是有建设性的意见，而不是在这里耍嘴皮子瞎扯，他神情异常严峻地扫视着每个与会者的脸。整个会场鸦雀无声，有的人是真想不出什么好办法，更多的人估计在考虑自己的后路了，对于他们中的很多人来说，朱元璋打赢了，他们可以得到高官厚禄，打输了，可以一拍屁股走人，换个"老板"再去"应聘"。

见大家各怀鬼胎，有一个人开口了，朱元璋一看此人，脸上才稍稍缓和了些，原来此人是朱元璋耗费了不少口舌才刚招过来的谋士刘基，字伯温，处州青田县南田乡（浙江省温州市文成县）人，大地主出身，曾担任过元朝江浙省元帅府都事，主要任务是帮助当地政府平定浙东一带的盗贼，特别以方国珍为打击对象。据说此人满腹经纶，精通天文、兵法、数理等，因此朱元璋才大费周折地把他纳入麾下。

刘基刚来时曾向朱元璋提出如何改变四面受敌的局面和进而夺取天下的"十八策"，颇有诸葛亮"隆中对"的韵味，朱元璋深以为然。见他发言，朱元璋才稍微缓了口气。其实刘基的发言也没什么新意，还是重谈他之前跟朱元璋说过的先灭陈友谅的老调，不过接下来的几句话就至关重要了，刘基指出投降或逃跑是下下策，唯一的出路是坚决抵抗。

朱元璋听到了他最想听的话，让其他人散会，留下几个有分量的人继续密谋。朱元璋和刘基的看法基本一致，敌人十倍于我，又有大船巨舰，正面迎击不管是水上还是陆地都无胜算。最后决定施行反间计，让康茂才诈降，诱使陈友谅的水师前来进攻应天府，设伏打掉他倚仗的大船，同时派胡大海作为奇兵从陆路直捣信州（今江西省上饶市），从后方牵制陈友谅。

康茂才是朱元璋打应天府的时候投降过来的义兵水师统帅，一直得到朱元璋的重用，如今担任营田使一职。不得不佩服朱元璋，他连康茂才家里的一名仆人都了如指掌，这个仆人先前曾在陈友谅家里干过差事，后来不知何故转到了康茂才家里，朱元璋就要利用此人下盘好棋，于是就交代康茂才如此如此这般这般。

这是朱元璋前一阵子认真看书学习的回报，他从火烧赤壁中得到灵感，让康茂才当一回黄盖。陈友谅完成了登基仪式后并没有直趋应天府，而是返回了江州老窝，并差人送信给张士诚，约定联手灭了朱元璋平分其领土。张士诚很知足，只想故步自封，因此不予理睬。

陈友谅没有收到张士诚的回音，却意外收到了一封鸡毛信，写信的人是他的老乡康茂才。康茂才说他听闻老乡荣登皇位，如今又率大军前来，眼下的应天府是人人自危，他也要为自己的今后做打算，愿意里应外合帮助大汉皇帝拿下应天府，事成之后能在大汉政权内安排份差事就心满意足了。

陈友谅听送信人说他原来就是陈家的仆人，找管家过来一看，果不其然。陈友谅一句"天助我也"就深信不疑，仆人口述了康茂才的计划：他将把从长江通往应天府西城的三叉河上的木桥，也就是当地说的江东桥挪开，让陈友谅的大船经秦淮河直抵应天府城下，打朱元璋个措手不及。

陈友谅让仆人回去告诉康茂才，他将于三天后的黄昏抵达江东桥，到时以呼叫"老康"为号，让他做好接应。朱元璋得到谍报，马上动员起来，首先让李善长带人加班加点把江东的木桥拆了砌成石桥，再命杨璟、赵德胜在大胜关、新河河口把守，并在所有的滩头阵地打下尖头的木桩，防止陈友谅另派偏师从这两处登陆，最后令康茂才率领主力在江东桥设下埋伏，全力对付陈友谅的主力。

朱元璋才布置停当，陈友谅的弟弟陈友仁就率领一万多人的先头部队在龙湾袭击了明军邵荣部，很显然，这支部队是来寻找登陆点，建立前沿阵地等待大部队到来的。这一变故传递了一个信息：陈友谅有可能把主力留在龙湾建立稳固的大本营，只派部分水军前往江东桥，视战事进展情况再做下一步行动。这就意味着将主力集中在江东桥，不但达不到全歼汉军的目的，还有可能被汉军来个反包围。

于是，朱元璋迅速做出调整，将原来准备在江东桥设伏的主力改为在龙湾一带设伏，布下新的口袋阵。

陈友谅于六月二十三日率主力顺江东下，先是试探性攻打大胜关，在遭到杨璟部的顽强阻击后，继而转向江东桥。

陈友谅一路驶来也没见到有木桥，令他困惑不已。当见到有座石桥的时候，他不敢确定是否就是与康茂才约定的接头地点，于是他双手并成喇叭状"老康，老康"地喊了起来，可喊破嗓子也未见回应，这个时候，即使再笨的人也知道是怎么回事了。据说此后朱元璋军队高层常常以此事取乐，地位与康茂才相当的人，跟他打招呼时也模仿陈友谅的样子和腔调"老康——"地叫上一声，特别是常遇春，每次见到康茂才总爱叫上好几遍，连不苟言笑的朱元璋见了也会心一笑。

陈友谅知道被人耍了，虽然恼怒，但并不慌张，指挥大军从容返航，向陈友仁所在的龙湾驶去。汉军虽然绕了半天道，但都是待在船上，并未消耗体力，靠岸后，官兵们纷纷飞身下船，在滩头立栅，准备结阵进攻。朱元璋把指挥部设在了卢龙山顶上，把汉军的行踪看得一清二楚。

此时在龙湾周围，北有常遇春、冯国胜在石灰山的伏兵和张德胜的水师；南有徐达在应天府的伏兵；对面有朱元璋在卢龙山上的主力，陈友谅已是瓮中之鳖，就等朱元璋来收拾了。

朱元璋军部将早就摩拳擦掌，蠢蠢欲动了。此时的朱元璋大将风范尽显，他说道："这天眼见要下雨了，让将士们先吃饭，吃饱了肚子再趁大雨出击，痛打落水狗！"

就像当年他爹娘下葬时一样，刚才还烈日高照的天空突然下起倾盆大雨，老天似乎总在冥冥之中眷顾着朱元璋，不过这次要埋葬的是陈友谅的十多万大军。朱元璋令旗一挥，常遇春、冯国胜领三万伏兵从北，徐达率军从南，同时发起冲锋。张德胜的部队从水上出击，陈友谅的十多万部队在雨中视线大受影响，只见黑压压全是明军，顿时慌作一团，死的死、降的降，部分官兵跑向河岸，想重新回到他们那巨无霸的战船上，可老天存心要灭他们似的，恰逢退潮，大船搁浅，无法动弹，导致淹死的、踩死的不计其数，被杀死的达两万多人，七千多人举起了双手。

朱元璋大获全胜，收下了陈友谅送上门的指挥舰以及混江龙、塞断江、撞倒山、江海鳌等百余艘大船和数百艘小船，陈友谅比当年曹操跑路时好不到哪去，一路被明军追杀。明军不仅乘势收复了太平府，还攻克了安庆。

　　龙湾之战不仅严重地打击了陈友谅的嚣张气焰，也使得应天府的局势转危为安，初步扭转了战略困境，充分展现了朱元璋的远见卓识和高超能力，以及他洞察战争规律，在战争中机动灵活的应变能力，充分利用天时、地利、人和，从而选择最佳时机一举打败强敌。这一战既解除了来自西面的威胁，又打破了陈友谅和张士诚的结盟，试想如果陈友谅获胜，张士诚会毫不犹豫地与陈汉政权联合。

　　战后的朱元璋并没有盲目乐观，他一如既往地保持着冷静，他清楚虽然暂缓了陈、张之间的结盟，但并没能从根本上消除这种可能。陈友谅虽然一时受挫，但他的实力仍远远大于朱元璋，肯定还会卷土重来，而东边还有近邻张士诚在虎视眈眈，他们随时都有可能勾结起来，形成东西夹击之势。因此，朱元璋要想在战略上获得主动权，就必须保持对陈友谅的胜势，不能出现任何闪失，否则张士诚就会从背后给予致命的一击，说不定连方国珍也会趁火打劫，尽管他目前一副低眉顺眼的样子。

招降纳叛引发危机

　　踌躇满志的陈友谅这次东下，虽然捞到一个皇帝的头衔，却被打得丧师失地，狼狈不堪。陈友谅不是个轻易认输的人，一年之后的至正二十一年（公元1361年）七月，他再次向朱元璋发起挑战。第一个目标是安庆，由骁将张定边率部发起突袭。守将赵仲中抵挡不住，弃城逃回应天府，赵仲中是随巢湖水师过来的旧将，并非朱元璋的嫡系，朱元璋不顾众人的求情，以临阵脱逃罪将他处斩，让他的弟弟赵庸接替其职务。

　　八月，朱元璋亲自率领水师发起反击，可却在安庆遇到了顽强抵抗，朱元璋军在久攻不克之下，干脆置安庆不理，直接向陈友谅的老巢江州挺进。陈友谅开始尝到弑君篡位的恶果了，驻守小孤山（位于江西省彭泽县北长江中）的丁普郎、傅友德向朱元璋请降。

　　丁普郎与赵普胜同为彭莹玉"普"字辈弟子，有着很深厚的情谊，二人对陈友谅杀害赵普胜和徐寿辉极为不满。傅友德原来是北方红巾军刘福通手下的一名偏将，跟随李喜喜转战关中，兵败后退往四川。后来原属徐寿辉部将的明玉珍占据重庆，攻打成都，全面占领了四川，傅友德便归顺明玉珍，因为不被明玉珍重用，又转而到武昌投奔了陈友谅。

陈友谅让他协助丁普郎驻守小孤山，傅友德与朱元璋同属北方红巾军的战斗序列，久闻其大名，早就有转投应天府的意向，偏又遇上同道中人丁普郎，两人一拍即合。朱元璋见傅友德生得膀大腰圆，又是久经历练的将领，喜不自胜，当即让他跟随常遇春一同征战，从此傅友德在朱元璋麾下征战四方，成为大明王朝的开国将领之一。

至正二十一年（公元1361年）九月二十三日，明军抵达鄱阳湖的入口处——湖口，陈友谅派水师迎战。跟一年前相比，双方水上实力完全掉了个个儿，明军从两侧包围了汉军。在损失了一百多艘大小战船后，陈友谅只好撤到九江以南湖内的港口，夜里，他趁黑躲过了众多耳目，骗过了朱元璋军的水师，逃回了武昌。

次日，朱元璋军对江州发起进攻，利用从对方手上缴获来的大船，以其人之道还治其人之身，将士们从船尾登上城墙，轻而易举地拿下了江州。在得知陈友谅在头天晚上已带着妻妾逃往武昌后，朱元璋当即令徐达率领一支舰队前去追赶。徐达没能追到陈友谅，一气之下在汉阳城外抛锚，封死了陈友谅的出路，一直封到至正二十二年（公元1362年）四月。

朱元璋占领江州后，在整个江西发起了一场声势浩大的政治攻势，目的是迫使江西各州府官员过来投诚。南康、饶州、建昌等地先后派代表送来了投降书，湖北东部也有三个城市归附。朱元璋此时还不想他自己的军队留在这些城市，因此对这些表示归降的城市只是改个名称、换面旗子而已，实际依旧由原来的军阀在掌控。

十二月，邓愈攻占抚州，进逼龙兴。迫于压力，汉军驻龙兴总指挥、江西行省丞相胡廷瑞（后改名胡美）派代表前来商谈投降事宜。他提出的条件是，他的部队必须保持原来的建制，仍然归他指挥。朱元璋极为不爽，正想骂娘，刘基就像张良一样从后面踢了踢朱元璋的座椅，朱元璋的反应一点也不比刘邦慢，当即同意了胡廷瑞的要求，但要他撤出龙兴。

至正二十二年（公元1362年）二月十日，朱元璋在龙兴举行了隆重的进城仪式，并将其改名为洪都。袁州、吉安和江西的另外几个小城市也随之归顺了朱元璋。

江西各地的军阀都是天完红巾军到来后由地方势力转化过来的产物，当时每个同意归顺天完政权的同佥都被委以管理这个城市及其附属之县的职责。朱元璋复制天完政权的做法，为自己留下了隐患。因为并不是所有的人都真心归顺，胡廷瑞归顺了，可他没能说服所有部下，他手下就有一批人心怀异志。

不仅江西新区如此，浙西老区一带不稳定的因素也日见凸显。权衡之下，朱元璋于三月十一日留下邓愈等人守卫洪都后，就匆匆返回应天府，他已经离开南京太久了。返航途中的朱元璋还不知道，他的爱将胡大海已经死于叛军之手。杀害胡大海的凶手叫蒋英，就是之前提到过的杨完者从湘西带过来的苗军将领。

杨完者作为元廷的鹰犬没少给元政府卖命，他率部在嘉兴、杭州打得张士诚没有脾气，并在建德、徽州对抗李文忠、胡大海部，可这支苗军的纪律之差也是出了名的，每到一处就大肆烧杀淫掠。除此之外，他们还桀骜不驯，连浙江右丞相达识铁木儿都被欺负得无可奈何。后来张士诚也投靠了元廷，达识铁木儿有了可以倚靠的新生力量，就决定除掉杨完者。张士诚原本就对杨完者恨之入骨，接到达识铁木儿的命令后便突袭发难。杨完者对归降后的张士诚完全没有防备，被打了个措手不及，兵败自杀，张士诚乘机将嘉兴、杭州收入囊中。杨完者的部将刘震、蒋英等人在走投无路之下向李文忠请降。李文忠请示了朱元璋后，就接收了这支队伍。

朱元璋把重兵调往西线全力对付陈友谅后，这支整编接收的苗军就开始不安分起来，再加上张士诚不断派人煽风点火，而负责镇守这一地区的胡大海、耿再成等人并没有意识到自己已身处险境。

至正二十二年（公元1362年）三月三日，婺州，蓄谋已久的蒋英决定动手了，一大早就亲自邀请胡大海到八咏楼去观看士兵们的演练。胡大海愉快地接受邀请，在他准备上马的时候，一个仆人突然告诉胡大海蒋英要谋反，胡大海回头正要询问的一刹那，被早有准备的蒋英用铁鞭猛然击中头部，脑浆迸裂，当即毙命。胡大海的次子胡关住、郎中王恺等人随之也被叛军杀害。苗军占据了婺州的四天后，处州苗军李佑之也发动叛乱，杀死了守将耿再成。

至此，朱元璋在浙西的四个州府有两个落到叛军手中。就在蒋英于婺州发动叛乱的次日，张士诚就派他的三弟张士信向诸全发起了进攻，浙西地区局势骤然紧张起来。

朱元璋回到应天府的第一道命令，就是命镇守严州的李文忠火速收复婺州，命邵荣收复处州。李文忠很快就平定了婺州的叛乱，叛军弃城而逃。可诸全的情势却非常危急，张士信率领十万人马轮番攻城，守将谢再兴向李文忠告急，李文忠派胡大海的养子胡德济率部增援，但无济于事。

李文忠手上已无兵可派，情急之下就发布假消息，说徐达、邵荣正率大军赶来救援，这本来是李文忠为鼓舞守军的斗志，不得已而画的一张大饼，不料却收到了奇效。当时朱元璋手下的徐达、常遇春、朱祖亮等名字都如雷贯耳，张士诚的军队被打怕了，听说徐达要来，都惊慌失措，无心恋战，而朱元璋军这边也以为徐达真的过来了，信心倍增，城内城外一齐发力，张士信部被打得四散而逃。此时，邵荣在处州的平叛工作也接近了尾声。

浙江这边的局势才稳定下来，江西那边又起变故。原来，朱元璋在离开洪都之前下了一道命令，让胡廷瑞的两个部将——祝宗和康泰——前去增援远在汉阳的徐达。这两人在长江上游溜达一圈后又悄悄转了回来，他们知道朱元璋已经率领主力离开了洪都，就于四月十二日突袭了洪都。除邓愈只身逃回应天府外，其他包括与刘基、宋濂齐名的"四先生"之一的叶琛等人全部遇难。

朱元璋紧急命令徐达放弃对武昌的封锁，迅速赶回洪都剿灭叛军。五月，徐达还没靠近洪都，祝宗、康泰就闻风而逃，祝宗逃到新淦（今江西省新干县），被守将邓志明击杀，康泰在广信（今属上饶市）被追兵赶上捉拿。康泰是胡廷瑞的外甥，胡廷瑞在元朝、天完、陈汉三届政权都担任江西行省最高军政长官，可谓根深蒂固，有很大的影响力，牵一发可能会动全身。

朱元璋生生咽下那口气，不敢动康泰。鉴于洪都的重要地位，重新夺回洪都后，朱元璋对该城软硬件设施进行重新配置，除了增加驻军人数外，还对城墙进行改建和扩建，为了不重蹈太平府的覆辙，将城墙从江边向后回缩，留出一段空地，钉上反登陆木桩。在管理人员上，朱元璋任命侄子朱文正为一把手总制洪都，邓愈为二把手。至此，朱元璋将东、西两线的重要军事重镇都交由自己最亲信的人把守：东线的婺州由外甥李文忠坐镇，西线的洪都由侄子朱文正看守。

再对比赵仲中和邓愈的遭遇，同样是逃跑，赵仲中被砍头，邓愈啥事没有。朱元璋这一任人唯亲的做法无形中损害了很多人的利益，当然也就引起一些人的不满。眼下最不满的要数邵荣和赵继祖，这两个人虽不是朱元璋的嫡系，却是不折不扣的老红巾军，是郭子兴的旧将，邵荣还被小明王封为行枢密院同知，地位仅次于朱元璋，可一直被朱元璋当偏将差遣。赵继祖从郭子兴时期起就开始带兵，郭天叙、张天祐第二次攻打应天府时，他也随同前往，郭、张二人被陈野先谋害后，他率残部逃了回来，可混到现在也没有任何起色。

至正二十二年（公元1362年）七月，平定处州后的邵荣回到应天府，与赵继祖密谋，计划在八月三日除掉朱元璋。他们不知道此时朱元璋已初步建立起了情报网，他们的计划很快被朱元璋察觉，而后被一举铲除。

第六章

令人眼花缭乱的南北内耗

混乱不堪的中原大地

朱元璋能有今天，除了红巾军以外，还得益于一个人，这个人就是如今他的两大劲敌之一的张士诚。红巾军起事之初曾遭到元朝的大力绞杀，基本被打残，就在元朝政府将要重新掌控局面、到处追剿红巾军之时，张士诚带着自己的三个弟弟，还有一帮跟他混的私盐贩子，共十八人，闹了一出"诚王十八扁担聚义"后，在高邮称王的好戏。

张士诚从未以红巾军标榜自己，可他实实在在地挽救了红巾军，更是间接挽救了日后将他送进坟墓的朱元璋，因为就在当时，郭子兴、朱元璋所在的滁州也在元军的兵锋之下。张士诚在江淮地区搅得元朝廷不得安宁，他在有着"水陆要津，咽喉据郡"之称的泰州周边进行劫掠，阻断了元朝政府视为经济大动脉的大运河交通线。元朝廷急于解决问题，祭出了他们应对此类危机的撒手锏——招抚，而张士诚假意应承，等得了好处便杀了前来封赏的使臣。

由于张士诚跟红巾军不同，他没有提出政治口号，元朝廷仍不死心，认为他还是可以教育好的那部分人，于是再次派使者前来招抚，并许以更高的官职，张士诚又故技重施。元朝廷两遭戏弄，再也无法容忍，于是，中书右丞脱脱亲自出马。《元史·脱脱传》载："西域西蕃皆发兵来助，旌旗累千里，金鼓震野，出师之盛，未有过之者。"规模之大，足见脱脱是决心要彻底铲除这股造反势力的。

只是后来剧情反转，眼看高邮政权就要灰飞烟灭之际，由于元朝中央政府发生内讧，远离领导核心的脱脱被革职流放，进攻高邮的百万元军一哄而散。张士诚大难不死反倒捡了不少便宜，得到大量的辎重和武器，又连收编带俘获壮大了自己的实力。

高邮一战是整个元末的转折点，此后由元朝廷直接供给军饷的政府军基本上不复存在，只能依靠地方拥元武装对抗义军，这些武装都是半独立的军阀状态，对元朝廷大多是阳奉阴违。各地一度沉寂下来的义军又得以重新活跃起来。随后红巾军徐寿辉部走出山区，开始向南发展，不断扩大自己的地盘。

北方刘福通部在亳州拥立韩林儿建立政权后实力骤增，始终以推翻元朝统治为己任。龙凤二年（公元1356年）六月，韩宋政权兵分三路进攻元军：李武、崔德率军向西进攻陕西；毛贵部向东进攻山东；刘福通进军河南。

龙凤三年（公元1357年），刘福通更是以反元复宋为政治口号，组织三路大军北伐，兵锋直指元朝统治中心大都（今北京市）。至正十八年（公元1358年）春，毛贵打下山东各州县后，作为东路军开始北上，接连攻占清州、沧州、河间，并占据长芦镇。三月，毛贵水陆并进，攻克蓟州，前锋抵达今北京通州区境内的枣林、柳林，击杀元枢密副使达国珍，离大都仅有一百二十里的路程，吓得元朝廷一度打算迁都。

龙凤三年（公元1357年）五月刘福通攻占河南开封，六月派关铎、潘诚率主力北伐，中路军从山东曹州出发西进山西，再从山西北上，一路打到内蒙古，攻下了元上都，并放火焚烧宫阙。龙凤五年（公元1359年）元月，大军攻克辽阳。元惠宗为避红巾军锋芒，下令在高丽耽罗（济州岛）修建行宫，准备跑到那里避难。关、潘率部一直打到了高丽，中路军转战两千余千米。

刘福通派出中路军时，又派遣白不信、大刀敖、李喜喜等将领，西进增援李武、崔德西路军。这支西路军在此后四年，一直转战于陕、甘、宁之间。

北伐红巾军得以长驱直入并不是因为他们有多厉害，而是元朝政府已经腐败透顶，政府军"承平久，川郡皆无守备，长吏闻贼来，辄弃城遁，以故所至无不摧破"。但红巾军方面由于没有形成统一的指挥，三路大军没有呼应，各自为战，形同孤军。"红巾军千里北征，所过不占城邑"，打的都是没有后方的仗，当被逼急了的元朝廷和统治贵族进行反击时，红巾军马上陷入困境。东路毛贵部在大都郊区被从各地赶来的元军精锐击败，退守山东，已占领的河北各州府又被元军夺了回去。中路、西路红色巾军莫不如此，所过之处无不打下许多城市，在元军的反扑之下都无法立足。

刘福通的北伐军把元军牢牢拖在了中原，让元朝政府无力过问江南战事，朱元璋、张士诚、徐寿辉三股势力得以从容地在江南争抢地盘，他们不像刘福通那样主动迎上去与元军死磕，而是转而向南，向元军最薄弱的地方进军，趁机壮大势力，抢地盘搞割据。

而原本颓废的元军在不断对付北伐红巾军的战斗中得到了锻炼，元朝政府出台的允许各地自行组织、扩编军队的政策，又壮大发展了他们的军事力量，涌现出如察罕帖木儿、孛罗帖木儿、李思齐等一批杰出的新兴将领。

察罕帖木儿，祖籍北庭（今新疆维吾尔自治区吉木萨尔县北，属乃蛮部），他的曾祖父阔阔台元初随蒙古军打进中原，后定居在河南颍州沈丘。乃蛮部较早被蒙古征服的部族之一，进入中原后逐渐汉化，察罕的汉姓为李氏，察罕帖木儿自幼攻读儒家经典，曾应进士举，名闻乡里。

至正十一年（公元1351年）红巾军反元起义，迅速占领了颍州（今安徽省阜阳市）、亳州（今属安徽省）、罗山（今属河南省）、汝宁（今属河南省）等地。察罕帖木儿见朝廷剿杀不力，于至正十二年（公元1352年）聚集了数百人组织地方武装，后与李思齐合兵破罗山红巾军，为朝廷收复了罗山县，被授升为汝宁府（今隶属河南省驻马店市）达鲁花赤。察罕帖木儿在朝廷的鼓励和支持下发展很快，自成一军，从此转战于黄河两岸。

察罕帖木儿与其他亲元势力不同，他是拥元义军中不可多得的一心为朝廷卖命的代表人物，治军有方、智勇双全，在与红巾军的较量中屡屡获胜，职务不断攀升。至正十七年（公元1357年）刘福通派红巾军分兵三路北伐时，察罕帖木儿奉调入陕与红巾军作战，在凤翔城外诱使红巾军围攻，与城内元军合击红巾军，大败白不信、大刀敖、李喜喜的西路军。西路红巾军从此一蹶不振，李喜喜南退入川蜀，李武、崔德转入宁夏。

察罕帖木儿又马不停蹄杀奔山西，布置防线，分兵把守各关口要隘，阻断了关铎、潘诚中路军的东进之路，使其无法与东路军毛贵部对元大都形成合围。察罕帖木儿也因此被朝廷擢升为陕西行省右丞，兼陕西行台侍御史、同知河南行枢密院事。

至正十九年（公元1359年）年初，察罕帖木儿又杀回河南，亲自驻扎在杏花营（在汴梁城西），指挥围攻汴梁战役。刘福通在外无援军、内无粮草的情况下，与数百骑护送韩林儿夺路奔逃，退守安丰。元军攻陷汴梁的消息传到大都，元廷一片欢腾，晋封察罕帖木儿为河南行省平章政事，兼理河南行枢密院事务、陕西行台御史中丞。察罕帖木儿分兵镇守关陕、荆襄、河洛、江淮，而重兵屯太行，营垒旌旗相望有数千里之多。

朝廷给了察罕帖木儿不少官职，但也只是让他局限于河南、陕西两地，因为他属色目人群体，对于山西、河北这两个战略要地，朝廷仍交给孛罗帖木儿负责，因为他是蒙古人。

孛罗帖木儿是元末镇压起义的重要将领答失八都鲁的儿子，本来父子在襄樊防御，至正十五年（公元1355年）跟随其父被调到中原同红巾军作战，成为红巾军的劲敌。至正十八年（公元1358年），答失八都鲁中了红巾军的反间计，被刘福通打得大败，忧愤而死，孛罗帖木儿接替父亲成为该部主帅。

孛罗帖木儿接任之时，在关中主要是察罕帖木儿、李思齐及张良弼等部队，中原只有孛罗帖木儿的部队，而整个山东基本控制在红巾军将领毛贵手里。同年三月，孛罗帖木儿首先在卫辉击败红巾军，随后攻克了濮州，阻止了红巾军由河南北上配合毛贵夹击大都，迫使毛贵孤军退回山东。五月，红巾军占领汴梁；六月，红巾军又攻占了冀宁路（今太原市），元政府从关中调察罕帖木儿镇压山西红巾军，调孛罗帖木儿攻打东线。

孛罗帖木儿长驱南下在彭城击败沙刘等红巾军，打通了与两淮的联系。九月，又挥师攻陷曹州，切断了河南红巾军同山东的联系。十二月，山西红巾军攻占了上都，从北面对大都构成威胁，元朝调孛罗帖木儿北上山西。至正十九年（公元1359年）三月任命他为驻大同都督，孛罗帖木儿刚到大同就击败了关铎，迫使其撤往辽东。

一山不容二虎，同在山西的两个帖木儿（孛罗和察罕）之间的冲突也就在所难免。察罕帖木儿为平定山西立下了汗马功劳，朝廷却把山西交给了孛罗帖木儿，察罕帖木儿当然大为不爽，他奈何不了朝廷，却奈何得了孛罗帖木儿。至正十九年（公元1359年），两个帖木儿终于从文斗升级为武斗，双方不惜兵戎相见，对朝廷的调停，察罕帖木儿概不予理睬。

孛罗帖木儿除了是蒙古人外，还有一重特殊的身份，他是当今皇上元惠宗的老丈人，也就是通常人们所说的国丈。不管从政治上还是亲情上说，察罕帖木儿跟他斗都不是明智的选择，可察罕帖木儿似乎是铁了心要搞对抗，他不管不顾地自行其是，决心要制服孛罗帖木儿并扩大自己的军事实力。

察罕帖木儿这一做法的结果毫无疑问会大大影响到对红巾军的作战进程，让江北红巾军得到了喘息的机会，也给江南两大红巾军集团继续争抢地盘提供了条件，这一时期正是朱元璋和陈友谅为争夺江西及控制长江上游打得正酣之时。

好像得了传染病一样，山东红巾军在少了外部的压力之下，也不甘示弱地搞起了内讧。至正二十一年（公元1361年），北方红巾军著名将领益都行省平章/毛贵/被惯于争权夺利的赵均用谋杀，正在远征辽阳的毛贵部将续继祖得到消息，立即从海道回师山东，在益都杀了赵均用，随后又与其部互相仇杀。益都、济南一带陷入各种番号不同的红巾军互相攻伐的混乱状态，红巾军的力量在这场变故中遭到严重削弱。

察罕帖木儿没有忘记自己的使命，立即停止了对孛罗帖木儿的武力行动。至正二十一年（公元1361年）六月，察罕帖木儿率领所部，以养子扩廓帖木儿为前锋直奔山东。察罕帖木儿采取剿抚结合的战术，进展迅速，到第二年春就收复了除益都、莒州两个据点以外的山东全境。

朝廷又给了察罕帖木儿中书平章政事、知河南山东行枢密院事、陕西行台中丞三个头衔。

坚守益都的是毛贵的部将陈猱头等率领的红巾军，他们英勇抵抗，誓死坚守，同时派人向刘福通求援。至正二十二年（公元1362年）夏天，先前迫不得已投降元军的田丰、王士诚瞅准时机，在前线刺死了察罕帖木儿，重新回到红巾军队伍里。

元廷内耗错失"肃清江淮"良机

　　察罕帖木儿死后，由他的养子扩廓帖木儿继承了他的一切，包括他的部队和职务。

　　据说，扩廓帖木儿本姓王，小字保保，沈丘（今安徽省临泉县西北）人，他父亲是汉人，母亲是察罕帖木儿的姐姐。因为察罕帖木儿没有儿子，就过继这个外甥作为儿子，元惠宗给他赐了一个蒙古名字：扩廓帖木儿。

　　扩廓帖木儿从察罕帖木儿父子组织地主武装起，就跟随察罕帖木儿镇压红巾军，战火的洗礼使他很快成为一名骁将。他上任后的头等大事当然是为察罕帖木儿报仇，逃入益都的田丰、王士诚等虽然拼死抵抗，但扩廓帖木儿是急了眼为养父报仇，因而"衔哀以讨贼，攻城益急"。至正二十二年（公元1362年）十一月，扩廓帖木儿命元军采取土工作业的办法，挖地道攻入城中，活捉了陈猱头、田丰、王士诚等人。扩廓帖木儿命人掏出田丰、王士诚的心脏来祭奠养父，他因功被拜为"银青荣禄大夫、太尉、中书平章政事、知枢密院事、皇太子詹事"。中原平定以后，扩廓帖木儿驻兵于汴梁、洛阳一带，被元廷视为可倚赖的安全屏障。

扩廓帖木儿在平定中原以后，并没有趁朱元璋、陈友谅等人在江南火并之时挥师南下，彻底歼灭起义军，而是不遗余力地参与元朝内部的党争。

扩廓帖木儿子承父业，也就继承了他养父与孛罗帖木儿之间的矛盾。他们"各拥强兵于外，以权势相轧，衅隙遂成"。元惠宗虽然屡次下旨劝解，但他拉的是偏架，反而"仇隙日深"。经过多次混战，到至正二十三年（公元1363年）十月时，扩廓帖木儿的势力逐渐占了上风。后来在朝廷的严令下，双方才罢兵息战，各守其地。

扩廓帖木儿和孛罗帖木儿的权斗不断升级，从宫墙外的明争暗斗，最终演变成朝堂之上的正面交锋。当时的太子爱猷识理达腊不是孛罗帖木儿的皇后姐姐所生，孛罗帖木儿就拉拢元惠宗的舅舅、御史大夫老的沙和知枢密院事秃坚帖木儿密谋更换太子之事。

太子爱猷识理达腊当然不会坐以待毙，早在一年之前的四月，在扩廓帖木儿押送贡粮进京的时候两人就搭上线了，相互还缔结了密约。至正二十三年（公元1363年），太子一党诬陷老的沙和秃坚帖木儿，二人逃往大同孛罗帖木儿的营中。元惠宗暗中让孛罗帖木儿保护老的沙他们，致使太子屡屡逼迫孛罗帖木儿索要老的沙，都遭到拒绝。

至正二十四年（公元1364年），丞相搠思监、宦者朴不花告发孛罗帖木儿和老的沙图谋不轨。三月，在太子一党的呼应下，元惠宗不得不下诏削除孛罗帖木儿的官爵，命扩廓帖木儿前去讨伐。扩廓帖木儿的大军还没有出发，孛罗帖木儿的大军就兵临大都城下，太子爱猷识理达腊只好逃命，太子党的搠思监、朴不花二人被元惠宗交出，孛罗帖木儿处理完二人后就撤兵走了。

太子爱猷识理达腊回到大都后越想越气，就于同年五月再次下令扩廓帖木儿讨伐孛罗帖木儿。当时扩廓帖木儿和孛罗帖木儿两军已经和平相处了一段时间，扩廓帖木儿接到太子的命令后就命部队开拔，向大同进发。为防止不测，又派部将白锁住率领一支上万人的部队去保卫大都。扩廓帖木儿亲临前线，坐镇冀宁指挥。孛罗帖木儿没有跟扩廓帖木儿硬碰硬，而是率军直奔大都。太子爱猷识理达腊让白锁住迎战，白锁住抵挡不住，与太子一同逃往冀宁扩廓帖木儿大营。孛罗帖木儿率部开进京城，元惠宗看风向不对，又给了他一个左丞相的高位。

爱猷识理达腊逃到冀宁后，打算效仿唐肃宗即位灵武的做法而荣登九五，因遭到扩廓帖木儿的反对而作罢，为二人后来反目埋下了种子。至正二十五年（公元1365年），太子和扩廓帖木儿率军反扑，孛罗帖木儿派兵抵御，最终导致其部下也临阵倒戈，爱将姚伯颜不花阵亡。元惠宗越看孛罗帖木儿越不顺眼，就秘密派人在七月份将他暗杀，把脑袋装进匣子送给太子，意思很明白，让太子回京。扩廓帖木儿护送太子进京后，被元惠宗封为中书左丞相。

扩廓帖木儿从一个名不见经传的人物一跃成为丞相，自然招致许多老臣不服，加上奇皇后和爱猷识理达腊母都对他心怀怨恨，他在朝廷根本无法立足，于是很识相地自动请求外出领军。元惠宗就给了他一个"河南王"的头衔，让他调度天下兵马"肃清江淮"。

至正二十六年（公元1366年）二月，扩廓帖木儿带领元军浩浩荡荡开往河南，由于此时朱元璋已经做强做大，命徐达加强防备。扩廓帖木儿畏缩不前，就以为其父守孝为名北渡彰德（今河南省安阳市），再以河南王的名义传檄关中的四大军阀李思齐、张良弼（思道）、孔兴、脱列伯率所部前来会合，企图借南征之机将这四路大军收归自己帐下。

李思齐见到檄文就破口大骂："吾与若父交，若发未躁，敢檄我矣！"意思是我跟你老子一起打仗的时候，你胎毛还没有干，现在竟公然命令起老子我来了啊！他不但自己不理扩廓帖木儿，还派手下通知其他三人都不要听扩廓帖木儿的号令。李思齐说的也是实情，他与察罕帖木儿同在河南起兵，之后又并肩作战，两人的资历、官职和功名都不相上下，要他听从一个乳臭未干的后辈指挥，也实在让他难以接受。张良弼与孛罗帖木儿曾合作过，算是战友，脱列伯和孔兴则曾是孛罗帖木儿的部属，本来就对扩廓帖木儿存在很深的芥蒂，不愿受他的节制，有李思齐这句话后就更加不拿他当回事了。

扩廓帖木儿是坐火箭上来的，年轻气盛又顶着河南王的头衔，见他们竟敢联合起来抗命，就率领大军入关，准备采取强硬手段，此时也绝口不谈守孝之事了。

关中四将得到消息后，迅速做出反应，之前李思齐和张良弼两人有着很深的矛盾，见扩廓帖木儿气势汹汹而来，双方摈弃前嫌，再联合其他两家推举李思齐为盟主，抱团抗拒扩廓帖木儿。双方在关中展开火并，"相持一年，前后百战，胜负未决"。南方的朱元璋也借此机会消灭了老对手张士诚，统一江南已指日可待。

　　眼看本应一致对外的几支主力在玩命倾轧，可急坏了元惠宗，他多次下诏，命扩廓帖木儿停止内战去攻打江南，可已经杀红了眼、打昏了头的扩廓帖木儿，非但不听还把前来传诏的人给杀了。旷日持久的内战也让扩廓帖木儿烦恼不已，他决定实施斩首行动，他清楚，只要搞定了李思齐，其他三人就不敢跟他作对了，为此他将原本派驻山东防守江南义军的骁将貊高紧急调入陕西，让他去端掉李思齐的老巢凤翔。

　　貊高是察罕帖木儿部的老将，历经战阵，是个有一定觉悟的将领，看到内战打得没完没了的很心痛，而他的军中都是收编过来的孛罗帖木儿旧部。当部队走到卫辉时，那些中下层军官发动兵谏，要求貊高停止内战，并上书朝廷揭露扩廓帖木儿的野心，大家愿推他为总兵，否则就休怪兄弟们无情了。貊高顺势背叛了自己的上司扩廓帖木儿，随后兵分两路袭击了扩廓帖木儿在陕西的两处军事基地卫辉和彰德。

　　元惠宗的桌面上堆满了弹劾扩廓帖木儿的奏折，在收到貊高的揭发信后，元惠宗当即做出批示：撤销扩廓帖木儿所有官职，只保留河南王的爵位，责其交出兵权，部队分别由白锁住、也速、沙蓝答儿、貊高等人管理；貊高检举有功授予知枢密院事兼平章，总领河北军队，赐其军号"忠义功臣"；皇太子在大都开设抚军院，总制天下兵马。扩廓帖木儿则在被迫交出兵权后，退到了泽州（今山西省晋城市）。

洪都保卫战

在北方元军打得不亦乐乎的时候，南方的陈友谅和朱元璋也没闲着。只是此时的陈友谅与朱元璋之间已经调换了位置，咄咄逼人的一方变成了朱元璋。龟缩在武昌的陈友谅越想越气愤，尤其可气的是江西那帮家伙，在他失利的时候竟然见风使舵，无一人为他效命。

为了重振昨日的辉煌，陈友谅厉兵秣马，大整水军，命人制作了上千艘巨舰，皆高数丈，丹漆涂饰，上下三层，每层皆可以跑马，又置马栅于其间。楼船下方"设板房为蔽，置橹数十其中，上下人语不相闻"，可称是那个时代的航空母舰。更惊人的是，陈友谅的巨无霸都以铁皮包裹，船的尾部高到可以爬上任何城墙。

陈友谅已经吃过两次亏，知道朱元璋那帮手下不好惹，他要杜绝自己之前的鲁莽行为，所以他在等待机会。机会说来就来，至正二十二年（公元1362年）十一月，扩廓帖木儿攻克益都，平定了山东全境，困守安丰的刘福通一众人成了北方硕果仅存的红巾军。元惠宗考虑到张士诚虽然投靠了朝廷，但身上似乎没沾多少义军的血，就让他去打刘福通，这要搁以前，张士诚是绝不会去的，可如今刘福通已经是游到浅滩的龙、落到平阳的虎，不欺负白不欺负。张士诚于至正二十三年（公元1363年）二月派手下大将吕珍带兵前去攻打安丰，一直在巢湖混日子的左君弼也带上了一支人马杀奔而来，刘福通部数万官兵被困孤城，内无粮草，外无接济，只得捕捉蛇鼠，杀战马充饥，吃完了动物，便开始吃人，等把城中的老弱妇孺吃光了，又把埋在地下已腐烂的尸体挖出来果腹，还创造性地用人油炸泥巴做成丸子吃。

论起来韩宋政权后期名义上有三股力量：一股是坚守河南的刘福通部，一股是山东的毛贵部，还有一股当然是江南的朱元璋部。因此，刘福通很自然地要求朱元璋北上"勤王"。朱元璋虽然对刘福通没什么感情，但他还不想失去这块挡箭牌，更不愿意看着张士诚乘机坐大。刘基对红巾军一直抱着敌视的态度，他不愿意朱元璋去救他们，就以不要两线作战为由力劝朱元璋不要出兵，可遭到朱元璋的否决。

朱元璋率领主力赶往安丰，紧赶慢赶还是晚了一步，安丰城已被吕珍攻破，刘福通战死，朱元璋打败吕珍，救出了小明王韩林儿，将他迎至滁州安置。这时原巢湖水师旧将执意要找左君弼算老账。左君弼也是彭莹玉的门徒，在彭莹玉没死之前，他与巢湖双雄双刀赵（赵普胜）、李扒头（李普胜）还能团结在彭的旗帜下。彭莹玉一死，左君弼就想趁机并吞巢湖水师，于是引起兵戎相见，迫使巢湖水师南下，从而结下了冤仇。

众命难违，朱元璋只好派徐达、常遇春率领水师攻打左君弼的老巢庐州，自己则返回了应天府。让他没料到的是，徐达他们这一去却陷入了持久战的泥潭。庐州在左君弼的经营下异常难打，朱元璋军围着庐州四个月也未能攻破，安丰却被元军乘虚占领。

陈友谅感到机会来了，于是纠集六十万大军，把武昌城内所有官员包括其家属全部带上（可见陈友谅鲁莽的性格还是没能改掉），倾巢而出，直奔洪都，准备拿下这座重城。

洪都坐落在鄱阳湖与赣江交汇处，自古有"襟三江而带五湖，控蛮荆而引瓯越"之称，历来是兵家必争之地，因此朱元璋才让朱文正镇守。然而，上任后的朱文正却整天寻欢作乐，不务正业，由于他是朱元璋的侄子，大家也敢怒而不敢言。

当汉军铺天盖地而来的时候，朱文正秒变了一个人似的，他以最高长官的身份用坚定的口吻对每一个将士说："城亡人亡，我等誓死保卫洪都城！"洪都在朱元璋的亲自规划和督导下，已经建成一座堡垒式城市，可有一个致命缺点，那就是门太多，光陆路就有八道门：抚州、宫步、土步、桥步、章江、新城、琉璃、澹台门，水路还有水道门。

朱文正指派各将校分守各门后，留下两千精兵作为救火队，自己亲自往来指挥、策应。陈友谅这次倾国而来，就是要让陈汉国的所有"子民"见证和分享他当上大汉皇帝以来的首场胜利，以证明他是君命天授的真命天子。他一路上盘算着要让众人再次见证太平战役那样的伟大时刻：让将士从船尾轻而易举突破城墙，一举杀进洪都。可真正抵近洪都才发现愿望泡汤了，洪都城墙已从江边回缩了一段，船尾战术宣告破产，盘算好的突袭战变成了攻坚战。

四月二十四日，洪都战役开始。汉军选择的首要目标是邓愈守护的抚州门，此门四面开阔，十分适合进攻。朱元璋军在邓愈的指挥下打退了汉军的一波又一波进攻，可陈友谅这次准备很充分，汉兵手举箕状竹盾牌，矢石不能伤，加上威胁巨大的撞墙机，经过多轮冲击竟于四月二十七日撞毁了一段二十余丈的城墙，汉兵呐喊涌上。

此时的邓愈并没有惊慌失措，他准备有后手。当汉军从缺口冲进来时，只见一排守军从墙后忽然站起，个个手持一种奇怪的东西对准他们，响声过后，冲在前排的汉兵全部倒下。原来邓愈的后手就是火铳，火器在宋代就开始用于战场，经过宋、元两代的改进，已可以大规模投入使用，只是由于其操作麻烦，很多人不愿意装备，只有朱元璋将火铳作为一个单独兵种使用，后来的明军三大营中的神机营就是火铳营。这当然得利于江南多能工巧匠。

论起来火铳的杀伤力未必比强弓硬弩大，但当时大家都没见过这种冒烟的怪玩意，震耳欲聋的声音能给人造成很大的心理威慑，汉军顿时就屁滚尿流地退了回去。陈友谅的督战队只管在后面斩杀，汉军无奈咬咬牙，又重新向城边冲去。邓愈命令兵士用树修建了一道临时城墙——木栅，汉军不计伤亡地与守军夺取木栅。朱文正带领他的两千精锐赶来增援，督促将士死战，守卫琉璃、澹台两门的将领牛海龙、赵国旺等人也带领士兵前来助战，鏖战中洪都总管李继先、前来助战的牛海龙和赵国旺全部战死。朱文正命令将士且战且筑墙，竟连夜筑成了一道半圆的坚固城墙。战斗一直打到第二天早上，汉军见修好了城墙，攻城无望，才暂告一段落。

五月初八，陈友谅又转而攻打新城门，守卫此门的是猛将薛显，这是个敢玩命又不按套路出牌的主儿，看见汉军摆弄撞门机要来惹他，竟然出人意料地打开城门，率领骑兵出城向汉军发动进攻。陈友谅猝不及防，手下平章刘震昭被斩杀，死伤数千人。薛显耀武扬威般地冲杀了一阵后，又退了回去，汉军之后再也不敢进攻新城门。

陆门攻不进去，陈友谅情急之下命令进攻洪都的水关，可等待汉军的是严阵以待的长槊队。汉军刚接近水关，手持长槊的守军就隔着铁栅刺杀他们，刺死刺伤者不计其数。汉军也在战斗中总结经验，数人死抱着长槊尖头往回拉，夺槊后，使得近战中的守军死伤不少。朱文正又想出一招，命令士兵把槊尖烧红后再伸出栅外刺击。汉军以为守军被吓跑了，一拥而上，谁料又一排长槊伸了出来，汉军再去抱、抓时，被烧得皮焦肉烂，哀号不止。

陈友谅使尽手段，朱正文死战不退，双方都伤亡惨重。陈友谅见一时拿不下洪都，便分兵攻陷了吉安、临江等地，把从几个城镇俘虏来的守将押到洪都城下斩首威胁守军，朱文正等人不为所动。陈友谅恼怒之下，又转而猛攻宫步、土步二门，守将赵德胜中弩身亡。

洪都被围困以后，与外部就失去了联系，朱文正于七月二十四日派人出城声称准备投降，但要稍缓几天，陈友谅信以为真，就暂停攻城。朱文正利用这个机会派千户张子明赴应天府告急。到了约定投降的日期，洪都城上战旗一挥，依然杀声雷动。陈友谅恼羞成怒，命人将前来诈降的使者拉到城下剁成肉泥，估计前来忽悠陈友谅的这位使者是抱着必死之心的，不然早就告诉对方实情了。

陈友谅肆虐江西的时候，朱元璋在应天府干什么呢？如果以为朱元璋什么都不知道那就大错特错了，自从邵荣事件以后，他的情报网又进一步加强，他没作出反应是基于两方面的原因：一是徐达等人被拖在了庐州，一时半会儿还赶不回来；二是东线诸全要塞守将谢再兴于六月初八投靠了张士诚，朱元璋命胡德济率部赶去平叛了。

这一段时间朱元璋比任何人都要紧张，紧张到快要窒息了。应天府兵力空虚，如果陈友谅眼光开阔一点，以部分兵力牵制洪都，主力直趋应天府，他朱元璋将死无葬身之地。庆幸的是，陈友谅竟愚蠢地将六十万大军屯于坚城之下，城市攻坚战人再多也只能依靠前锋，将数十万军队屯驻于狭小地域，直至兵疲师老、士气低落。冷汗冒过之后，朱元璋已经看到了胜利的曙光。

当张子明乘小舟日夜兼程赶到应天府告急时，已经过去了半个月，朱元璋听取了张子明的汇报后，说："你回去告诉文正，让他再坚守一个月，我将亲自率兵前往破敌！"张子明带着朱元璋的最高指示又马不停蹄往回赶，不幸却落到汉军手里，陈友谅对他说："只要你能诱降朱文正，高官厚禄任你选！"在巨大的诱惑面前，张子明满心欢喜地答应了，当汉军押着张子明来到洪都城下，让他向城中喊话时，张子明大喊大叫："已见过主公，主公令诸公坚守，大军马上就来！"陈友谅狂怒之下，命汉军在城前活剐了张子明。

朱元璋让张子明赶回洪都后，火速命令徐达和常遇春放弃庐州，赶回应天府会合后从水路救援洪都；胡德济也暂时放弃围困诸全，回到广信从陆路救援洪都。

至正二十三年（公元1363年）七月初六，朱元璋共集结了水陆二十万大军，率领右丞徐达、参知政事常遇春、亲军指挥使冯国胜、同知枢密院事廖永忠、俞通海等战将在龙江誓师后溯江而上，同行的谋士有刘基、陶安、朱升和夏煜等人。

当水师行驶了九天，到达安庆的小孤山时，一阵大风刮来，将冯国胜所乘坐的战船吹翻了。经大家竭力抢救后化险为夷，可朱元璋认为此征兆不吉利，命令冯国胜返回，协助李善长坐镇应天府。很多年以后，冯国胜还为没能参加这次大决战懊恼不已。

从长江进入湖口之前，朱元璋先派指挥戴德率一万人马屯扎于泾江口（今安徽省宿松县南），又另派一支精锐屯扎于南湖嘴（今江西省九江市），堵住陈友谅的退路，再派通信员传令信州，抢占洪都东南面的武阳渡，防止陈友谅从陆路西逃，朱元璋亲率水师由松门（今江西省都昌县南）进入鄱阳湖。看这架势，朱元璋是要准备一口吃掉陈友谅六十万大军啊！

而此时，陈友谅已围困洪都八十五天，虽然干掉了朱元璋十四员大将，却没能攻克这座坚城。听说朱元璋亲自率军前来，他马上放弃洪都，掉头杀向鄱阳湖，前来迎战朱元璋。

陈友谅此时自信心爆棚，他相信自己那些高大威猛的巨舰，定能让朱元璋那些小帆船有来无回。朱元璋也是一副成竹在胸的样子，率水军扬帆破浪，从松门驶入鄱阳湖。陈友谅自恃有铁皮包裹的巨船，朱元璋仗着有火器，双方都很有信心。

二十日夜，两军在鄱阳湖的康郎山（今鄱阳湖内）附近相遇，鄱阳湖大战由此拉开序幕。

第七章

成王败寇

决战鄱阳湖

看到汉军黑压压的巨无霸战舰，朱元璋倒抽了一口凉气，但他知道，作为主帅的他不能露出半点怯意，否则一切都完了。于是他对众将说："两军相逢勇者胜，打仗最终决定胜负的因素是人，别看他陈友谅人数众多，船只比咱们的高大，可他们被文正拖了差不多三个月，早已疲惫不堪，他那些船大是大，可又连在一起，行动不便，进退困难，只要将士一心，充分发挥咱们灵活机动的优势，鄱阳湖就是陈友谅的葬身之地！"随即命令将水师编为十一个队，大船居中，小船在两侧，每条小船满载火器和弓弩，快接近敌船时，先发射火器猛揍一通，再施以弓箭覆盖，等靠近敌舰时再短兵相接。

二十一日，双方擂鼓正式开战，徐达、常遇春、廖永忠三员悍将各自率领本部首先冲入敌阵。一时间，"呼声动天地，矢锋雨集，炮声雷鞫，波涛起立，飞火照耀，百里之内，水色尽赤"。徐达表现最为出色，他一马当先，奋勇杀敌，还率队缴获了汉军一艘巨舰。紧随而上的俞通海舰队则乘风发射火器，一举焚毁汉军十多艘战舰，汉兵被杀加溺水损失了一万多人，不少士兵身上着火后在水中扑腾。

陈友谅军中的石炮也不是用来摆设的，他们对着朱元璋军密集地展开施射，很多船只被砸得稀巴烂，同时用巨船逼近，箭弩齐发，朱元璋手下两位元帅宋贵和陈兆先相继阵亡。汉军还仗着船高，居高临下扔火把，徐达的指挥船被烧起火，徐达临危不惧，边扑火边指挥，奋战不息。朱元璋令旗一挥，命令援军紧急救援。徐达见援军赶来，由内向外杀出，援军由外向内冲，终于逼退了敌人。

汉军骁将、太尉张定边有勇有谋，经过观察发现了朱元璋的指挥舰"白海号"正居中指挥，即刻率领几艘巨舰横冲过来。朱元璋心慌，掉头避逃时慌不择路，"白海号"陷在浅水区的沙中无法脱身。汉军一拥而上，几艘巨舰及数千将士围拢过来。猛将程国胜率众冒死抵抗，情急之下，牙将韩成跑到朱元璋的指挥船上拉着他就往舱内跑，"扑通"跪下叩了几个响头，万分焦急地说道："主公待我恩重如山，无以为报，如今情况危急，不是末将要抢班夺权，就请让末将代替主公一回吧！"

朱元璋当然明白他什么意思，心里是万分感动。

最后是朱元璋"拗"不过一个牙将，把外套脱了下来，估计韩成的长相跟朱元璋有得一拼，穿上朱元璋的袍服后回到甲板上，装模作样地比画起来，看汉军已经密麻麻地围拢过，遂大吼一声，跳进了水里。

汉军以为朱元璋投水自尽了，齐声欢呼。攻势有所减缓，很多将士把注意力放在了打捞"朱元璋"的尸体上，准备打捞上来剁成数块向陈友谅邀功请赏。危急时刻，常遇春指挥船队奋勇逼近敌舰，一箭射中站在甲板上指挥的张定边，迫使其指挥舰后撤。

俞通海、廖永忠等人闻知朱元璋遭到围攻，也急眼了，从激战正酣的战舰中抽出几艘，不避生死地冲向朱元璋的指挥舰，众船掀起了巨浪，再加上连挤带撞，终于把"白海号"从沙泥中撞动，返回深水区，朱元璋才躲过一劫（水涌太祖舟，乃得脱）。

常遇春的船由于搏击过猛，陷入沙泥中，一时无法脱身，这时上游漂来一艘破船，恰好撞上常遇春的船，将其撞出了浅滩。俞通海船小，"复为敌巨舰所压，兵皆以头抵舰，兜鍪尽裂，仅免"。原来他救了朱元璋之后，又与廖永忠一起乘轻舸追击已中了一箭的张定边，边追边放箭，把张定边射成了一个刺猬，倒在甲板之上，汉军将士更是倒下一大片，只好退出战斗。

捡回条性命的朱元璋看天色已晚，定了定心神，下令鸣金收兵。

夜幕降临，朱元璋连夜召开军事会议，无非强调"加强纪律性，革命无不胜"，并动之以情、晓之以理陈明生死利害关系。考虑到此次出征太过匆忙，应天府只留李善长主持日常工作，虽然半路上退回去一个冯国胜，可朱元璋担心张士诚会乘虚偷袭，抄了他的应天府老窝，因此命徐达带着所有受损的船只返回应天府，加强防卫。

七月二十二日，朱元璋军一大早就吹起了号角，布阵对敌，将士们又迎来了生死未卜的一天。不一会儿，汉军船队徐徐开来，双方再次展开厮杀。陈友谅的舰船本来就造得高大无比，用铁链串在一起就成了水中巨阵，"集巨舰，连锁为阵""旌旗楼橹，望之如山"，而朱元璋的船队简陋又矮小，显得势单力薄，十分不利，可将士们毫不气馁，不顾生死地往前冲。院判张志雄是从陈友谅处投降过来的，这天出门不看皇历，他的船在激战中折断了桅杆，失去了动力，在水域里遇到这种情况，就只有束手待毙的份了。汉军将士见过去的老战友连挣扎的机会都没有了，立马围拢过来，用长枪又钩又刺，张志雄毫无还手之力，愤而自刎身亡。

枢密同知丁普郎也是陈友谅的旧部下，陷入重围后，浑身被刺中十多处，仍然忍痛奋战，拼命砍杀，在杀死多名汉军校将后，被横空一刀砍去了脑袋，身体仍持枪挺立，久久不倒，好像还在与敌人搏斗，把汉军将士吓得不轻，心里直哆嗦：妈呀，该不会那么快就变无头鬼了吧？

尽管朱元璋军将士表现得很英勇，但面对铜墙铁壁般的巨舰阵，最终还是节节败退。有人开始产生畏难情绪，朱元璋恼怒之下连杀了十多个队长，可还是没能止住后退的势头。已完全失去理智的他，除了声嘶力竭地喝令杀人之外，似乎没别的招了。可有人还保持着冷静的头脑，只见郭兴冒死进言："主公，不是我们无能，是对方的舰船太过高大，就我们这身板，去了也是送死呀，我看不如改用火攻，烧死陈友谅！"

朱元璋一拍脑门，对啊！俺老朱咋忘了"火烧赤壁"这出好戏了呢？呵呵，陈友谅啊陈友谅，看来你的末日到了！当即命令常遇春等人调集了七艘渔船，装满了火药、芦苇等易燃易爆物，等待最佳时机投入使用。

朱元璋还创造性地让士兵用稻草扎成一个个稻草人立在船上，再给那些稻草人套上甲胄，扣上战盔，持刀执矛，远看跟参战士兵无异。然后组织敢死队，等时机一到就让队员们扶住稻草人，将船划进敌阵，七条渔船的后边都系上一条供队员们点火后逃跑的小舢板。

一切准备就绪，就像当年周公瑾那样静候东风了。大约申时，原先还风和日丽的，突然吹起了东北风，朱元璋当即命令敢死队出发。七条满载危险品的渔船疾驶而去，直奔汉军的大船。汉军一看，朱和尚搞什么名堂？用渔船当战船！这不是来送死吗？一个个都站起来看热闹。敢死队员则趁机当起了纵火犯，瞬间火苗就蹿了起来，火借风威，顷刻间火势漫天，迅速烧向汉军的舰船，汉军数百只船舰一齐着火，顿时乱成一团，"烟焰涨天，湖水尽赤，死者大半"。

这把大火烧死了陈友谅的两个弟弟陈友仁、陈友贵，还有大将陈普略。尤其是陈友仁，号称"五王"，此人虽然少了一只眼，却足智多谋、骁勇善战，与张定边一起被视为陈友谅的左膀右臂。他的死，给陈友谅造成极大的打击。朱元璋一看计谋得逞，当即挥动令旗，让手下趁火打劫，又追杀了一阵，这连烧带砍的一仗下来就让汉军损失了两千多人。

第三天，双方又有交战，虽然前一天损失惨重，但汉军依然凶猛异常，他们接受教训，再也不将船连起来了。不串联的汉军舰船依然逼得明军步步退却，这一天的战斗颇有点"老鹰抓小鸡"的味道，明军的小船在躲避之余，也时不时地给对方一两下子。更不幸的是，朱元璋乘坐的"白海号"指挥舰一露面就遭到对方围攻，又是将士拼死厮杀才摆脱困境。一天下来，简直就成了一场追逐战，双方胜负未分。

当天夜里，朱元璋想起自己数次遭到围攻，难道敌人给自己的指挥船装了定位系统？不可能啊！难道自己的保卫人员都是白痴？等等，可不是白痴吗？那帮人把自己乘坐的指挥船弄成白色，这不是活靶子吗？蠢猪！当即传令，让将士加班加点连夜把所有船只都漆成白色！

七月二十四日的战斗一开始就进入了白热化，双方主帅斗智斗勇，将士则殊死拼杀。上午时分，陈友谅正坐在他那高高的楼船上密切观察战场形势，虽然明军船只全部变成了一个颜色，但他还是发现了端倪，其中一条大船上有些文人模样的人进进出出，又有一个人在众星捧月般地指手画脚。陈友谅当即判明那就是朱元璋的指挥舰，命令将炮口瞄准目标，前几次围攻不奏效，他要改用炮轰，看你往哪逃！

打架拼命这种不文明行为是武夫的事，文人刘基此刻却悠闲得很，一直在朱元璋的指挥舰上东走西望，突然看到几管黑洞洞的炮口瞄向自己，灵光一闪，大喊："难星过，快换船！"拉起朱元璋就跳上了另一艘船。朱元璋还稀里糊涂，他原来所乘坐的大船顷刻被炮石击得粉碎，朱元璋顿时惊出一身冷汗。

如果不是亲身经历，朱元璋打死也不敢相信眼前的事实，刘基真的是太神了，这大白天的，凡夫俗子连个月亮都看不到，而他居然能看到"难星"！我们不得不佩服刘基，把一件在普通人眼里再平常不过的事情弄得神鬼莫测，他这一吆喝连朱元璋都觉得有活神仙在船上相助，自己必胜无疑，明军将士更是信心倍增。

陈友谅远远看见朱元璋的帅舰被击毁，高兴得手舞足蹈，他也以为自己稳操胜券了。可没高兴多久，又看见朱元璋的帅旗高高飘扬起来，朱元璋本人更是出现在镜头前，登时泄气了一半，其手下将士更是目瞪口呆。

双方主帅对决之时，俞通海、廖永忠、张兴祖、赵庸等人率领六艘战船直闯汉军阵营，敌人的巨舰想联合起来驱赶他们，可一时间却找不到他们的踪影。朱元璋也在关注着俞通海他们的动向，只见他们进入敌方船队后，久久不见踪迹，心里哀叹：完了，又是肉包子打狗——有去无回！

在朱元璋都快要感到绝望的时候，神奇的一幕出现了，只见六艘小船从汉军的巨舰尾部鱼贯而出，这下可把朱元璋及明军将士给乐坏了，顿时士气大振，不用朱元璋下令，大家就往前冲。瞬时杀声震天，整个鄱阳湖掀起的巨浪高达数丈，用遮天蔽日来形容都不为过。据说连朱元璋都为之动容，以致许多年以后，每每谈及这次战斗，仍然感慨万千。

打仗打的就是一股士气，士气高涨的朱元璋军以小打大，小船围着大船打，竟打得汉军无力招架，"弃旗鼓器杖，浮蔽湖面"。关键时刻，稳定军心的人物出现了。此人就是张定边，都说轻伤不下火线，张定边被射成刺猬竟然没死，可见也是牛人一个，只见他沉着指挥，命令船队且战且退，保护陈友谅撤到了鞋山（位于湖口南边）。张定边并非慌不择路，他往这边撤是想由此经湖口入长江，退回武昌的，可发现湖口已被明军堵死，只好收拢残部固守。

朱元璋占了上风自然不会饶人，就像当年跟徐达打架一样，就是要你没力气的时候才揍你。一天三次派人挑战，陈友谅自然是高挂免战牌，充耳不闻。眼看这仗一时半会儿是打不起来了，朱元璋这边接到很多人的提议，说将士们都累了，既然陈友谅龟缩起来不敢打，不如趁机休整一下。可都遭到朱元璋的否决，水师前辈俞通海很委婉地对朱元璋说："主公啊，这湖里的水有深有浅，战船难以回旋，不如改强攻为围困，我们把船只开到可控的上游堵住其去路，以逸待劳，等待陈友谅不战自溃！"刘基也旁敲侧击，意思是说歼灭陈友谅的时机未到，我们移师湖口，留给他空间，让他们内部斗一斗我们才好坐收渔利！

一向难得开口的朱升也给朱元璋算了笔经济账，主公你看，陈友谅从武昌出来已仨月了，几十万张嘴得消耗多少粮食啊！老夫就不信他喝湖水能喝得饱！

其他人的话朱元璋可以不听，可这三个在当时都是重量级的人物，于是，朱元璋当晚就把部队后撤到了鄱阳湖东岸的左蠡（今江西省都昌县）。陈友谅见朱元璋军暂时退去，绷紧的神经也随之一松，将船队移泊到鄱阳湖西岸潴矶（今江西省星子南）。双方就这样远远地瞪着，看谁瞪得过谁！

最先认输的是陈友谅，只瞪了三天就心浮气躁了，于是召集部将开会商讨对策。右金吾将军认为既然出口被堵死了，干脆把船烧了，弃船登陆，先撤往湖南再作打算。此议遭到左金吾将军的坚决反对，认为这是示弱，况且弃船登陆，一旦敌人在陆地上穷追不舍，我们岂不是进退失据，彻底玩儿完？

这种公说公有理、婆说婆有理的讨论会，很难说谁对谁错，陈友谅虽然犹豫不决，但他不想轻易放弃舒适的大船去爬山路，拍板定案："右金吾说得对！"左金吾见自己的意见被粗暴否决，带上自己的部队就投奔了朱元璋。右金吾其实也不敢确定自己的提案是否可行，万一通过实践检验是错的，自己将死无葬身之地，于是他也像左金吾一样溜之大吉，把队伍拉到了朱元璋的营地。

陈友谅视左右金吾为臂膀，见他们一起背叛自己，气急败坏之下就要杀人，战俘营里的俘虏就成了替死鬼，几千战俘惨遭屠杀。朱元璋听说陈友谅疯狂屠杀战俘，并不以为然，反正杀的又不是他的亲人，但他要用此事做文章，于是反其道而行之，将俘获的所有士兵全部释放，爱上哪里悉听尊便，有伤的治伤，有病的治病，还隆重祭奠双方战死的将士。

朱元璋这招确实厉害，收买了不少人心。与此同时，他还对陈友谅展开攻心战，用各种言辞写信给陈友谅。陈友谅是死猪不怕开水烫，不理会朱元璋。陈友谅被困鄱阳湖中无法动弹，而一直在旁边虎视眈眈的朱元璋则利用间隙，一边派兵攻占陈汉政权控制的蕲州、兴国等地，一边亲自坐镇湖口，死死封住鄱阳湖出入长江的水道，等待陈友谅乖乖缴械投降。

形势越来越严峻，朱元璋军虽然不进攻，可饿肚子也是能饿死人的。穷途末路的陈友谅听从手下人的建议，派遣精锐组成抢粮队，深入鄱阳湖周边地区抢粮，被朱文正侦察得知后，派人放火烧船，据说前后共焚毁汉军五百条战船。陈友谅偷鸡不成反蚀把米，如果再不当机立断，真的是坐以待毙了。

八月二十六日，既不想饿死，又不愿当战俘的陈友谅率领剩下的百余艘楼船开始冒死突围。朱元璋等这天等了一个月，指挥军队利用有利位置围追堵截。汉军先是试图通过南湖嘴进入长江，可刚到湖口就遭到猛烈打击，对汉军来说，逃出去就有希望；对朱元璋军来说放跑了敌人就意味着失败。所以战斗打得异常激烈，从辰时（上午八点左右）一直打到酉时（下午六点左右），汉军始终没能突破防线，只得转而向泾江口驶去。

汉军在南湖嘴的战斗有多激烈，在泾江口的战斗就有多惨烈。朱元璋亲自上阵，冒着雨点般的箭矢坐在胡床上指挥作战。在惊天动地的喊杀声中，汉军船队很快被打乱，随即走散，而走散后的每艘船都遭到群狼式攻击，只能各自为战。

陈友谅的大船就如同美国的"空军一号"，那是特殊材料打造的，简直就是一座水中堡垒，朱元璋军的小船很难拦截，本来安全脱险没有问题，可世上的事就那么诡异，当陈友谅把脑袋伸出舷窗想观察一下情形的时候，"嗖"地飞来一支冷箭，不偏不倚射穿他的眼睛直贯头颅，当即一命呜呼。朱元璋军闻讯斗志更盛，随着战事进展又活捉了陈友谅指定的接班人——太子陈善见。汉军平章陈荣等人见大势已去，带着水军五万余人举手投降。

张定边趁着天黑，换乘小船带着陈友谅的尸体及其小儿子陈理逃回了武昌。历时三十七天，对中国历史进程有重大影响的鄱阳湖大战，至此以朱元璋完胜、陈友谅惨败而宣告结束。

东吴王醉生梦死，西吴王磨刀霍霍

朱元璋以弱于陈友谅数倍之力，于鄱阳湖决战一举击败强敌，得意之情溢于言表，回到应天府之后，他便前往当时紫金山上的一处禅寺。

触景生情的朱元璋不禁回忆起当年做和尚的苦难场景，住持见来人满脸杀气，唯恐他是来闹事的，就拉着他去大殿讲禅。其间旁敲侧击询问朱元璋是何方人士、家住哪里，朱元璋面带笑意却不予理睬。

寺院住持实在放心不下，向朱元璋居住的房间走去，想劝他走人。谁知早已人去房空，只见墙壁上留下几行大字："杀尽江南百万兵，腰间宝剑血犹腥！老僧不识英雄汉，只管哓哓问姓名！"是的，此时的朱元璋再也不是当年衣不蔽体的放牛娃和低眉顺眼的小沙弥，连枭雄陈友谅都败在他的手里，天下英雄舍他其谁，又有谁还能阻挡他的崛起呢？

不过朱元璋还是比较谦虚的，在总结会上他主动检讨了自己不应该去救安丰，让陈友谅有机可乘。随后又指出陈友谅失败的原因，放着应天府不打，偏偏跑去打洪都，这种愚蠢的行为焉能不败？他既然败亡，那天下就是我们的了！既证明了他的英明，又激励了手下。

陈友谅死后，其幼子陈理在武昌继位，改元德寿。朱元璋这边开完总结会，让部队也稍作休整后，又吹响了向武昌进军的号角。斩草除根的道理是个人都懂，何况是朱元璋，他对自己的老丈人郭子兴的后人尚且如此，何况是冤家对头的后人。更主要的是要将陈汉政权的地盘全面接收过来，那可是整个江西，还包括湖广在内的一大片地区啊。

至正二十三年（公元1363年）十月，朱元璋亲率大军包围了武昌城，同时分派兵力去湖北攻占各地，与其说攻占不如说是把部队开过去换旗帜和招牌，进展异常顺利。但对武昌城的进攻就不那么顺利了，那个张定边可是有元末第一猛将之称，在鄱阳湖被射成刺猬还能力保陈理返回武昌就是明证，他跟陈友谅、张必先是八拜之交的生死兄弟，对陈友谅可谓忠心耿耿，因此拼命守护武昌。朱元璋见一时半会儿拿不下武昌，留下常遇春总督诸军继续围困武昌就先返回了应天府。

朱元璋返回应天府的目的，一是对前一段取得的辉煌战果进行总结和表彰；二是张士诚竟称起吴王来了，什么王不好称却偏要称吴王，这不是冲他朱元璋来的吗？于是在朱元璋的暗示下，那帮专门靠耍嘴皮子过日子的文人，纷纷上表"劝进"他即吴王位。不过表面文章还是要做的，朱元璋就在众人"一再请求"下即了吴王位，立长子朱标为世子，开始设立官制，封李善长为右相国，徐达为左相国，常遇春、俞通海为平章政事，所有将领都加官晋爵。随后发表就职演说："立国之初，应该首先正纪纲。元朝暗弱，威福下移，以至于大乱，今天应引以为鉴。"

至正二十四年（公元1364年）二月，吴王朱元璋再次亲临武昌前线，只是今非昔比，他这次是戴着吴王冕旒坐在大黄伞下。

陈理只是个十二岁的孩子，武昌城内的大小事务均由太尉张定边定夺，张太尉看到"吴王"大旗猎猎，知道朱元璋又赤膊上阵了，马上打起十二分精神给他的同姓又是结拜兄弟张必先发去救急文书，让他赶紧回来勤王。

张必先的身份为陈汉丞相，领军驻扎在离武昌二百多千米的岳州（今湖南省岳阳市），此人也是陈友谅手下的一员骁将，外号"泼张"，此时的他已率领援军火速赶到离武昌只有二十多里的洪山。常遇春早已等候多时，一个伏击战就让张必先当了战俘，朱元璋命人把将张必先绑到武昌城下示众，陈理一看没指望了，决定干脆投降，张定边也意识到大势已去。朱元璋接下来又派俘虏过来的陈友谅旧臣罗复仁入城劝降，明确告诉他："陈理若来降，当不失富贵。"

二月十九日，陈理"衔璧肉袒"，率领张定边等人出城投降。陈理"俯伏战栗，不敢仰视"，朱元璋把他扶起，安慰说："我不会怪罪于你的。"后来果真封他为归德侯，其众亲属也受到了优待。当然，这些优待更多的是作为样板示范给人看的，包括敌人和自己人。等到朱元璋成为大明皇帝后，这样的示范就没必要存在了，陈理于洪武五年（公元1372年）被朱元璋流放到高丽，最终病逝于此。

武昌收归后，朱元璋对下一步工作做了安排，大将杨璟镇守武昌，徐达负责湖广，常遇春负责江西，全面克复陈汉政权的故地。徐达的工作开展得很顺利，由于他的部队作风良好，纪律严明，仅用半个多月就相继攻取江陵、夷陵（今湖北省宜昌市）、湘潭、辰州（今湖南省沅陵市）、衡州（今湖南省衡阳市）、宝庆（今湖南省邵阳市）、靖州（今湖南省靖县）等地，彻底肃清了陈友谅的残余势力，全面占领了湘湖地区。

负责江西这边的常遇春有点棘手，江西中部、南部一些军阀较为顽固，他先与邓愈联手攻占了重镇吉安（今江西省吉安县），但在赣州却遇到了军阀熊天瑞的顽强抵抗，熊天瑞凭借天险负隅顽抗。常遇春久攻不下，就放出狠话："等攻下城池，里面的人一个也活不成，我要不把他们杀个干净就不姓常！"朱元璋听说后，知道他的脾气，这是个说到做到的家伙，早有屠杀战俘的劣迹，赶紧派人告诫常遇春千万不要大开杀戒，以前所犯的错误就算了，打仗要以攻心为上，尽可能争取民心，这样才能瓦解敌人。常遇春没办法，只好改口："城中军民只要放下武器弃暗投明，我军将保证你们的生命安全，希望你们能认清形势，不要再执迷不悟！"此招很快收到成效，城中百姓纷纷对守军怨声载道，士兵也无心恋战，顽固分子熊天瑞无奈之下只好缴械投降。常遇春也谨记朱元璋的叮嘱，不妄杀一人。随后挟军威先后招降了南雄（今广东省南雄市）、韶州（今广东省韶关市）、安陆（今湖北省安陆市）、襄阳（今湖北省襄阳市），其他各路守军早闻常遇春威名，都闻风归降。

在江西形势一片大好之时，朱元璋带上最亲信的将领汤和突然来到洪都。他此行的目的是清理门户，清理的对象正是自己的侄子朱文正。原来，朱文正作为大都督率领洪都军民以超乎寻常的毅力，拼死顶住了陈友谅六十万大军的疯狂进攻，坚守近三个月让洪都岿然不倒，鄱阳湖大战又协助朱元璋打败了陈友谅，可谓居功至伟。

战后论功行赏，由于他功劳最大，又是自己的侄子，朱元璋先征求朱文正，问他有什么要求，想担任什么职务。朱文正嘴上谦虚，咱是自家人，好说，你先封别人吧！可心里还是希望挪挪位置。

朱元璋却当了真，觉得自己的侄子是个不可多得的人才，识大体、顾大局，就暂不考虑朱文正，把好的职位和待遇都给了其他人，让朱文正继续留在洪都，主持江西的工作。

朱文正极为不满，既然知道我的功劳最大，论功行赏却没我的份，天底下哪有这样的道理！为了发泄情绪，朱文正从此借酒浇愁，卖官赚钱，甚至授意手下强抢民女供他淫乐。如果光是这些就算了，可当他看到原来的下属都能在繁华的应天府任职，而他还依然守着偏远的江西，心理更加难以平衡，对朱元璋的不满终于达到了顶点，进而走向了极端。

放眼天下，能与朱元璋抗衡的只有张士诚了。朱元璋的情报网又再次发挥了作用，正当朱文正紧锣密鼓地与张士诚联络时，朱元璋得到了消息。

至正二十五年（公元1365年）二月十六日，朱元璋丢下手头所有工作，亲自来到洪都，他本来要判处朱文正死刑，由于马皇后的劝阻，最终将他囚禁了起来。

在江西期间，朱元璋对新收编的地区和归降人员的问题做出重要指示，新区由原来的老部队接收和驻守，原陈友谅的旧部、各地军阀以及从新区招募的士兵一律调往东部，拆散后再和明军旧部混合组编，这些重新整合起来的部队，就成为后来徐达和常遇春讨伐张士诚的主体部队。

朱元璋接下来的工作，是进行军队正规化、标准化建设，规定：野战部队由各翼元帅府改称卫，取消枢密、平章、元帅、总管、万户等旧武官名称，一律以所统兵马多少编制序列，卫定额最初为五千人，长官称指挥；每个卫下面有五个千户所，定额为一千人，长官称千户；千户所下为十个百户所，定额为一百人，长官称百户，其下五十人者称总旗，十人称小旗。通过这种方式，朱元璋就可以清楚地了解每个将领手下有多少士兵，允许将领的职务可以世袭。

朱元璋全面接收了陈友谅的疆土后，完全控制了长江中游广大地区。可以说是地广人多，兵强马壮。既然有了要当天下人老大的目标，就得先统一江南，而要统一江南就得先灭掉眼前两股最大势力：张士诚和方国珍。其中又以张士诚的势力最大，因此，下一个要打击的目标自然就是近邻张士诚。而此时的张士诚日子过得相当滋润，这不前阵子仗着每年给大都供给十一万石粮食，向朝廷讨个王爵遭拒绝后，干脆炒了朝廷的鱿鱼，自己给自己封了个吴王。

对张士诚来说自己称王的事他早就干过，当年在高邮就称诚王，只是后来为了投靠朝廷才放弃了王号。他主动投靠朝廷，并不是害怕元军，而是面临着天完政权和朱元璋的威逼。至正十七年（公元1357年），他的二弟张士德在与朱元璋军争夺常熟时被对方俘获，这对他来说是莫大的损失。张士德此人"善战有谋，能得士心"，是一位不可多得的将才。张士诚所拥有的江南之地，也都是在张士德的谋划和指挥下攻夺来的。朱元璋擒获张士德后，想利用他来要挟张士诚，张士德为了不让朱元璋得逞，选择了绝食。张士诚失去了赖以倚重的股肱之臣，四面强敌环伺，南面有元军，西面有朱元璋，还要应付长期盘踞在浙东沿海的方国珍，多方考虑之后，选择了投靠朝廷，这样一来就少了元军和方国珍（方国珍已经是朝廷的人了）两个方面的威胁。

尽管张士诚之前三番两次戏弄甚至杀死了朝廷派出的代表，但对于他的投诚，朝廷还是很欢迎的，责成江浙行省右丞相达识帖木儿具体执行。除了他提出的保留诚王的称号以外，其他条件经过讨价还价都达成了共识，朝廷授予张士诚太尉的头衔，在政治和军事上可以保持独立，张士诚则负责每年"输粮十一万石于大都"。

元太尉张士诚自此得以一心一意与朱元璋抗衡，双方时战时歇，张士诚曾多次进攻常州、江阴、建德、长兴、诸暨等地，都没能拿下。朱元璋也派邵荣攻打湖州、胡大海攻击绍兴、常遇春进攻杭州，同样没能攻克，双方形成对峙。

对峙时间一长，张士诚就形成错觉，以为朱元璋会像他似的满足于自己那一亩三分地，开始享受起了人生。不得不承认，张士诚所占有的地区是江南膏腴之地。生活在"人间天堂"的人与当时其他地区的人似乎不在同一时代，他们依然过着舒适闲逸的生活。这也是当初张士诚能够轻而易举占据其地的原因。受其影响，张士诚很快就贪图享受起来，他将政务交给三弟张士信、女婿潘元绍打理后，就一头扎进温柔乡里。

有句古话叫上梁不正下梁歪，你自己的江山自己都不在乎，我还在乎个啥？张、潘两人也成一丘之貉。整个东吴政权很快贪腐成风，导致的结果是人人弄虚作假，政府风气败坏，军队纪律涣散、士兵毫无斗志，一旦要出征打仗，将帅泡病假，军官讲条件，本来是奔赴前线冲锋陷阵的部队，却养着大量的小妾，整天开派对，或者网罗社会上那些油嘴滑舌的人插科打诨，赌博成风，根本无人过问军务。这样的军队其战斗力可想而知，打顺的时候一拥而上争抢战利品；一旦战事不利，想到的是如何尽快开溜。带兵将领即使吃了败仗，丢了地盘，也不会被追究责任，部队完全丧失了进取心。这些都为东吴政权的败亡埋下了伏笔。

张士诚兵败如山倒

至正二十五年（公元1365年）十月，朱元璋终于要动手了，为了占据道义上的制高点，发布文告指责张士诚"假元之命，叛常不服""启衅多端，袭我诸全"等罪名，命中书左相国徐达、平章常遇春和胡廷瑞、同知枢密院冯国胜、左丞华高等，率马步舟师，水陆并进，直指淮东泰州等处，正式吹响了向东吴进军的号角。

在与陈友谅的较量中，朱元璋的军事思想已经逐步成熟，为了达成全歼张士诚的战略目标，朱元璋把战略部署分成三步：第一步首先消灭张士诚的外围力量，夺取其江北淮河流域的地区；第二步是歼灭张士诚在浙西的主干力量，并占领该地区，以断其两臂；第三步是在完成前两步战略目标后，在张士诚最后的据点与其决战，达到最终消灭张士诚的目的。

十月二十二日，徐达率大军抵达泰州，下令疏浚河道。苏北的东吴守军不傻，看架势就知道朱元璋军此来的目的，想趁对方立足未稳予以迎头痛击，想法不错可水平太低，反损失了二百多艘船只和三千多匹战马，眼睁睁看着徐达驻扎在海安坝上，就是没种放马过来。

战报很快送达隆平府（今苏州市，张士诚定为都城后，由平江路改称），正在享受高质量生活的张士诚很是不安，一纸手谕从淮北抽调部队前去增援，可东吴军队实在令人失望，本来是救援别人的淮北军走到泰州新城却被徐达打得落花流水。这样的战斗力连张士诚都感到吃惊，这时他想到了兵法上的"围魏救赵"，于是命令水师开进长江，摆出一副要攻打江阴要塞的架势。

驻守江阴的水师将领康茂才急忙将情况上报应天府，朱元璋的军事天赋再次展现，他判定这是张士诚在虚张声势，于是派通信员告诉徐达：张士诚派水师游弋于江阴附近水域，做出要进攻江阴的态势，目的是让你分兵救援，你可千万别上当。为了慎重起见，朱元璋亲自前往江阴察看，最终证实了自己的判定，但他并没有就此高枕无忧，为确保万无一失，他还是让徐达抽调廖永忠率小部分水军在江阴外围负责警戒。

张士诚一看计划不灵，只好让部队撤了回来，之后对泰州的救援行动就没有了下文。得不到救援的泰州城被徐达、常遇春从容拿下，泰州守将严再兴、夏思忠及手下官兵五千多人成了战俘。朱元璋知道张士诚对待手下一向宽厚，很是嫉妒，就下令把所有战俘包括他们的家眷全部发往湖南的潭州、辰州等地。

攻克泰州后，徐达命千户刘杰率部进攻兴化。兴化守将李清出城与刘杰交过几次手后，就龟缩城内坚守不出。徐达则亲自领兵攻打高邮，高邮是张士诚东吴政权的发祥地，有着很重要的政治意义。东吴军把它修筑得固若金汤。徐达在高邮城外转悠了好几天也无从下手，却突然接到江南的急报：张士诚派兵攻打宜兴、安吉、江阴三个军事要地。朱元璋的指令也随之到达，按照朱元璋的指令，徐达留下冯国胜继续围攻高邮、常遇春驻守海安，自己率主力渡江救援江南。

张士诚为何一改先前的态度同时向三个要塞发起攻击呢？原来他听说徐达亲自领兵围攻他的发祥地高邮，心里着急，就将"围魏救赵"的计划付诸实施，可没承想他的军队真的到了烂泥扶不上墙的地步，在三个地方都吃了败仗。跟着又严令左丞相徐义由海路入淮前往救援，这徐义平日没少在张士诚面前献忠诚、表忠勇，可一到关键时刻就掉链子，当部队磨磨蹭蹭走到太仓时就停下了，在那里逗留了三个月，心里还埋怨张士诚让他们去送死。

高邮守将俞同金左盼右盼没盼来一兵一卒，心想求人不如求己，见冯国胜攻城甚急，就派人与他洽谈投降事宜。冯国胜挺高兴，于是就派当年在洪都发动叛乱之后被赦免的康泰等数百人先进城接管。俞同金本来计划把冯国胜一网打尽，见进来一拨人马，也管不了那么多，马上下令拉起吊桥，康泰等人全部成了这场阴谋的牺牲品，当年朱元璋投鼠忌器不敢杀的康泰就此结束了他的一生。

朱元璋听说冯国胜受骗上当的消息后，恼怒异常，急令冯国胜返回应天府，狠狠痛批了一顿后，让他走路回到前线接着再打。冯国胜一瘸一拐回到高邮城后，把心中的所有怨气都撒到对方身上。徐达在宜兴城下击败了东吴军，回师江北后也再次来到高邮，两军一鼓作气，攻破了城池，活捉了俞同金。

徐达乘胜挥师对淮安等地发起进攻。淮安守将梅思祖、副枢密唐英、萧成出城投降，明军一下缴获粮食四十万石，其他各种物品不计其数。随后兴化、宿州、邳州，还有朱元璋当兵入伍时的濠州都被一一攻克，整个淮东地区从此落入朱元璋的手里，消灭张士诚的第一个战略目标胜利达成，前后只用了半年时间。

至正二十六年（公元1366年）五月，朱元璋发布了讨张檄文《谕周榜文》，列举了张士诚的八大罪状。八月，任命徐达为大将军、常遇春为副将军，率二十万大军讨伐张士诚。

部队出发前，朱元璋召见徐达和常遇春这对"哼哈二将"，询问他们的进兵方略，急先锋常遇春说，逐枭和熏鼠会先捣毁巢穴，让其离开自己的老窝，无处可归。意思是直捣张士诚的老巢隆平府，拿下隆平府，就不怕其他地方不归降。朱元璋却不以为然，他告诉常遇春，张天骐、潘元明等与张士诚是一起贩运私盐起家的过命兄弟，都是些亡命之徒，看到张士诚有难，必定拼死相救。等他们合兵一处，打起来可就费老大劲了。与其如此，还不如先攻打湖州的张天骐和杭州的潘元明，即便他们要相互救援，也是疲于奔命，只要加紧进攻，就可将他们各自歼灭。这样一来，等于砍断了张士诚的臂膀，隆平府变成一座孤城，再要拿下它就易如反掌了。

朱元璋的老辣还不止于此，他发现从陈友谅旧部投降过来的一个叫熊天瑞的人眼神不太对劲。朱元璋是谁啊，化缘那几年形形色色的人见多了，又有十几年的统兵经验，一眼就看出此人心怀鬼胎。他估计这家伙肯定会向张士诚告密，因此他要唱一出反间计。他向徐、常二人面授机宜，要如此这般，这般如此。

八月初四，大将军徐达、副将军常遇春统率二十万大军浩浩荡荡从应天府出发，打倒张士诚的战争开始了。在做战前动员演说时，朱元璋还是老生常谈："城下之日，毋杀掠，毋毁庐舍，毋发丘垄。士诚母葬平江城外，毋侵毁。"

朱元璋军一路上把声势造得大得要命，喊出的口号是打进隆平府活捉张士诚！那熊天瑞果然趁人"不备"在半路开溜，然后一路小跑地来到隆平，把朱元璋军要进攻隆平府的情报告诉了张士诚。与此同时，徐达、常遇春派出的前锋部队已进入太湖，与张士诚的部队接上了火，隆平府东面的昆山等地先后被朱元璋军攻占。张士诚遂对朱元璋军要进攻隆平的情报深信不疑，火速调集重兵保卫隆平。

东吴军按张士诚的命令在东太湖边严防死守，可除了小股朱元璋军频繁活动以外，就是不见有大股朱元璋军出现。而这个时候，徐达、常遇春已经率大军悄无声息地直抵南太湖边上的湖州城外。八月二十五日，湖州守将张天骐见突然冒出那么多敌人，马上分三路出城迎敌。徐达也针锋相对，将队伍一分为三分头迎击。猛将常遇春的南路首先告捷，其他两路东吴军听说南路已败，不敢再战，迅速撤回城里。朱元璋军乘势包围了湖州城，湖州告急！

张士诚火速派司徒李伯升率部分军队前往湖州支援。湖州被朱元璋军围得水泄不通，有人告诉李伯升，湖州城东有一条叫荻港的小河可以直抵城中，不为外人所知。李伯升这城是进来了，可外面朱元璋军依然把城围得死死的。张天骐、李伯升心里干着急，隆平府内的张士诚比他们更急。湖州、杭州是他的左膀右臂，一旦失去了，就真如朱元璋所说，他只有坐以待毙的份了。于是又派了平章朱暹和王晟、同金戴茂和吕珍、院判李茂及人称"五太子"的张虬等率领六万兵马，号称三十万，火速救援湖州。

朱暹、吕珍等人率援军赶到湖州城东的旧馆后，构筑五个营垒，恭候朱元璋军"光临"。徐达、常遇春连同从常州赶来的汤和分兵在旧馆以东的东阡镇构筑了十个营垒，来个反包围，切断了旧馆援军的退路。张士诚又派他的女婿潘元绍从嘉兴赶往东阡镇东南方向的乌镇，威胁朱元璋军后方，以策应旧馆援军。徐达派兵偷袭乌镇，又乘黑夜袭击了旧馆吕珍的外围援军。张士诚的女婿潘元绍情场上是英雄，战场上是狗熊，温柔乡里听说敌人袭营，吓得撒腿狂奔。接着，徐达命令将旧馆附近的小沟小河全部填满，将东吴军的水上补给线切断，城内守军更加慌乱起来。隆平府里的张士诚坐不住了，亲自带兵马赶往湖州，在城郊的皂林与徐达遭遇，手下官兵一触即溃，有三千多人做了徐达的俘虏。

张士诚折腾了老大一阵，不但湖州救不成，还搭进去不少兵马。更为不妙的是，朱元璋还派李文忠带领一支水军作为偏师，迅速攻占了浙北东部的富阳、余杭等地后，又包围了杭州。而湖州这边，"五太子"张虬不甘心就这么窝着，亲自领兵出战，结果下场很惨。逃回来的张虬与吕珍等人商量后，干脆带着六万援军投降了徐达。

徐达让他们好人做到底，和平争取湖州城。十一月初六，张天骐、李伯升出城投降，张士诚失去湖州。

仅过了十天，杭州守将潘元明也步张天骐的后尘，两万多人马以及二十多万石粮食拱手送给了李文忠。紧接着，南浔、吴江、绍兴、嘉兴、海宁等地相继归降。至此，张士诚的主力部队及隆平府的外围地区全部丧失，他的灭亡也随之进入倒计时。

东吴政权灭亡

至正二十六年（公元1366年）十一月，朱元璋军从南、西、北三面包围了隆平，此时的隆平已是一座孤城。二十五日，围困隆平的战略部署已全部就绪：徐达负责葑门，常遇春屯兵于虎丘，郭兴盘踞娄门，华云龙在胥门，汤和于阊门，王弼在盘门，张温在西门，康茂才在北门，耿秉文在城东北，仇成在城西门，何文辉在城西北。

在朱元璋看来，张士诚已成瓮中之鳖，所以他并不着急。张士诚到了此时似乎也不急了，也许他又想起了当年高邮被围的奇迹，他相信"只要坚持下去就会有奇迹"这句人生哲理。朱元璋曾写信劝他向汉代窦融、北宋钱椒这些先辈学习，做个识时务的俊杰，并保证只要他放下武器，献出城池，允诺日后家业无虞，世代恩荣。可张士诚倔强地不予理睬。

朱元璋不急也不恼，让廖永忠代他到滁州把小明王韩林儿迎到应天府来，用意很明显，他要让小明王见证他全取江南鱼米之乡的历史时刻。可惜廖永忠思想太过活跃，过度解读了朱元璋的意思，当他带着韩林儿行进到瓜州时，竟然跑入船舱一刀结果了这个朱元璋唯一的顶头上司，然后又将船凿沉，制造沉船事故，再屁颠屁颠地跑回来复命。

朱元璋对廖永忠的小人行径很是不屑，虽然红巾军政权不复存在，他从此用不着再打"龙凤"年号，但杀小明王的历史黑锅他是背定了。小明王就是个虚王，无兵无权，朱元璋根本用不着杀他，就算朱元璋要当皇帝，只需随便给个王号再把他高高挂起来就行了，可人死不能复生，他还要用廖永忠为他冲锋陷阵，所以没有治廖永忠犯上作乱之罪，只让他闭门思过几天了事。

朱元璋见张士诚龟缩隆平，又让张士诚的铁哥们儿、参与"十八条扁担起义"之一的李伯升劝降，李伯升在信中动之以情晓之以理，说咱本来就是一贩卖私盐的走私犯，你所拥有的一切就好比赌博赢来的，从别人手上赢来的东西，现在又输给别人，道理是一样的，这对你来说也没什么损失！这话说得很扎心，张士诚差点被说动了，他用无比深沉的语调对来者说："你走吧，容我考虑考虑再给朱秃子答复！"之后就再没有了下文。

享受了多年荣华富贵的张士诚又再次展露其亡命之徒的本性，决心与朱元璋死扛到底。

朱元璋现在很忙，由于韩宋政权不复存在，红巾军的时代已经结束，他的军队也早已换装，不再头裹红巾，因此，他宣布"以明年为吴元年，建庙社宫室，祭告山川，命所司进宫殿图"。从至正二十七年（公元1367年）三月"始设文武科取士"，五月"初置翰林院"，八月"圜丘、方丘、社稷坛成"，九月太庙和新宫殿相继落成。十月，置御史台，定律令，正郊社、太庙雅乐等，为自己君临天下做好前期准备。

从七月起，隆平府城中的日子就不好过了，能吃的已经没有了，不能吃的也快被吃光了，能挖地三尺抓到一只老鼠已经是上天的恩赐了。张士诚还算厚道，没有杀城中百姓充当军粮，亲自率领有绰号"十条龙"之称的上万亲军冒死突围。出城后，看到城左朱元璋军队阵容庞大且严阵以待，心里发怵，转而向舟门闯来，正好撞到了常遇春的怀里。常遇春常自诩给他十万兵马便可横行天下，因此得了个"常十万"的雅号，这是个地煞星转世的主儿，东吴军此番前来能有好果子吃吗？张士诚带来的所谓万余精兵有十分之三被杀，十分之七被逼到水里淹死，连张士诚本人都几乎溺水身亡，幸得亲兵冒死将他捞起，扛着逃回了城里。

张士诚回到城里窝了有十来天，才算缓过劲来，一咬牙一跺脚，又再次引兵从胥门突围。兔子急了还咬人，被逼急了的东吴军也玩命了，疯了似的往前冲，打得正面拦击的常遇春手忙脚乱。东吴军难得勇猛一回，眼看突围在望，在这关键时刻，成事不足败事有余的张士信却将大好的机会白白葬送。原来站在城头上的张士信脑子突然进水，说了一句"军士打累了，可以歇兵"就敲响收兵的钟声。

正在作战的张士诚等人不禁愣住了，就这么一丝机会让常遇春给抓住了，迅速指挥部队重新扑了上来，结果东吴军大败而归，从此张士诚再也不敢出击了。

更加令人不可思议的是，尽管隆平府已到了危如累卵的时刻，张士信似乎没有丝毫感觉，还是一如既往地我行我素。这天他在城楼上又摆上了，还颇有大将风度地与一帮死党品尝美酒佳肴。这时一位美女给他端上一个特大的水蜜桃，张士信默默欣赏数秒之后，刚把蜜桃送到嘴边，城下突然发炮，一炮就将张士信的脑瓜子打了个稀巴烂，脑浆与桃汁一齐飞溅。

其实像这样的炮击每天都有发生，除了朱元璋军方面的以外，东吴军在熊天瑞的帮助下，也制作飞炮对朱元璋军予以还击，给朱元璋军造成不小伤亡。

九月初八，朱元璋军对隆平府的总攻开始，徐达率先攻破了葑门，常遇春也不甘落后，随即突破了阊门新寨。朱元璋军乘胜渡桥，一路推进到隆平内城的城墙之下，东吴枢密唐杰指挥士兵顽强抵抗。

张士诚亲自来到内城门内，令参政谢节、周仁修筑木栅以替代外城防线。可唐杰、周仁、徐义、潘元绍等人不想做无谓的牺牲，情知大势已去，全部放弃了抵抗。但张士诚依旧很顽强，看着朱元璋军像蚂蚁一样纷纷登上内城墙，还命令副枢密刘毅带领最后的三万残兵负隅顽抗，刘毅没能撑几下也举手投降了。张士诚见状，只好带领仅剩的几名卫兵逃回了自己的王宫。

在隆平府被围之时，张士诚就曾对夫人刘氏说："如果天不佑我，城破之日，你们这帮娘儿们怎么办？"刘氏很坚定地说："你别担心，我们绝不会辜负你！"当城破的消息传到王宫时，刘氏让人把张士诚的所有小妾包括丫鬟全部赶到楼上，纵火焚烧，确认她们都活不成后，自己则找根绳子上吊了。这一幕就发生在张士诚策马逃回王宫之时，现在的他真的成了孤家寡人，身边的人死的死、逃的逃，两个小儿子也不见了踪影。面对空荡荡的宫室，听着外面传来的喊杀声，这位曾经骄横无比的一代枭雄内心反倒一下子平静下来。

徐达让李伯升、潘元绍等人轮番洗脑，想让张士诚说一句愿降的话，他始终闭目不答，只好请他上船。张士诚一直拒绝进食，僵卧船中。到南京后，由中书省李善长亲自讯问，张士诚像茅坑里的石头一样，可谓又臭又硬，始终一言不发，惹得李善长放下斯文大声咆哮，被对方讥讽狗仗人势。李善长大骂不止，最后说他是该死的大盐枭，张士诚以挑衅的口吻说，别看今天骂得欢，你也不会善终。

最后朱元璋上阵，问："你还有何话可说？"张士诚以极其傲慢的口吻回敬道："没什么可说的，天日照你不照我而已！"朱元璋大为恼怒，命刽子手用弓弦将其活活勒死，成全了他的英名。

张士诚死了，死得很爷们儿。其败亡的原因是多方面的，但最主要的是其统治集团的腐化堕落，他本人小富即安，把所有事务推给弟弟丞相张士信。张士信又有样学样，把工作分包给黄敬夫、蔡文彦、叶德新三个参军，这几位都是只知贪图眼前富贵、毫无远见的迂腐之辈。当时隆平就有民谣："张王做事业，专靠黄蔡叶，一朝西风起，干瘪！"打下隆平府后，朱元璋命人把黄、蔡、叶三人做成人肉干，挂在城墙上，这也算是顺应民意的一种极端方式吧。

张士诚想做皇帝，却没有图谋天下的雄心，更谈不上什么远大志向，能够独霸一方，让跟他混的兄弟们有酒喝有肉吃，过上好日子，他就心满意足了。从这点看张士诚是一个讲义气、善于施恩的好大哥，他对辖区的百姓施行仁政，深得百姓的认可。直至明朝建立后，苏松一带的百姓仍感念张士诚的仁德，称之为张王。朱元璋对此颇为忌恨，就以没收的那些富豪大户的田产作为官田，以此为标准，对苏州府和松江府的百姓收以重税。当时全国税粮总计二千九百万石，苏州府每年夏税、秋粮需缴纳二百八十余万石，占到了全国的近十分之一。松江府在南宋绍兴年间，税粮只有十八万石，洪武年间提高到了九十八万石，加上各种杂费，松江府总计需要缴纳一百三十万石。苏松成了全国赋税最重的地区。

　　这样的重负，仅靠种粮显然无法支撑，只能用其他物产代替。吴淞江流域的高地土质是沙土，粗而松，适于种植木棉。因朱元璋曾明令可以用棉布、棉花折纳税粮，"棉布一匹折（米）一石""棉花一斤折米二斗"。这样的政策极大地鼓励了农家种植棉花和纺纱织布的积极性，促进了苏松地区手工业的发展，苏州大力发展丝织业，成为全国丝绸制品中心，松江则大力发展棉纺业，"上供赋税，下给俯仰"，形成了松江棉制品"衣被天下"的局面。

降伏方国珍

明军自至正二十五年（公元1365年）十月出兵两淮，经过两年浴血奋战，终于一举荡平江东，消灭了宿敌张士诚。朱元璋下一步的重大决策就是筹划北伐和南征，考虑到大军开拔以后，后方必然空虚，因此还有一个很大的善后工作急需处理，那就是十数万东吴战俘的问题。朱元璋对军队建设一向注重质量，而非数量，早在攻打张士诚的战争中，他就授意徐达等人可以就地处置战俘，这与之前他为了收买人心、瓦解敌军斗志的做法是背道而驰的。至正二十六年（公元1366年）十一月，他接到旧馆传回的捷报后，就签发了亲笔密令，差内使朱明前往军中，知会大将军左相国徐达、副将军平章常遇春：十一月初四捷音传至京城，此战大捷，生擒敌军自统帅至士卒凡六万之众，然而俘获甚众，难为囚禁。今差人前去，教每军中精锐勇敢的留一两万，若系不堪任用之徒，就军中暗地去除了当，不必解来，但是大头目，一名名解来。

朱元璋之所以这样做，是因为他明白，张士诚一向以恩抚众，手下都忠实于他，而自己则是以威抚众，因此，那些人很难为他所用，至少短期难以将其改造过来。最快捷的办法就是将他们全部镇压，既消除了隐患，又可以节省一大笔财政开支。十几万人要是折腾起来可不是闹着玩的，每天消耗的粮食也不是一笔小数目。

张士诚死后不久，关押在高级战俘营里的二十四头目杀死看守士兵，越狱逃跑。朱元璋气愤之下又进一步明确指示，在即将进行的北伐战争中"今后就阵获到寇军及首目人等，不须解来，就于军中典刑"。

东征大军凯旋后，朱元璋论功行赏，除了大赏有功将士外，还晋封李善长为宣国公，徐达为信国公，常遇春为鄂国公。他心里已经盘算好了，下一步他打算将自己晋升为皇帝。

为了能当得名副其实，更是为了这一天早点到来，至正二十七年（公元1367年）十月，朱元璋经过深思熟虑，又与一班文臣武将反复论证，最后命令分成四路大军，以威武、雄壮的胜利之师席卷全国：一是平章汤和为征南将军、都督府金事吴桢为副将军，往征方国珍；二是中书右丞相、信国公徐达为征虏大将军、中书平章掌军国重事，鄂国公常遇春统兵二十五万北伐中原；三是中书平章胡廷瑞为征南将军、江西行省左丞何文辉为副将军，以湖广参政戴德随征，攻取陈友定所在的福建；四是湖广平章杨璟、左丞周德兴、参政张彬进取广西。

四路大军一路向北三路向南，盘踞于浙东沿海达二十年之久的方国珍首当其冲。方国珍是台州黄岩（今浙江省黄岩区）人，论起来他是元末最早起来造反的人，比刘福通、徐寿辉等起义早了两三年，比郭子兴起义早了四年。跟张士诚一样，方国珍也是贩卖私盐的，并且还是祖传的家族生意，有兄弟五人。

至正八年（公元1348年），有一个名叫蔡乱头的同里（同一个村民小组），啸聚当起了海盗，在海上打劫过往船只的财物。负责前去追捕的官兵拿不到海盗无法交差，就乱抓老百姓顶替，冒名领赏。方国珍因仇家趁机告发他私通海盗，遭到官府的敲诈勒索，当长浦巡检向他索要钱财时，他干脆杀死了巡检，与二兄国璋及弟弟国瑛、国珉驾船入海，很快就聚集数千人，公开打劫元朝海运皇粮，变成名副其实的海盗。

方国珍身材高大，面色黝黑，体白如瓠。他在与元朝廷打交道的过程中，角色来回转换，一会儿是贼，一会儿是官。在张士诚、朱元璋渡江南下之前，他已经四叛四降元朝。

元朝政府虽然屡遭方国珍的戏弄，但对在海上神出鬼没的方国珍也是无可奈何，红巾军一起，元惠宗更加头疼，权衡之下还是觉得方国珍跟那些人有很大区别，他没有推翻元朝的野心。后来张士诚又阻断了河运，朝廷只能走海运，所以不得不屡屡以高官厚禄安抚他。

方国珍是一边接受册封，一边该怎么抢还是怎么抢，竟然被他抢下不少地盘，成为割据一方的势力，占据浙东庆元、温州、台州等地。

吴元年（公元1367年）九月，朱亮祖进攻台州，方国瑛抵挡不住，败逃黄岩。十月，朱亮祖又追到黄岩，方国瑛再往海上逃匿。汤和率军直取庆元，方国珍把铺盖往船上一卷逃遁海上。朱亮祖又进攻温州，方国珍的侄子方明善也带上老婆举家逃走。朱元璋军不是元军，廖永忠水师入海追着方国珍打。方国珍逃无可逃之下，不得不派儿子方明完跑到应天府谢罪乞降，并给朱元璋带去一封亲笔信。信的大致意思是说自己就是庸才一个，又没读过什么书，只不过因为发生变故为苟全性命才在海上起家，绝没有争夺天下的野心，只是想等待像汤武那样的明君出现去依附于他，如今终于明白，您就是明君啊！当然，他在信中不忘把责任推给儿子、侄子和手下们，称都是他们不懂事才发生了点误会。

朱元璋开始还对方国珍的反复无常恼怒异常，及至看过信后心里别提多受用，说道："方氏也有人才啊！"当即批准其投降的请求，亲自回信安慰方国珍："吾当以汝诚为诚，不以前过为过，汝勿自疑。"

吴元年十二月，当方国珍跪在朱元璋面前时，朱元璋随口说了一句："老方来得挺早呀！"方国珍以为朱元璋怪罪他投降得晚，战战兢兢不知所措。此时朱元璋正在筹备登基大典，心情倍爽，看方国珍长得很有特点，跟自己一样都是人间极品，自然就有了惺惺相惜之意，不但没有怪罪他，还授予他广西行省左丞之职，但方国珍并不到任，在应天府颐养天年，成为洪武朝时少数得以善终的高级将领之一。

搞定方国珍之后，汤和乘胜进攻盘踞福建的元将陈友定。陈友定是福建清流县人，他的身世比朱元璋还惨，很小就成了孤儿，一头瘌痢，富户罗财主好心收留，让他到家里帮忙干活，给他口吃的。有一天他放鹅丢了几只，不敢回去，躲在邻居王家的门口过夜。老王梦见自家门口蹲着一头猛虎，起床一看是陈友定，认定他不是等闲之辈，就把他招为女婿，并给他本钱做点小买卖。据说老丈人给了四次钱，四次都赔光，连老丈人的棺材本都搭了进去。陈友定只好仗着一身力气，到明溪兵站当了一名搬运工。

陈友定为人勇沉，又讲义气，痴迷军事，谈起行军打仗头头是道，得到汀州地方官蔡某的赏识，就帮他转正为军人。至正十二年（公元1352年），南方红巾军起义，宁化县的曹柳顺也趁机拉起数万人占据了曹坊寨。这天，他派了八十多人来明溪索讨马匹，陈友定要了点诡计把他们全杀了。曹柳顺大怒，亲率步骑兵几千人，放出狠话要血洗明溪。陈友定带千多名壮丁下山，一下冲进曹柳顺军营，一路追杀到曹坊寨，竟然把曹柳顺抓了回来。

陈友定由此当上了黄土寨巡检，从此更加卖力，几年工夫就把周边的匪患一一肃清，又当上了清流县县令。

至正十九年（公元1359年），陈友谅部进攻汀州，被陈友定击退，他也因功擢升为福建行省参政。在与陈友谅交手三年后，福建大部都到了陈友定手里，当时的福建行省平章政事燕只不花碌碌无为，陈友定实际上就成了行省的实权人物。

至正二十四年（公元1364年）之后，因为军阀混战，南北交通中断，元大都与各地方的通道基本隔绝，陈友定仍进贡不断：每年通过海道将粮食运到登、莱等州，再转送到大都，路中损失太大，十次贡物只有三四次能送到朝廷手里。可陈友定坚持不懈，足见其对元廷的一片忠心赤诚。

至正二十五年（公元1365年），陈友定受命进攻朱元璋的地盘处州（今浙江省丽水市）。朱元璋派参军胡深前往救援，胡深击败陈友定，率部追击至浦城。同年四月，胡深攻克松溪，俘获陈友定的守将张子玉。胡深攻下松溪后信心满满地向朱元璋请求发动广信、抚州、建昌三路的部队，攻取八闽。朱元璋也被胜利冲昏了头脑，说道："张子玉是员骁将，他被俘后陈友定肯定胆破，趁这个时候攻打，没有攻不破的道理。"就命令广信指挥朱亮祖由铅山、建昌出发，左丞王溥由杉关出发，会合胡深一起进军。最后由于轻敌冒进，胡深战死。这可以说是朱元璋军事中少有的败绩，也是朱元璋在对张士诚的作战中坚持稳步推进、反对冒进的原因。

十二月，朱元璋军以水陆两路包围夹击的战术：水路由汤和为征南将军，"遂与副将军廖永忠率舟师自明州（今浙江省宁波市）取海道入福建"；陆路由中书平章胡廷瑞为征南将军、江西行省左丞何文辉为副将军，率领安吉、宁国、南昌、袁州、赣州等地卫军经杉关入闽。

平定华南

陈友定虽然甘愿替元朝卖命，但汉人的血性让他不甘心就此屈服。朱元璋军方面曾派使者去招降陈友定，正好给陈友定送来了让其表明心志的道具，他召集手下，像宰杀牲口一样当众放了使者的血，"取血置酒中盟诸将，慷慨饮之，誓以死报元"，并对诸将放出狠话："如果还有谁三心二意想投降朱秃子，我不但要喝他的血，还要喝他老婆孩子的血！"

但陈友定的恐吓没起多大作用，进攻福建的朱元璋军势如破竹，相继攻陷邵武、建阳、崇武、浦城等地。陈友定各地的守将心意不一，有望风而降的，也有战至流尽最后一滴血的。汤和部向福州挺进。

陈友定随即亲赴福州巡视，命守军高墙壁垒，严阵以待。不久，又传来杉关失陷的消息，陈友定急忙把军队一分为二，留一部驻守福州，自己率领一部赶回延平，试图固守北线，和福州形成掎角之势。当汤和率领的水师抵达福州五虎门时，平章曲出引军迎战，朱元璋军将其打得大败，并追其到城下。福州坚城也没能挡住朱元璋军的进攻，士兵像蚂蚁一样沿南台纷纷登城而入，南台守将见势不妙，转身逃跑。朱元璋军攻入城中，参政尹克仁、宣政使朵耳麻顽抗被杀，金院柏帖木儿在楼下堆积柴火，杀死众妻妾和两个女儿后自焚而死。

汤和乘胜进攻延平，陈友定困兽犹斗，想据城顽抗。但他的手下并非个个都像他一样甘愿为元朝送命，有些滑头的将领就以出城迎战为名，带着队伍直接投奔了朱元璋军。以致后来凡是提出要与对方作战的将领，陈友定都怀疑他们要投敌，不加区别地一概拒绝，甚至对班子内部也产生了猜忌，竟至怀疑萧院判而将其处死，惹得"将士怨甚"。不久，因军器局失火引爆了火药，城中爆炸声震天。朱元璋军误以为有内应，急攻之下居然歪打正着，一举破城。

陈友定与部属诀别道："大势已去，唯有以死报国，你们继续努力！"而后整理衣冠，面北拜了两拜，一手仗剑，一手举碗，"仰药而尽"。而他的部属按照他的临终嘱托，真的很"努力"地跑去开门投降了。

当朱元璋军抬着陈友定的"尸体"出城时，恰好下了一场雷阵雨，把陈友定浇醒了过来。朱元璋问他："元朝眼看都要完了，你在为谁效忠？"陈友定一副大义凛然的样子说："到了这个地步就别废话了，除了杀死我，你还能怎么着？赶紧给爷来个痛快的！"气得朱元璋跳起脚大骂他村汉，倒好像他的出身有多高贵似的。有其父就有其子，陈友定的儿子陈海也是一头犟驴，父亲被俘后，他竟敲锣打鼓主动前来送死。

消灭陈友定后，廖永忠、朱亮祖由福建继续向两广推进，驻扎在江西赣州的陆仲亨进攻广东，杨璟也从武昌千里南下广西，形成三面包夹两广的态势。

盘踞在广州的军阀何真很快缴械投降，朱亮祖又从广东西进配合杨璟攻打广西。杨璟在湖南、广西遇到顽强抵抗，历时四个月才拿下永州，然后向靖州进发，两路明军会师于靖州城下，又用了两个月的时间拿下靖州，随后依次平定了广西各地。至此，整个华南地区全部纳入了朱元璋的版图。

早在大军南征之前，朱元璋就曾说过，南方的事我并不担心，倒是进军中原的问题马虎不得，元朝已在中原经营了近百年，还是那句话，咱们取代元朝是大势所趋，但在具体行动方案上一定要切实可行，所以北伐只能胜，不能败！

为此，朱元璋在确定了总的战略方针后，又召集了一班文臣武将开军事会议，商讨北伐事宜。这是他的一贯做法，很多时候他虽然有了自己的方案，但他喜欢听一听大家的看法，力争把问题研究透彻，把大家的思想统一起来，这样实施起来就少了很多麻烦。

朱元璋开门见山地说："各位，北定中原统一天下的时刻到了，众兄弟建功立业、名垂青史的机会也来了！雁过留声，人过留名，到那个时候，在座的可都是新朝的开国功臣……"大家都知道朱元璋转年就要登基称帝，听了他的讲话，禁不住欢欣鼓舞。

从元朝手中收复中原可是刘基梦寐以求的理想，伟大的历史时刻摆在眼前，他心情激动却又从容地发言道："咱们克复中原、统一全国的条件已经完全成熟，只要我大军乘胜长驱中原，主帅饮马黄河之日，便是九州版图重归之时！"

常遇春顺着刘基的话站起来说道："南方既已不足虑，我们就该直捣元都，以我百战之师对付敌人的久逸之卒，直挺长枪而可以制胜！都城既克，定会势如破竹，乘胜长驱，其余皆可建瓴而下。"

对于这一文一武两股肱的提议，尽管朱元璋不同意，但他并不生气，刘基是战略家这点不容置疑，当初他提出的避免两线作战、各个击破策略已得到验证，可毕竟没有具体参与过战术指挥。常遇春更不用说，天生就是块打仗的料，可战略上又有所欠缺。因此，朱元璋必须耐心细致地做说服工作，把自己的思想贯彻下去，将大家的思想统一起来。

深谋远虑的朱元璋已经有自己详尽的北伐方略，概括起来就是：稳扎稳打、各个击破、步步为营、逐次进取。现在要做的就是让大家领会他的意图，因此，他语重心长地说道："元朝建国已有百年，大都守备必定异常坚固，如果真如你说的，我军一路长驱到大都城下，一旦久攻不克，我们千里转运粮饷，将难以为继，而敌人的援兵再从四面杀来，到那个时候，我们进不能战，退无所据，将是很危险的事啊！"

朱元璋看了大家一眼，继续说道："虽然眼下元廷内部矛盾重重，但他们共同反对我们是肯定无疑的，到时候他们会暂时停止纷争，一致对付我们，那将是什么局面，我不说大家也会明白，红巾军三路北伐的经历就是前车之鉴！"

随后朱元璋又带大伙看了他命人制作的一个巨大沙盘，该沙盘将当时整个中国的地形地理全部囊括其中，所有重要的城市、山川、河流、关隘都一一标明，这样一来，一众人等对北方乃至全国的地形、地貌就有了更直观的印象。行省郎中孔克仁拿着一根长竿，在沙盘上指指点点讲解了半天，大家心里更加有数了。

最后，朱元璋接过孔克仁手里的长竿，连比带画地总结道："这次北伐，总的战略意图是，第一步充分借助运河的便利，主力出两淮，先取山东，撤掉大都的屏蔽，使其暴露在我军的兵锋之下；第二步取河南，以斩断大都的藩篱；这时候，咱们就可以实施第三步了，就是攻占潼关，然后派重兵把守好这道险要的关口，将关陇的精兵堵在关内，使其不能救援大都，最起码不让其切断我们的后路……"朱元璋又提高声调，慷慨激昂地说："如此一来，整个局面都在咱们的掌控之中！元大都必定势孤援绝，咱们再挥师北上，其将不战自克。大都既克，再鼓而西行，云中、太原、关陇等军事重地可席卷而下也！"朱元璋半白话半文言，他是既想显示学问，又要照顾那些文化水平不高的武将。

朱元璋的长竿又指向大运河，道："此次北伐，大军的后勤补给全靠这条大运河，只有保证这条生命线的畅通，我军方可胜券在握。应天府到大都有两千余里，如此远距离作战，在我军还是第一次，定当慎之又慎！这是咱们同元朝在中原的大决战，收复中原、天下一统，在此一举！"与会者无不竖起大拇指，高！实在是高！北伐大计就此拍板定了下来。

至正二十七年（公元1367年）十月二十一日，征虏大将军徐达、副将军常遇春统率二十五万北伐大军出征，朱元璋亲自到龙江为大军送行，龙江是联通应天府内城与长江的水道。大军要经由水路东下，由淮河进入黄河流域，再经大运河北上。

此时的龙江万帆竞起，空前壮观，无论是出征的将士还是送行的官民，都禁不住一片欢腾。徐达难以抑制激动的心情，更是喊出了"吾王万岁万岁万万岁！"之后带领全体将士一齐下跪向朱元璋辞行，这一刻，朱元璋陶醉了……

第八章 明朝建立

平定山东

吴元年（公元1367年）十月二十三日，朱元璋发布了由文胆宋濂主笔的讨元檄文《谕中原檄》，该文作为北伐的纲领性文件，历数了元朝统治的昏暴及百姓流离的惨状，断定元朝已丧失天命，失去统治中原的资格；接着说明朱元璋乃是天命所归的新主，必将削平群雄、一统华夏。

几天后，北伐大军进抵淮安，这是明军北伐的第一次作战，徐达有两条进军线路：一是由江淮北经沂州（今临沂市），直取益都；二是由徐州北攻济宁、济南，再东取益都。徐达根据自己对战场形势的分析，采取了两路并进、钳击益都的战略。

徐达派人手持檄文前去招降沂州守将义兵都元帅王宣、王信父子。王信的脑子转得很快，一面向徐达表示愿意归顺，一面又直接给朱元璋送去一封热情洋溢的信函，祝贺吴王朱元璋前阶段取得的伟大胜利。没想到聪明反被聪明误，他这多余的动作引起了刘基的警惕，再联系到他们父子之前的为人，刘基告诉朱元璋王氏父子有问题，无事献殷勤，非奸即盗。

朱元璋深以为然，迅速派人提醒徐达，让他密切注意王氏父子的动态，谨防有诈，当率军向沂州靠拢，以观其变，并指示他：如果王信父子出城归降，可将父子二人及其手下众将，连同家眷一起遣送到淮安安置。占领益都、济宁、济南后，可留王信部队五千，与我军万人共同驻守，其他人马则分别调拨徐州、邳州等地驻守，分散之后，仍要挑选其中的精锐随我大军北伐，凡有敢于闭门抗拒者，坚决予以最猛烈的打击！

十一月初四，徐达按照最高指示率军抵达下邳（今江苏省睢宁县西北），分兵两路：西路由都督同知张兴祖率领宣武等卫军从徐州北上，攻取济宁、东平；东路由徐达和常遇春率主力北攻益都。两路大军进展得都很顺利，一路上敌人是望风归附，只有坐镇沂州的王宣、王信父子不见动静。

原来朱元璋军迅速北伐的行动大大出乎王氏父子的意料，打破头也想不到朱元璋那么短的时间就能发动北伐，以至于他们有点措手不及，为了争取时间，他们一面暗中前往莒州、密州等地招募兵马，准备对抗北伐军；一面又派员外郎王仲刚等人以慰问劳军的名义，继续打拖延战。

徐达有朱元璋的提醒，对王宣的花招了然于胸，当大军逼近沂州时，王宣果然闭门拒守，徐达进而挥师围攻沂州。

徐达清楚这是真正意义上的北伐第一仗，首战必胜是每个将军的用兵原则，既可壮自己的声威，又可极大地打击敌人士气。徐达望着沂州又高又厚的城墙，心里暗自琢磨，往后面对的要都是这种坚城的话，要付出的代价可就大了，耗费的时日更是不可预计，况且北方与南方不同，北方的冬天泼水成冰，他们把这招用于城墙上，对于南方将士来说将是致命的。

这时，有副将提议把火炮拉上去轰城，看看他们的城墙有多硬，徐达说火炮固然厉害，可也得省着点用。随即命令，火炮只能对准一个点轰，轰出缺口就往上冲！

徐达刚回营帐，常遇春就给他带来一个好消息。原来冯国胜在勘察外围地形时发现沂水就从沂州的西边流过，河水不光猛，还不结冰，就派人传话常遇春，请示大将军徐达是否同意开坝放水，来个水淹沂州。

徐达一拍大腿："天助我也，老子正为如何尽快拿下沂州而犯愁，老天就给我老徐这个机会！"常遇春马上附和："可不是咋的，干吧老徐，咱可是王师啊，是为了拯救更多的人来的！"

冯国胜那边还等着呢，听到徐达批准了他的建议，当即命令开坝放水。第二天，徐达指挥部队猛烈攻城，王宣见儿子募兵还没有音信，自知再怎么顽抗也是徒劳，不得不打出了白旗。可王宣没有得到战俘应得的待遇，徐达接到朱元璋的密令：既然王姓父子不知道马王爷长几只眼，敢戏弄咱们，那就让他知道死字是怎么写的！

王信见老爸被杀，只好与他哥王仁一块逃往山西，投奔到老上司王保保（扩廓帖木儿）的帐下。附近峄州（今山东省峄县）、莒州（今山东省莒县）、海州（今江苏省连云港市西南）、沭阳（今属江苏省）、日照（今属山东省）、赣榆（今属江苏省）等州县纷纷改换门庭，归降朱元璋军。

十八日，朱元璋又下达最新指示："如向益都，当遣精锐扼黄河要冲，断其援兵，可以必克。若益都未下，即宜进取济宁、济南。二城既下，益都、山东势穷力竭，如囊中物矣。"

徐达命平章韩政扼守黄河要冲，阻敌增援，亲率主力进攻益都。二十九日，益都守将普颜不花战死，益都城破。徐达乘胜攻占寿光、临淄（今山东省淄博市东）、昌乐、高苑（今属山东省高青县）等县。西路军张兴祖方面也是捷报频传，十二月初五，进逼东平，元朝平章马德弃城逃遁，东阿、安山（今山东省东平县西）等地相继归降。初八，进围济宁，守将陈秉直不战而逃，济宁遂破。

东路徐达在益都稍事休整后，于十二月初七进逼济南，元朝平章忽林台、詹同、脱因帖木儿引军而逃，济南不战而克。至二十六日已连克登州（今山东省蓬莱区）、莱阳等州县，山东大部已基本平定。

北伐大军在山东一路凯歌高奏，南征军在福建也是捷报频传。年关将至，朱元璋的心情非常迫切，按照先前的既定方针，文武百官在中书省左丞相、宣国公李善长（此前朱元璋已改革官制，由元朝尚右改为尚左，李即为百官之首）的率领下，第三次奉表劝进，表云："天生圣哲，本以为民……若不正大位，何以慰天下臣民之望？昔汉高帝既诛项籍，群下劝进，亦不违其情，今殿下除暴乱，救生民，功塞宇宙，德协天心。天命所在，诚不可违，臣等敢以死相谏。"意思是，你就是救世主，你要是不当皇帝带领大家拯救苍生，今天我们就死给你看。对于这样的"威胁"，估计是人都会陶醉和高兴，而不会生气的。

朱元璋为什么要搞这种无聊的游戏呢？原来他是要效仿古人，来个三请三让，证明这是天意，是民意，自己只是顺天恤民，不得已而为之。程序既已走过，朱元璋看在众人"以死相谏"的分上，才"勉为其难"地接受劝进，不过官样文章还得做，他说："如今中原未定，前方还在打仗，咱的意思是等天下平定后再予考虑。既然诸位屡请不已，那咱只好顺从大家的意愿，勉从舆情了。不过呢，此事事关重大，草率不得，还劳烦诸位斟酌商定各项礼仪！"

一个新的王朝即将诞生，朱元璋既然以克复中华自居，元王朝的胡人旧俗、旧仪就不能再用了，必须推倒重来，依照华夏正统特别以唐宋旧制作为参照，重新制定一套礼仪、礼节，工作既烦琐又艰巨。具体到登基典礼的筹备工作，就要设计、彩排出一套活动中相应的仪式和礼节。

这些都难不倒博古通今的文人儒士，很快，一批关于宫廷礼仪的文件纷纷出台，计有《册立皇后、皇太子礼仪》《册后仪》《（皇后）受册仪》《百官称贺（皇后）上表笺仪》《皇后谒庙仪》《册皇太子仪》《皇太子朝谢中宫仪》《诸王贺东宫仪》《百官进笺贺东宫仪》《内外命妇贺中宫仪》等不可详述。

朱元璋看到这东一个仪，西一个仪，真按这些活动走下来还不得让人烦死。当即批示：排场太大，太繁！即位当天还要告祭天地、宗庙，忙都忙不过来，重新拟定，原则只有一条：尽量做到多快好省！

刘基则带着一帮术士在忙活，经过无数次论证，最终确定次年正月初四是个好日子，登基大典就选在那天举行，朱元璋对刘基的能掐会算是深信不疑的，对他挑选的日子"欣然采纳"。既然要做天的儿子，总得跟天打声招呼，这项工作就由礼部负责，只见礼官对着上天，也不管老天爷是否答应，只顾高声朗读祭天文告："惟我中国人民之君，自宋运告终，帝命真人于沙漠入中国为天下主，其君臣、父子及孙，百有余年，今运亦终。其天下土地人民，豪杰分争，惟臣帝赐英贤为臣之辅，遂戡定诸雄，息民于田野。今地周回二万里广，诸臣下皆曰：'生民无主'，必欲推尊帝号，臣不敢辞，亦不敢不告上帝皇祇。是用明年正月四日于钟山之阳，设坛备仪，昭告帝祇，惟简在帝心。如臣可为生民主，告祭之日，帝祇来临，天朗气清；如臣不可，至日当烈风异景，使臣知之。"

大明国号的来由

　　至正二十八年正月初四（公元1368年1月23日），朱元璋的登基大典如期举行。南方到了春天都是阴雨连绵，难得一个好天气，多亏刘基凭着自己丰富的天文经验，再根据历法选了这么个好天气。不过在此之前，只有刘基自己心里清楚，如果初四这天不如所愿，他的麻烦说多大就有多大。谢天谢地，他赌赢了。朱元璋看到这个好天气，也不禁暗暗高呼天佑我也！更加坚信自己是天命所归，老天爷真的成全他做天子。前一天他出行时还被淋了一身湿，他琢磨今天会不会像昨天一样，好在他经历的事情多了去，并不担心一个天气就能说明什么。

　　应天府，自六朝以来等待了八百年后，又一次迎来了登基大典，中国历史上最后一个由汉族建立的大一统王朝——大明王朝诞生了。

　　朱元璋将自己的国号定为"明"，年号"洪武"。关于大明国号的来由，既可以说与之前红巾军的"明教""明王出世"有关，又可以说无关。我们知道，朱元璋此前已经跟明教、红巾军划清了界线，说明教是妖教，红巾军是受妖言蛊惑的妖人。因此，他此处的"明"
并非延续明教而来，而在明以前各王朝名称的来由无非有如下几种：
一是托前代为名；二是以封号为名；三是因地为名；四是以夸耀德运
为名。朱元璋集团内部那些文人学士很自然地根据各自的认知，分成
了四派，分别为宋、汉、吴、明四派。

宋派认为，既然咱们奉小明王为主，打的是大宋旗号，用的是大
宋龙凤年号，朱元璋又接受了"吴王"封号，就等于接续了大宋的帝
统，国号应该继续沿用"宋"。但朱元璋认为宋虽然是华夏正统，可
它早已退出历史舞台，韩山童、刘福通等人当初只是为了号召百姓，
唤起汉人的民族情感才打出"日月重开大宋天"的旗号，借用宋为国
号而已。我们建立的是一个新的王朝，新朝就要有新气象，前人用过
的国号没必要再用了。

汉派认为，推翻元朝是要"复汉官之威仪"。汉是华夏的正统，
以"汉"为国号再合适不过了。朱元璋认为汉朝已经是一千多年前的
事了，况且历史上那些偏安一隅的政权频频以"汉"为国号，什么前
汉、后汉、东汉、西汉的，国祚都不怎么样，更主要的是前不久陈友
谅才刚刚用过。

吴派认为，新朝崛起于吴地，朱元璋又是吴王，国号应顺理成章
为"吴"，如汉王刘邦、唐国公李渊等都是以封号定的国名，况且
还有童谣"吴家国"加以验证。朱元璋嫌弃吴王的封号不是正统的
中央王朝所封，加之"吴"所代表的是区域，偏居一隅，三国时的
"吴"、五代十国时的"吴"都只是割据政权，显然不适合用来做统
一王朝的国号。而"吴国"听起来更不吉利，"无国"岂不是连国都

没有？

四派否决了三派，就剩下明派了。其实这个"明"也并非朱元璋的首选，据清张廷玉《明史》记载：明太祖初定天下，建国号，意在"大中"，既而祈天，乃得"大明"。可见在朱元璋心里，"大中"才是他最初想定的国号，这可以从他称吴王时铸造的钱文"大中通宝"中得到线索。朱元璋《奉天讨元北伐檄文》中也多次提到"中国"：自古帝王临御天下，皆中国居内以制夷狄，夷狄居外以奉中国，未闻以夷狄居中国而制天下也。自宋祚倾移，元以北夷入主中国，四海以内，罔不臣服……当此之时，天运循环，中原气盛，亿兆之中，当降生圣人，驱逐胡虏，恢复中华，立纲陈纪，救济斯民……盖我中国之民，天必命我中国之人以安之，夷狄何得而治哉！予恐中土久污膻腥，生民扰扰，故率群雄奋力廓清，志在逐胡虏、除暴乱，使民皆得其所，雪中国之耻，尔民等其体之！

可见朱元璋想建立的是一个"大中"国。可为什么最后又改为"大明"呢？这个问题史学界一直有着不同的说法，按照张廷玉说的是通过祈天求得的"大明"国号。其实远没那么简单，综合起来无非有如下几点。

第一，新朝以明教起家，很多将士是从红巾军过来的，他们还都相信明王出世的说法，他们这么多年坚持下来，为的就是梦想着有一天"明王出世"，为了让这些人永远活在梦中，就不能丢掉这个口号。丢掉这个口号，就惊醒了这部分人，也就会失去他们的心。朱元璋先把位置占了，用行动告诉人们，他就是大家苦苦盼望的明王，谁再想称自己是明王已经没门了。

第二，明字由日和月组合而成，可以象征日月同辉之意，中国自古就有祭祀"大明"的典礼：祭"天"、祭"日"、祭"地"、祭"月"，日月就代表了天，皇帝是天子，是"奉天承运"，用"大明"这两个字更能体现自己皇权天授，得天下是正当的。

第三，按照中国传统五行学说，南方为火，北方为水。每个皇朝都占有五行中的一种德运，哪一种德运兴盛，哪个皇朝就会兴起，元朝起自北方，是玄冥，是水德，明朝起于南方，是火德，以火克水，而明和火是连在一起的。

第四，有文字记载：太祖本姓朱，本祝融。祝融，帝颛顼之子，为帝喾火正，有大勋于天下，故别为祝融。太祖定鼎金陵，则祝融之故墟也，故建国号大明。意思是朱元璋为祝融之后，祝融为先民掌握火种的火官，朱元璋既是他的后人，就能给老百姓带来光明。

朱元璋是依靠红巾军起家的，他的团体基本来自社会最底层，"明王出世"的观念已经深入底层民众和普通士兵的心，还有着极大的感召力。朱元璋必须顾及底层民众的情绪，不但要把明教教义保留下来，还要创造性地将"光明"照射给他们。

同时又要照顾那些出身地主家庭的知识分子的情绪，对于以上所说的那些东西，不光他们不信，连朱元璋本人都不信，那都是糊弄没文化、没知识的人的。以刘基为首的大知识分子对红巾军的"异端邪说"是不屑一顾的，传统的儒家学说才是他们奉若神明的东西。为此，朱元璋又给了这些博古通今的专家学者型人物另一个发挥的空间。大明不是要取代元朝吗？那就从大元的国号入手，引经据典在文化上击败他们。

元朝的国号源于怪僧刘秉忠的建议，寄托了开国者忽必烈的理想，取自《易经》"大哉乾元"之句，本意是对无始无终、无边无际的宇宙的赞叹，"元"有大、首的意思。可《易经》不止这句，它还有很多内容："彖曰：大哉乾元，万物资始，乃统天。云行雨施，品物流形。大明终始，六位时成，时乘六龙，以御天。乾道变化，各正性命⋯⋯天也者，形之名也。健也者，用形者也。夫形也者，物之累也。有天之形而能永保无亏，为物之首，统之者岂非至健哉！大明乎终始之道⋯⋯"你大元是"大哉乾元"，我大明不就是"大明终始"吗？你大元是天道，我大明就是统领天道，如此我大明不就比你大元更胜一筹吗？

朱元璋承袭元制在中央设立中书省、大都督府和御史台，三个机构并称"三大府"。其中，中书省为一品衙门，总理政务；大都督府和御史台为从一品衙门，分别执掌军事和纠察百官。李善长执掌中书省，为中书省最高长官中书左丞相（正一品），徐达为右丞相（正一品），其下为平章政事（从一品）、左右丞（正二品）和参政知事（从二品）。大都督府由李文忠掌管，刘基为御史台中丞（正二品），但由于左御史大夫汤和（从一品）、右御史大夫邓愈（从一品）都是挂名的，他实际负责御史台。三府下有吏、户、礼、兵、刑、工等六部。

朱元璋成了至高无上的皇帝，文臣武将都跟着晋升，虽然干的还是原来的差事，可那官职、官名听起来顺耳多了。立马氏为皇后，世子朱标为皇太子，一众皇亲国戚，活着的加封，死了的追封，不一而足。追尊高祖朱百六为玄皇帝（庙号德祖）；曾祖朱四九为恒皇帝

（庙号懿祖）；祖父朱初一为裕皇帝（庙号熙祖）；父亲朱五四为淳皇帝（庙号仁祖）。

朱皇帝除了有个元璋的大名外，还弄了个字叫"国瑞"，为避讳，很多人就得改名，比如冯国胜就直接去掉中间的国字，叫冯胜；胡廷瑞就改为胡廷美，后又改为胡美；方国珍则成了方俗珍等。

收复河南

　　大明王朝的建立，对前方作战的明军士气的鼓舞是不言而喻的。洪武元年（公元1368年）正月二十九日，朱元璋命驻扎在荆襄的邓愈作为偏师率部出发进攻河南，以配合徐达部下一步在河南的行动。邓愈是朱元璋的爱将之一，这位年轻的虎将坐镇湖广，把守西北门户已有些时日，无论是带兵打仗还是搞政权都十分出色。朱元璋对他的良好表现是相当满意，如今动用他北上河南西部和陕南，以完成自己消灭河南元军、将陕西元军堵在潼关以西的战略构想，为徐达、常遇春北上进攻大都创造条件。

　　山东的北伐大军在登基庆典期间也暂时停止了行动，经过短暂休整后，于洪武元年二月在常遇春的率领下攻克了东昌，附近各县相继归降。二十五日，徐达再克乐安（今山东省广饶县）。至此，整个山东已基本平定。

　　三月，徐达挥师直趋汴梁（今河南省开封市）。而此时，邓愈已进兵直取唐州（今河南省唐河县），元守将刘平章弃城逃跑，邓愈又一鼓作气拿下了南阳。

徐达抵达陈桥时，还好奇地问冯胜，此陈桥是不是"黄袍加身"的陈桥，冯胜说咱进军汴梁，这应该就是书上说的那个陈桥，随后两人都意识到此话题过于敏感，当即闭紧了嘴巴。

汴梁守将李克彝打算让左君弼出城迎战，左君弼在庐州顽抗过明军，被明军打得犹如丧家之犬，正在汴梁城避难。李克彝对他说："左兄啊，你曾跟明军交过手，还抵挡了他们几个月，应该熟悉对方的套路，我拨一支人马给你再正面与他们交手，我率军从侧面策应，你看如何？"

左君弼此时已经萌生了投奔朱元璋的念头，原来不久前，朱元璋知道他逃到汴梁后，将他的老娘给送了过来，此举令他十分感激。于是他当即拒绝："承蒙李将军看得起左某，不瞒将军说，左某如今听到明军的威名就心里发毛，不然也是不会落得到将军处讨饭吃的地步，哪里还敢从命？"

李克彝左说右劝，左君弼就是不愿出战，完了还把徐达、常遇春神化了一番，反倒劝李克彝早作打算，抗拒是绝没有好下场的！真个把李克彝吓得失魂落魄，权衡再三，脚底抹油溜之大吉。左君弼把他吓跑后颠颠地打开城门，就跑过去迎接徐达一行。

朱元璋闻报汴梁轻松到手，龙颜大悦，左君弼给朕面子，朕要给他记上一功！

徐达大军继续西行，向洛阳进发，接下来，他们将会迎来北伐以来遇到的一次像模像样的抵抗。元将脱因帖木儿纠集了五万人马，在洛阳以北十五里处严阵以待。脱因帖木儿就是王保保的弟弟，不久前才从山东逃到河南。此前王保保已率领为数不多的心腹部队屯驻在山西泽州一带，才老实了几天，听闻朱元璋在应天府称帝，又派大军北伐，不甘坐以待毙的他，觉得机会又来了，他要趁机浑水摸鱼。山东、山西、河南由他父子两代经营多年，因此很快拉拢到数万人马，他当然不敢找明军，而是趁政府军不备，一举攻占了太原，把太原城的官员杀了个一干二净。

元朝廷盛怒之下，再次命令各路元军讨伐王保保。二月，王保保败退到了平阳一带，眼看已成瓮中之鳖。而此时明朝大军的前锋已经杀奔河南，李思齐等人见大事不好，赶紧撤军跑回关中老巢，以求自保。而元朝方面根本无视明军北上的现实，还在催促各路人马围攻王保保。

脱因帖木儿虽然是王保保一奶同胞的弟弟，但他并不支持哥哥对抗朝廷，并且以行动加以证明，因此受到朝廷的区别对待。由于河南的元军都被抽到山西搞内战，加上长年混战，河南早已十室九空，想抓壮丁也没地方抓去，脱因帖木儿只拼凑到区区五万人马。

脱因帖木儿曾远远观察过明军，看到对方盔明甲亮、阵容严整的样子，内心不由感叹：朱明大军果然名不虚传，徐达、常遇春果真不凡！回头再看看自己身后这群叫花子一样的士兵，心里未免懊恼，真是风水轮流转啊，如今倒成了人家是兵，自己是匪了！

其实脱因帖木儿身后还有一个上司，此人为统制河南的元大将詹同。脱因帖木儿见明军势大，士气又盛，觉得不宜硬碰硬做不必要的牺牲，便向詹同建议元军迅速南下，封锁洛水，等敌人半渡而击之。

这本来是个很好的建议，没想到却遭到詹同的训斥："要奋斗就有牺牲，什么叫不必要的牺牲，你想临阵脱逃吗？"得，遇到这样的领导只能认倒霉。

詹同敢如此说话是因为手里握有一万铁骑，这是一支严格按蒙古本部方式训练的部队，当年蒙古人就是靠这样的铁骑横扫天下，只不过现在的这支铁骑大多是由汉人、色目人组成，蒙古人占少数。在思想上，詹同认为明军一路没遇到过像样的抵抗，一路高歌猛进，其志必骄，所谓骄兵必败，书上就是这么说的。

詹同不是光说不练的主儿，他选择在洛阳外围的塔儿湾布阵，这一带地势开阔，可以充分发挥骑兵的优势，他将一万铁骑部署在左右两翼。脱因帖木儿则另有想法，他认为朱明的部队久经战阵，远非南宋的军队可比，且人多势众，如此僵化的打法根本没有胜算，因此，还未开战他已暗地里安排好了一条退路，偷偷吩咐属下，看情况不妙就赶紧撤！

徐达、常遇春率八万主力由虎牢关方向开来，常遇春远远看见元军已严阵以待，马上兴奋起来，连跟徐达打声招呼的程序都省了，一马当先就冲了上去。元军阵中飞出一员战将，可是几个回合就被常遇春打得失魂落魄，赶紧招呼同伴上来群殴，敌阵中一下冲上来二十多个手挺长槊的骑兵，常遇春怪叫一声直接就迎了上去。那些元兵也算有战斗素养，他们知道常遇春勇猛，所以只是把他团团围成一圈。常遇春往哪个方向突，那个方向的元兵就退，想消耗其体力再一举擒杀，尽管如此，还是让常遇春指东打西挑落了好几个。

常遇春是朱元璋的心腹爱将，临行前朱元璋曾一再叮嘱徐达要看好他，不要让他逞匹夫之勇。徐达生怕有失，令旗一挥，让大军掩杀过去，双方步兵展开激战，不到半个时辰，元军逐渐不支。只见詹同在高处挥动令旗，蒙古铁骑从两翼杀奔而出。常遇春虽然在忙不迭地杀敌，但也时刻注意整个战局，见浓烟起处敌骑兵猛扑过来，当即收缩防线以抵挡骑兵冲击。

徐达命火炮部队点火，火器巨大的威力让詹同的铁骑没能占到半点便宜，转而向明军两侧运动，试图包围对方。可他忘了对方也有骑兵，只听徐达喊道："傅友德、薛显！"

"末将在！"傅、薛二人应声出列。"命你们二人各带五千骑兵，向两个方向的敌骑兵发起反冲锋，务必将他们打下去！"徐达下完命令又补充一句，"此战的关键就看你们了，建功立业的时候到了，皇上在看着咱们呢！"

事实证明徐达后面那句话纯属多余，那傅友德、薛显也不是吃素的，早就憋足劲，只等一声令下了。只见两人各率本部以雷霆万钧之势直扑对手，很快将敌人的阵脚打乱，就在双方杀得难解难分之际，突然刮起一阵东南风，这不请自来的东南风可让元军吃苦头了，刮起的沙土让他们睁不开眼，徐达乘机吹响了全线进攻的号角。

元军阵形被冲得七零八落，詹同见势不妙赶紧鸣金收兵。明军哪里肯放过他们，一口气追击了五十里，詹同只得带几个亲兵往西北方向逃窜。早有准备的脱因帖木儿相对好点，带着部分残兵败将逃往了陕州（今河南省三门峡市）。明军战果辉煌，歼敌过半，缴获大量马匹、武器。

此战过后，明军在整个北伐的过程中基本上没有再遇上像这样的大规模阻击。洛阳的最高军政长官是察罕帖木儿他爹、河南行省平章、梁王阿鲁温，他见元军败逃，绝望之余投降了明军。

几天后，常遇春进兵嵩州（位于今登封市东南），元守将李知院主动投降；冯胜、康茂才直取陕州，脱因帖木儿望风而逃。邓愈与徐、常大军胜利会师后，和冯胜联手向潼关进兵。李思齐、张思道本来都是善于用兵之人，他们也知道潼关的重要性，只是由于两人相互不够信任，都指望对方出死力，结果大家都不出力。明军轻而易举占据潼关，扼住了三秦门户，阻断了驻扎在关陇地区的元军与关外的联系，孤立了元大都。

随着北伐的节节胜利，河南形势一片大好。五月二十一日，朱元璋亲自来到汴梁，这也是他这辈子所到过的最北的地方。他此行的目的官方媒体说是到前线视察，鼓舞前方将士，实则是来实地考察北宋故都汴梁城，应天虽然是六朝故都，但都是短命王朝，这给朱元璋的心里投下了很大的阴影，他无时不在考虑迁都的事情。徐达等人拿下汴梁后，就有人提议搬到那里去办公。

朱元璋汴梁之行得出的结论是，汴梁四周一马平川，无险可守，不适宜建都。但为了应付那帮老学究"君天下者宜居中土"的提案，遂将汴梁改名"开封"，定为明朝的"北京"，应天则为"南京"，表明大明王朝有两个都城，既照顾了中原人士的情绪，又暂时稳定了江南的人心。

徐达收复燕京

明军横扫河南，顺利占据潼关，圆满地完成了朱元璋提出的"先取山东，撤其屏蔽；旋师河南，断其羽翼；拔潼关而守之，据其户槛"的第一阶段战略目标。

洪武元年（公元1368年）五月，朱元璋亲抵汴梁，听取前线将领的军事情况汇报，并讨论下一阶段的战略部署。根据元大都已陷入孤立无援的军事态势，徐达提出由临清（今属山东省）直捣大都的建议，得到朱元璋的首肯。遂决定由征虏右副将军冯胜留守汴梁，调江西行省左丞何文辉来坐镇河南（今河南省洛阳市），镇国将军郭兴镇守潼关，徐达率大军直取大都。

关于进取大都，朱元璋特别指出：北土平旷，利于骑战，一定要有足够的准备。他担心以骑兵见长的元军会给明军带来不利，因此指示徐达以精锐先锋为前导，沿东线进军，他本人亲率大军水陆并进作为后援，趁大都外援不及、内部惊慌失措之际，一鼓作气将其夺下。

在徐达看来拿下元大都已不在话下，但他担心元惠宗会提前开溜，一旦让他逃回了北方大草原，将给今后北方边境留下后患。因此，他请示朱元璋："如果攻克大都之日，元帝北逃，要不要穷追？"按他的意思就算元惠宗跑进了阎罗殿也要追过去一探究竟。

朱元璋对这个问题显然早就考虑过了，他以"天命"做徐达的说服工作："元起朔方，世祖始有中夏，乘气运之盛，理自当兴；彼气运既去，理固当衰，其成其败，俱系于天。若纵其北归，天命厌绝，彼自渐尽，不必穷兵追之，但其出塞之后，即固守疆圉，防其侵扰耳。"

徐达不这么认为，还据理力争道："可是如果能将元帝父子控制在我们手上，对于未攻下的地区……"

朱元璋推己及人，元惠宗不会傻到坐等你们去抓，看情形不对肯定会提前转移，茫茫大草原上哪追去？就算费尽九牛二虎之力把他追到，劳民伤财不说，怎么安置元惠宗也是个问题。按徐达的意思让他说服未归降的将领放弃抵抗，别扯了，他在位时下的圣旨都不灵，现在就更没人听他的了。要是把他抓回来处死，那还费那劲干吗？还不如各安天命，让他自生自灭。因此他阻止了徐达，没让他说下去。

尽管徐达不认同朱元璋的做法，但他也明白，朱元璋已经是至高无上、一言九鼎的皇帝，再也不是当年一起共同议事的大哥了，很识趣地不再说什么，表示坚决服从的同时还得装作心悦诚服的样子。

当明朝君臣在开封谋划给元朝最后一击时，在太原的王保保还在遭元廷的围攻。虽然他一再向朝廷求和，但朝廷一直不予回应，却收到了徐达派人送来的一封劝降信。说实话，他跟明朝方面打交道已不是第一回，最早可追溯到养父察罕帖木儿时期。当时察罕帖木儿战河南、平山东，北方红巾军遭到毁灭性打击，眼看就要威逼江南。朱元璋见势不妙，赶紧派杨宪等人主动向察罕帖木儿献媚。察罕帖木儿表示同意接纳朱元璋，并让朝廷授予其"荣禄大夫、江西等处行省平章政事"，元廷派户部尚书张昶、郎中马合谋和奏差张琏等人带上委任诏书、官服印绶、御酒来到应天府。

正在这节骨眼上，突然传来察罕帖木儿被田丰、王士诚刺死的消息。由于在降元的事情上一直遭到很多人的反对，察罕帖木儿一死，朱元璋马上改变主意，为表明自己与元廷绝交的决心，他公开处决了朝廷派来的代表。尚书张昶因"智识明敏，熟于前代典故"而被朱元璋用一个死囚替换了下来，张昶也为朱元璋做了很多事情，尤其在指导登基仪式上更是不遗余力，但由于触动了杨宪的"奶酪"，被后者耍点阴谋诡计，让朱元璋以"身在江南，心思塞北""彼决意叛矣，是不可赦"为由将其处死。不久朱元璋就意识到自己受杨宪蒙蔽，错杀了张昶，嘴上不肯承认，但心里已开始警觉内部的权力之争，并对杨宪鄙视起来。

后来，王保保接替察罕帖木儿并被朝廷封为"河南王"，命其进剿江南时，还以中央要员的身份致书朱元璋，劝他看清形势，早日接受招安。

如今时过境迁，轮到朱元璋来招安王保保了。此时的王保保处境微妙，而且是朝不保夕，因此不想过多树敌，于是就派心腹带队从太原给徐达送来三匹上等好马、一大笔现钞黄金等财物，先应付过这一关再说。徐达把马留下，钱物原封退回。

王保保并无意降明，他认为朱元璋为人刻薄寡思，连为他出生入死的徐达都不敢自作主张，其他人就更不在话下。他已经打定主意，实在不行就退到北方草原的苦寒之地，那可是令历代中原政权头疼的地方。眼前他需要做的是尽快摆脱困境，部将贺宗哲献上一计：把朝廷打疼了，再表明忠心，不怕朝廷不接纳。

此时，还在奉旨围攻王保保的正是他原来的老部下貊高、关保等人。王保保开始装起可怜来，左一封信右一封信地让昔日的部下看在往日的情分上，放他一马。暗中却在积蓄力量，终于，在一个风高月黑的夜晚，王保保突然杀来，貊高、关保等人措手不及，大败被生擒。

元廷接到貊高、关保兵败的消息震惊不已，及至收到王保保的表忠书后，态度来了个一百八十度大转弯，命他按军法处死貊高、关保。王保保本来就不打算让这两个背叛自己的人再活在世上，朝廷当然也清楚这点，大家不过是做做官样文章而已。

既然要做就做到底，朝廷随即撤销大抚军院，恢复王保保河南王、太傅、中书左丞相的官爵，命他火速勤王。可王保保的幕府就要不要勤王争论不休，有人在积极商讨勤王的方略，有人却提醒王保保："朝廷开抚军院，要置丞相于死地，现在知道要勤王了，晚了！我们不如就驻军云中，静观其成败再做下一步打算！"

朱元璋在开封逗留了一段时间，看到一切布置停当后，于七月二十八日返回应天府。朱元璋前脚走，徐达后脚跟着就调兵遣将，由都督同知张兴祖、平章韩政、都督副使孙兴祖等率领益都、济宁、徐州等地部队前往东昌会合，薛显、傅友德等各率本部兵马渡河，继续北伐。

从河南进攻元大都有两条线路可供选择：一是从开封渡河经过卫辉、彰德、大名、正定、保定等地抵达元大都；二是徐达先前提出的，顺着卫河抵达临清入运河，经德州、沧州、直沽、通州到达大都。第一条路线由于途中河流众多，多有障碍，给后勤供应带来很大困难，而且王保保驻军太原，因此不予考虑。

闰七月初一，徐达率领主力自中湾渡河进攻河北，由于兵连祸结，一路上人烟稀少，第二天即收到薛显、傅友德攻取卫辉（今河南省汲县）的消息。七月初三，徐达同薛、傅会师于淇门，兵合一处继续北上。初五抵达彰德（今河南省安阳市），元守将龙二仓皇出逃，同知陈某则出城投降，徐达留下梅思祖守卫。初八进兵邯郸，守将弃城逃走。初十攻克广平（今属河北省），元平章周昱逃走。

十二日，徐达抵达临清，随即调兵遣将，实施第二阶段行动，令东昌、乐安张兴祖、华云龙部率兵前来会师，参政傅友德带俘虏的元将李宝臣连同都事张处仁为向导在前开路，以都督副使顾时疏通临清至通州的水道，以保证大军水陆并进。

闰七月十五日，平章韩政、都督副使孙兴祖抵达临清，徐达命韩政镇守东昌兼抚临清。在徐达大军出发的前一天，常遇春已经攻克德州，生擒元参政哈剌马纳。徐、常德州会师后，挥师直抵长芦（今河北省沧州市），长芦青州（今河北省青县及天津市静海区等地）守军连夜奔逃，明军进到直沽，也就是今天的天津。本来负责镇守海口的元丞相也速先听说明军来了，吓得连夜奔逃，大都震动。

同月二十五日，徐达军至河西务（今天津市武清区东北）。元廷养了那么多的军队，终于有人敢拿起刀枪了，平章俺普达朵儿只进巴领兵与徐达交战，虽然最后被打得大败而逃，但比起那些抢跑将军强多了。此战生擒知院哈剌孙及将校三百余人，缴获战马六百匹、船只百余艘、粮二千六百石。

明军继续进抵通州城，徐达扎营于河东岸，常遇春在河西岸筑营。次日，天起大雾，徐达让郭英来到他的中军营帐，他要给朱元璋的这个小舅子一个建功立业的机会。郭英接受任务后，先在路边埋伏了一千兵马，自己带上三千精骑到通州城下叫阵。元朝知院卜颜帖木儿组织了一万名敢死队出城迎战，浓雾笼罩之下，双方在城下你来我往打得真像那么回事。郭英率领手下比画了一阵就带头先撤，其他人也随之"败退"。元军真以为他们的敢死队起了作用，难得击败明军一回，哪里肯轻易放手，谁知却中了人家的埋伏。明军伏兵从旁杀出，一万元军逃回城的不到一半。

二十八日，就在明军攻克通州的当晚，元惠宗于半夜带着太子、后妃出健德门，由居庸关逃往上都开平（今内蒙古自治区多伦县西北）。朱元璋认为他能识相地滚回北方，是顺应天命的表现，因此给了他个"顺帝"称号。

洪武元年（公元1368年）八月初二，徐达率军进占大都，至齐化门，令将士填壕登城而入。徐达亲自登上齐化门楼，处死元朝监国宗室淮王帖木儿不花和右丞相张康伯一干大臣，俘获诸王子六人，封存府库图籍宝物以及故宫殿门，派兵把守。严令各官兵不得搞打砸抢等扰乱秩序行为，并贴出安民告示，让居民各安其业。同时派兵加强对古北诸处关口巡逻，把好北面门户，命指挥华云龙管理大都，负责战后重建工作。

攻克大都，标志着北方的山东、河南、河北等地已控制在明军之手，尤其是元顺帝北逃，使整个北伐战场发生了根本性变化，困据秦、晋地区的元朝地主武装集团完全陷入了群龙无首的境地。

第九章

北伐之战

进兵西北

明军占领大都，标志着蒙古人骑在汉人头上作威作福的日子一去不复返了。可战争还远远没有结束，元军在西部地区"引弓之士不下百万，归附之部落不下数千里"，还拥有广阔的土地和资源，实力不容小觑。之前明军按照朱元璋的部署，死死地堵住了他们东出和南下之路，现在是回过头解决他们的时候了，只有解决掉西北的元军，稳定北方的形势，北伐才算完成。

洪武元年（公元1368年）八月十五日，按照朱元璋的最高指示，徐达、常遇春决定进剿西北，原来负责在潼关堵截元军的冯胜、邓愈由陕南向北攻击，配合徐达大军的行动。刚刚在华南地区完成"剿匪"任务的汤和见徐达他们在北方打得热闹非凡，又是建功又是立业，眼馋得要命，私底下找朱元璋开后门，说是要到北方"锻炼锻炼"。朱元璋很了解手下们的心情，为此，在批准汤和请求的同时，把闲得没事的杨璟也一并调往北方参战，统一听从徐达节制。

此时，常遇春率部分主力由北平（朱元璋改大都为北平）南下攻取河北保定、中山、真定，作为入晋的北路军。徐达的部队则驻扎彰德一带，作为南路军。汤和、杨璟统率所部心急火燎沿太行山一路打到了山西泽州（今山西省晋城市），泽州守将平章贺宗哲、张伯颜引兵逃遁，前锋部队顺利占领了泽州。

十月初，王保保派部将韩札儿、毛义率兵南下试图夺回泽州，明军杨璟、张斌率部前往增援，双方在韩店不期而遇。杨璟从广西到山西，一路高歌猛进，未遇强敌，此时又立功心切，在未占任何优势的情况下与对方展开野战，结果被打得大败，损失惨重。

捷报传到上都，元顺帝大喜过望，当即晋封王保保为齐王，赐金印。可这个齐王不是白给的，元顺帝把复兴元朝的重任交给他，令他去收复大都。王保保当即集合主力，准备从山西北出雁门关，由保安（今河北省涿鹿县）经居庸关向北平进发，可见此时的王保保也颇有舍我其谁的英雄气概。

徐、常得知这一情况后，一致认为，与其回救北平，不如乘虚直捣王保保的太原老巢。当然这一决策是建立在对战友绝对信任的基础上的，他们坚信孙兴祖等人能够坚守北平。

王保保进至河北怀来时，就得知了徐达要抄他老窝的消息，他可没有徐达那份自信，只得匆匆撤军回救。他心里比谁都清楚，北平尚在他人之手，能不能打得下来还两说呢，可太原一旦丢失，那他在中原再也难有立足之地，真的要滚回草原去吃草了。可有一点他不清楚，徐达也冒着很大的风险，北平作为元朝故都，其政治意义远大于军事意义，一旦丢失，他真不知道如何向朱皇帝交差。

双方斗智斗勇，徐达赢得了先手，然而因为明军辎重甚多，北方不像南方有便捷的水路可供运载，行军速度本来就不快，来回奔忙显然不是上策。王保保则既占得天时又占得地利，他们的骑兵部队在机动性上占有极大的优势。

王保保的机动快速能力着实让徐达吃了一大惊，明军前锋部队才抵达太原城外，还没来得及展开，王保保就赶回到了太原。不过他却犯了一个错误，或者说失去了一次歼敌的绝好机会，明军对他的突然出现毫无准备，已经有点心慌了，但他只考虑到自己疲惫不堪，打算休息一晚再做打算。

就是这一念之差让王保保尝尽了苦头。徐达经过短暂恐慌之后，马上根据敌情做出新的调整，决定孤注一掷，夜袭太原城。打仗除了勇气以外，有时候还讲点运气，徐达的运气不是一般地好，跟元军打了那么多交道，王保保是徐达感到不同凡响的一个。就在他紧锣密鼓地布置任务时，上天给他掉了个大馅饼，有人主动派人前来联系投降。

来人自称王保保的部将豁鼻马派来的。豁鼻马原先是奉命参与围攻王保保的将领之一，后被收编，他不愿意接受王保保的节制，又眼看元朝已经崩溃，对前途感到悲观，想重新找条出路，因此前来约降。

十二月初一夜，明军悄悄接近王保保的大营，豁鼻马命一部分人四处纵火，另一部分人打开四面城门。当时王保保正在灯下看书，见士兵们惊慌失措到处乱窜，恼火他们打断自己的雅兴，走出去正要呵斥他们，却看到了最不愿看见的一幕：大批明军如洪水般涌来。他慌得连鞋都来不及穿，撒腿就跑，在马厩里胡乱拉出一匹马就骑了上去，最后只有十八骑跟随，其余四万多官兵在豁鼻马的威逼利诱下，全部投降。冯胜、汤和等人闻知徐、常大军已经入晋，率部一鼓作气连克平阳（今山西省临汾市）、绛州（今山西省运城市新绛县）等地，基本扫平山西全境。

王保保先是逃到大同，常遇春带兵追了一程没追上，只得悻悻而返。而后王保保逃到了甘肃。洪武二年（公元1369年）正月，元顺帝又任命王保保为中书右丞相，并多次催促他到上都赴任。但王保保宁愿在中原当狗，也不愿回到草原去做官，倒反过来劝元顺帝尽早放弃上都和应昌（今内蒙古自治区克什腾旗），往北逃到更安全的和林（今蒙古国哈尔和林）。

山西既下，下一步就是进军关、陇。洪武二年（公元1369年）二月，常遇春、冯胜率先头部队西渡黄河进入陕西，他们的任务是由北向南攻击。三月，徐达亲率大军由蒲州（今山西省永济市西南）渡河南下，再由潼关附近的栎阳（今西安市临潼区）、鹿台（今陕西省高陵区西南）一带进入陕西，自南向北进攻。

陕西有李思齐、张思道、孔兴、脱列伯等军阀计十余万元军盘踞：李思齐驻凤翔，张思道驻鹿台以拱卫奉元。鄜城（今陕西省洛川县境内）守将施成迫于明军威势不战而降，驻守鹿台的张思道则逃往庆阳（今属甘肃省），明军不战而占有鹿台、奉元，遂改奉元路为西安府。十二日，常遇春率部进逼凤翔，李思齐逃往临洮（今属甘肃省），凤翔又不战而克。参政傅友德攻克了凤州（今陕西省凤县）。

四月二日，徐达召集各路将领在凤翔召开军事会议，讨论下一步作战方案。由于明军进展迅速，占领不少地盘，到处要分兵把守，无论是兵力配置还是物资供应都令徐达感到捉襟见肘。会上他根据李思齐和张思道的兵力特点、临洮和庆阳的地理形势，本着先易后难的原则，拟定了先拿下临洮，而后进取庆阳的方案。徐达命汤和留守凤翔，大军向陇州（今宝鸡市西北）开拔。这时朱皇帝来了一道手谕：命常遇春率领部分主力回师北平。

原来在明军主力西进后，元丞相也速曾经带上万人马进犯通州，通州守将曹良臣率仅有的千余兵力巧妙周旋，才让也速无功而返。此事引起了朱元璋的警觉，因此紧急调常遇春回防北平，同时指示他伺机进攻北逃的蒙元残余，捣毁元上都。

盘踞在临洮的李思齐之前与明军没打过交道，前不久他曾收到朱元璋送来的劝降信。朱皇帝在信中承诺，只要李思齐"去夷就华"，我朝"当以汉待窦融之礼相报"。李思齐看过信后，当时就有了归附明朝之意，只是受他的养子赵琦等人的蒙蔽，一时犹豫，才逃到临洮来的。当冯胜率兵逼近临洮时，已经无心恋战的李思齐抵挡了一阵后，无奈地打出白旗投降了。后来朱元璋给了他一个江西行省左丞的空职，只挂名不到任，再后来被朱元璋派到王保保那里当说客，让他现身说法劝王保保归降。

朱元璋对大军顺利占领临洮、李思齐弃暗投明一点也不意外，除了通令嘉奖以外，还特意提醒徐达："张思道兄弟多谲诈，如果张家兄弟来降，一定要小心对待！"可徐达认为西北地区已基本落入明军之手，张思道兄弟处于孤立无援的状态，顽抗只有死路一条，投降才是唯一的出路。因此，对朱元璋的提醒并没有给予足够的重视。

张思道听说明军占领了临洮后，便一溜烟逃往了宁夏，把庆阳丢给了以骁勇善战著称被呼军中"小平章"的弟弟张良臣。可令张思道意想不到的是，他才到宁夏就被王保保抄了后路，自己也被他控制了起来。张良臣听说哥哥让王保保给抓了，一怒之下就主动向明军约降。

徐达转而进军攻取庆阳附近的平凉、泾州等地，而命薛显带骑兵五千、步兵六千到庆阳负责受降、接管工作。

正如朱元璋所料，此时的张良臣又有了变化。他听说王保保不但没有伤害哥哥，还承诺要做他的外援。张良臣见常遇春部已经东撤，西北战场只有徐达一人，当下就后悔了。当薛显等人兴冲冲来庆阳时，却遭到张良臣部出其不意地砍杀，毫无思想准备的明军被打得四处奔逃。万幸的是被朱皇帝夸赞为"勇略冠军"的薛显临危不乱，在混战中边喊边杀，很多久经战场的将士聚集到了他身边，薛显带着部分队伍冲出了"屠宰场"，清点人数竟折去了大半，连他本人也挂了彩。

皇帝就是皇帝，徐达不得不佩服朱皇帝的英明伟大和远见卓识，他没有半点责怪薛显的意思，而是后悔自己疏忽了圣意，对诸将长叹："圣上真是明见万里之外啊！早就来旨警示我等小心今日之事，现在果如其言……张良臣的这种叛变，实在是自取灭亡！当与诸公尽全力剪除之！"随即撂下狠话：不准放跑庆阳城一兵一卒！

徐达的话迅速传遍全军，临洮的冯胜、傅友德坐不住了，迅速率部赶到泾州前线，西安的汤和也率部赶了过来。

王保保没有食言，为解庆阳之围，他从七月底起兵分三路反击明军：一路进攻大同，威胁太原；一路进攻凤翔；一路进攻原州（今甘肃省镇原县）、泾州，给明军造成很大压力，整个战局为之一变。

徐达被迫暂时采取守势，一面分兵扼守各处要点，一面加强对庆阳的攻势。由于北方不像南方有水路通达，重火器运不上来，庆阳在被困三个月后，在弹尽粮绝且外援无望之下，张良臣再次登城高呼愿意真心投降！

徐达的回答很干脆：晚了！眼看再顽抗下去只会活活饿死，张良臣的部将姚晖、葛八等干脆打开城门投降，明军一拥而上。张良臣见势不妙，带着亲儿子、干儿子投井自尽，可徐达没打算给他留全尸，命人打捞上来，将其碎尸万段。庆阳被攻克后，各路元军也被击退，陕甘地区的故元势力基本被消灭。

常遇春扬威大漠

　　徐达、常遇春是被称为黄金搭档的生死战友。在常遇春奉旨离开凤翔开赴北平之时，徐达心里是有点复杂的。这么多年的出生入死让他们结下深厚的友谊，他从不怀疑"常十万"的能力，也从没把他当下属看，有事总是用商量的口吻征询他的意见，如今把他调开，徐达是真心替他高兴。在他看来，朱元璋不过是把常遇春调往北平加强防卫，正好让他休息一段时间，因为他近来总感到头疼。

　　常遇春的看法与徐达正好相反，他认为朱皇帝把他调到北平，绝不是给元丞相也速不花面子，这种杀鸡用牛刀的做法，显然不是大手笔的朱皇帝所为。因此，他已经做好了当第二个霍去病的准备。这也正是朱元璋的用意。不过为了保险起见，朱元璋又增调李文忠去往北平，临行交代他此行的任务就是会同常遇春攻取元顺帝的新巢穴——远在北平千里之外的元上都开平，彻底扫除元朝残余势力对北平一带的军事威胁。

　　这好像与之前朱元璋主张的稳步推进的用兵方略不符，其实这正是朱元璋审时度势、不断总结的结果，他很清楚，元军残余中除了西北的王保保堪称能与明军一战以外，当年令汉军闻风丧胆的蒙古铁骑，如今也沦落到了闻听明军到来就失魂落魄的地步。

在常遇春出兵之前，朱元璋按照惯例给盘踞在辽东的辽东行省左丞、元廷太尉纳哈出写了一封"招抚"信，劝他要认清形势，天命所归不可强求，元顺帝退出历史舞台已不可逆转，不值得继续为他效命等。纳哈出曾在至正十五年（公元1355年）朱元璋攻克太平时，当过明军的高级战俘，受到朱元璋的特别优待，最后还给了大笔路费将他释放，纳哈出回到元朝政府后不降反升，如今的地位就相当于"东北王"。这个纳哈出大有来头，他是成吉思汗四杰之一木华黎的嫡孙，史载他继承祖业镇守辽东，"久之据金山（今辽河北岸），有众二十余万，孳畜富于元主……元主官之太尉，不预朝会"。也就是说，辽东之地虽然名义上隶属元朝，但不需要向皇帝负责，甚至不必朝会皇帝。

对这股力量不能掉以轻心，常遇春所部兵力不足十万，其中骑兵仅有一万，步兵八万，与他自信"率众十万即纵横天下"的豪言只差一步，这对天不怕地不怕的常遇春来说已经足够了。但朱元璋在他出发时，特意命他从辽东方向进军，借道三河，经鹿儿岭，向东迂回到纳哈出所在的大宁路逛一圈，此意有两个目的：一是以武力警告纳哈出不要轻举妄动；二是迷惑元顺帝。如果纳哈出趁常遇春深入草原之际出兵北平，将让十万明军失去了后方的支援，最后只能让人家包饺子，而元顺帝在通往上都的路上设置了一道屏障：也速驻守的全宁（今内蒙古自治区翁牛特旗），皇太子爱猷识里达腊驻守的红罗山

（今小凌河上游）一线。

曾被明军"羞辱"了一番的也速已经接到情报，那个令人闻风丧胆的杀神常遇春已经从西北调到了大都前线，这不禁让他的神经高度紧张起来，真是怕什么就来什么。当常遇春大张旗鼓集结队伍时，也速也迅速收缩防线，做了紧急动员，可不久却收到常遇春出兵辽东的消息！这不是冲纳哈出去的吗？

可要说也速完全相信常遇春去攻打纳哈出也不尽然，纳哈出可是拥兵二十万啊，常遇春不是胃口太大了，就是疯了！不过他倒是真希望对方是疯了。全宁毕竟毗邻辽东，常遇春又是不按常理出牌的主，为慎重起见，他还是在锦川（今燕山北麓一带）布置了一万精骑，作为前沿观察哨。

果然，常遇春到了松亭关（今喜峰口北十千米）之后，突然转向锦川而来。锦川是明军进军全宁、辽东的必经枢纽，负责镇守的江文清相当自信：明军骑兵少得可怜，大多依靠步骑协同作战，行动缓慢，他江文清有的是时间布防列阵，专等明军初来乍到之际，以骑兵冲击一阵再撤也不晚。

江文清按正常思维备战，常遇春却偏偏不按常理出牌，置步兵大队于不顾，亲率仅有的一万骑兵孤军疾进，在江文清意料不到的时间突然出现在他面前。等到江文清惊愕过来，要传令列阵时，有超过半数的士兵还没来得及把马鞍放在马背上就成了刀下鬼。明军似乎从天而降，遮天铺地而来不知有多少，江文清只得带着残余士兵退守鹿儿岭。

常遇春得势不饶人，全然不理放下武器的俘虏，率军乘胜狂追。

江文清跑到鹿儿岭连气还没喘匀，明军已经杀了上来，一道天险就这样拱手让了出来。

待在全宁的也速陆续收到战报："报！常遇春率骑兵不要后方，已突破锦川！""报！鹿儿岭天险丢失！""报！常遇春直奔全宁而来！"

也速被激怒了，好你个常遇春，你也太不拿本相爷当回事了，竟敢孤军深入，不给点颜色你真以为我元朝没人了！他决定集中兵力在全宁跟常遇春轰轰烈烈干一场。

全宁作为元末中书省重镇，四面环水：北有潢河；东临涂河；南面有挖扠河与落马河两道屏障；西面为潢河与落马河交汇处，等于四面都有天然"护城河"。这些河流虽然与全宁城都有一定的距离，但也正好适于重兵布防，全宁城外就是一块大兵团决战的绝好战场。

也速不花是个办事讲效率的人，当下进行部署：将主力铁骑部署于涂河与落马河的交汇处西北十里左右地带，不管明军从哪个方向渡河来犯，元军都会及时出现在他们面前，他本人也把指挥所设置在城外。常遇春是百胜将军，从军以来未遇过败绩，是真正的"独孤求败"，他作战除了勇猛、带头冲锋陷阵之外，还有极强的应变能力，他在率部抵达涂河与落马河交汇处时，并没有如也速不花所预料的猛扑过去，而是使了点花招：分出一千人员大张旗鼓地顺落马河西上，找了一处看上去很适合强渡的地方，摆出一副要渡河的架势；自己则亲率主力沿涂河隐秘北上，让部队晓宿夜行，让战马保持充沛的体力。

两天后，常遇春率主力神不知鬼不觉地渡过了南北走向的涂河，从侧后东北方向直插全宁城。

常遇春他们一路疾进，连元军的影子都没遇见。就在将士们以为全宁唾手可得之时，常遇春又突然下了一道奇怪的命令，大部队隐秘休息，只派一千人马到全宁城下，只需摆出一副要强行攻城的样子，没有命令，不许擅自攻城！

常遇春随后又在各个方向派出观察哨，告诉他们一旦发现有全宁城出来的轻骑散兵，不必惊动他们，只需远远尾随，并派人立即回报！

这正是常遇春的高明之处，全宁城城高墙厚，骑兵攻城没有任何优势，即便硬拼把城池拿下，自己也会伤亡惨重，他可不想把为数不多的宝贝骑兵都搭上，毕竟还指望他们奔袭上都呢！他这样做的目的是要判断也速不花的主力到底在哪。按照蒙古人的作战风格，如果也速不花的主力在城内，他们必然出城迎战，因为蒙古人不擅守城，他们要么弃城而跑，要么在野外决一死战。而如果也速不花不在城内，那么想要找到他，最简单又省力的办法就是让他的通信兵带路。

常遇春很快就探明了也速不花所在的位置：东南方向！

于是，常遇春马上传令侦察兵顺着通信兵的马蹄印前进，全军保持速度在后面跟上，弓上弦，刀出鞘，火铳填充好火药铁砂，做好随时给予敌人致命一击的准备。

此时隐蔽在全宁东南方向的也速不花，还在耐心等待对岸明军费力地扎筏渡河，准备等对方半渡而击之呢！可他这只螳螂已经被黄雀牢牢盯上了，常遇春正指挥部队有条不紊地从他背后摸了上来。

当也速不花听到明军已经到了全宁城下的消息时，一切都来不及了，猝不及防的元军哨兵被呼啸而至的明军铁骑砍翻。明军居高临下，数十尊火铳同时点燃药捻，火药爆炸的威慑力远大于杀伤力，蒙古战马顿时脱缰狂奔，阵营顷刻就乱了套。

也速不花毕竟是久经战场的老油条，充分发挥蒙古铁骑快速机动的能力，一马鞭子下去：撤！

其他还能控制自己战马的元军，跟着也速不花顺着落马河向西狂奔而去。常遇春命令部队从后面掩杀，虽然一路捡了不少战利品，无奈蒙古人跑得太快，他们只能眼睁睁看着也速率部绝尘而去。

这时有部将建议回头拿下全宁城，捣毁也速的老窝，一来能让我军得到必要的补充，二来让那也速短期内无法恢复元气。

常遇春又做出一个令人不可思议的决定：放弃全宁，立即回师大宁！

而也速也没敢回师全宁，带着剩余的三万兵士直接南下大兴州，心中盘算着这回老子就龟缩在城里，看你常遇春还有什么花招！

也速之所以这样想，是因为他断定常遇春不敢再轻易西进，明军背后还有个大宁城，而驻守大宁的是自己的副手中书右丞脱火赤，那可是个贪功好战的家伙，肯定不会眼睁睁看着明军西进而无动于衷。

事实证明，也速的判断是错误的，此时驻守大宁城的脱火赤压根儿就没想过去追西进的明军，这又是为什么呢？

让敌人闻风丧胆的"常十万"

　　大宁路（今内蒙古自治区宁城县西南）位于今天的河北北部、内蒙古东南部、东北地区西北部，元朝退出中原后，这里就成为最重要的边境地区之一，该城原本是辽东的地盘，可纳哈出主动撤防，把兵力收缩到了锦州一线，脱火赤于是就奉也速之命接防了大宁。

　　官大一级压死人，脱火赤与也速只是左右丞相的搭档，关系本来就微妙，如今却被也速当成手下推到边境看守门户，心中自然不爽，因此也速指望他在后面抄明军的后路，就成了一厢情愿。脱火赤已经想好了，大宁毕竟是辽东的地盘，也许可以借点他们的光，明军一时半会儿不可能去招惹坐拥二十万大军的纳哈出。也正是这个原因，常遇春才让大宁存活至今。

　　脱火赤抱定各人自扫门前雪的心态，只要明军不来打自己，他们爱上哪上哪，关我什么事，你也速不是"上司"吗？作为"下属"没有命令谁敢擅自行动不是？

　　可千万别因此就认为脱火赤是个贪生怕死之徒，一旦明军胆敢进犯大宁，他会毫不犹豫地抄家伙出去玩命，正是他的这个特性，才能让李文忠充分利用而轻易拿下大宁。

常遇春向西击溃了也速，纳哈出又退到了锦州，因此他马上回过头来打算拔掉大宁这颗钉子。此前当明军西去时，脱火赤就像看着一大批游客经过一样，目送他们远去。只是后来明军步兵在李文忠的带领下，在大宁与全宁之间不走了，脱火赤明白，这是防着他去增援全宁，因此他并不怎么在意。

可最近几天，侦察员不断来报，李文忠正率部回头缓慢向大宁移动，接着又收到也速兵败的消息。脱火赤终于明白了，常遇春带上骑兵去打全宁，留下李文忠带领步兵监视自己，李文忠一定是得知常遇春打败也速后想回头吃掉自己。

脱火赤既然知道明军要打自己，那他就不会坐以待毙，他要趁明军骑兵没有赶回来之前主动出击，骑兵打步兵，不正是咱蒙古人打天下的看家本领吗？因此他除了留下极少兵力外，要以雷霆万钧之势给李文忠以迎头痛击，让他们不敢再打大宁城的主意。

脱火赤想给李文忠一个迎头痛击，可李文忠不给他机会。蒙古铁骑稳步推进到提前侦察好的明军应该在的位置时，却连鬼影都不见一个，搜索到下午才找到李文忠的大营：在一片丘陵高地上用树木搭建起的一座庞大而又简易的营寨。抵近一看，发现了一处明显高于其他设施的工事，还不时有秘书、警卫之类的人进进出出，据此判定那就是李文忠的办公地点！那可是朱元璋的外甥兼养子，是个王爷级别的人啊，此时摁住了他，那就什么事情都好办了！

于是，脱火赤下令：全面出击，目标对面高坡工事，要不惜一切代价！元军进攻的号角一响，蒙古战骑便争先恐后往前冲去。

可既不见明军惊慌失措，又不见他们击鼓应战，当蒙古骑兵冲到半坡时，里面万箭齐发，还有数十支火铳一齐开火，无数马匹纷纷倒下。当元军铁骑接近营寨时，无数滚木滚滚而来，第一轮冲击就此败退，却不见明军趁势冲杀，这种不符合常理的作战方式让脱火赤很是无奈。他如今就像狗咬刺猬，猎物在眼前却奈何不了它。之后他又发动过几轮冲击，均被打了回来，眼看一天就要过去，脱火赤是欲进不能，欲退又不甘，只得下令埋锅造饭，先吃饱肚子再说。

饭刚做好，脱火赤正想命一部分人先吃，一部分人警戒。一个从大宁逃出来的士兵上气不接下气报告说大宁已经被明军占领。

脱火赤一听就凉了半截，当即下令：撤！

有部将问："相爷，往大宁撤吗？""你没脑子啊，大宁都被人家占了，回去送死啊？"

"那咱这饭不吃啦？"脱火赤恨不得把他吃了："你想吃完这顿就上路还是咋的？这些人之前是为了拖住我们才没动手，等他们知道大宁得手，肯定会前后夹击我们，等我们吃完这顿饭恐怕都得死在这里。快，往锦州撤，投纳哈出太尉去！"

脱火赤说得没错，这是李文忠之前跟常遇春定好的计策，等全宁方向得手后，由李文忠摆出要围困大宁的样子，引诱好战分子脱火赤出城，尽量拖住他，由常遇春的骑兵突击大宁。这招果然奏效，一举拿下这座重要的军事补给基地，里面的辎重粮草应有尽有。

一场本该惨烈无比的攻坚战，就这么轻而易举结束了，脱火赤就像有劲没处使的斗士，输得实在是窝囊，不过他在懊恼之余又暗自庆幸：幸亏果断撤军，稍有犹豫，被那"常十万"从背后掩杀过来，后果怎么样，他都不敢想。

脱火赤未免太把自己当根葱了，常遇春根本没有到大宁，此时的他正在新店美美地睡大觉呢！

新店位于大宁和全宁之间，常遇春骑兵回到此处后，按照与李文忠的约定派兵袭击大宁。不过他只派出了两千骑兵，其余人马就地休整，因为此处离上都不远，他要骑兵主力养精蓄锐，一旦袭击大宁得手，补充粮草后即可就地西进。

李文忠与回袭大宁城的骑兵会合后，没有过多停留，下令把大宁所有的辎重粮草全部打包，由步兵主力在后面护送，自己则带上一支骑兵小队先期赶到了新店。因为李文忠已经获悉也速率余部逃到大兴州的消息，大兴州原来就有上都丞相脱火赤驻防，如今再加上一个也速，其实力大增不言而喻，而大兴州又是上都的一道重要屏障。

大宁一仗，让李文忠又琢磨出了一套"遂鼠出洞"的方案，他急于来见常遇春就是为了实施下一步的行动，临行已经布置停当：由常将军派来的两千轻骑负责开路，会同步兵全军往大兴州进逼，把所有旗帜集中到这两千前锋手里，一路上把声势造得越大越好。

常、李会合后，李文忠把自己深思熟虑的计划说了一遍，常遇春当即鼓掌："哈哈，皇上够英明的了，没想到你这小子也得了他的真传！好计策，咱就把轻取大宁的办法再用一回，免去围困攻城之苦，分头行动吧，我手中的八千轻骑打出元军旗号，顺着元廷的驿道两昼夜就可赶到新开岭！"

新开岭位于今天内蒙古境内，是元上都开平东面的一片山脉，距离开平不远，自然就成了一道天然屏障。

常遇春、李文忠两位将军正在算计大兴州里的两位丞相的时候，那也速与脱火赤也在密切注视着从大宁方向直扑过来的明军，丝毫没有注意到有一支骑兵快速从他们的北面经过。不过说实话就算他们注意了，估计也不会在意，因为那是一支扛着元军大旗的部队。

蒙古人是以武力夺得的天下，他们就认准一条，谁的拳头硬、实力大谁就有话语权，加上元朝实行两都制，因此，他们的丞相特别多，如之前的察罕帖木儿、罗勃帖木儿、扩廓帖木儿等都先后当过丞相。如今的大兴州就塞进了两位丞相，但他们不会出现"一山不容二虎"的局面。

原来驻防大兴州的脱火赤的部队也就一万人左右，也速此次带来了三万多人，再加上也速还有个梁王的头衔，因此在大兴州是也速说了算。也速此刻的神经是极度紧张的，明军一拨接一拨地涌来，原指望大宁的脱火赤能够起点作用的，现在已经落空。

也速曾紧急派出多路人马，探听明军方面的消息，可得到的都是令人担忧的消息，有报告称明军战马多到不可计数的，有称明军队伍长达百里的，旌旗遮天蔽日，还有侦察员报告明军行军速度奇快，不日即可杀到大兴州！

每接到一次报告，也速的肌肉就抽搐几下，早就忘了之前要固守城池的誓言。根据敌变我变的原则，也速决定带部队往新开岭转移，走一步看一步，总比被困死在大兴州强！

对于也速的决定，脱火赤没有异议，也不敢有异议，只是对分配给他的任务在心里暗骂，也速竟然命令他带领所部殿后，担任后卫警戒。

脱火赤一副舍我其谁的模样，毅然接受了这项光荣的任务，心里却暗暗打定主意，明军不来便罢，明军一来，嘿嘿！看谁的马快，想让老子替你挡子弹？门都没有！

也速前边一走，脱火赤马上聚拢本部军官，暗中告诉他们，战斗一旦打起来，听到本相进攻的号角就迅速抢渡北面的落马河，往也速的老窝全宁转移，保存实力，以利再战！

大兴州有很多辎重物品，为了保证部队的机动灵活，也速命令放弃，也不准焚毁，以免明军觉察大兴州是座空城，同样是出于保密，也速选在天黑以后才出城。

在新开岭已经歇息了半天的常遇春、李文忠，早就为也速布下了一个口袋阵，考虑到己方兵力远远少于对方，常、李二人研究后，将仅有的八千骑兵分为八个屯，每屯一千，分别占据八个山包。八个山包正好围着中间的一块开阔的川地，并告诫各屯：听到号令，统一行动，但只能于屯前驰骋呐喊，不能接近元军，等敌人溃散，中军发出总攻的号角时，才同时向敌军冲杀！

也速的前期工作做得挺好，当天又是六月十五，月光明亮清澈，前几十里的路程走得轻快迅疾。但六月天说变就变，忽然乌云密布，天黑得伸手不见五指，骑兵不比步兵，夜行军极其不便，考虑到已远离危险之地，也速不得不命令部队点火照明。好家伙，几万只火把整齐划一，不知道的还以为西南的火把节提前在北方举办了。

这个壮观的景象令常遇春、李文忠惊奇不已，看着远远移动过来的火把队，常遇春心想，蒙古人真配合啊，不但告诉俺老常他们毫无戒备，还把方位、人数毫无保留地告诉了俺。

　　当这群火把大军进入明军预设的伏击圈时，黑暗中突然战鼓大作，元军对这鼓声一点都不陌生，这是明军发起冲锋的鼓声啊！

　　瞬时，战鼓声伴随着呐喊声从四面八方响起，元军将士惊慌失措中异常迅速地灭掉了手中的火把，谁都不想当敌人的活靶子。天地瞬间漆黑一团，也速的心也掉进了无比黑暗的深渊。明军只管朝黑暗中乱闯乱撞的元军放箭，直到乌云逐渐散去，天色朦胧才发起冲击……

捣毁元上都

　　新开岭一战，明军以区区八千骑兵击败了元军四万铁骑，俘获了元丞相脱火赤。脱火赤本来是担任后卫警戒任务的，他的坐骑又是一匹千里良驹，在这场伏击战中是完全有机会全身而退的，可在部队将要进入山区时，他认为安全了，已经无戒可警了，心里一兴奋就跑到中军也速的身边想拍拍马屁。两位正有说有笑地行进着，却突然响起战鼓声，也速马上让他指挥列阵，谁知蒙古兵的脚下被明军挖了无数的陷马坑，他的千里良驹也被陷住，动弹不得，为避免被马蹄踏成肉酱，他又不敢下马，只好乖乖当了俘虏。

　　战斗一结束，常遇春和李文忠就马不停蹄直扑元上都开平。开平是元世祖忽必烈的龙兴之地，已有百年建都史。这座具有汉式宫殿楼阁和草原毡帐风格的都城曾经辉煌一时，只是十年前被关铎、破头潘所率领的红巾军一把大火烧了个精光，昔日的宫阙早已变成残垣败瓦。眼前的这座所谓的都城，基本没有城墙，曾经的城墙早已坍塌。如今的开平是由一顶顶蒙古包组成的一片生活区，至于要派什么用场，只需冠以某某宫、某某殿就行了。

正是基于以上情况，常遇春、李文忠才敢以八千铁骑远途奔袭。当明军奔驰了两昼夜来到开平"城外"时，早已是人困马乏。如果这个时候有支队伍给予迎头一击，历史将会改写，可惜的是，历史没有"如果"。当时的情况是，元顺帝不在开平，已经"北狩"到了应昌（今内蒙古自治区克什克腾旗西北达里诺尔西）附近的达里泊。

元顺帝有两大业余爱好，一个是木匠活干得好，有"鲁班天子"之称，在建筑工艺、机械工程等方面简直就是一个天才。朱元璋见到他制作的宫漏，在称赞其制作精巧后，说了句："废万几之务，而用心于此，所谓作无益、害有益也。使移此心以治天下，岂至亡灭？"便将其捣毁，怕教坏自己的子孙，可是他老朱家后来还是出了一位"木匠皇帝"。

元顺帝的另一个爱好是喜欢一种男女一起修炼气功，它有一个很喜庆的名称叫"大喜乐"，又名双修法。据载元顺帝修炼大喜乐时，帽带金玉佛，手执数珠，让宫女十六人首垂发数辫，戴象牙冠，身披璎珞大红绡金长短裙袄，云裙合袖，天衣绶带鞋袜，唱《金字经》，舞《燕儿舞》，称之为《十六天魔舞》，更有甚者"男女裸居，或君臣共被"。

此时，上都大小官员们看到明军打上门来，不是想着如何御敌，而是考虑如何尽快收拾家当跑路。已经累得够呛的常遇春、李文忠赶紧生火做饭，再美美地睡上一觉，准备养足精神，明天投入一场激烈的攻防战。

可常遇春的愿望落空了，原来等明军一觉醒来，各自检查武器装备，准备发起他们认为能载入史册的捣毁元朝夏都战役时，却发现已经人去城空，这未免让人大失所望。这个时候如果不想空手而归，只有追上去能逮几个算几个了，于是由李文忠率部追击数百里，生俘宗王庆生、平章鼎住等，俘获将士一万余人：车一万辆、马三万匹、牛五万头。这是个值得铭记的又一历史时刻：洪武二年（公元1369年）七月。

明军这次千里奔袭至此宣告结束，对常、李二位将军来说没能与元顺帝打个照面，未免让人感到有些沮丧，但就目前的战局也只能如此了。元顺帝太狡猾，他"狩猎"的地方应昌与开平之间隔着一段沙漠地带，对南方人来说那可是死亡之地，轻易不敢涉足，况且朱皇帝交办的捣毁上都的任务也基本完成，尽管没有什么可供他们捣毁的，那些牛、羊皮搭成的生活区一把火便能轻松搞定。

在常、李二人等待步兵大队期间，常遇春收到大将军徐达的命令，让他在完成东线作战任务后，再赶回庆阳会合。西北的王保保人还在，心不死，正在搞事，庆阳城里的张良臣就像茅坑的石头，又臭又硬，虽然被重兵围困，但一时还拿不下来，让他这个老搭档过来一起灭了他们。

对常遇春来说没有什么比打仗更能让他兴奋的了，当即结束休整，紧急南返。他决定再会一会老对手王保保，但遗憾的是他此生再也没机会跟王保保对阵了。

洪武二年（1369年）七月，常遇春带着一丝遗憾离开开平，率军踏上了归途。自打北平出征以来，由于千里奔袭，连番作战，他早已疲劳不堪，再加上塞北早晚温差较大，让他时常感觉身体不适。可是他并不以为意，仍然坚持带队冲锋陷阵。在回师之际，心情一下放松的常遇春面对一望无边的大草原，心里感到无比畅快，一路纵马奔驰。

当大军行进到柳河川（今河北省赤城县西）下马时，常遇春突然感觉浑身燥热，于是便解甲纳凉，不想却发起了高烧，浑身疼痛不止，李文忠赶紧命随军医生紧急医治。常遇春本来就有头痛的毛病，但一直查不出病因，如今他病来如山倒，军医更是束手无策，情急之下就杜撰了一个"卸甲风"的名称，意思是脱卸战甲时中了风。

常遇春自知不治，急唤李文忠及自己的副将入帐，简单交代了几句，就永远告别了战友！

这一天正是农历七月初七，天上牛郎织女鹊桥相会之日，地下一代将星就此陨落，天妒英才！这一年，常遇春才四十岁。

李文忠震惊了！全军震惊了！远在南京的朱元璋收到六百里加急也震惊了，一边连呼不可能，一边失声痛哭："柳河之川失我长城之将，使我如失手足。"强忍悲恸诏命李文忠接替常遇春的职务，尽快将他的灵柩送回南京。

八月，朱元璋到龙江迎接常遇春的灵柩，扶灵车恸哭，并在棺前赋挽诗一首：

"朕有千行铁液汁，平生不为儿女泣。

昨日忽闻常君薨，一洒乾坤草木湿。"

朱元璋遂命人打开棺椁，最后一睹爱将遗容，脱下龙袍轻轻为其盖上。又命选择墓地于南京钟山北麓，营墓建祠，追封常遇春为翊运推诚宣德靖远功臣、开府仪同三司、上柱国、太保、中书右丞相，追封开平王，谥曰忠武，令宫廷画师为其绘制身穿龙袍的全身像，配享太庙。

常遇春突然暴卒，把近十万大军丢给了年轻的李文忠。李文忠临危受命，既是机遇更是挑战。对于他和常遇春，朱元璋曾对人说过"保儿是朕的骨肉，遇春是朕的心腹"，现在心腹没了，这骨肉将如何带领这支所向披靡的王师，大家都在拭目以待！

李文忠在跟随常遇春北征中，深受其影响，甚至他以后的军事生涯无不烙下了"常十万"的影子。本来要到庆阳与徐达会合的李文忠，率领大军行到太原时，听侦察员报告说，大同被围，情况危急！

李文忠立即将视线由庆阳方向转向了大同，紧急派人打探大同实情，得知是"关中四将"中的脱列伯与孔兴联合进犯大同，其中孔兴所部重兵已经围困大同城多日。李文忠命令部队：全军停止西进，向北转进，援救大同！

副手左丞赵庸提醒他："都督，徐大将军可是奉旨让我们增援庆阳，擅自行动就是抗命啊，大同的事情本来与我们无关，可一旦贻误了西线的战机，吃罪不起啊！"

李文忠表情凝重地说道："我们既然是受朝廷之命而来，只要遵循有利于国家的原则，自行决断也没什么不可以，而今大同情况紧急，我们应该顺路前去救援。'将在外君命有所不受'说的就是眼下遇到的情况！"

话说到这个份上，并且句句在理，人家是大都督，更是皇上的亲外甥，大家表示坚决服从命令！于是，大军兵出雁门关，取道马邑（今山西省朔州市），向大同的西面开去。为什么李文忠不直奔大同，而要走弓背由偏西迂回大同呢？

　　这正是李文忠的高明之处，他这样做的目的有两个：一是避开脱列伯与孔兴可能在东南方向设下的埋伏，焉知敌人不是在玩"围点打援"的诡计？二是绕到脱列伯的背后，打他个措手不及。正在行进之时，恰逢大同派往太原的通信员，从其口中李文忠得到大同新的准确军情：大同城下的孔兴在等脱列伯的主力及其所携带的攻城器械，脱列伯正在赶往大同的途中。

　　李文忠让通信员想办法潜回大同后，心中已经有了下一步的行动方案，接下来的战斗，与他和常遇春直捣元上都有着异曲同工之妙。

李文忠审时度势救大同

李文忠打发走大同派往太原的通信员后，命赵庸带领步兵跟进，自己率骑兵先行，力争在前面的白杨门一带寻机阻击脱列伯主力。很快，李文忠就遇到了脱列伯的一支小规模前锋。这支前锋的任务是为后面的大部队探路，遇到敌情就地阻击等待后面的队伍跟进，或者干脆回撤，将前方敌情报告给大部队。

元军显然不知道明军主力已经到来，待发现李文忠时，带队将领吃不准来的是哪支明军，突然出现在此地的意图是什么，更不清楚对方有多少人。李文忠哪能给他时间去判断，令旗一挥，三队骑兵分左、中、右直扑对方，元军还不知道该如何列阵，明军已经冲到了面前，一场遭遇战迅即变成了追逐战。

这一战下来竟俘获脱列伯手下的一名平章刘帖木，刘帖木招供，他的后面就是脱列伯的主力，以骑兵为主，有三万之众。李文忠率骑兵进至白杨门（今山西省朔州市马邑北）时，天空下起了雨雪，这才是八月天，好在李文忠早有准备，当时军队已经扎营。李文忠根据敌情、气候的变化，命令全军向前移动五里于馒头山上扎营。很多人急忙劝阻："将军，这馒头山地势虽高，但取水困难，一旦被困就成了死地，万万不可！"

"你们真把本少爷当成马谡了，放心吧，我心里有数！"大家都不明白这位年轻人到底唱的是哪一出，说是救援大同，却丢下步兵孤军跑到大同的侧背，既然千里行军到此，又不去奔袭敌人，脱列伯就在前面，他却驻扎了下来，让人捉摸不透。而且他驻扎的地点相当不妙，前有脱列伯，后有大同城下的孔兴，如果两股敌人前后夹击，明军一万骑兵将如何抵挡？

其实这正是李文忠希望出现的局面，脱列伯接到逃回去的士兵报告，肯定会做出反应：一是出动主力对当面的明军发起进攻；二是收缩部队准备应付明军来攻；三是率部逃离。当然第三种可能性不大，却是李文忠最希望看到的，如此一来，就等于置大同城下的孔兴于不顾，明军就可以在大同内外夹攻，聚歼孔兴部。

针对第一种情况，李文忠采取冒雨主动迎上去的办法。如果脱列伯采取收缩防御的战术，对李文忠来说也是有利的，自己庞大的步兵群就有时间源源不断地赶来，就算孔兴部也从大同赶来参战，李文忠认为并无大碍，在大同被困已久的明军岂会坐视孔兴撤兵而无动于衷？他们肯定会出兵追，到时被夹击的将是孔兴。

李文忠按照自己的意愿排兵布阵，脱列伯会按照他设想的三种方案中的哪一种进行呢？

脱列伯听完逃回来的士兵报告的情况后，一时也摸不清前方遇到的是何方神圣，只是听士兵报告这股明军相当蛮横，连招呼都不打就冲上来乱砍乱杀。久经沙场的脱列伯不用想就判断出这是赶去救援大同的明军。

脱列伯与孔兴都是接到元顺帝从应昌飞骑送来的圣旨才进军大同的。圣旨要求他们听从"总督天下兵马"的齐王王保保节制，共同打通进军大都的道路。功成之日，他们将裂土封王！

裂土封王，这可是人人梦寐以求的美事，但这两位哥们不傻，皇帝老儿连上都都保不住，怎么还会做收回大都的春秋大梦？这肯定是王保保的意思，他是在借皇帝之口让大家听他指挥。这王保保最近可是活跃得很，四处出动，兵临原、泾二州，威逼凤翔，觊觎兰州，连傻子都明白，他是拼命地想解庆阳之围！

唇亡齿寒的道理他们懂，庆阳由曾经结盟的张思道的弟弟张良臣在苦苦撑着，一旦庆阳不保，明军下一步要打击的目标不言而喻，看在王保保还能顾点大局的分上，就暂且出兵，既是为了大局，更是为了自己。能够打下大同，对二人来说也是一次发财的机会，大同城里可是囤积了不少的辎重粮草，兄弟们过冬所需的物资就有了着落。

对当面遇到的这支援军，脱列伯是这样判断的，东路军的悍将"常十万"暴毙，由年轻的李文忠带领正经太原往庆阳方向赶，明军想解大同之围只能从围攻庆阳的部队中抽调兵力，张良臣的压力必然大大减轻。还有一种可能，这股援军就是驻扎太原城的明军，他们的兵力本来就不多，如此一来太原就是一座空城，如果这个时候去夺取太原城，岂不是唾手可得？想到这里，脱列伯都有点手舞足蹈起来了，这是上天赐予的机会啊，不去实践一回都对不起自己的智商，更对不起老天爷了！当即决定不去大同，直接南下太原！

　　脱列伯集合队伍做战前动员，告诉全军，以最快的速度，力争全歼白天前锋部队遇到的这股敌人！

　　脱列伯不愧是"关中四杰"之一，率队顶风冒雨就出发了，部队又全是骑兵，很快到达前锋遭遇明军的地方，只见空空如也，脱列伯马上命令列阵，以防中了埋伏。这时从不远处跑过来一个自己的士兵，根据漏网士兵的报告，脱列伯知道明军只一万人马，往前面去了，估计已安营扎寨住下了。这下他更加坚信那是太原出动的明军，如果是庆阳方面的援军，徐达不会只派区区万人，看来老天待咱不薄，现在天色已晚，又下着雨雪，估计那些兵已经冻得躲进被窝进入梦乡了，此时不去劫营更待何时？

　　脱列伯命令中军负责袭击敌人营寨，其他各部就地扎营，养精蓄锐，尤其注意给战马添足草料，只待天亮以后全体出动，荡平当面之敌！

　　不能不说脱列伯考虑得挺周详。他派出中军前去劫营，却又不指望其能够一击得手。他得留有后手，做到有备方能无患。即使前面夜袭部队不能如愿攻入敌营，等天明大军一到，遭受一夜攻击的明军也已累得半死，只需一次冲锋就能解决战斗。

　　跟脱列伯的预料不谋而合的是，李文忠让大军在馒头山扎营后，除了安排好哨兵和巡逻警戒队外，就让全体将士抓紧休息，迅速恢复体力，养好精神，迎接明天即将到来的恶战。他什么都算过，就是没有算到元军会来夜袭。按照他的推算，脱列伯在其前锋遭遇敌情后，必然会先查明情况，再做出下一步的决策。

　　等到自己布置在大营之外的暗哨发出敌人来袭的警报时，李文忠当即意识到自己轻敌了，但他并没有惊慌失措，守城可是他的拿手绝活。他考虑的还是明天的战事，因此他命令中军卫队负责在寨墙内警戒，敌人靠近就用弩箭、火铳招呼，不许出战，其他各营照常睡觉！下完命令，他自己也躺下睡了，临了还特别交代："除非敌人打进大营，天亮之前不准叫醒老子，否则以军法论处！"

对于李文忠的自信，有人深受鼓舞，有人深感担忧，毕竟还是嫩了点啊，嘴上无毛办事不牢！更多的人则是既来之则安之，主帅让睡觉就安心睡吧，天塌下来有他顶着，他这万钧之躯都不怕，咱还有啥好怕的！

这一夜，明军大营之外杀声震天，大营之内鼾声雷动，各忙各的，谁也没耽误谁。

平心而论，从战术安排来看，脱列伯干得相当漂亮，按照常理，就算前去劫营的中军一时未能得手，等他主力一到，被袭扰了一整夜的明军，不被吓尿也差不多了。可他实在太背，遇到比"常十万"还要难对付的对手，李文忠虽骁勇善战，却心思缜密，不但很轻巧地就化解了他的夜袭奇计，而且等他亲率主力赶到时，李文忠又用在大宁城外对付脱火赤的办法对付他。

所不同的是，当时李文忠手下全是步兵，眼睁睁看着脱火赤给逃了，眼下李文忠带领的可是骑兵。他让骑兵变步兵，仅用两个营的兵力组成一溜的长枪队，配合弓弩手、火铳手顶住脱列伯部一轮又一轮冲击后，再让等候多时的铁骑分左右两翼飞驰而出。

冲出寨门的两支队伍并没从正面投入厮杀，而是从元军两侧向前直冲，到了这个时候，别说是脱列伯，就是一个大头兵也看出来了：

明军要包抄我们了!

　　脱列伯当然知道,但他不能下令撤退,那样会变成溃败,将成为被猎杀的对象。可他的士兵不那么想,这可是比拼速度的时刻,自己不但要比敌人跑得快,还要比自己人跑得快,只有比别人先跑一步才有逃出生天的可能!转眼间,战场就只剩下脱列伯以及为数不多的亲兵了。更倒霉的是,他的坐骑就在这当口中了一枪,无数明军一拥而上,三下五除二就将从马背上摔下来的脱列伯捆成个粽子。

　　失去了主帅的脱列伯残部早已人困马乏,最终还是未能逃脱覆灭的命运。还在大同城下等待脱列伯的孔兴,等来的却是其全军覆没的噩耗,立马撒腿向西狂奔。李文忠得势不饶人,一路穷追不舍,一直追到绥德,最终以孔兴部将将其斩杀来降才罢休。

第十章　二次北伐

王保保进犯兰州

朱元璋收到李文忠传来的捷报时，异常高兴地说："哈哈，保儿不负朕望，果然有遇春之雄风，朕的北方可无忧矣！"

不久，庆阳城破，张良臣被诛，围攻凤翔的贺宗哲闻讯逃往了六盘山。庆阳会战的胜利，标志着陕西地区元军势力不复存在，朱元璋之前拟定的"先取山东，撤其屏蔽；旋师河南，断其羽翼；拔潼关而守之，据其户槛，天下形势入我掌握，然后进兵元都，则彼势孤援绝，不战可克。既克其都，鼓行而西，云中、九原以及关陇，可席卷而下"的伟大战略目标已胜利完成。

此前，朱元璋已派都督金事吴祯持敕书传谕大将军徐达：将来如攻克了庆阳，最好令右副将军都督同知冯宗异掌总兵大印，统率全军驻扎庆阳，以便节制各镇兵马……大将军（徐）达、偏将军（汤）和回京定议功赏，并且一并参加鄂国公（常遇春）的葬礼，这件大事过后大将军再回甘陕前线确定守边之策。可以将朕的意思转达给诸位将领：都督金事吴祯协同宗异（冯胜）驻守庆阳，平章李伯升协同都督佥事耿炳文守陕西。

贺宗哲的运气还算不错，费了九牛二虎之力没能攻克凤翔的他，一听说庆阳城破就知道大事不好，没有半点迟疑就撤了。也就是前后脚的时间，让准备抄他后路的傅友德落到了他的身后，加之他选择逃跑的方向是六盘山区，一路上全是"一夫当关，万夫莫开"的关隘，因傅友德有所顾忌，贺宗哲才安然逃脱。

不过，贺宗哲也不敢在大山里滞留太久，大军要吃要喝，还要考虑过冬的问题。他不甘心就此回去与王保保会合，这次奉命出来，损兵折将不说，还一事无成，面子上挂不住。因此他非闹出点动静不可，为此他将目光瞄向了有"大河之滨的黄河之都"之称的兰州。

兰州位于中国西北部，是汉代以来丝绸之路上的重镇，取"金城汤池"之意而称金城，素以"屏障中原、联络西域、襟带万里"闻名于世，四月已由都督同知顾时进取，此时由明将张温镇守。

贺宗哲已领教过明军的厉害，可不想再受一次凤翔城下那样的耻辱，他这次进军兰州的目的很明确，就一个字：抢！一路上见什么抢什么，吃穿用度包括人口，除了老弱病残外，全部掳掠而去。而张温手下不足三千人马，守城还感到吃力，哪还有能力阻止这帮悍匪？只好向徐达紧急求援。

此时救援兰州的最佳人选无疑是追到六盘山区的傅友德，可是傅友德部只有五千兵马，要对付贺宗哲数万之众，胜算本就不大，因此指示右副将军冯胜率领所部一万七千步骑取道靖宁驰援兰州，统一指挥兰州的战斗。

冯胜冯老二比他死去的大哥冯国用还略胜一筹，有勇有谋，文武兼备，但毛病不少，其中一条就是好大喜功。由河南进军山西时，他还是汤和的副将，由于不愿与汤和分享战功，而独自率领本部推进。韩店遭遇中，汤和、杨璟惨败，而冯胜却一路高奏凯歌，被朱元璋提升到了汤和职位之上。

如今朱皇帝让他代理徐达统率全军，他更是要借此机会打场漂亮仗，因此徐达的任务他只听明白了上半部分就迅速出动，率本部出靖宁，经定西直趋兰州。从单纯救援兰州来说，冯胜此举无可厚非，只是他有意忽略了徐达的下半部分内容：围歼贺宗哲所部！

按照徐达的意思，冯胜部作为步骑混合部队，应该布置在贺宗哲退走时的必经之路进行拦截，发挥傅友德部骑兵的高机动能力，担任奔袭任务。可冯胜却没有协调其他各部，只顾着自己一路前行，结果由于动静太大，贺宗哲没等他靠近兰州就带着抢来的人口、牲畜、财物从容渡过黄河，扬长而去。

不过冯胜的运气还不错，有人给他准备了一个安慰奖。原来贺宗哲的亲信崔知院等人不愿再回到塞外过那种苦寒的生活，就联络了二十七个同事趁机向冯胜投诚，被冯胜将其连同二十四匹战马当成了战利品，也算是这次出师兰州"大获全胜"的见证。不过冯胜的这次表现没能瞒天过海，虽然徐达没说什么，可逃不过朱元璋的法眼，特地颁旨赏赐傅友德黄金二百两，以此告诉冯胜：别跟我要心眼，你那点花花肠子我清楚着呢！

可这个时候冯胜还不知道，朱元璋早已识破了他的小算盘。还执意要把心眼要下去。朱皇帝把徐达、汤和召回京城干什么？议定封赏啊！自己从至正十四年（公元1354年）跟随皇上打江山已有十五个年头，战功卓著，是回报的时候了。在这个节骨眼上，在不在皇帝身边，关系可是大了去。于是他要趁这次"大获全胜"之机班师回京，回去向皇帝献俘。

为此，本来是代理徐达的冯胜，又让都督佥事吴祯代理自己"总制军事"，留下少量部队，就率领三军踏上了回京之路。当然，他是不会请示的，倒不是为了给皇帝一个惊喜，而是怕朱元璋拒绝，那样，他回京的愿望就泡汤了。

冯胜意料得没错，如果朱元璋知道他这一疯狂的行动，是绝不会答应的。后来的事实是，冯胜这次利令智昏的千里"凯旋"导致被冻死冻伤的士兵不计其数。朱元璋见到冯胜时，恨不得拧下他的脑袋，只是当下正是论功行赏的高兴时刻，加上朱元璋还要用人为他四处征战，还未到卸磨之时，只得暂且忍下，口头批评是免不了的，他当众诘问冯胜道："你说你跑回来干什么？撂下西北一大摊子事，出了问题谁来负责？"

到了真正论功行赏时，朱元璋就没那么客气了，说："右副将军都督同知冯宗异，泽州之役，与平章杨璟妄分，彼此失陷士卒。及代大将军总制大军，时当隆寒，擅自班师，致士卒冻馁，不在赏列。"

考虑到冯老二毕竟是军中第二号人物，朱元璋还是给他留了点面子，说："念其初与大将军平定山东、河南、陕西诸郡，量与白金二百两，文币十五表里。"算是功过相抵。

但是冯胜"先斩后奏"的行为所带来的恶劣后果是难以估量的，在宁夏的王保保探知明军主力已经南归后，马上又于洪武二年（公元1369年）拼凑了十万大军，经由甘肃杀奔刚刚被贺宗哲洗劫过的兰州而来。才顶风冒雪回到南京的北伐大军又不得不马不停蹄地赶回西北前线，数千里来回奔波，劳民伤财是肯定的。冯胜为了一己之私，让大明政府付出了沉重的代价，让已进入尾声的首次北伐不得不重新启动。

兰州守将张温也是条硬汉，面对来势汹汹的元军，丝毫没有胆怯，他开诚布公地向众官兵说明了眼下的局势，他说："王保保带了十万大军袭击我兰州，咱们兰州城有多少兵力想必大家也清楚，根本没本钱跟他死打硬拼。"

人人神情肃穆，都感觉到了大战之前的巨大压力，但张温话锋一转道："鞑子虽然人多势众，但他们是远道而来，又不清楚咱们的虚实，不如趁夜出城打他一家伙，灭灭他们的威风，就算不能将鞑子打退，也有利于咱们固守待援！"

王保保不是莽汉，早已打探清楚兰州城兵力不过三千，离兰州最近的援兵远在几百里之外的巩昌，他告诉部下，兰州已经是一座孤城，只要我们的大军一到，他们除了献城投降外，就只有等死了。

因此其前锋部队认定城内守军绝不敢轻举妄动，抵达兰州城下就放心大胆地安营扎寨，等待后续部队陆续赶来。此时的明军将士个个都豪气冲天，说他们以一当十是一点都不为过。就在元兵忙着铺开摊子扎营之际，大批明军突然从城内杀了出来，元军被打了个猝不及防，丢下千里迢迢运来的木料和帐篷，全军退却，而那些建棚的材料被明军一把火给烧了个精光。

元军首战失利，竟然怀疑起王保保所说的兰州城兵微将寡的话来。为慎重起见，主动后退了几十里，避免被敢打敢冲的兰州明军再次袭击。

王保保率领主力到达之后，听了前锋将领的汇报后，也不由自主地犯起了嘀咕：难道是情报有误？如今的情报分子太不讲职业道德了，若是兰州城内真的只有三千兵马，用来固守这偌大的兰州城都显得捉襟见肘，哪有多余兵力出城野战？

他分析只有两种可能：要么是城内兵力雄厚，明军有恃无恐；要么就是守城的张温又是一个常遇春式的人物，一个胆大妄为又不按套路出牌的主。

两种可能都说明，兰州绝对是块难啃的骨头，要做长远打算，于是，王保保指挥大军把兰州重重包围了起来。

镇守巩昌（今甘肃省中部一带）的鹰扬卫指挥于光见兰州被围，在没有命令之下就率所部驰援兰州。进兵至马兰滩时，与元军遭遇，援军大败，于光本人被俘。王保保让于光到阵前向兰州城喊话，告诉城中军民，援军已经被打败，放下武器投降才是唯一的出路。当于光被押到兰州城下时，他对着城上大喊："兰州城的军民们，我是怀远将军于光，不幸被鞑子俘虏。你们务必坚守城池，大将军徐达马上就会率领大军前来破敌，坚持就是胜利啊！"

于光的慷慨就义极大地激发了兰州城军民的斗志，张温带领军民在城头遥祭烈士，拔刀刺股发血誓，誓与兰州城共存亡。

其间，王保保在兰州城四面大搞土方工程，挖了好几道壕沟，用挖出来的土筑成了两座城：一座位于东关坡上，用来抵御东来增援的明军；另一座在镇远桥东北，是用来控制黄河渡口的。摆出一副活活困死城中守军的架势，他要学徐达围困庆阳的做法。这两座城后来人称"王保保城"，虽经六百多年的风沙，其遗迹至今仍依稀可辨。

在这场比拼意志和耐力的对峙中，王保保最终还是成了输家。原因有三：一是王保保阳谋阴谋全用过了，包括偷袭、强攻，葬送了无数士兵的生命也没能啃动兰州这块硬骨头；二是不知兰州城内有多少存粮，反正自己已经没有隔夜粮了；三是南京的援军已经出动。还有一条，应昌的元顺帝越来越没有安全感，多次下旨让王保保到应昌负责保卫工作。这条虽然对王保保没什么约束力，但多少也算是条理由吧。因此王保保决定撤军，撤军之前元军又搞了一次三光政策，据载："王保保入侵兰州，城中坚守，保保兵无所得而去。至是，乃纵游兵四出虏掠，民颇被其扰。"

"当世奇男子" 败走漠北

朱元璋收到兰州方面的告急文书已经是洪武二年（公元1369年）年底了，他连掐死冯老二的心都有了，可现在不是追究责任的时候，只得先把账给他记下。隔天，朱元璋召开御前会议，商讨紧急援救兰州的军事行动。

朱元璋先向大家通报了当前面临的形势，然后谈了自己的看法。他说王保保进犯兰州，无非是其身后还有个元主，只要元主存在一天，给他提供精神上的支持和马匹、兵员上的援助，他就会心存侥幸，不断地袭扰我北部边境。正所谓凡是反动的东西，你不打他就不倒，朕打算再次出师北伐，今天咱们君臣畅所欲言，大家都谈谈自己的看法！

朱皇帝的话音刚落，冯胜就首先发言，这家伙知道自己闯了大祸，虽然皇帝嘴上不说，可自己不能不有所表示。他先是自我检讨了几句，然后表明自己愿意将功补过，最后表示一切唯皇上之命是从，实质问题他半句都不敢说。

不过在这种大场面他能有这番表态，朱元璋还是很欣慰的。既然朱元璋一开始就已经定了调，众人都争着与其保持一致，纷纷发表了自己的意见，看似挺热闹，大家都"畅所欲言"，其实归纳起来就一点：王保保进犯边境，是因为鞑子皇帝还在，只要我军深入大漠直捣应昌，把鞑子皇帝给灭了，看他王保保还有什么作为！

朱元璋这时却一反常态地检讨起自己，他说："唉，朕之前以为只要元主安于天命，朕守好自己的国门，彼此就相安无事了！可如今看来，是朕过于天真了。朕几番致书元主与王保保等辈，皆泥牛入海，朕也算是仁至义尽了……不彻底解决王保保的问题，朕的西北边陲将永无宁日，只能再辛劳众将士了！既然咱们君臣意见一致，朕打算把大军兵分两路，咱们在出兵大漠的同时，首先要解决西北的问题，否则就是舍近求远，不知晓战事的轻重缓急，殊非上策也！"

朱元璋既是一言九鼎，又分析得头头是道，一个伟大战略家的言行跃然纸上，包括刘基在内的文武百官无不心服口服。朱元璋最后命令：大将军徐达率主力作为西路军，由潼关出西安直捣定西（位于今兰州东南，通称陇中），目标王保保；由左副将军李文忠率领一支偏师为东路军，出居庸关北上，深入沙漠，目标元主！

朱元璋对军中的人事安排做了细微调整：全军主帅还是右丞相兼太子少傅、信国公征虏大将军徐达，第二号人物是浙江行省平章、左副将军李文忠（此时李文忠已经脱离了徐达的节制，是一支独立的北伐之师了），捅了大娄子的都督冯胜依然为右副将军，跌到了第三位。

配给李文忠的副手是右御史大夫左副将军邓愈，不过邓愈并没有跟随李文忠出征北漠，而是随徐达去了西线；冯胜的副手则是左御史大夫汤和，军中职务为右副将军，随冯胜出征沙漠。

洪武三年（公元1370年）正月初三，经过紧急动员，明朝两路大军再次踏上征途。朱元璋在派出西征、北伐两路大军的同时，还给大同卫指挥使金朝兴、山西行都督府佥事汪兴祖下达命令，让他们对山西、河北北部的元军残部发起进攻；北平都督华云龙进攻云州，策应主力作战。不久，廖永忠从福建赶来，朱元璋把他调到了李文忠处，一块参加北伐。

李文忠一直在北平主持大局，没有回南京，因此东路军在二月率先进发，出野狐岭（今河北省张家口市万全区）。这是由漠北到中原的主要道路，也是元军第一次与金军主力较量的地方，当时蒙古人以十万对阵女真人四十万，结果蒙古人大获全胜，从此打开了灭亡金国之路。因此明朝前期，大军多选择由此出击漠北。

李文忠进至五百里外的兴和（今内蒙古自治区兴和县）时，元守将不战而降。在继续进军之时，李文忠命廖永忠直接进攻兴和西南千里之外的察罕脑儿城。元世祖曾建行宫于此，廖永忠的两万人马就形同东西两路大军之外的中路，起到了策应东、西两路人马的作用。

徐达的西路军用了近三个月才于三月底抵达定西，此时，王保保撤离兰州已经有半个月了，所以兰州能够坚守到最后，与朝廷的援军没有直接联系，是兰州城的全体军民自己救了自己。王保保的十万大军退到定西以后，在当地劫掠，等待明军到来，他已拥有一支强大的生力军，且多半是骑兵，又养足了精神。与之相反的是，徐达的部队千里行军，疲惫不堪。

徐达必须应对两大问题：首先要尽力避免进入王保保预设的圈套，其次才是如何顶住王保保的突袭，对方毕竟有先到之利，又是以逸待劳。

王保保确实找了一块好场地，只等明军到来就给予痛歼。这就是今天定西的车道岭至缑口关、平西砦、沈儿峪方圆几十里的地方。

车道岭是平凉、天水通往兰州的咽喉要道，是一条西北、东南走向的黄土山梁，长约五十里（1里＝500米），宽约六里，这道山梁的地势高于其他地方，形同一道天然屏障，易守难攻。山梁上的元军兵力可以全数展开，而来到山梁前的明军却要处于被动挨打的局面，是一块与徐达生死决战的理想之地。

王保保之前也想过要伏击明军，但考虑到徐达非常人可比，万一他不上当，或者来个将计就计，吃亏的还是自己。再者，明军的部队那么多，就算伏击成功，最多也只是歼灭他的前锋，于整个战局无多大影响。因此他将部队收缩到车道岭，抢先占领了有利地形。

王保保布置停当后，就跷着二郎腿"恭候"徐达的到来。可徐达进抵定西后，就不再向前，只派左副将军邓愈在离车道岭不远不近的地方构筑防御工事，并就此安营扎寨。他则带主力到沈儿峪一带驻扎，把王保保晾在一边。

王保保精心设计的借助有利地形给远道而来的明军致命一击的计划彻底泡汤，恼怒之下就拿邓愈所部出气，可邓愈高挂免战牌，远了不理睬他，近了就以栅寨为掩护，弓弩、火铳一齐伺候。王保保又领教了一招，徐达是用少量兵力来牵制他，给大部队争取休整时间。

王保保明白了徐达的意图后，不得不调整战术，原先的以逸待劳的构想落空，再这么等下去，就等于在让明军休养战力，并且还不知道要等到什么时候，等徐达一切准备就绪，自己会更加被动。因此，他将部队重新推前到沈儿峪，争取尽早与明军交战，不能给对方太多的时间养精蓄锐。

双方不知不觉间，主客的地位已经互换，徐达成功化解了之前所担心的两个问题，既没上王保保的圈套，又避免了以疲惫之师投入战斗的危险。

王保保之前考虑欠周，眼下也不见得聪明。当他急急忙忙命令大军推进到徐达的营地不远处时，又发现情况跟自己预想的大相径庭。徐达所构建的营寨前横亘着一条西南、东北走向的深沟，想发起突击显然不可能了。

双方只能隔沟相峙，明军处于沟的东南，元军在沟的西北。一幅颠覆人们战争观的画面出现了，作为救援兰州的明军，本应是主动攻击的一方，要不惜代价冲破敌人的阻击，赶去救援才对；而元军只需构筑好防御工事，不让对方得逞就算成功了。可徐达知道兰州之围已解，自己又有源源不断的后勤供应，他不着急了，王保保眼下却遇到了一个天大的难题——没有后勤保障，先前靠四处抢掠还能维持，可附近已经被搜刮得差不多了，再拖下去，不用别人打，自己就得饿死。因此，王保保就反过来成了主动求战的一方，徐达却深沟壁垒，等着王保保一日数次不惜冒险越沟挑战。不过王保保的挑战可不是光骂几句，或者虚晃几枪而已，而是实实在在打得相当激烈，以至于双方的主帅都分不清究竟是佯攻还是真打。

这样的战斗持续了五天，元军很有规律，早上号角一响准时出工，明军马上列阵投入战斗；傍晚一声令下收工回营，明军则出动骑兵追杀一阵后回营吃饭。双方死伤都差不多，元军依靠马踏人填，竟然在壕沟里辟出了数条供骑兵通行的道路。

到了第五天晚上，轮到明军反击了，但这种反击却有点匪夷所思。他们不是抄家伙越沟去攻击元军，而是像调皮捣蛋的小孩子般进行闹腾。

徐达按三班作业的办法，彻夜不停地在沟边敲锣打鼓，进行噪声骚扰战，好像是告诉王保保，你白天不让我好过，我晚上不让你安宁！

这种小儿科的玩意儿，竟然让元军紧张了一个晚上，当第二天例行式的战斗结束后，王保保传令：不必理会明军的夜间骚扰，任由他们闹腾去，我们塞紧耳朵睡觉，保持充足的睡眠，明天好继续作战。

这样的闹剧一连持续了三夜。双方主帅这些天所做的一切，都出于同一心理：给对方造成习惯性思维、习惯性动作，目的都是刻意麻痹对方。四月八日夜，徐达的鼓乐大军还在沟边制造习惯性思维的时候，王保保组织了一支千余人的精兵，悄悄绕道袭击了明军的东南营垒，结果竟让王保保得手。该营垒的主将是胡大海的养子——左丞胡德济。他也算是身经百战的将领，可在敌人的突然袭击下，一时间竟乱了阵脚，眼看就要溃败。徐达临危不乱带上亲兵赶了过来，大家看到主帅出现才一鼓作气将敌人打跑。

王保保自派出了夜袭队后，就密切注视徐达的中军，打算一旦明军乱起来回救后军营寨，他就挥师猛扑过去。可等了很久，既不见明军有躁动的迹象，也不见期待中的明军后营火光冲天，反而是明军的锣鼓队敲得更加起劲了。让他不得不佩服徐达带兵有方，心里哀叹这些明军真不好对付呀！

让王保保哀叹的还在后头，他这次不成功的偷袭招致了全军覆灭。原来徐达赶到后营时，是准备全歼敢于偷营的元军的，后来灵机一动：既然元军能找到小路袭击我们，我何不以其人之道还治其人之身呢？这向导不是现成的吗？遂于暗中命令网开一面，派人远远跟着溃逃的元军，做好明天夜袭的准备！

等探好了路后，徐达白天一反常态，派骑兵不断越过沟去冲击王保保的营寨。元军头天晚上就枕戈待旦了一夜，根本没合过眼，白天又要应付明军的冲击，直到傍晚才稍稍消停，可明军的锣鼓队又上班了，并且还加上了秦腔，分贝增大了好几倍，简直烦不胜烦。连王保保都觉得先睡一觉再说，明军爱怎么闹腾，就随便闹腾去吧！

王保保毕竟是一军之主，别人能像死猪一样睡，他却不能，多年的军旅生涯让他练就了睡觉都睁一只眼的习惯。才睡到三更，就听后营传来明军的号炮声，当即命人前去查看速回报！回报很快传到：不好了，明军袭击后营！

王保保侧耳一听，营前的明军还在照常制造噪声，他表现得比任何时候都镇定，这一定是徐达昨晚吃了亏，今晚报复来了，既然你徐达能处乱不惊，我就不能？因此下令各营派一半人支援后方，看好前门，其他人继续睡觉，明天还有作战任务！

命令刚下完，就听对面的明军吹响了号角，那分明是进攻的号角！王保保一激灵，意识到大事不好，徐达这是玩真的了，有了上次太原的教训，这回他把靴子放在床头，几乎是抱着睡觉。总算把靴子穿上了。可明军已像潮水般涌进了大营，他们分明早有准备，到处纵火，尤其是马棚，早已火光冲天，战马乱窜，更糟糕的是自己的很多将士还在半梦半醒之间，根本来不及抵抗就成了刀下鬼，有的干脆举手投降。

王保保的反应还是很快的，当即命令亲兵：给我顶住！他自己从后帐割开一条缝钻了出去，临走还抱上儿子、拉上老婆毛氏。可怜手下那些军官，根本听不到主帅的号令，只能像无头苍蝇一样。那些失去战马的士兵都成了待宰的羔羊，只听周围响起一片喊声：徐大将军有令，凡是扔下武器投降的一律不杀！这个时候谁还不扔掉武器投降？

明军的喊声王保保也听到了，此时的他正和妻儿同骑一匹马往车道岭走去。沈儿峪完了，可车道岭还有他的四万部队，由郯王等人率领，只要到了那里，自己还不算输得精光。

其实抄小路奇袭元军后营的骑兵并没有突入营寨，王保保不去救是对的，只是他没料到徐达会发动大军突然袭击。徐达从前营打到后营，与骑兵会合后，马上奔袭车道岭、平西砦等处。还在固守后营的元军此刻正纳闷：明军半夜就来偷袭，磨蹭到现在光咋呼却不见动手，到底唱的哪出？由于天黑敌情不明，不敢贸然出寨作战，好不容易忍到天明一看，外面全是明军，黑压压不知多少，只听他们齐声高喊：大将军有令，投降者免死！

事到如今，都明白是怎么一回事了，抵抗就是死路一条。徐达这边开打，一直与车道岭对峙的邓愈当然不会闲着，全军出动，人手一面旗帜，向车道岭四周涌去。这一景象被准备逃奔车道岭的王保保远远看在眼里。车道岭去不得了，王保保带着妻儿往北逃窜，到了黄河边上，却没有可供渡河的船只。"当世奇男子"王保保可不是浪得虚名，竟然找了根木头全家抱着漂过了黄河天险，创下的纪录至今无人能破。他不但是游泳健将，还是冬泳好手，须知黄河上游水流湍急，大西北的初春寒风刺骨啊。由此可见，他的妻儿也绝非泛泛之辈，能承受得起冰冷刺骨的黄河水。

定西一战取得了北伐以来的空前大捷：生擒元郯王、文济王及国公阎思孝、平章韩扎儿、虎林赤、严奉先、李景昌、察罕不花等官员一千八百六十五人，将校士卒及家属在内八万四千五百余人，缴获马一万五千二百八十余匹、橐驼骡驴杂畜无数。

至此，甘肃境内已无元军主力，明军分派各军攻掠各地。邓愈克河州（今临夏回族自治州），大批吐蕃部落归降，明政府依照元代旧制，将归降的部落首领分封为土司。

李文忠千里奔袭元新都

　　徐达的西征大军取得全歼王保保十万元军大捷之时，李文忠率领的北伐主力也逼近了北元上都开平。此前李文忠曾派大都督府副使孙兴祖、海宁卫指挥副使孙虎作为左右两翼向北推进，不想东边的孙虎进兵到开平东部落马河一带时，遭遇了北元太尉买驴的数万铁骑，结果，"明军全军覆没，孙虎战死"，先折一臂。接着又收到西北方向孙兴祖同样全军覆没的消息，史载孙兴祖"遇胡兵，力战皆殁于五郎口"。由于史料不全，对北伐军这两场败仗的详细经过没人能说得清楚，不过李文忠却清楚接下来该怎么办了。

　　从进兵之初的安排来看，他还是力争像舅舅那样谨慎用兵、稳步推进，可眼下不得不改变策略，因此，在距离察罕脑儿还有三天路程时，果断派出一万轻骑兵直插上都开平。

　　察罕脑儿守将为北元平章竹贞，这不是重点，重点是在位于察罕脑儿西北方向处还有一座白驼山，山上驻守着北元太尉蛮子（人名）的三万铁骑。两股元军形成掎角之势拱卫着开平，不打掉这两只"看门狗"就无法捣毁开平，所以李文忠必须以迅雷不及掩耳之势拿下察罕脑儿才能避免腹背受敌。

竹贞听说自己身后出现大量明军骑兵，而且是直奔上都而去，正在疑惑不定之时，又听侦察员报告，前方出现大批明军步骑混合部队！

竹贞曾率兵五万驻守大同，在常遇春率部进军大同时弃城而逃，不但没有受到任何处分，反而得到元顺帝的夸赞，说他为朝廷保存了实力，下旨晋升为中书平章，驻守察罕脑儿。见大军压境，他再次采用老办法——为朝廷保实力。

竹贞不敢往开平撤，那里有明军骑兵，他打算去与蛮子太尉合兵一处，因此在派人前去联络后，大军就开拔了。谁知被李文忠前后一夹，就很识时务地接受了李文忠的招降，投降就投降吧，他还要出卖自己人——带明军去白驼山抓捕蛮子。

白驼山位于察罕脑儿西北约六十里处，两座主峰几乎拔地而起，远远看去，就像一头卧着的骆驼。因其海拔较高，山上一年有近六个月的时间处于积雪状态，因此得名"白驼山"。地势本来就险恶，再加上蛮子太尉的苦心经营，把白驼山打造成了一座固若金汤的堡垒，两座主峰中间只有一条进出的通道，而且一路都是陡峭山坡，两侧还修筑了无数的防御工事，当真是一夫当关，万夫莫开！

白驼山是一个难得的屯兵的好地方，终年积雪，不愁没水。山间草场丰茂，是天然的牧场。再加上蛮子太尉从开平运来的大量粮棉，就算遭到围困，不用外援也能坚守个一年半载。

蛮子在接到竹贞要前来投奔的消息后，并不觉得有什么不妥，反倒觉得特有面子，自己的队伍大发展，在朝廷更有分量，两支部队一合并就有五万之众，五万铁骑钉在白驼山，向前可以挡住明军的进攻，向后可以切断明军的退路，明军还敢轻易进犯上都吗？上都无虞，新都（应昌）不就安稳了吗？

基于以上考虑，蛮子吩咐要搞一场隆重的欢迎仪式，欢迎竹贞率部加入白驼山，场地就定在本部中军的一个大草场。不久，蛮子听下属请示：竹贞已率部来到山下，是否允许他们列队进来？

蛮子发话：除了值班站岗人员外，全体到中军帐前草场集合，列队欢迎，着竹贞所部列队进入草场，本太尉要现场一并检阅、训话！

蛮子太尉端坐军帐中看着竹贞的部队徐徐开来，却见行军队列松松垮垮，进入这么严肃的场合，却没有表现出应有的庄重，反而扎堆似的东奔西窜，这样散漫的部队能有什么战斗力，非下大力气整顿不可！蛮子正摇头叹息之间，只见竹贞在一群亲兵的簇拥下向中军大帐走来，太不成体统！

蛮子正要开口训斥，那帮"亲兵"却已经亮出了弯刀，由先前的走变成了冲刺，幸亏蛮子太尉的中军护卫反应迅速，立即拔刀相迎，拼命保护太尉，明军智取白驼山的好戏上演了。堡垒最容易从内部攻破，这场从敌人心脏发起的战斗，结果可想而知，蛮子太尉在亲兵的拼死掩护下夺马狂奔。

主帅一逃，白驼山的战斗很快就结束了，大多数人还是"识时务"的，李文忠以极小的代价，接连搞定了两支北元铁骑，摧毁了两处军事重地，为明军深入大漠扫清障碍的同时，还筹措了充足的军需物品。

离上次攻占开平还不到一年，李文忠又再次兵临城下。此时的开平还是老样子，由北元平章尚都罕在此驻守，其实他的职责主要是守卫粮草辎重，手下虽然有两万人马，可大多为老弱残兵，毫无战斗力可言，开平的安全实际上全系于南面的察罕脑儿与白驼山。

尚都罕并非不知明军再次大举北伐，只是自恃有察罕脑儿和白驼山两道屏障，让他如同吃了定心丸。至于明军会不会故技重施，像去年一样绕道从东北方向进攻，元军方面自然是吃一堑长一智，太尉买驴早已在落马河一带严加防备。此前已有战报说，从那个方向进犯的明军孙虎部已被全歼，东部可以放心了。

可是当尚都罕听到报告说城外出现明军骑兵时还是吃惊不小，急忙一面派人往察罕脑儿及白驼山送信，一面让人务必打探清楚明军到底来了多少人。当得知明军人数不超过两千，而且是清一色的骑兵时，他不禁纳闷：没听到有关察罕脑儿与白驼山方面失守的消息啊，这些明军是从哪里冒出来的？莫非是小股明军渗透防线，或者误打误撞撞到上都来了？如今的他面临着三个选项：A主动出击；B坚守城池；C弃城走人！

对于选项A，尚都罕是万万不敢的，自己的队伍自己清楚，就那帮老弱病残还不等于是送给人家练刀法的！选项C也很快被自己否决，敌情未明，说不定真如自己判断的，只是一股流窜到这里的散兵，就这么拱手让出堆积如山的辎重粮草岂不可惜？再说了，不还有察罕脑儿与白驼山两支铁骑吗？就算明军主力来了，两支铁骑会合从后面掩杀，未必就不能打败他们！那就剩坚守城池一条路了，走一步看一步吧，等有了蛮子太尉和竹贞平章的确切消息再做打算。

尚都罕左等右等等不到蛮子和竹贞方面的回音，却等来了大明左副将军李文忠的一封亲笔信，信中劝他要认清形势，不要执迷不悟，如今天命所归，残元气数已尽……这些都没能打动尚都罕，要命的是信中告诉他，竹贞平章已经是大明的座上宾，蛮子太尉已兵败逃走，生死未卜。

可怜的尚都罕蒙了，又惊又疑地策马绕城转了一圈，见漫山遍野都是明军，只得仰天长叹："皇上啊，不要怪微臣不忠，上都军民的性命也是命啊，尚都罕只能上对不起您老人家，下对不起列祖列宗了……"

李文忠再次进占开平，北元新都应昌已经完全暴露在明军的兵锋之下，只要再努把力就能将其捣毁，可李文忠却命令全军在开平休整，这又是为什么呢？

前面已经说过，应昌虽然离开平不远，可从开平到应昌却必须穿过一片真正的沙漠地带，不但人需要适应，马也需要适应，如果不做好充分准备，人和马一旦贸然闯进去，十有八九会集体变成木乃伊。

李文忠大军在开平休整期间没有受到半点干扰，这是极不正常的，那么北元朝廷在干什么呢？原来就在李文忠忙着筹划进军应昌之际，原大元王朝皇帝、北元第一任皇帝惠宗孛儿只斤·妥欢帖木儿因病医治无效，已于公元1370年5月23日（农历四月二十八）不幸逝世，享年五十一岁。

国不可一日无君，太子爱猷识里达腊终于是"多年的媳妇熬成婆"，成了北元新一代领导人，是为元昭宗。新国君上任，就面临着权力重新分配的问题，元昭宗要组建自己的班子，那帮老臣自然就得靠边站，可有一个人例外，就是刚从定西兵败逃回来的王保保。虽然他把十万大军给败了个精光，可他永不言败的战斗精神和对元朝的忠诚是有目共睹的。因此，这对既是老朋友又是老冤家的搭档，又紧密联系在了一起。

关于元顺帝的死讯，远在南京的朱元璋比近在开平的李文忠知道得还早，朱元璋在五月初就收到元顺帝逝世的消息，还亲笔写了一篇祭文，其中有一句："今闻君殁于沙漠，朕用恻然。"而李文忠知道元顺帝去世的消息则是在进军应昌的途中，才离开开平不到两天的路程，前锋抓住了北元政府派往开平报丧的蒙古骑士，这就说明应昌方面并不知开平已经沦陷。李文忠当即丢下步兵主力，像常遇春一样，亲自率领一万精锐骑兵，风驰电掣般地直插大漠深处。

李文忠当然不是为了争分夺秒赶去参加元顺帝的追悼会的，因为从审讯中得知，那老皇帝已经死了二十多天，至于为什么到现在才发丧，不用说也是出于政治上保密的考虑，这个暂且不管，李文忠考虑的是如何利用这难得的时机，打对方一个猝不及防。

李文忠的一万铁骑在蒙古向导的指引下，在茫茫沙漠之中疾行了两天之后就遇到了北元的第一道防线，也是唯一的一道防线，李文忠没打算与对方纠缠，下达的命令只有三个字：冲过去！

元军看见远处扬起漫天黄沙，等主将下令吹号角组织兵力准备迎战之时，明军已经冲到了面前。战斗短促而又激烈，冲杀过后留下横七竖八的尸体和斑斑血迹，明军骑兵绝尘而去，北元将士恍如做梦。

元军守将稍稍从梦中惊醒后，第一反应不是回头追击敌人，或派人抄近路跑回应昌报信，而是让士兵收拾残局，装作什么都没有发生，继续坚守岗位。应该说他们都是坚守岗位的模范，一直坚守到明军大部队到来，随意地做了几个抵抗动作之后，就乖乖地当了战俘。

应昌就在眼前，李文忠指挥一万骑兵左右分开，把应昌围拢了起来。令人意想不到的是，作为北元首都的应昌，并没有想象中的重兵把守，甚至连像样的城防部队都没看见。

李文忠率先带队冲进了应昌，结果却令他大为沮丧，应昌早已人去城空，元昭宗竟然溜了。说起来，元昭宗能躲过一劫纯属偶然，新上任的他刚刚忙过一阵后，总感觉心里不踏实，这种不踏实到底来自内部还是外部，一时还理不出头绪，于是就带数十骑出城散心，当看到远处尘土飞扬、一支明军铁骑从天而降时，便带着身边仅有的数十人马成功逃离了战场。

李文忠从俘虏口中得知元昭宗漏网后，岂肯善罢甘休，当即带上精骑兵就往和林方向追，这当然是凭感觉。一直追到北庆州（今内蒙古自治区巴林右旗境内），无奈茫茫大漠一直没能找到元昭宗的踪迹，只好窝着一肚子火悻悻而返。不过他这次北伐，战果却是极其辉煌的：驱逐北元政府继续北移，俘获了元昭宗的儿子买的里八剌，还有其皇后、妃嫔、公主、宫女，北元的王公贵族、省院级高级官员等都一锅端了，"搜得宋、元玉玺，金宝玉册，镇圭、大圭、玉斧等级物，并驼马牛羊无数"。

意想不到的惊喜还在后头，李文忠领得胜之师高奏凯歌在回师途中经过兴州时，先前在锦川被打得屁滚尿流的北元将领江文清觉得跟着元昭宗没前途了，主动带领兴州三万六千多军民前来投诚；大军再到红罗山时，元将杨思祖又率部众一万六千余人主动接受收编。

　　至此，朱元璋灭元之战宣告一个段落，可大明王朝与北元之间的战争远远没有结束，只因跑了一个爱猷识里达腊，逃了一个王保保，就给大明的边境安全留下了极大的祸患，几乎伴随了大明王朝的始终。

第十一章

制度改革

统一全国过程简介

朱元璋于洪武元年（公元1368年）正月登基称帝，建立了大明朝，到洪武三年（公元1370年）六月李文忠远征北漠，迫使元朝残余势力从应昌北撤，明朝北边防御相对稳定。但是统一大业还未完成，之后又花了二十年扫平各地的割据势力，到洪武二十年（公元1387年），除漠北、新疆外，才基本完成统一全国的大业。

其中主要势力有三股：一是四川夏政权；二是云南的梁王；三是东北的纳哈出。这三股势力中有两股属元朝遗留的，还使用元朝年号，夏政权则是由原先天完政权徐寿辉的部下明玉珍所建立，明玉珍死后，由他儿子明升继位。洪武二年（公元1369年），朱元璋称帝后，需要大量营建楼堂馆所，就以宗主国的身份向明升索要产自四川的千年大树，明升自知国小力弱，不敢得罪大明，不仅照单全收，还超额完成任务。但朱元璋并不满足于此，他要把这个地方变成自家后院，因此就派平章杨璟入川，要明升顺从天命，归降大明，明升回复"研究研究"。

　　徐达、李文忠西征北伐后，消灭夏政权的议题正式提上了日程。洪武四年（公元1371年），朱元璋将灭夏的重任交给曾经在四川工作过的傅友德，让他从陆路进攻，另派汤和、廖永忠率水军从长江三峡西进。

　　夏国君臣在面对明军进攻的问题上，意见并不统一，分成主战和主降两派，明升夹于两派之间，就采取折中的办法，先抵抗，实在打不赢再作打算。说实话，就算他们齐心协力、众志成城都打不过战无不胜的明军，何况是抱着这种消极的心态打仗？结局可想而知！

　　明升被押送到南京后，朱元璋表现得很"大度"：明升还是个孩子，事情都由臣下做主，他也是受蒙蔽者，算了，朕没必要跟一个孩子过不去！随即封明升为归义侯，赐给府第。第二年，即将他与陈友谅的儿子陈理一块遣送到了高丽。

　　夏国灭亡后，朱元璋的目光很自然就投向了云南。在历史上，由于地处西南边陲的云南与中原之间山川阻隔，交通不便，客观上使其长期独立于中央王朝之外，唐有南诏、宋有大理。元世祖忽必烈西征云南后，灭大理国，建云南等处行中书省，封其孙甘剌麻为梁王，为云南的最高统治者，镇守云南，统治中心在昆明一带；在原大理国设立大理元帅府，仍由大理段氏世袭总管，以维持当地的平稳。

　　云南实际上还是处于半独立状态，因为除了这两股势力外，还有南部思普一带的许多少数民族，也就是通常说的土司地区，包括如今的贵州西部等未开化之地。就这三股势力而言，那些个土司相对安分点，只要不被侵犯太多的利益，他们就不去招惹官府。而同样是中央政府所委任的梁王和大理都元帅府的段氏则不时发生冲突，元朝退出中原后，这对争战多年的冤家才摈弃前嫌，将枪口共同对准大明朝，抱团取暖。

平定四川后，朱元璋于洪武五年（公元1372年）正月派翰林院待制王祎到昆明劝说梁王巴匝剌瓦尔密归顺，巴匝剌瓦尔密不但不听，还把使者王祎给杀了。

之后，朱元璋又两次派了代表去劝降巴匝剌瓦尔密，先是已经降明的威顺王之子伯伯，可伯伯到了昆明，就等于重新回到了家里，直接投入了梁王的怀抱。洪武八年（公元1375年）九月，朱元璋又派湖广行省参政吴云出使云南，同行的还有原梁王手下铁知院等二十多人。铁知院是在奉命前往和林时被徐达俘获的，朱元璋让他们陪同吴云一同去昆明，就是让他们现身说法规劝梁王投降，没承想铁知院是个养不熟的白眼狼，半路就将吴云给杀了。

朱元璋连吃闷棍，早就想讨伐云南了，只是碍于事情太多，又忍耐了六年。洪武十四年（公元1381年）九月，朱元璋任命傅友德为征南将军，率左副将军蓝玉、右副将军沐英，率步骑三十万出征云南。

元梁王得知明军来袭，当即紧急动员，积极联合大理段氏，双方组成联军一致对外。明军兵分两路，分别从东、北两个方向向云南逼近，北路由都督郭英、胡海洋、陈桓等率兵五万人，从四川南下趋乌撒（今贵州威宁彝族回族苗族自治县）；东路由傅友德亲率大军从广西、贵州逼近云南曲靖，该处乃云南东部门户、水陆交通要道，梁王已派平章达里麻率十万大军在此设防。

洪武十四年（公元1381年）十二月十六日，明军趁大雾进抵曲靖东北白石江。雾散天晴，达里麻看见河对岸突然冒出大批明军，大为吃惊，急忙调遣精兵强将扼守江岸。傅友德采纳沐英建议，摆出一副正面强攻的势态，却派出小股部队从下游渡江，绕到元军背后，在山谷林间摇旗呐喊，大造声势，守军见势惊恐万状。沐英乘势挥师渡江，大败守军，俘达里麻以下两万余众。明军大败梁王十余万精兵后，东路军一分为二：一部由蓝玉、沐英率领，直趋云南（今云南昆明）；一部由傅友德亲自率领挥师北向乌撒，策应北路军。梁王见败局已定，投滇池自尽，右丞观音保献城投降。

梁王败亡后，段氏仍倚仗山高水远、道路崎岖负隅顽抗。段氏在这一带的统治有着悠久历史，已得到当地民众的广泛支持，有着很强的生命力，多次遭到外敌入侵仍然能够得以保全，就连打遍天下无敌手的蒙古人也没能改变这种局面。

但明军在沐英的指挥下水陆并进，一路过关斩将，于洪武十五年（公元1382年）闰二月，攻克大理，段氏就擒。继而克鹤庆（今属云南省）、丽江（今云南省丽江市纳西族自治县）等地，至此平定云南全境。

随后沐英在此设官立卫，建立了统治机构，紧接着又与傅友德会师滇池，分道平定乌撒、东川、建昌、芒部等地，设立乌撒、毕节二卫。不久土酋杨苴等煽动纠集诸蛮二十余万进攻明军，企图将他们赶出云南，被沐英率军镇压下去，剿捕了六万多人。

云南局势稳固后，朱元璋命傅友德、蓝玉率征南大军班师回朝，留养子沐英镇守云南。此后，沐氏子孙世代承袭，经营云南近三百年，直至明朝灭亡。

明朝对辽东纳哈出用兵是在洪武二十年（公元1387年），因为朱元璋明白，和梁王比起来，纳哈出更为棘手，因此他秉承先易后难、逐个解决的一贯做法。

关于纳哈出，前面已略有介绍，太平一战被朱元璋释放后，又回到其祖籍封地辽东，担任辽阳行省左丞相。但他用事实证明自己绝非啃老族，值红巾军大举北伐时，破头潘的中路军一度打进了高丽境内。可这支强悍军队在碰上纳哈出后，却是连败数十次，最终被纳哈出悉数消灭。

元顺帝向北逃遁后，朱元璋不改初心，一如既往地派人到辽东做纳哈出的思想工作，希望能和平收复东北。纳哈出对朱元璋的招抚充耳不闻，并趁明朝无力东顾之机，扩充自己的势力，部众发展到了二十余万，形成了与明朝对抗的东北割据势力。已逃回草原老家的元顺帝忙不迭地委任他为太尉、署丞相，封为开元王，以期拉拢纳哈出为反攻中原卖力。由于从成吉思汗时代起，木华黎家族就没有保护大蒙古汗国的义务，纳哈出对元顺帝的"好意"同样置若罔闻。

此后，朱元璋用安抚与军事并重的手段，想逼迫纳哈出有朝一日能"幡然悔悟"，可纳哈出非但不悔悟，还屡屡进犯明朝边境。最辉煌的一次是洪武五年（公元1372年）冬，成功偷袭了明军设在牛家庄（今昌图镇）的军需仓库，烧毁粮草十多万石，杀死驻守该地的明军将士数千人。

洪武十九年（公元1386年），随着西南地区日渐稳定，朱元璋终于要腾出手解决让他充满期盼又恨得牙痒痒的纳哈出了。年末，朝廷征用了二十万民夫，将一百二十三万石粮草送到松亭关（今长城喜峰口北）、会州等地。

　　洪武二十年（公元1387年）正月，朱元璋命冯胜为征虏大将军，傅友德、蓝玉为副将，统兵二十万北攻纳哈出，与此同时，派出降将乃剌吾劝说纳哈出归顺。

　　冯胜率军由松亭关出长城，驻兵于大宁、宽河、会州、富峪四城。切断元中路军残部与纳哈出的联系。大军从北面包围纳哈出的老巢金山，使纳哈出完全孤立。

　　明军势如破竹，步步逼近纳哈出大本营金山。同年农历六月，纳哈出部将观童归降，冯胜大将军又遣使招抚纳哈出。当时，纳哈出的各个部族均厌恶分裂割据，向往统一。面对众叛亲离、孤立无援、明军压境的局面，纳哈出被迫派代表与冯胜谈判。

　　冯胜委派副将军蓝玉到一秃河（今伊通河）受降时，却发生了意想不到的变故：受降仪式上，为了表示诚意，蓝玉脱下衣服相赠，纳哈出不知出于何意，死活不肯接受。这时常遇春的儿子、蓝玉的外甥常茂看他那样，血气方刚地抽刀就给他一家伙，纳哈出的手臂当即血流如注，脸当场就挂不住了，命令正在接受收编的部众回去抄家伙。紧急关头，冯胜让先前投诚的观童进行调解，才消除了误会。

　　一场风波过后，盘踞辽东三十多年的纳哈出终于归顺了明朝，东北地区最终得以统一。冯胜将纳哈出所部二十余万将士全部南迁，纳哈出本人则于洪武二十一年（公元1388年）随傅友德出征云南时，不幸死于武昌的船中。

朱皇帝留下的烂尾工程

一个王朝的建立有三个要件，那就是国号、年号和定都。大明朝国号和年号都有了，可关于把首都定在哪里的问题，却颇让朱元璋感到为难，当年选择应天府为根据地，是以其作为发展王业的基地使用的，在当时是适用的。南京有长江天险，向北有两淮可发展，向南可以控制江南，经济上靠近富庶的苏杭之地。可是之前定都在南京的王朝，都是偏安江南的小王朝，存续的时间都不长，这在朱元璋心里是有阴影的。再者，在明军占领大都，宣告元朝统治退出中原后，如何对广大的北方地区进行管控也是个问题。

早在进军元大都之前，朱元璋就专程去了一趟汴梁，除了召开前线军事会议外，还有一个重要事项，那就是对北宋故都汴梁进行实地考察，看看能不能捡个现成的地方建都。

考察的结果令朱元璋大失所望，除了无险可守以外，经过多年战火的摧残，原先富庶繁荣之地现在已经沦为贫困地区，经济基础极其薄弱，原有的皇宫大院完全损毁。朱元璋遂放弃了建都汴梁的念头，但为了迷惑众人，就把汴梁定名为北京，当然少不得让人大兴土木，搞点基础性建设什么的，称应天府为南京，这时就有了南北二京"其以金陵为南京，大梁为北京，朕于春秋往来巡守"（《洪武元年八月己巳朔》）。后来，朱元璋突发奇想，何不把首都建在自己的老家临濠？把老家建成全国的政治、经济、文化中心，父老乡亲不就过好日子了吗？

　　洪武二年（公元1369年）九月，朱元璋下诏在临濠营建中都，建都事宜由左丞相李善长具体负责。可是等工程真正大规模摊开以后，问题却接踵而至，临濠这地方太穷了，当庞大的施工队伍开进这个"前江后淮，以险可恃，以水可漕"的小城时，连吃饭都成了问题。据说，整个工程大约动用了工匠九万人、军士十四万人、民工五十万人，加上南方各省、州、府、县和外地卫、所负责烧制城砖的工匠，各地采运木料、石材、供应粮草的役夫等总数达一百多万人。

　　为了扭转人烟稀少、田土荒芜的局面，朱元璋还下令迁了十四万江南富户至此。此举除了弥补临濠地区人口短缺外，更重要的原因是，东南地区之前为张士诚所占据，这里的许多人都曾为张士诚出过力，朱元璋实际上是要打击东南地区的文人和地主阶级，并规定迁居过来后就不准随便离开临濠。

　　建立首都这样的重大工程必然涉及大量的土地占用问题，政府在征用土地的过程中，不可避免存在强征强拆，再加上那些王公贵族从中倒买倒卖，当地物价飞涨是肯定的，失去土地的农民无以为生，来参加工程会战的人也苦不堪言。

　　朱元璋的初衷是要让家乡的人过上小康生活，人人有肉吃、有酒喝，吃饱喝足了才有精神头给他这皇帝老乡歌功颂德，没想到适得其反，父老乡亲比他当皇帝前还要苦。之前刘基就极力反对在临濠建都，看来这次没听他的是真错了，都怪自己一时冲动，考虑不周，落下这么个烂尾工程。朱元璋痛定思痛，毅然喊停已进行了六年的中都项目，时间是洪武八年（公元1375年）四月。

对于朱元璋突然下令中止耗费了难以计算的钱财、眼看就要大功告成的中都建设问题，历史学家众说纷纭，莫衷一是。有一种说法广为流传，说朱元璋决定立项建设中都后，曾两次亲临视察。

第一次是洪武四年（公元1371年）二月，主要是视察中都的兴建情况，也就是这一次视察后，朱元璋做出了移民中都、充实中部人口的决定。

朱元璋第二次来临濠是四年后，史书对朱元璋此次行踪有翔实的记录，他先到了滁州，畅游了琅琊山，乘兴写下了《感旧记有序》，文曰："予因督功中都，道经滁阳，乘春之景，踏青西郊。细目河山，城雉如旧……"颇有功成名就、故地重游的意思。这次临濠之行，朱元璋主要做了两件事：一是详细检查了中都的施工情况；二是祭祀了皇陵。《凤阳新书》卷五记载，朱元璋在临濠期间，就住在"皇城内兴福宫"。由此推断，当时一座崭新的都城已初具规模，眼看就要大功告成。

可谁也没有想到，朱元璋返回南京后却突然下旨停建中都。原来，他在视察宫殿时，得到了一条重要信息：工匠们由于工作繁重、又吃不饱肚子，为了发泄内心的不满，就在施工时做了手脚，手段极其恶劣，竟然在宫殿殿脊上制作、画刻一些咒符，这种东西信则有，不信则无，这不是公然谋害皇室成员吗？朱元璋勃然大怒，下令追查，虽然后来将一批参与作案的工匠就地正法，但朱元璋在感到憋屈的同时，心灵也受到了强烈的震撼，意识到元朝的统治刚刚被推翻，百姓还没有从战争中解脱，统一战争还在进行之中，此时大规模营建中都确实是个重大的失误。再联系到以李善长、胡惟庸为首的淮西勋贵的所作所为，朱元璋不得不重新审视自己所倚重的淮西勋贵和定都临濠的决策，促使他抛弃乡土观念，以壮士断腕的气魄让中都工程及时下马。中都之事就此作罢，他也从此再没有回过已经更名凤阳的老家。

朱元璋解释停建中都的理由是劳民伤财。但其中显然还有更深层的原因，他身边的勋贵功臣大多是凤阳同乡，这些人居功自傲，常有违法乱纪之事（定远侯郭英就私自役使营建中都的工匠为自己建造宅第），且在朝中结党营私、排除异己，建都凤阳后，岂不更加助长这部分人的势力？

朱元璋既已意识到了问题所在，就必然要改变自己的用人之策，由倚重淮西乡党逐步转向任用来自各地的人才。洪武十一年（公元1378年），朱元璋正式下诏，以南京为京师，多年悬而未决的定都问题才算正式告一段落。

朱元璋在称帝之初，就已经大兴土木建造南京城墙和皇宫。据说南京城建好后，朱元璋兴致勃勃地率领文臣武将登上紫金山，俯瞰南京城的气派，不无得意地问群臣："我的都城建得怎么样啊？"群臣自然都顺着他的意思，极尽溢美之词。唯独十四岁的四皇子朱棣说："紫金山上架大炮，炮炮击中紫金城。"朱元璋定睛一看，不禁冒出一身冷汗，这给朱元璋的心里又添了一块心病。

洪武二十四年（公元1391年），朱元璋派太子朱标巡视关中，颇有迁都关中之意。当时，明朝的主要威胁是来自漠北的元朝残余势力。迁都西北，是为了加强对北方地区的控制。北平之所以未予考虑，是朱元璋偏心眼，要留给最喜爱的四子朱棣做封地。朱元璋的次子秦王对此极为不满，关中是他的封地，把都城迁过去，他的封地就没了。要不是朱标替他求情，差一点就被朱元璋废掉了他的秦王。

朱标对西安和洛阳都进行了详细考察，比较两地的地形，回来后向朱元璋献上陕西地图。朱标个人比较倾向于选择西安为国都，因为西安曾经为西汉和唐朝国都，王气十足。

然而天有不测风云，朱标第二年就病死了。白发人送黑发人，年近古稀的朱元璋受到了沉重的打击，再也没有精力和心情考虑迁都的事情。朱元璋在当年年底亲自撰写的一篇《祀灶文》，表达了万般无奈的心情："朕经营天下数十年，事事按古就绪。维宫城前昂后洼，形势不称。本欲迁都，今朕年老，精力已倦，又天下初定，不欲劳民。且兴废有数，只得听天。惟愿鉴朕此心，福其子孙。"一副听天由命的样子，听起来真是异常凄凉。

一生都是赢家的朱元璋最大的憾事，莫过于太子早逝和没有解决好国都问题，并且很快就带来恶果。他死后四年，四子朱棣就轻而易举地将他的继承人惠帝朱允炆赶下了台，朱允炆本人更是下落不明。

《大明律》的制定

　　朱元璋从二十五岁参加抗元到四十一岁称帝，整整奋斗了十六年，深知政权来之不易，常常思考元朝灭亡的原因。执政之初就召集文武大臣探讨新朝的治国方针，广泛征求意见，当时还比较民主，大臣们各抒己见，畅所欲言，其中刘基提出的见解"宋元以来，宽纵日久，当使纲纪整肃，然后才能实施新政"深得朱元璋的认可，或者说是与朱元璋的思想不谋而合。

　　朱元璋很早就有了立法的意识，据载"太祖初渡江，颇有重典……命（李善长）与中丞刘基等裁定律令，颁示中外"（《明史·刑法志》）；"太祖平武昌，即议律令……十二月书成。凡为令一百四十五条，律二百八十五条"（《明史·李善长传》）。由此可见，朱元璋在渡江占据南京后，就已经着手法律的制定工作，而到了吴元年（公元1367年），立法工作显得更加迫切。这年十月，朱元璋命中书省以《唐律》为蓝本，着手制定《吴元律令》，简称《律令》，以左丞相李善长为总裁官，议律官由杨宪、刘基、陶安、徐本、范显等二十多人组成。

朱元璋就立法原则做了明确的指示："立法贵在简当，使言直理明，人人易晓。若条绪繁多，或一事而两端，可轻可重，使奸贪之吏得以簧缘为奸，则所以禁残暴者反以贼良善，非良法也。务去适中，以去烦弊。夫纲密则水无大鱼，法密则国无全民……""务求适中，以去繁弊。"《律令》内容以《唐律》为标准，经过适当增减后，共计律二百八十五条、令一百四十五条。

由此可见，此时制定的《律令》，还不是后来所说的《大明律》，而是分"律"和"令"两个互不相属的法律规范。

为了便于大众理解，朱元璋又让大理寺卿周桢等人编撰了一部《律令直解》，颁行于吴国控制的长江中下游地区。洪武元年（公元1368年），又对《律令》进行了修订和完善，朱元璋亲自进行增删。洪武六年（公元1373年），先颁布《律令宪纲》，后又命刑部尚书刘惟谦详定，篇目还是以《唐律》为准。

洪武七年（公元1374年），刑部尚书刘惟谦、翰林学士宋濂在《进明律表》中宣称大明律"篇目一准之于唐……合六百有六条，分为三十卷，或损或益，或仍其旧，务合轻重之宜"。至此方命令颁行，这就是最初的《大明律》，总计六十条，分为三十六卷。其中与老百姓生活密切相关的部分均以通俗口语形式写在《律令直解》中，其目的就是让民众能看懂，使之家喻户晓。

但是，朱元璋对法律的修订工作并没有停止，洪武二十二年（公元1389年），又命翰林院会同刑部再次修订《大明律》，将《名例律》冠于篇首。至此，几经修订的《大明律》共分三十卷，四百六十条。为了将《大明律》普及全社会，让法律意识深入人心，朱元璋不辞辛苦，于洪武十八年（公元1385年）亲自编成了《大诰》，是模仿《尚书·大诰》搞出来的一部官民犯罪案例及惩治贪官的记录，以警示官民，又称《御制大诰》，之后又连续编写了《御制大诰续编》《御制大诰三编》。

为了教育民众，让大家警钟长鸣，朱元璋要求每家每户都必备一本《大诰》，规定：家里有一本《大诰》者，犯了法可以罪减一等，如果没有，就要罪加一等。《大明律》和《大诰》共同构成了大明王朝的法律基础。

《大诰》三篇是学校的必修课程。为了鼓励人们学习《大诰》，朱元璋规定：诵读满三年，老师可以带着学生到礼部背诵《大诰》，政府根据师生背诵内容的多少给予不同的奖赏。洪武三十年（公元1397年），进京背诵《大诰》的师生有近二十万人之多。

朱元璋采取的一系列措施，无非通过律令的教育和宣传手段，使广大臣民服从封建统治。当官就老老实实上班，当农民就踏踏实实种地，读书人则学好忠孝仁义，商人贩运货物以通有无，手工生产者专心搞好技艺，以达到大明王朝的长治久安。

《大明律》虽然以《唐律》为蓝本，但在内容上，经济、军事、行政、诉讼方面的立法更为充实。在定罪判刑上，体现了"世轻世重""轻其轻罪，重其重罪"的原则，事关典礼及风俗教化等事，定罪较轻；贼盗及有关帑项钱粮等事，定罪较重；其中对谋反的惩处特别严厉，不分主犯、从犯，一律凌迟，从祖父到孙子、兄弟甚至是同居的人，只要年龄达到十六岁，都要处斩。

朱元璋亲自主持和参与制定的明朝律令，尤其是《大明律》，经过长达三十年的酝酿编制修订，到最后定型颁布天下，真可谓殚精竭虑。它是我国封建社会一部比较完善的法典，有许多自己的特色，如条目简于唐律，精神严于宋律，按六部立篇目等，同它以前历代的律相比，无论形式或内容都有新的发展，明律的内容大多为清律所沿袭，对清代产生了深刻的影响。

严刑与宽政

　　朱元璋在制定、推广、普及法律方面不遗余力，在执行法律方面也是毫不含糊。早在至正十八年（公元1358年），明军攻占了婺州时，鉴于当时粮食短缺，朱元璋就下了禁酒令。可很多地方都没有认真执行，特别是一些官员更是不把其当回事，以为只是说说而已。此时，有人撞到了枪口上，竟然不顾禁令私自酿酒。

　　带头违反禁令的人叫胡三舍，是朱元璋手下猛将兼爱将胡大海的公子。朱元璋毫不犹豫地下令将胡三舍逮捕法办，当时胡大海正带兵征战，很多人看在战功赫赫的胡将军面上，纷纷出面求情，甚至有人担心胡大海方面的反应。朱元璋回答得很干脆："宁可使大海叛我，不可使法不行！"最终还是按军法处死了胡三舍。

　　消息传开，全境震惊。从此，朱元璋所颁发的一切法令，再也没人敢儿戏。经过几个时期的整顿和建设，朱元璋所治之地逐渐趋于条理化，朱元璋和他的军队在江南的声望及影响越来越大。

　　朱元璋对于贪污腐败的惩处创历史之最，出身社会最底层的他深知百姓疾苦，对官吏盘剥百姓的行径深恶痛绝，他曾痛心疾首地对身边人说："我以前在民间时，见到州县官吏多不爱民，往往贪财好色、饮酒废事，凡民间疾苦，视之漠然，我心里恨透了，如今要立法禁，官吏凡是贪污危害百姓物，严惩不贷。"因此，在其执政期间，只要确认有贪赃枉法行为者，都要发配到北方荒漠地带充军，这可不是当初他在伽蓝佛的背后写写而已。

凡是贪污数额达到白银六十两以上者，不管涉及何人，也不管他的功劳有多大，一律斩首示众，情节严重者还要被剥皮，用稻草填充后，放到该犯曾任职的衙门前，以警示继任官员。朱元璋当政，就以这部严厉的法律为依据，并且以身作则，坚决依法治国。他的女婿、驸马都尉欧阳伦，是马皇后最小的掌上明珠安庆公主的丈夫，他仗着自己的尊贵身份，藐视国家法律，向陕西贩运私茶，结果被一个小官吏告发。本来罪不至死，可朱元璋接到举报后，异常气愤，毫不留情地将欧阳伦处死，谁求情都无济于事，包括他一直敬重的马皇后，还重赏了不畏权势的正直小官吏。汤和与朱元璋的关系应该算是很铁了，从小到大一直对朱元璋这位大哥毕恭毕敬，立下过赫赫战功，被封信国公，他的姑父仗着有汤和这座靠山，在常州大肆倒卖土地，还偷税漏税，被检举揭发后，朱元璋照样不给面子，把犯案人员全部诛杀。

朱元璋执政三十多年，亲自处理过的贪官污吏案件多得不胜枚举，其中最大的有两起：一起是空印案，另一起是郭桓案。

大明立国后规定，每到年底，地方上都要派人到户部核实各府、州、县的土地、人口、赋税等。户部在核实中如果发现某地的数字与户部所掌握的不符，那么来京送核人员就要将申报文书带回原单位更改，重新填写盖上官印后，再送来京城。由于路途遥远，又受交通条件的制约，为了更改一个数字，甚至一个小数点来回跑一趟，近的地方可能十天半个月，边远的地方可就难了，少则几个月，多则要一年。为了免去车舟之苦，那些具体办事的官吏经过分析，发现问题出在盖印那个环节上，于是有人想出绝招，多带几份加盖了公章的空白文书在身，以备随时更改、填写之用。其实这个创意从元朝就开始了。因此带空白文书到京师对账就成了一条潜规则，大家都心照不宣，只有一个人被蒙在鼓里。

这个人就是朱皇帝，洪武九年（公元1376年），朱元璋得知官吏们竟然以空白文书在京城自己的眼皮底下闭门造册，当然有理由认为所有的官员都在欺瞒自己，营私舞弊，把自己当冤大头，一怒之下把各地衙门掌管印把子的官员及用空白公文作案的长吏全部处死，与此事相关的其他人员一律打了一百棍子，发往边远地区充军。

后人对"空印案"一直存在争议，平心而论，使用空印实属不得已而为之，这是客观原因，但这一做法的确为贪污舞弊埋下了隐患，为不法之徒创造了便利。

据说，这次空印案处死者达数百人，受杖戍边的达数千人之多。为杜绝此类事件再次发生，朱元璋下诏，规定府、州、县钱粮册全部实行半印勘合行移制度，以杜绝空印旧弊。

关于郭桓案，《明史·刑法志》记载："郭桓者，户部侍郎也。帝疑北平二司官吏李彧、赵全德等与桓为奸利，自六部左右侍郎下皆死，赃七百万，词连直省诸官吏，系死者数万人。核赃所寄借遍天下，民中人之家，大抵皆破。"

该案是从朱元璋怀疑北平省左布政使李彧、提刑按察使赵全德开始的。为什么呢？这就可能涉及太子朱标了，因为协助燕王朱棣主政北平的大将军徐达去世了。此前围绕太子的士大夫集团对北平方面存有戒心，碍于明朝开国功臣徐达的面子，更确切说顾忌其势力——他毕竟是大明王朝军中第一号人物——一直隐忍不发。

徐达一死，就通过朱元璋之手，想揭开锅盖一探究竟，但并没有将矛头直接指向朱棣，而是要先拿李彧、赵全德开刀。

于是就有了御史余敏、丁廷举提交的关于户部侍郎郭桓利用职权，勾结李彧、赵全德等共同贪污、侵吞国家财产的犯罪事实，主要有如下三项：

一、私吞太平府、镇江府等府的赋税，减少朝廷税收。

二、私吞浙西的秋粮，浙西秋粮本应该上缴四百五十万石，郭桓只上缴两百多万石。

三、征收赋税时，巧立名目，征收多种水脚钱、口食钱、库子钱、神佛钱等，中饱私囊。

真是不查不知道，一查吓一跳，这还了得？朱元璋当即指示成立专案组，要一查到底！专案组组长由审刑官吴庸担任，经过吴庸等人的大力追查，又牵扯出更大范围内的社会经济问题！因此，说这个震惊当时、影响后世的贪污案是无心插柳之举也实不为过。朱元璋本意是一窥朱棣与其老丈人徐达在北平的隐私，没想到后来的事情大大出乎他的意料，也让朱棣躲过一劫。

随着调查的深入，又牵出了礼部尚书赵瑁、刑部尚书王惠迪、兵部侍郎王志、工部侍郎麦志德等人有严重经济问题。

举国轰动，依据口供，层层追查，案中案迅速蔓延，可蔓延方向并非意想中的北平省，而是首都南京附近的江浙地区。一揭盖子，一幕幕经济丑闻大白于天下！户部财政竟出现了高达两千四百余万石粮食（相当于当时一年的国家财政收入）的巨大亏空！

朱皇帝震怒了，决心在全国范围内搞一次反贪污运动，指示专案组要层层追赃，彻查到底，结果好几万人被关进监狱或被处死，被摊派到的纳税大户也跟着遭殃，受株连抄家的不计其数。经过这样一番严刑峻法，明朝初期的吏治十分清明，社会秩序得以稳定，老百姓也逐渐安定下来。

朱元璋对官吏极其严厉，但对弱势群体的老百姓却充满了爱心。立国之初，朱元璋就曾告诫手下官员："天下新定，百姓财力困乏，像新生的鸟儿和刚栽的树苗，拔不得毛，也动不得根，重要的是安养生息。"规定：农民开荒种植的，不限亩数，一律免去三年租税，无论这些田地以前是谁的，现在谁开垦就归谁所有。你原先逃荒除了身上穿的以外，一无所有了，放心，由政府提供耕牛、农具和种子，这一措施使得许多贫苦农民得到了土地，有了安身立命之本。

本着求稳、谋发展的原则，在用法律稳固自己统治的同时，朱元璋开始实行休养生息政策，解决老百姓的温饱问题。元朝时期，达官显贵蓄奴成风，有的人家奴仆竟多达数千。元末农民起义虽然解放了不少奴隶，但仍有相当多的人在战乱中沦为土豪劣绅、地主老财的奴隶。对此，朱元璋于洪武五年（公元1372年）下诏：禁止普通地主蓄养奴婢，违者杖刑一百；已经蓄养的奴婢均放为良民；因饥荒而卖身为奴的人，由政府代为赎身，许多奴隶获得了自由，解放了大量农业劳动者。与此同时，朱元璋把矛头对准了自己之前的老行业——寺庙，与此相应的还有庵堂，对这些组织的内幕他太了解了，采取的办法是控制其人数，遣散部分僧尼，迫使他们还俗，成为自食其力的农业生产者。

除此之外，朱元璋还采取组织移民、调整人口分布的办法，把农民从人口稠密之地迁移到人口凋敝、土地荒芜的地方。从洪武元年到洪武末年，朱元璋不断地迁富民到濠州、京师等地，一方面是为了打击豪族地主的势力，另一方面是为了发展濠州及京师的经济，使之与其政治地位相适应。

从洪武三年（公元1370年）开始，朱元璋就已经有组织地把山西民众迁徙到河南、河北、安徽等地。这是由于这些地区受战乱影响最大，徐达北伐灭元之时，所过之处"道路皆榛塞，人烟断绝"。有的地方"积骸成丘，居民鲜少"，因而"田多未辟，土有余利"，而山西相对受战乱影响较小，"人口众多，地狭人稠"。"问我故乡在何处，山西洪洞大槐树。祖先故居叫什么，大槐树下老鸹窝"，这是一首自明朝以来，就开始在黄河下游地区广泛流传的民谣，是山西大量移民的真实写照。

洪武三年（公元1370年）六月，迁苏州、松江、嘉兴、湖州、杭州无业农民四千多户到濠州，又徙山后民一万七千户屯北平。洪武四年，迁北平山后民三万五千多户散处各府卫，军籍者给衣粮，为民者给田地，又徙沙漠遗民三万两千户到北平屯田，置屯于大兴、宛平、良乡、固安等县。对于迁移之家，朝廷给予耕牛、种子、路费，还免去三年赋税。边区人口内迁，既是为了发展经济，也有和敌对势力争夺人力资源、巩固国防的目的。

朱元璋特别重视赈济灾民，规定凡各地闹水旱灾歉收的，减免赋税。丰年无灾伤的，也要挑选一些地瘠民贫的地方给予特别优免，灾重的地方除了免交税收之外，还由官府贷米，或者是赈米、施布、给钞。各地设有预备仓，由地方耆老经营，准备大批粮食救灾，灾伤州县，如地方官不报告的，特许耆民申诉，处地方官以死刑。洪武八年（公元1375年）正月，朱元璋命有关部门调查贫民，给予房屋衣食。洪武二十六年（公元1393年），规定地方官有权在饥荒年头，先发库存米粮赈济，事后呈报，立为永制。根据《明史·太祖本纪》记载：朱元璋在位三十一年，赏赐民间布钞数百万、米百万多石，下诏减免租赋和赈济灾民达七十多次。

一个令皇帝感到讨厌的部门

朱元璋用严刑和宽政稳固了大明江山后，开始将目光投向了体制改革方面，目的在于加强中央集权。元朝时期，设置中书省总理全国政务，也称都省，中书省就相当于朝廷的宰相府。相应地，在地方上则设立行中书省，那么行中书省就成了中书省派驻地方的分支机构，掌控一个省的军政、民政、财政和司法，职权非常大。朱元璋自己就做过韩宋政权的行中书省丞相，对其中的弊端深有体会。

洪武九年（公元1376年），朱元璋下令废除行中书省，分设承宣布政使司、提刑按察使司和都指挥使司，分管行政（包括财政）、司法和军事，三司长官地位平等，既相互独立又相互牵制，都听命于中央政府。这就不可避免地引发君权与相权之争。

朱元璋称帝建国之时，设有左、右丞相，分别由李善长和徐达二人担任。李善长主政事，徐达主管军队，是朱元璋的左膀右臂。当年李善长投奔朱元璋之时是在滁州，后来通过认真看书学习，朱元璋知道了宋太祖赵匡胤与赵普的典故后，认定李善长就是上天给自己送来的赵普，将其视同心腹。

李善长也没有辜负朱元璋的厚望，以萧何为榜样，在驾驭诸将、后勤保障等很多方面，发挥了重要作用。在和州时，有一次朱元璋亲自带兵袭击鸡笼山寨，只留下少量兵力给李善长守城，临行时嘱咐他，万一元军来袭，千万不要出击！

世上的事就那么诡异，朱元璋的担心很快"预言成真"，当元兵真的来袭时，老李为了好好露一手，设计打了一场漂亮仗，让朱元璋愈加刮目相看。吴元年（公元1367年）九月，灭张士诚后，朱元璋大封功臣，李善长论功被封为宣国公，并改官制，尚左，故李善长由右相国改称左相国，居百官之首。

洪武三年（公元1370年），徐达、李文忠北伐班师回朝，朱元璋进行了总结性的论功行赏。朱元璋按照古代"公、侯、伯、子、男"五个等级，封了六公二十八侯二伯，六公为：韩国公李善长、魏国公徐达、曹国公李文忠、宋国公冯胜、卫国公邓愈、郑国公常茂。常茂是常遇春的儿子，朱元璋念及常遇春的功绩，特许他的儿子袭封为郑国公。

李善长居六公之首，也是唯一的文职人员，其他五人都是冲锋陷阵、战功赫赫的武将。朱元璋对此解释说："善长虽无汗马功劳，然事朕久，给军食，功甚大，宜进封大国。"因而晋升太师中书左丞相，封韩国公，岁禄四千石，子孙世袭；予铁券，免二死，子免一死。李善长经这次封赏不仅获得了荣华富贵，更是达到了其仕途的最高点，真正是一人之下万人之上。

李善长位极人臣，深得朱皇帝的倚重和信任，他就容不得任何人对自己藐视，或者挑战自己的权威。放眼朝野，除了以刘基为首的浙东文士集团外，已经无人能望其项背，为此，在洪武元年（公元1368年）五月两人就有了第一次交锋。

当时朱元璋离开南京到汴梁视察，临行前将南京的事务托付给了刘基和李善长共同打理。这期间发生了"李彬案"。李彬当时是中书省都事，这家伙竟然把李善长空置的旧宅改造成一个高档娱乐场所，将从张士诚处俘获回来的娇姬美妾叫来拉拢腐蚀干部，从中进行权钱交易、卖官鬻爵。

这可算是犯到御史中丞刘基手上了，此案不管是对李善长还是对刘基，都可以睁只眼闭只眼。可李善长觉得如果不将李彬保下来，他这个大丞相面子上挂不住，权威必将大受影响，而且正好趁机试探刘基对自己的态度，于是就向刘基打了"招呼"。

刘基不但不买账，还想借机深挖下去。他不相信一个小小秘书长的李彬会胆大妄为到如此程度，可李彬一口咬定全是他一个人所为，至死没有牵扯任何人。

李善长坐不住了，只好放下身段，跑到刘基的办公室把话挑明："伯温啊，咱们同朝为官，都是给皇上办差的，得饶人处且饶人，咱淮西派与你浙东派一向是精诚团结，你老兄可不要带头破坏安定团结的大好局面啊！"

这应该是刘基第一次听到"淮西派""浙东派"的提法，他明白了，是自己不断向朱元璋推荐江浙一带的文人入朝为官，当然也包括其他地方的一些高级知识分子，让李善长认定他刘基就是浙东文士派的领袖。

事实上不管刘基承不承认，当时的文人集团，除了淮西出身的以外，都自觉不自觉地以他为核心，而刘基也有意无意地在立场上倾向于非淮西系的文人们。

刘基是什么人？整个中国历史上除了诸葛亮外，他的聪明才智无人可及。因此很从容地应对道："丞相大人言重了，我刘基不过是在你的带领下，遵照皇上的指示，按原则办事而已！"

"伯温兄，你坚持原则，秉公执法，本相我都看在眼里，非常值得肯定，可咱俩在朝中的分量大家都清楚，李彬毕竟是我的人，你就从轻发落一次，下不为例，回头本相一定严加管教！"

话说到这个份上，应该是很重的了，可刘基软硬不吃，最终还是判处李彬死刑。颜面扫地的李善长岂肯善罢甘休，等朱元璋一回到南京，他的案头上就堆满了弹劾刘基的奏章。朱元璋心里明镜似的，他知道刘基没错，但是众怒难违，尤其是自己所倚重的淮西勋贵集团。

刘基也明白自己的处境，虽然皇帝在表面上还竭力维护他，但怎么看那气氛都不对劲。恰好上天给了他和朱元璋一个台阶下——刘基的夫人不幸去世了，于是他趁机向朱元璋打报告请长假回了老家。

朱元璋批准刘基的报告后，开始意识到，随着外敌逐渐被消灭，内部的权力争斗也开始激化、明朗起来，而这还只是个开始，以李善长为首的淮西旧勋已经结成一个强大的势力同盟，这是他今后工作中需要解决的问题。

杨宪祖籍山西太原，从小就随在江南做官的父亲生活，也算是江南人士，所以在政治派别上属于浙东集团。龙凤二年（公元1356年），朱元璋占据应天府之初，杨宪与儒士夏煜、孙炎等人一同前来求职。杨宪因人长得帅，办事干练而受到器重，被朱元璋留在身边掌管文书，曾多次出使张士诚、方国珍等部，历尽危难而又矢志不渝，逐渐成为朱元璋的主要亲信之一。朱元璋分布在各地的耳目多由他掌管，也就是情报组织头子。

杨宪的确有几分歪才，廖永忠前往滁州迎接小明王之前，曾征求过他的意见，得到他的暗示后才下定决心制造水上交通事故，让小明王消失的。朱元璋准备登基前原本想让他参与筹备，无奈他从来没见过宫廷里的那套程序，对文物掌故、典章制度等方面也只是从书本上看来的。这时就不得不佩服朱元璋的远见卓识了，马上起用了之前用死囚换下的张昶，这是朱元璋身边的所有官员中，唯一接近过朝廷权力中枢的人，对宫廷礼仪那一套，就算他没亲自主持过，起码也亲眼看见过，并且张昶又学识渊博，才能不在宋濂、汪广洋、杨宪、章溢等人之下，被朱元璋任命为行中书省都事，不久升任参政。

这就让杨宪很不爽了，正好朱元璋安排他到和州去检查军马场的喂养和繁殖工作，于是杨宪就以"好朋友"的身份让张昶给他还留在元朝的家眷写封家书，说他可以代为转交。张昶不知是计，就写了一封表示思念家人的书信交给杨宪。

杨宪如获至宝，马上把书信上交到朱元璋处，作为检举揭发其"里通外国"的罪证，朱元璋一时冲动，竟下令将张昶处死，等到反应过来，张昶的脑袋已经搬了家。朱元璋嘴上不说，可心里已开始鄙视杨宪的为人，于是把他外放河南，颇有点以观后效的意思。

再后来，当北伐军打下山西后，朱元璋征询刘基谁去主政山西合适时，刘基认为杨宪是山西人，就推荐了他。谁知杨宪到了山西以后，却趁机拉帮结伙，培植自己的势力，朱元璋还打算用他，但又不能不有所警示。

揣摩朱元璋的心思是李善长工作的一部分，他恰逢其时地送上参议李饮冰、杨希圣徇私舞弊等不法行为的材料，为什么要两个人一起上报呢？这就是高明之处了，单送一个杨希圣太过明显，两个一起送就属正常工作职责。朱元璋早就想修理一下杨希圣了，也是基于某种原因不好明说，接到报告后，当即指示在两个浑蛋的脸上做点记号，俗称黥面，就是在人的脸上刺上字，再涂上墨水，一辈子也洗不掉。

杨宪是朱元璋手下的特务头子，李善长推测他不知向主子告了自己多少黑状，他要借机报复一下，觉得还不解气："陛下，是不是量刑过轻了，我朝创建伊始，若不加以重罚，恐怕起不到警示作用！"

朱元璋不耐烦了，挥了挥手道："好了，这种小事就别烦朕了，你们中书省看着办吧！"

这就好办了，中书省不就是他李善长一个人说了算吗？处理的结果是，李饮冰先是黥面，后被割去双乳，羞愤而亡；杨希圣则被生生割掉鼻子，五官不全地被下放到了淮安。

原来，朱元璋与杨希圣之间还有一段争风吃醋的小插曲。朱元璋听说熊宣使有个漂亮的妹妹，就想收编到自己的后宫。员外郎张来硕劝说："陛下，熊氏女已经许配人家了，未婚夫就是参议杨希圣，要是明娶会让人笑话的！"朱元璋一听就火了，命侍卫用刀把张来硕的牙齿敲了下来，叫你多嘴！

朱元璋更气的是，杨希圣并未揣度圣意，成全了自己，要知道世上最美的人不是西施、杨贵妃，而是想要又得不到的女子。朱元璋就把账记到了杨希圣的身上，后来杨希圣也不敢娶熊氏。

杨宪听说弟弟的不幸遭遇后，丢下工作赶紧跑回南京主动向朱元璋认罪，他不敢对朱元璋有半点不满，却对李善长恨之入骨。

面对日渐跋扈的淮西集团，朱元璋感到不宜令李善长一人主宰中枢，就打算再次起用对自己还算忠心的杨宪。朱元璋本身就是权力欲极强的人，当然明白权力倾轧是不可避免的，越有野心的人越渴望权力，而那些没有野心的人，又缺乏能力。因此，既要用有野心的人来为自己办事，又要防止和抑制他们的权力过大，中间就是他如何来把握这个度的问题了。

洪武二年（公元1369年）九月，朱元璋将杨宪调回南京出任中书省右丞一职，算是给李善长配了一个副手。朱元璋此举大家都心知肚明，表面上是为了安抚杨宪，实则是要在中书省安一枚棋子，用以掣肘李善长的相权，就看接下来各方如何应对了。

第十二章

惊心动魄的权力斗争

特务头子杨宪

　　杨宪重新回到中央工作后，更加目中无人了，谁都忌惮他三分，如今又迁中书省左丞，他就更加神气活现，视同僚如草芥。他既然一心要与李善长抗衡，就势必要拿出浑身解数，向上拼命巴结好皇帝，手段无非是通过手下的爪牙如高见贤、夏煜等人四处打听，一天到晚忙着检举揭发别人，并且创造性地把风闻之事加以汇总整理——报告给皇帝。以至于朱元璋常称赞他们"执法不阿"，对自己忠心耿耿，并扬扬得意地说："有此数人，譬如恶犬则人怕。"因此，很多人，包括位极人臣的李善长都惧怕他们。

　　凡事都有两面，有人害怕杨宪，有人则从中看到了机会。杨宪在中书省则采取排斥异己、任用亲信的做法，将原先的旧吏全部边缘化，取而代之的是自己圈子里的人，很快就拉拢了一大批趋炎附势之人。为了区分阵营，他别出心裁地效仿唐宋帝王的做法，制作了一个类似现代人签名的叫"花押"的玩意儿，刻上"一统山河"四字。

　　杨宪就以他的花押作为区分敌友的试金石，拿给僚属们看，凡是能对他的花押大加赞赏，并能就此说出一番让人鸡皮疙瘩掉满一地话的人，就是自己人，就能得到提拔和重用，否则统统靠边站，颇有点"指鹿为马"的意思。

有一个叫陈樫的翰林院编修听说此事后，特地跑到杨宪的家里，说是要观赏一下杨丞相的宝贝花押。不用说，这是主动向自己靠拢的，看不看已经无关紧要，可杨宪还是命人拿出花押，走了个程序。

陈樫的表现让杨宪十分满意，杨宪拍着他的肩膀说："陈编修啊，你要求进步，这很好嘛，以你的才干，做个编修太屈才了，我要增加你肩上的担子，能者多劳嘛，是人才就该充分发挥自己的才干！"几天后，陈樫即升任翰林待制。

一段时间以来，朱皇帝不断接到地方暴乱的奏章。他本身就是靠造反起家的，自然对此万分警觉。除了指示各地方政府严加防范，协同驻军严加镇压以外，朱皇帝对中书省和官僚集团的不满又提升了几个档次。

朱元璋不傻，他当然清楚老百姓反抗除了由于朝廷用兵过多，导致老百姓负担过重以外，主要原因还是老百姓对地方政府不满，这就说明自己制定的一系列方针政策，尤其是关系民生民计的优惠政策未很好地贯彻和实施，甚至还可能存在新生的贵族及地方官僚盘剥、欺压百姓的现象，从而激化了社会矛盾。

另外，朱元璋更加清楚，有些人起来闹事也并非受到什么盘剥和欺压，而是对自己能登上至高无上的皇位不服。细想起来，自己出身社会最底层，没有任何背景，一个游方的和尚靠两手起家，很容易让人不服。即使拥有如今的地位，自己的出身、学历、口碑等都不足与人道，天下动荡了那么久，民心不稳，很容易被那些不安分的人利用，这不但要引起自己的高度警惕，还要做到警钟长鸣。

这天，朱元璋把杨宪找来发泄了自己的不满，说道："好不容易推翻元朝建立新政权，这屁股还没坐热，就民乱四起，倭寇又来袭扰，让朕寝食难安，头疼不已……你说，你们中书省是干什么吃的？"

听闻此言，杨宪心中暗喜，意识到这正是自己等待多时的良机，于是满脸委屈地回答："回陛下，臣罪该万死，辜负了陛下的厚望，中书省的工作由李相全面主持，李相又是工作极端负责的人，事无巨细一把抓，臣是心有余而力不足啊，望陛下见谅！"先是承认错误，再明夸暗贬地把责任推给李善长，等皇帝的下一步表态。

朱元璋很不满地对他说："朕让你到中书省协助善长工作，就是看中你的能力，看你敢于坚持原则才让你去嘛，你要起到应有的作用，担负起职责，该坚持原则的地方就要坚持，该据理力争的就不要让步！"

杨宪仿佛有万般的无奈和委屈，说道："陛下的旨意臣不敢不遵，只是您有所不知，中书省由李相一手把持，说好听的，他是鞠躬尽瘁，说不好听的，他是独断专行，搞一言堂，臣实在插不上嘴啊！"

朱元璋听了杨宪的苦衷，不置可否地说："善长跟随朕兢兢业业十几年，如今上了年纪，精力也不如从前了，你们可要多担待着点啊，做好自己分内的事情就是了！"

不久又有匿名信呈到朱元璋手上，状告李善长"柔奸隐匿，尸位素餐"。李善长党羽尚书郎某被人揭发放肆为奸、贪污受贿等不法行为，被朱皇帝下令处死。在郎尚书案的处理过程中，朱元璋发现其之所以有恃无恐，完全是倚仗李善长的势力，从而又增加了对李善长的不满。

杨宪眼见火候已差不多了，就串通检校凌说、高见贤、夏煜等人一同去见朱皇帝，提了不少关于李善长的问题，说是在李善长缺席情况下的一场批斗会也不为过，主题只有一个："李善长无大才，不堪为相。"

朱元璋虽然对李善长不满，但对杨宪等人今天的表现更不满，李善长这个丞相是我任命的，按你们的说法，是我的眼光有问题，用人不当？这不是打我脸吗？但朱元璋没有发作，只是对他们说："善长就算没有当宰相的才能，但跟朕是同里，自朕起兵以来，就跟朕出生入死，历尽艰难，勤劳簿书，功劳大了去。如今朕既然当家做主，当然要用功勋旧臣，善长就代表朕，这样的话今后就不要说了。"

杨宪碰了一鼻子灰，不过他知道心急吃不了热豆腐，谣言传得多了就有人把它当真理，更何况所说的并非谣言。李善长家整天门庭若市、高朋满座的，难道皇帝会真的无动于衷？

政治斗争是很残酷的，官场上的事是很微妙的。杨宪等人的一举一动自然逃不过淮西集团的眼睛，既然杨宪已经亮剑，淮西集团当然要接招。这时有一个人挺身而出，此人名叫胡惟庸，现任的职务为中书省参知政事。

胡惟庸是李善长的定远老乡，早在龙凤元年（公元1355年）朱元璋在和州之时就投奔了朱元璋，被授为元帅府奏差。随着朱元璋的事业不断做大做强，胡惟庸也凭借自己的精明强干，历任宁国主簿、知县、吉安通判、湖广佥事等。吴元年，胡惟庸时来运转，被召为太常少卿，继而晋本寺卿。不过很多人私下里议论，说他贿赂了李善长二百两黄金才走到今天，果然不久又擢升为中书省参知政事。

这天，胡惟庸匆匆来到李善长的丞相府，一进门就说："恩相啊，最近风头不对啊，您可要当机立断！一旦让姓杨那小子阴谋得逞，咱们这帮人都没有好日子过了！"

李善长正为杨宪上蹿下跳发愁呢，见有人主动向自己靠拢，心里开朗了很多，不过一个领导的尊严还是要保持的，就安慰他说："胡老弟多虑了，只要当今皇帝还姓朱，他不用咱们淮西人，还依靠谁，他又信得过谁？"

胡惟庸不无担心地说道："话虽如此，卑职还是要提醒恩相，您没看出来吗，姓朱的把姓杨那小子安插到中书省，其用意不是明摆着吗？如果不是事出有因，姓杨的会无缘无故地如此张狂？"毕竟是自己人，胡惟庸说话也放肆起来，敢称"姓朱的"，这可是掉脑袋的事。

廖永忠与杨宪搅到一块的事，李善长早已知晓，因为前者每次从前线回来都会跑到后者的家里待上几个时辰，只听他对胡惟庸说："永忠那个小子怎么跟姓杨的搅到一块了？他这是胳膊肘往外拐啊，不过估计他只是一时犯浑，不足为虑……倒是皇上，近期对我是诸多不满，这我心里有数，我在这个位置不会待太久了！只是我离开之后，由谁继任才是关键所在，这个问题一直令我寝食难安啊！"

胡惟庸的马屁跟着就来，他说："恩相您可是我朝的中流砥柱啊，您为朱家王朝所做的贡献谁人不知，谁人不晓？皇帝离不开您，我们淮西人更离不开您啊！依卑职看皇帝是拿您当自己人才对您特别严苛，就您这身子骨，再干他个十年二十年也不在话下！"

"现在就咱俩，就甭来这套了，我跟你说正事呢！我也土埋到半截的人了，干了半辈子，也该歇歇、享享清福了，我考虑离开之后，这副担子可要交给老弟你了，希望你……"

尽管这是胡惟庸梦寐以求的事情，可没想到幸福来得这么突然，一副受宠若惊的样子，道："卑职何德何能，敢受恩相如此重托……"

李善长不想跟他玩虚的，说："说你能你就能，眼下有资格担任这一职务的人选就那么几个，你老弟算一个。而真正对你构成威胁的，也不过那姓杨的一人而已，只有想办法将他弄走，才能确保无虞啊！"

接着两人就如何对付杨宪嘀嘀咕咕地密谋起来，直到后半夜，胡惟庸才踌躇满志地离开了相府。

丞相人选风波

　　朱元璋对李善长的猜忌之心日益严重，光是淮西贵勋们有事没事总往他的相府跑这一条就让他难以容忍。随着李善长与杨宪之间矛盾的公开和日趋激烈，在保李还是保杨的问题上，朱元璋觉得应该尽快做决断了。因此，他找来已被加授为弘文馆学士的刘基，在他的心目中，刘基是丞相的不二人选，他为人公平正直，唯一的问题是国家还未统一，他朱元璋还要用淮西那帮武将冲锋陷阵，怕刘基驾驭不了他们，他要征求一下刘基本人的意见。

　　君臣见面后，免不了先聊一会儿其他话题，之后朱元璋直奔主题道："老先生，李善长的精力大不如从前，他为朕操劳了十几年，朕不忍心看着他太累，想让他回老家享享清福，你觉得谁接替丞相一职最合适？"

　　刘基虽然对老李不满，也觉得其能力有限，可人家老李毕竟有优势：淮西集团都听他的，尤其是那些战功赫赫的将领，他们中绝大多数人又都在朝中挂有职务，徐达就是右丞相，换其他人上来恐怕很难镇得住这帮武将。

刘基就事论事地说道："陛下，李相是功勋老臣，能够协调诸将关系，请陛下慎重！"

"跟老先生交个底吧，朕是经过慎重考虑才找先生商量的！"

既然皇帝主意已定，刘基只好打了个比方道："换丞相就好比换柱子，必须用大木头才行。如果用小木头，房子会塌的。"

朱元璋说："先生说得朕自然明白，你觉得杨宪怎么样？"

杨宪也算是刘基的半个门生，他也一直在拉拢刘基，对刘基相当客气，可刘基是个大公无私的人，并不因此说违心话："杨宪此人虽有相才，却没有相器，不适合做宰相。"

朱元璋知道，由于工作使然，杨宪得罪的人多了去，在朝中素有恶名，听刘基如此一说，只得将其排除，又问："那你觉得汪广洋如何？"

汪广洋是高邮人，既不属于淮西集团，也不属于浙东集团，但与浙东集团走得近些。至正十五年（公元1355年）朱元璋渡江，攻下采石矶，召为元帅府令史、江南行省提控，后又任都谏官，并相继调升为行省都事、中书省右司郎中。他在山东任参政时，以廉明持重赢得一致好评，后又调任陕西参政。前阵子李善长请了病假，朱元璋便召回汪广洋做了中书省左丞，代理李善长处理军国大事。

朱元璋看中的是汪广洋的老实劲，可在刘基眼里汪只是个碌碌无为、一心只想保住官位、不敢向上直言进谏、一味敷衍了事之徒。因此刘基以不容置疑的口吻加以否定道："不可，此人比杨宪还要偏颇浅薄！"

这点跟朱元璋的看法一致，朱元璋也清楚汪广洋是个什么样的人，他已经是退而求其次的选择了。淮西集团最近又窜出一个胡惟庸，俨然已成了该集团的第二号人物，朱元璋对此人的精明强干还是颇感兴趣的，不得不高看他一眼，又问："那胡惟庸又如何？"

刘基沉默了好一会儿才说了句晦涩的话："譬之驾，惧其偾辕也。"意思是说胡惟庸虽然精明强干，但此人秉性不纯，就好比驾车，弄不好会把车开到沟里去。

朱元璋并不以为然，心想我要是连一个胡惟庸都驾驭不了，能有今天吗？你刘基说这话是什么意思，你是说我朱元璋无能？于是语中带刺地说："看来朕的宰相之位，非先生莫属了！"

刘基开始冒汗了，赶忙叩首道："臣疾恶太甚，又不耐繁剧，为之且孤上恩。天下何患无才，惟明主悉心求之，目前诸人诚未见其可也。"意思是我这个人眼里容不得沙子，又没有耐心去处理繁杂事务，天下有的是人才，只要陛下悉心访求，肯定会有合适的人选。眼下这几个人真的不适合做丞相。

刘基说的也是实情，他加入大明集团以来，真没干过什么实质性工作，大多是在耍嘴皮子，因此朱元璋给了他个"诚意伯"，食禄二百四十石，比李善长的四千石可是天壤之别，朱元璋完全是按"多劳多得"的原则分配的，没毛病。

朱元璋虽然说会好好考虑刘基的意见，但内心并不认可他的观点，还是打算按自己的既定方针办，实践出真知，是真理是谬论留待实践来检验吧！

之后，朱元璋在自己选定的三个人身上狠狠地"实践"了一遍，他一边安慰李善长，身体是革命的本钱，既然身体有恙该住院住院，该休养休养；一边对中书省的人事做了调整，由汪广洋任左丞，杨宪为右丞。

朱元璋的这次人事调整，让已经膨胀起来的杨宪极为不满。杨宪的资历和官品一直都比汪广洋高，如今汪广洋却超越了自己，他一下子搞不明白朱皇帝的意思，竟然猜测皇帝是要给李善长一个面子，因为若由自己主政，必定加重李的病情。

而汪广洋的表现令朱元璋有点失望，他在地方上的政绩没得说，可一到中央却判若两人，上任左丞一职后更是无所作为，大事小事任由杨宪处理。可杨宪还是觉得他碍眼，决心将他挤走。

尽管汪广洋平日里谨小慎微，可人无完人，要真想捏造他几条罪名也并非难事，别忘了他杨宪是干哪行的。

很快，侍御史刘炳等人就出面弹劾汪广洋，说他谄媚将帅，曾经给一批将帅的亲属安排了官职；另外一条是"奉母无状"，原来汪母去世时，汪广洋本着从简的原则，简单操办了丧事。这与朱皇帝标榜的"以孝治天下"格格不入，证据确实充分，汪广洋也供认不讳，朱元璋不好祖护，一纸免职书，让他回家反省。可是杨宪并不打算就此放过汪广洋，他要"追穷寇"，于是，唆使刘炳奏请加大处理的力度，要将汪广洋发配到当时的蛮荒之地海南。

随后杨宪更是赤膊上阵，说："陛下，汪广洋多行不义，罪在不赦，应该将其当作典型，明正法典才能警醒后人！"

朱元璋之前就怀疑是杨宪在背后搞鬼，如今他自己浮出水面，马上就反感起来，但他不想过早暴露自己的意图，只是说道："汪广洋跟随朕很久了，没有功劳也有苦劳，就让他回家颐养天年去吧！"

虽然没能如愿以偿地将汪广洋置于死地，但把他挤出中书省的小目标还是达到了，这让杨宪的野心更加膨胀起来。

刑部侍郎左安善一向瞧不上杨宪，马上又受刘炳的弹劾，罪名是其执法不公、冤枉好人，人为制造冤假错案。

就在杨宪扬扬得意、大肆扩大打击面的时候，以李善长为首的淮西党，终于出手了，他们上书弹劾杨宪"排陷大臣，放肆为奸"，一时引起朱元璋的高度重视。刘炳随后被隔离审查，按说此案应该由既非淮西党又非浙东党的第三方审理才是，可刘炳却落到了胡惟庸的手里，胡惟庸略施手段就让刘炳乖乖就范，为求自保，刘炳不但全部招供，还迅速改换了门庭。

杨宪的好日子终于到头了，除了刘炳的供词外，检举揭发杨宪的材料像雪片一样飞到朱元璋的案头，令所有人都没想到的是，刘基这时却成为压倒杨宪的最后一根稻草。

刘基为什么要踩杨宪一脚呢？有人说他是为证明之前的预言，其实最主要的原因应该是看不惯杨宪小人得志的做派，才乘机揭发了杨宪种种阴谋和不法行为，尤其是拿张昶一案说事。朱元璋明白这是墙倒众人推，纵然有心想保这个"恶犬"也不可能了，所谓众怒难犯，只好丢车保帅，将杨宪等人收押，交由群臣共同审议。

如此一来，杨宪与刘炳想不死都难了，一是人们历来都有痛打落水狗的习惯；二是人们对专门打小报告之人深恶痛绝，所以群臣的态度基本一致：杨宪等人不死不足以平民愤！朱元璋此时还想放杨宪一马，杨宪的直接后台就是他朱皇帝啊。无奈杨宪干的缺德事太多，把人都得罪光了，要求杀他的呼声是一浪高过一浪，朱元璋无奈之下只得签署了处死杨宪的手令，时间是洪武三年（公元1370年）七月。

为了平息众怒，朱元璋干脆将杨宪的党羽凌说、高见贤、夏煜等人一块除掉，反正杀一个是杀，杀两个也是杀，这些人可都是他的鹰犬啊，可见朱元璋为了达到目的，不但要杀敌人，杀起自己人来连眉头也不皱一下，哪怕他们之前对自己死心塌地、忠心耿耿。

杨宪一死，失去制衡的淮西集团更加有恃无恐，势力比之前有过之而无不及。朱元璋只好召回汪广洋，试图抑制淮西集团的势头，并准备起用他为丞相。

洪武四年（公元1371年）正月，被朱元璋冷落了很久的李善长识趣地打了一份退休报告，对于他的"开窍"，朱元璋还是给予肯定的。李善长离开后，朱元璋迅速调整汪广洋的岗位，但没有一步到位，而是让他出任中书省右丞相，胡惟庸则被提拔为中书左丞。

刘伯温之死

李善长虽然离开了岗位，但他在朝堂上的影响力丝毫没有减退，各个部门的头头脑脑大多是他的老部下，人事关系盘根错节。主政中书省的汪广洋，工作根本开展不起来，处处受制。胡惟庸作为淮西集团新的代言人，根本不把汪广洋放在眼里，各部门有事也直接找他。因此，中书省的好多事情，胡惟庸自己就拍板做决定，高兴了或者是无关紧要的小事最多也只是向汪右丞相口头"汇报"一声。

汪广洋见自己成了摆设，又不敢得罪淮西派，就干脆睁只眼闭只眼，得过且过，对中书省的事务概不过问，任由胡惟庸处置。这样一来，胡惟庸高兴了，朱元璋却恼火了，这家伙看来真是扶不上墙啊，先前让他压制杨宪，自己反倒被逐出京城；让他主持政务，又拱手将权力让给了胡惟庸。

洪武六年（公元1373年）正月，朱元璋实在忍受不了汪广洋的不作为，遂以"无所建白"为由免去其右丞相的职务，将他打发到广东行省当参政。左丞胡惟庸就名正言顺地将中书省的全部工作，确切地说应该是将权力抓到了手里，七月，即升为中书右丞相，顶替了汪广洋。

汪广洋以为这回离开权力旋涡，可以过逍遥自在的日子了，可朱元璋偏不让他逍遥。仅过了一年，朱皇帝就又想起了汪广洋的种种好处，觉得他政治上可靠，还是个可用之人，准备再给他一次机会，于是再次下诏将其召回京城，出任左御史大夫一职。汪广洋性情懦弱，处处明哲保身，朱皇帝不知出于什么考虑，竟然让他担任这一职务。

在此期间，胡惟庸与李善长走得更近了，双方为了表明心迹，干脆来了一场政治联姻，以包办婚姻的手段，让李善长的侄子李佑娶胡惟庸的侄女为妻，胡、李两家就变成自己人了。既然是一家人，资源同享也是应该的，胡惟庸支使起李善长的旧部来也更加得心应手。

李善长人虽然离开京城，但他对权力和财富的欲望并没有丝毫减弱。朱皇帝也明白他的心思，为了安抚他那颗不甘寂寞的心，在营建中都的工程开工后，命他督建临濠宫殿，既给他了份活干，又让他从中捞点好处。

到了洪武七年（公元1374年），朱元璋念及他的功劳，又破格提拔他的弟弟李存义为太仆丞，李存义的两个儿子李伸、李佑担任府州官员。

第二年，长女临安公主成年后，朱元璋又将她下嫁给李善长的儿子李祺，封李祺为驸马都尉。在准备操办喜事时，他通知李善长可以进京主持儿子的婚礼，当年的丞相又成了皇帝的亲家翁，"光宠赫奕，时人艳羡"。然而就在李家父子被幸福冲昏脑袋之际，汪广洋终于醒悟该干点事了，不然实在对不起那份丰厚的薪水。他联合御史大夫陈宁上疏，将矛头直接指向了李善长父子，指责他们："善长狃宠自恣，陛下病不视朝将近十天，也不来问候。驸马都尉李祺六日不上朝，宣至殿前又不谢罪，大不敬，请付有司议处。"

朱皇帝太需要这样的奏疏了，心里还欣慰这个汪广洋终于开窍了，于是马上下令削减李善长岁禄一千八百石。这竟然是汪广洋这个左御史大夫在任上唯一一次弹劾他人的奏章。而汪广洋放着任上丞相胡惟庸的结党营私、专横跋扈等种种行为视而不见，却针对一个"因病"卸任的前丞相，可见也只是为了表示一下姿态，仅此而已。

平心而论，胡惟庸此人谋略和才干兼备，在开始借助李善长势力之初，还谨小慎微、尽职尽责地把中书省的工作处理得有条不紊，各项工作干得有声有色，得到朱元璋的认可。洪武十年（公元1377年）九月，朱元璋升胡惟庸为左丞相，把空缺了数年的丞相之位给填上了，同时把汪广洋调来任右丞相，把他们之间的位置掉了个个儿，以期达到制衡目的，改变胡惟庸一人独相的局面。

此时的政治气候较之前更糟，完全是淮人的天下，被逼上马的汪广洋干脆以酒精麻醉自己，醒了就写几首歪诗自娱自乐，事事调和，随波逐流，根本没有起到应有的牵制作用。朱元璋曾多次找他谈话，但汪广洋当面点头，唯唯诺诺，过后依然我行我素，让朱元璋极为失望。

胡惟庸经过多年的历练终于迎来了人生的顶峰，成为一人之下万人之上的头号官员。像所有的腐败分子一样，身居高位的胡惟庸，慢慢滋生出官僚主义、享乐主义思想。更重要的是他想不腐败都不行，想升官的、想发财的，或者出于各种需要的，都一个劲儿地给他送钱、送物，不收就是不给对方面子，盛情难却之下，胡惟庸是来者不拒，而作为回报，只好在干部的选拔、任命、调动上帮他们一把。钱收得多了，胡惟庸也感到麻木了，唯一能让他兴奋的是玩弄权术。朝廷规定，各部和地方上报的文件、材料，先由中书省取阅后再呈报给皇帝。因此，在众多材料中，凡对自己有利的，就上报让皇帝知道；对自己不利的，则到此为止，扣压不发；其他的看着办，"生杀黜陟，或不奏径行"。这是跳过朱元璋直接决定生杀废黜大事，是在挑战天子的权威！

如果说挑战皇帝的权威还有所顾忌，干得有点胆战心惊，那么胡惟庸针对下一个要对付的人就完全是为所欲为了，而他所要对付的这个人当然不是那些小鱼小虾，那实在提不起他的兴趣，他要将矛头指向浙东集团的精神领袖刘基。

后人将刘基与诸葛亮相提并论，这显然是抬举了刘基，光看诸葛亮在蜀汉的地位就让刘基望尘莫及。但有一条，他知道朱元璋坐稳天下后，是会卸磨杀驴的，因此，在李善长致仕以后，他也回家养老了。可终究还是放不下对权力的欲望，时不时地向皇帝提点建议，刷刷存在感，事实上这也是刘基唯一能与朝廷沟通的渠道了。李善长拥有大批亲信，足不出户都能源源不断得到有关朝廷的信息，刘基除了与皇帝关系亲密外，再也没有外援了。所以刘基虽然表面声称隐居山林，可实际上他并非不问政事。朱元璋有时也通过书信向刘基征求意见，刘基不仅给予明确的答复，还通过其长子刘琏，绕过中书省直接向皇帝上书，继续维持着密切的君臣关系。

这一切都没能逃过胡惟庸的耳目，胡惟庸要做的就是收集材料，给予刘基致命一击，并很快就让他找到了机会。原来，在浙江与福建交界处有一条狭长的地域叫谈洋，该地区是盐贩、盗贼聚集的地方，方国珍便是从这起兵反叛的。刘基上书朱皇帝，建议在该地设巡检司对其进行有效管理，然而真正实施起来却遭到当地民众的阻挠，原因当然是涉及搬迁问题，引发了矛盾。

胡惟庸马上抓住此事大做文章，指使心腹刑部尚书吴云弹劾刘基图谋不轨，说是刘基已看出谈洋踞山临海，有王者之气，他想霸占这块地方建造刘家的墓地，遭到当地百姓的反对后，假借设立巡检司的办法驱逐百姓，才导致该地区形势恶化的。

王气这东西看不见、摸不着，胡惟庸把刘基精通风水的特长与群众的抵触情绪巧妙地结合起来，既让朱元璋深信不疑，又让刘基百口难辩。

朱元璋对刘基彻底失望了，想不到他表面对自己忠贞不渝，背后竟然包藏祸心，把希望寄托在子孙后代身上，一气之下将他那少得可怜的二百四十石俸禄也取消了。刘基被吓得连夜跑到南京，想当面向皇帝谢罪陈情，但朱元璋又全然不过问此事，刘基既辩白不成，就干脆留在南京不敢再离开皇帝的视线，让别人有机可乘。之前当他听到胡惟庸升任左丞相后，知道要坏事，曾忧愤地说道："使我言不验，苍生之福也。"如今预言成真，他只能通过这样的方式以求自保。

刘基在南京没几个月，忧愤加郁闷使他很快被疾病击倒。朱元璋派胡惟庸带上御医前去探视，从表面看规格很高，其实暗藏杀机，据说刘基吃了御医所开的药后，就感到有拳头大小的硬物堵塞在胸口。刘基强撑病体，找机会向朱元璋反映了自己的遭遇。朱元璋除了口头安慰让他安心养病外，并没有其他实质性的行动。三个月后，刘基的病情更加恶化。朱元璋此时才派人前去问候刘基，在得知其已不能起床，时日无多后，又特批他乘坐传送公文的船返回青田老家。刘基到家不久就与世长辞，享年六十五岁，时间为洪武八年（公元1375年）三月。

胡惟庸的毁灭

刘基之死与其说让淮西集团的李善长、胡惟庸等人快意恩仇，出了一口气，不如说让朱元璋也卸下了一块压在心中的石头。虽然这么多年他认为刘基提出的意见都很中肯，但这其实是一把双刃剑，一旦其心生出异志，将贻害无穷。因此，刘基之死未必不是件好事，从此不必再顾忌他而投入新的整顿工作中去。

此时，权倾一时的胡惟庸风光无限。胡惟庸在定远老家的一口水井突然冒出了石笋，高出水面数尺，一些阿谀奉承之辈借机大肆吹捧，说是天降祥瑞，更有别有用心之人说看到胡惟庸祖坟在黑夜里发光，是大富大贵的征兆，把胡惟庸吹捧得浑身舒坦，几乎找不着北了，进而以为真的是那么回事。

这些人的一举一动都逃不过朱皇帝的火眼金睛，眼看着胡惟庸的权势越来越大，围在他身边的人越来越多，朱元璋准备把绳索慢慢收紧了。胡惟庸一手遮天的权臣之路眼看就要到头了，而沉溺其中的他却还浑然不知。

洪武十年（公元1377年）六月，朱元璋召集群臣，发表了重要讲话，抱怨自己的视听不灵，他说："凡是清明的朝廷，都是上下相通，耳目相连；凡是昏暗的朝廷，都是上下隔绝，聪明内蔽。国家能否大治，其实和这点有很大的关系。我经常担心下情不能上达，因此不能知道治政的得失，所以要广开言路，以求直言。"胡惟庸对皇帝的这番讲话并不以为然，觉得不过是老生常谈，历朝历代以来，皇帝与臣属之间再怎么上下相通、广开言路，所有的表章奏疏都是由中书省转承，丞相（宰相）先过目的。

然而一个月后，一个新的部门宣告成立，新成立的部门叫通政使司，这是朱元璋的创意，他认为政务就如水一样，需要流通，故命名通政。朱元璋明确规定"凡在外之题本、奏本，在京之奏本，并受之，于早朝汇而进之"，这个举措标志着朱皇帝迈出了在制度上削弱相权的第一步。

按照之前的制度，各地、各部门的所有表章奏疏都是先到中书省，一般性的事务就由中书省直接给处理了，丞相批示后下发六部以及大都督府和御史台等各相关职能部门；若是重大事项，则要呈给皇帝，由皇帝裁决。所有奏章都不能直接呈给皇帝，什么内容该给皇帝看，什么内容不能让皇帝看，全由中书省自行决定，这就是丞相（宰相）制度最大的权力所在，这也是朱元璋最不能容忍这个制度存在的根本原因。

通政使司的设置，就是要改变这个在中国历史上实行一千五百多年的制度。但通政使司成立之初，由于旧习惯使然，它的职能倒成了中书省的秘书处，收来的奏章还是要送到中书省，由丞相决断，没有达到朱元璋预期的效果。

洪武十一年（公元1378年），朱元璋决定进一步深化改革，为此，他又召集六部官员发表讲话："做皇帝的人深居独处，能明见万里，主要是由于他兼听广览，了解民情。胡元之世，政令都出于中书省，凡事必先关报中书，然后才奏闻给皇帝，元朝又多昏君，所以民情不通，以致大乱。这是我们要深以为戒的。"

这次会议之后，朱元璋下诏，今后诸司奏事不用报经中书省，由通政使司直接呈报皇帝即可。这样，中书省不光处理文书的职能被取消，连知情权也被剥夺了。

除了在制度上加以制约以外，朱元璋还不忘对丞相胡惟庸进行敲打。胡惟庸有个不争气的儿子，估计是仗着老子当大官就无法无天的公子哥，没事爱在京城的大马路上飙车，有一天终于出了车祸，从马车上摔下，一命呜呼。胡惟庸把气撒到保养车辆的车夫身上，把他杀了给儿子抵命。朱元璋接到举报后发话了：杀人偿命！胡惟庸请求愿拿钱了事，皇帝态度很明确：自古杀人偿命，此事免谈！

胡惟庸开始感到背后凉飕飕的，但他不甘心就此认命，这么多年被奉承多了，让他产生了错觉，以为自己有能力跟朱元璋抗衡。于是，他马上找来御史大夫陈宁密谋准备造反。御史大夫是主管监察的领导，陈宁能走到今天，也实属不易，之前朱元璋曾以其有"禽兽之行"要将他处斩，后念及他的才气放了他一马。后来担任苏州知府时，陈宁秉承皇帝的好恶，对苏州这个张士诚的地盘横征暴敛，以至于常用烧铁烙人的手段催收赋税，因此得了个"陈烙铁"的称号。

朱元璋发现了陈宁的酷吏潜质后，准备将他调回京城帮助整顿吏治，胡惟庸揣测出了皇帝的心思，抢先跟陈宁打了招呼。不久陈宁出任御史中丞，这让他悟出了道道，尽量迎合皇帝，又不能得罪丞相。因此，陈宁在任上对官员严苛到不惜得罪众臣僚的地步，虽然朱元璋当着众人的面多次批评他过于"严苛"，但他的官却越当越大，直至左御史大夫的高位。

陈宁得到皇帝的赏识，却受到儿子陈孟麟的指责。陈孟麟对自己老子的做法实在看不下去，常常加以规劝，有一次说到动怒处，陈宁令家丁将其拖到院子实行家法。家丁当然不敢动手，这是你父子间的事，万一打出个好歹，我们可吃罪不起。陈孟麟也是个倔种，当着众家丁的面依然继续数落陈宁的不是，陈宁一怒之下抢起大棒就是一顿狂揍，竟然将儿子活活打死。

朱元璋疼爱儿子是出了名的，他听说陈宁竟然狠心将自己的儿子打死，就私底下对身边的工作人员说："陈宁对待自己的骨肉尚且如此狠毒，他眼里哪还有父母、君王呢？"

这话很快传到陈宁的耳朵里，他细细揣摩皇帝的话，觉得自己的死期不远了，之前朱皇帝就曾对自己的属下茹太素说过："金杯同汝饮，白刃不相饶！"因此，胡、陈两人算起来也是同病相怜，既然大家都没有退路了，不如放手一搏，成王败寇，成功了继续享受荣华富贵，失败了不过一死，总比束手待毙强。据载，参与密谋的还有一个叫涂节的御史中丞。

所谓"秀才造反，三年不成"，说的大概就是胡惟庸这类人，他们还在筹划之时，朱元璋这边已经决定动手了。洪武十二年（公元1379年）九月，占城国（今越南东南部地区）派使者前来进贡。外交无小事，按旧的正常程序，中书省接到礼部的报告后，应该上报给皇帝；可按照新的指示精神，是应该由礼部直接向皇帝报告的。然而当时的情况是，两个部门都没有向皇帝报告此事。朱元璋得知此事竟是一个外出办事的宦官回来当作新闻汇报给他的。

朱元璋马上抓住此事大做文章，三番五次强调要确保信息畅通，这么大的事你们竟敢瞒报，这不是明目张胆地跟我搞对抗吗？再不处理几个，皇帝的威严何在？于是下令彻查。

胡惟庸近来很忙，他到底忙什么，只有他本人最清楚。所以当皇帝问他这是怎么回事的时候，胡惟庸虽然很委屈，但他不能把责任推给皇帝，就解释说："启奏陛下，此事是由礼部负责的！"

好好先生汪广洋很长时间以来都是浑浑噩噩地混日子，他根本没反应过来，除了磕头谢罪，嘴里说不出一句囫囵话来。礼部的人一听，不行啊，眼看龙颜大怒，这锅可不能背，被责罚一顿事小，脑袋搬家可不是闹着玩的，于是又把皮球踢了回去，说此事已向中书省报告过了！

看着他们互相推诿，竟没有一个人承担责任，朱元璋更来气了，老子没工夫听你们扯皮，一声令下把相关人员全部抓起来，直到案子查个水落石出为止。

涂节一看整个中书省都进去了，觉得坐收渔利的机会来了，就趁机向朱皇帝告发胡惟庸指使御医下毒害死刘基。而汪广洋知情不报，犯有包庇罪，朱元璋就此质问汪广洋，汪广洋大喊冤枉，说自己什么都不知道。

朱元璋气不打一处来，高官厚禄养着你，你一口一个不知道就完了？将其斥责一顿后，流放海南。汪广洋正庆幸自己解脱之际，朱元璋又想起他当年在江都包庇朱文正、在中书省又对杨宪等人的所作所为视而不见，没有向自己汇报，数罪追加，下诏将其赐死。当使者拿着诏书追赶汪广洋时，船才到太平，于是一杯毒酒让汪广洋彻底解脱了。

汪广洋死就死了，朱元璋并不打算连累他的家人，但汪广洋有个痴情的小妾，得知汪广洋被赐死的消息后，在家自杀殉情了。古时丈夫死了，没有子女的妻妾从死，是贞洁的行为，很多帝王都会加以表彰，但这个陈氏女的死却又牵扯出另一桩违法犯罪案件。

原来这个陈氏身份有问题，她是犯官的女儿。陈氏的父亲曾经是个县令，因触犯了法律，女眷全部被充为官奴。按照明朝法律，犯官的女眷只能赏给功臣，而能称为功臣的一般都是冲锋陷阵的武将，汪广洋一个文官竟敢私藏犯官的女儿做妻妾，让朱元璋极为愤怒：从来官奴只能赏赐给功臣之家，汪广洋这样的文官怎么能纳之为妾呢？

朱元璋立刻下令有司展开调查，于是从胡惟庸到六部各官员人人自危，很多人都感觉到了皇帝对胡惟庸的不满已经达到了极限。只是汪广洋私藏犯官女儿的案子还没查完，胡惟庸已经掉了脑袋，毕竟这样的小事和谋反大事比起来，实在算不了什么，于是这桩案子就这么无疾而终，不了了之。

涂节的原意是想来个一箭双雕，但是朱元璋只处置了一个汪广洋，而没有动胡惟庸。他不甘心事情半途而废，遂决定再添一把火，给胡惟庸以最致命的一击。于是向朱皇帝告发胡惟庸意图谋反，这枚超级炸弹一抛出，其效果之显著是所有人都意想不到的。原御史中丞商暠因不久前被胡惟庸撤职，降为中书省的一名小职员而怀恨在心，这时也趁机揭发了胡惟庸其他一些不法行为。朱皇帝要的就是这个效果，他并不需要真相，只需要杀人的理由。

朱元璋以雷霆万钧之势把胡惟庸抓了起来，还没等涂节高兴过来，就被胡惟庸反咬了一口，说他是一伙的，也参与了密谋。在定罪时，廷臣认为："涂节本参与预谋，见事不成，始将变乱上告，不可不诛。"

洪武十三年（公元1380年）正月初六，新春佳节还没过完，朱皇帝就将胡惟庸、陈宁、涂节三个阴谋叛乱的首要分子推上了断头台。

处死一个百官之首，总得有个说法，于是在随后发布的文告里，胡惟庸的罪名是"擅权枉法"，从肆意打压自己的对头到私扣奏章，从收受贿赂到专权独断，乃至于沉湎于声色犬马之中，几乎是无所不包。

在大臣们还没反应过来的时候，到了正月十一日，又有两道圣旨发布——废除中书省！废除大都督府！

两道圣旨把中书省和大都督府的后事安排得十分详尽，内容之缜密、细致，使朝中大臣终于明白，皇帝颁布的这两道诏令绝非临时起意，而是经过长期酝酿、反复琢磨、多方考量才定下来的。

中书省作为大明朝最高行政机关的历史从此退出了政治舞台。整个中书省的官员编制几乎全部撤销，仅保留了纯粹记录官性质的中书舍人一职。原本属于中书省的权力全部收归皇帝一人掌控，吏、户、礼、兵、刑、工六部尚书的地位相应上升，各自直接对皇帝负责，王朝政务的决策者和实行者之间再无任何阻碍。同时，朱元璋还告诫群臣——今后他的子孙，都不能再说设立丞相的事情，臣子们也不能请求设立丞相，否则以奸臣论处！

而大都督府则被分割成中、左、右、前、后五军都督府，这五军都督府掌管军旅之事，隶属兵部，曾经和中书省分庭抗礼的大都督府编制就这样消失了。

第十三章

朱皇帝无奈杀功臣

"文臣之首"教子无方受株连

朱元璋杀胡惟庸的初衷是要废丞相，撤销中书省，以达到集皇权与相权于一身的目的，因此，虽然已经知道胡惟庸涉嫌谋反，但在公布其罪名时却以"枉法诬贤""蠹害政治"等罪名示众。这是因为朱元璋明白，作为谋反案，没有武将出场是不符合逻辑的，这个时候他还不想牵涉太多的人。

那些帮助他夺取天下、功劳卓著的武将，朱元璋自信给足了他们殊荣和优厚的待遇，以及应有的一些特权，他相信一个小小的胡惟庸还不至于把他们都拉到其阵营里，即便有个把上了贼船的，也是一时受蒙蔽，只要给他们时间，相信他们会回到正确的轨道上来的。

可是有一个人却是朱元璋不肯原谅的。此人就是曾被他誉为"开国文臣之首"，学术界称为"太史公"的宋濂。说起来宋濂也真是不幸，都已经年过古稀得到皇帝批准退休的人了，却因为次子和长孙卷进了胡惟庸的案子而受到牵连。

宋濂，金华浦江人，与高启、刘基并称"明初诗文三大家"，又与章溢、刘基、叶琛并称"浙东四先生"。很小的时候就由于为人聪明、记忆力超强，被人称为"神童"。

至正十八年（公元1358年），朱元璋攻取婺州（今浙江省金华市），就请名声在外的宋濂出山。可朱元璋起初并没有十分重视宋濂，因为在战火纷飞的年代，占主导地位的是枪杆子，唱主角的是那些紧握枪杆子的武将。宋濂是一个纯儒生，没有刘基的谋略，也提不出朱升那样"高筑墙，广积粮，缓称王"的政见，朱皇帝只是将他作为太子的家庭教师兼自己的私人顾问留在身边。宋濂的突出贡献是在大明朝建立以后，如果说他的笔杆子在朱元璋夺取天下发挥过作用的话，就是帮助朱元璋起草了那篇在当时影响极大的《讨元檄文》。

宋濂虽然不善于砸碎一个旧世界，但在建立一个新世界的过程中起到了举足轻重的作用，因为他满腹经纶、熟悉典故。

宋濂没有担任过重要的行政职务，除了为太子和诸王教授经学外，主要的工作就是主持编纂《元史》，此外还为皇帝起草各种公文。朱皇帝要大举封赏功臣时，召宋濂前来商议怎样封五等爵位。宋濂依据汉、唐的先例，向皇帝提出了许多很有建设性的意见。由于工程浩大，牵涉人数众多，又要照顾到方方面面，那段时间宋濂吃住都在办公室里，通宵达旦地工作。

国家的各项礼仪制度，从祭祠宗庙和各种神祇的典礼，到上朝、宴会、法律、历法以及百官衣冠的制度，以及外国使臣进贡和赏赐的礼仪，甚至连元勋大臣去世后的谥词等，凡是和典礼、文章有关的事宜，朱元璋都交由宋濂负责。因为在文化建设方面才能出众，再加上担负教育太子、为皇帝传道解惑的重任，宋濂自己也必须不断地充电，真正地活到老学到老，"自少至老，未尝一日去书卷，于学无所不通"，被推为文臣之首。

朱皇帝曾咨询宋濂道："爱卿认为作为帝王哪些书是最值得研读的？"宋濂首先推荐了南宋著名理学家真德秀所编撰的《大学衍义》。于是朱皇帝让人将《大学衍义》全书抄下来，贴在大殿两侧的墙壁上，专门组织群臣让宋濂讲解《大学衍义》中司马迁论黄、老之学中的一段。宋濂讲完后，朱皇帝发表即席讲话："汉武帝沉溺于方技之说，一改文帝、景帝的节俭之风，民力既已疲惫，而又以严刑来监督。人主能以仁义来治理民心，异端邪说就不会传播，以学校来治理百姓，祸乱就不会发生，所以刑罚并不是要优先考虑的问题。"

朱元璋喜欢宋濂是因为他作为皇帝的侍从学士，朝夕相处有的是说话的机会，但他从来不说假话、瞎话。朱元璋疑心很大，对谁都信不过，当上皇帝后广插耳目，派出大量检校监视众文武官的行为，对接触最高机密，尤其是皇家隐私的宋濂就更不用说了。

据说有一天宋濂刚上班，朱皇帝见面问他道："爱卿昨晚没喝两杯吗？"宋濂说喝了。原来头天宋濂家来了几位客人，他设宴陪客人喝了几杯。朱皇帝接着问他来人都有谁，吃的什么菜，喝的是哪个牌子的酒，宋濂一一如实说了一遍，连上菜的秩序都不差分毫，朱皇帝听后拊手大笑道："爱卿果然不欺朕也！"

朱元璋是想通过这样的方式告诉宋濂，做老实人，办老实事，管好自己，你的一举一动都在我的掌控之中。这点宋濂是有着清醒的认识的，他在客厅的醒目位置挂上"温树"二字，"温树"一语出自西汉御史大夫孔光的一则典故：孔光为官几十年，有一次，他的一帮大小老婆听说长乐宫里盖了一间温室，用来栽种各种奇花异草和名贵树木，出于好奇就问孔光："温室中都栽种些什么树木呀？"孔光嘿嘿一笑，顾左右而言他，把话题岔开，没有透露半个字。后人就此赞叹："忠慎有余逾温树。""温树"就成了为官谨慎、嘴巴严实的代名词。

宋濂在孔光的基础上进一步提升，他严守秘密，从不泄露和皇帝的谈话，向皇帝提交书面意见之后，马上焚毁底稿。有客人上门，不管是有心还是无意，哪怕是涉及朝廷一丁点的事儿，他就指指"温树"二字，绝口不谈。他深知皇家无小事，自己不经意的一句话就有可能引发一场海啸。

闲聊时朱元璋也曾向宋濂询问过群臣的善恶优劣，宋濂只是列举那些表现优异的大臣，并一一指出他们的贤能。朱皇帝要他举出几个表现欠佳甚至是小人之类的典型，宋濂回答："贤良的人与臣有来往，臣了解他们，那些跟臣没有来往的，臣不了解他们，所以臣不知道谁是小人。"对宋濂的操守，朱皇帝是给予充分肯定和高度赞扬的："景濂（宋濂号景濂）事朕十九年，未尝有一言之伪，诮一人之短，宠辱不惊，始终无异。"

在教育太子方面，宋濂十几年如一日，真正把"园丁"精神发挥到了极致。太子朱标受其影响很深，言必称"我师父如何如何""我师父说应该如此如此"。宋濂对此很是欣慰，虽然从事的工作无权又无利益可言，但他宁愿固守清贫，也要坚守在这个岗位上，以发挥自己的光和热，更是割舍不下这份师生情。

洪武六年（公元1373年）九月，朱元璋对宋濂说"卿可参大政"，打算让他出任政务官。宋濂顿首力辞道："臣没有其他长处，只会用文墨为皇上做点事，一旦出任政务官，恐怕辜负了皇上，能在皇上身边听命就很知足了。"令朱皇帝大为感动，继续将他留在了身边。所以一直到洪武十年（公元1377年）退休，宋濂仍然是侍从学士。

宋濂近乎完美的表现，也让朱元璋对他给予了异乎寻常的宠爱，每次接见，必备好座椅，好茶招呼，白天必定留饭。洪武十年（公元1377年），宋濂退休时，一向吝于奖赏的朱皇帝，破天荒地拿出《御制文集》和绸缎衣料作为赏赐，对六十八岁的宋濂说："将此衣料收藏三十二年，做百岁衣！"

宋濂哽咽着连连叩头谢恩。如果故事到此结束，一生谨言慎行、俯仰无愧，被人们尊称为"太史公"的宋濂，从此可以安度晚年，等着消受御赐的"百岁衣"了，也顾全了君臣之间罕见的一段佳话。

可是，由于朱元璋爱屋及乌，要恩及其子孙，由于其长子宋瓒早逝，就将宋濂的次子宋璲召为中书舍人，宋瓒的儿子宋慎也被录用到仪礼序班。宋氏祖孙三代同在内廷当差，成为最接近皇帝的官员，这份殊荣令人羡慕不已。

宋濂自身的表现无可挑剔，然而他却没能管好自己的子孙。宋璲叔侄自由出入内廷的便利条件，终被别有用心的人盯上，宋慎被牵连进"胡惟庸案"，以"胡党"的罪名被处死，宋璲则受到"连坐"一并处死。

史书上没有关于"胡惟庸案"涉案人员犯罪的详细记录，宋氏叔侄具体犯的什么罪不得而知。按照一般的常识，谋反行动是极其隐秘的，大部分活动都是以口头的方式进行，不会留下太多文字上的线索，这本身就给查证工作带来很大的困难，所以，光凭参与密谋，或者知情不报就可以定罪。具体到宋氏叔侄来说，他们极有可能是被别人供出来的。虽然没有证据显示宋璲、宋慎是否答应了胡惟庸，准备利用工作和职务之便阴谋毒害朱皇帝，但仅凭其知情不报，没有揭发胡惟庸的阴谋这一条，就足够定他们死罪了。

朱元璋还将被自己誉为"纯臣"的宋濂押到南京，准备开刀问斩。马皇后知道后，大为惊讶，劝谏道：老百姓家为子弟延请教师，尚且能够以礼全始终，何况天子！而且宋先生早已回乡家居，必不知情，希望手下留情。

马皇后清楚，此时的朱元璋根本听不进她的话。因此在第二天帝后就餐时，马皇后不碰荤腥，朱元璋询问缘故，马皇后回答道："妾为宋先生做福事。"一向对皇后敬重有加的朱元璋听后，终于动了恻隐之心，免去宋濂的死罪，改为流放，发配茂州。

宋濂虽然逃过一死，但是千里迢迢的流放，对于自诩为"俯仰无愧"的君子而言，简直是奇耻大辱。年逾古稀的他，还没有到达茂州，就郁闷地死在了夔州（今重庆市奉节县）途中。享年七十三岁，时间是洪武十三年（公元1380年）九月。

对于宋濂的死，长期以来很多人都为他喊冤，事实上从朱元璋的角度来说，他的罪行比别人还要大。作为太子的老师，更该加倍维护皇家的利益，况且他和皇帝的关系密切，感情深厚。由于对他的偏爱，朱元璋让他的子孙自由出入禁宫，却被人利用来达到其不可告人的目的，成了自己身边的一枚定时炸弹，这是让人难以接受的。因此，不管宋濂是否知道自己的子孙参与密谋造反，其本人都不可避免地要负连带责任。

朱元璋虽然因宋濂的子孙涉及谋反而处置了他，却并没有给他打上谋反的标签，史书也没有记载宋濂被流放茂州的具体原因，直到十年之后，大兴党狱时才将他列入"胡惟庸案"的名单。由此可见朱元璋还是念及其所做的贡献，珍惜君臣之间的情谊的。也许这个时候的朱元璋还没有动屠杀功臣的念头，可是接着要出场的一个人，情势就大不一样了，他的死直接引起了朱元璋对功勋贵族的重新审视。

朱侯爷自取灭亡

　　元朝末年时，广东是地方军阀何真的地盘。何真归降以后，广东一直处于军事管制之下。当地驻兵有着超乎寻常的特权和地位，不但民众怕当兵的，就是地方官员也是谈"兵"色变。

　　地方政府除了提供军队正常的需求以外，还要承担他们巧立名目设置的各项不合理开支，那些当兵的稍不如意，对县衙官吏非打即骂，地方官员是敢怒不敢言。朱亮祖坐镇广州后，更是变本加厉，其本人作威作福，手下横行霸道，如果光是这样就罢了。朱亮祖却越发放肆，竟与地方豪强沆瀣一气，鱼肉百姓，欺压良善，充当地方黑恶势力的保护伞，走上违法犯罪的道路。

　　朱亮祖自宁国归顺朱元璋后，血战鄱阳湖、征讨方国珍、征南平定两广等战役无不留下他征战的身影，洪武三年（公元1370年）因功被封永嘉侯，食禄一千五百石，赐铁券丹书。次年参与伐蜀战役，虽有战功，因擅杀军校，功过相抵，没有得到奖赏。本来像朱亮祖这样的权贵一般人是不敢惹的，可朱皇帝偏偏调了个不一般的人来广州任县令。此人名叫道同，是河间府人，先辈为蒙古族。

道同于洪武初年被举荐任命为太常司赞礼郎，如今被朝廷派到因军队蛮横、被视为难治之地的番禺（当时管辖广州）县任县令。道同到任后，坚决按原则办事，对不合理的要求和行为予以抵制，使军校们的嚣张气焰有所收敛，当地民众的生活稍稍得以安定。

当时广州城里有一股黑恶势力，这些不法之徒欺行霸市，强买强卖。商人们稍有不从，他们就栽赃诬陷，称对方贩卖走私物品，或者用伪钞、假钞加以陷害，将人弄到兵马司，轻则没收货物，重则严刑拷打。商人们为求自保，只能忍气吞声，用"退财消灾"的心理安慰自己。

为了狠狠打击黑恶势力的嚣张气焰，还人民一片天空，这一天，道同布置警力趁那些黑社会成员敲诈勒索之际，将他们人赃俱获，带了回来。那些地痞流氓的家属马上跑去找朱亮祖，让他出面搭救。

朱亮祖收取好处费后，当即派人将道同"请"到帅府设宴款待。酒过三巡，朱亮祖很"不经意"地问道："听说县令大人抓了几个买卖东西的人，不知这是为何？"

道同心平气和地回答："是的，只不过他们不是寻常的买卖东西之人，而是……"

朱亮祖粗鲁地打断说："不管寻常不寻常，只要是买卖东西就没什么大不了的，我看就把他们给放了吧，县令大人挺忙的，何必跟他们计较呢？"

道同先将那些人之前的所作所为向朱侯爷做了通报，然后说道："侯爷，道同蒙皇上圣恩，荣任一县之令，自当为皇上效力，维护一方平安，造福一方百姓，岂敢随意释放恶人呢？"

"不瞒县令大人，他们当中有本帅府上的亲友，还请贵县高抬贵手！"

"侯爷此言差矣，所谓王子犯法与庶民同罪，莫说是贵府的亲友，就是侯爷的亲戚，卑职也不敢徇私枉法呀！"

朱亮祖咄咄逼人道："县令大人说得固然在理，可法律不外乎人情，况且这里山高皇帝远，难道就不能看在本侯的面子上通融通融吗？"

道同不卑不亢地说："不是道某不给侯爷面子，你我同为朝廷效力，圣上的教诲道某不敢淡忘，还望侯爷海涵！道某说句不该说的话，圣上派侯爷出镇南疆，是希望侯爷保境安民的，可千万不要受人蛊惑，辜负圣意啊！"

朱亮祖一听道同不但不给面子，还教训起自己来，撂下一句"那你就走着瞧吧"，就拂袖离座。

双方不欢而散。过后朱亮祖越想越气，决定采用军人最简单、最有效的方式来达到目的。第二天亲自带人来到县衙前，被抓来的几个泼皮无赖正戴着高头帽挂着牌子在县衙前跪地示众，他们一见救星朱侯爷来了，大喊冤枉。

朱亮祖命亲兵驱散围观的人群，对那帮地痞说了句"本侯知道你们是冤枉的"，当即命令手下："把人都给我放了！"那些士兵不由分说，上前就松绑，负责看管罪犯的衙役眼睁睁地看着人家放人，连屁都不敢放。

朱亮祖一开始还觉得自己挺威风的，可走了一段路后，听到沿途民众的讥笑和讽刺声，这才意识到自己太过轻率鲁莽了，堂堂一个侯爷，掌管一方的最高军事长官，竟然在大庭广众之下，亲自去解救几个小流氓，尊严何在？

朱亮祖越想越窝火，竟然把怨恨归咎到道同的头上。等地方官员按常规拜见他这位封疆大吏的时候，朱亮祖指责道同"礼节不周，藐视大臣"，不由分说，命人拖下去就结结实实地打了二十大板。

朱亮祖当众释放恶人、殴打县令的"壮举"迅速传遍整个番禺，更多不法之徒纷纷前来巴结，送钱送物，朱亮祖以"下不为例"一一笑纳。吃人嘴软，拿人手短，如此一来朱亮祖表面上成了土豪劣绅、流氓恶霸的大佬，实际成了别人驱使的一条狗还不自知。

一家姓罗的财主先用金钱巴结，再将自己如花似玉的女儿献给朱侯爷做小老婆。朱亮祖财色兼收，自然大喜过望，跟罗财主就成了一家人。罗家本来就是当地一霸，现在成了侯爷的丈人，更加有恃无恐，为所欲为了。

罗家不仅强占别人的田地、房产，强抢别人的妻子、女儿，还带着一帮恶奴寻衅滋事，横行乡里，百姓对罗家是恨之入骨。状告罗氏的材料如雪片似的飞到县衙里，不少民众甚至在路上拦轿喊冤。

道同明知老虎的屁股摸不得，但正义心驱使他非要惩治罗氏一门不可。于是，他下令逮捕了罗家兄弟。朱亮祖听到报告后大发雷霆，一声令下让士兵包围了县衙，硬生生将罗家兄弟抢了出来。

简直是无法无天了，道同一个小小县令虽然无法正面抗衡统辖一方的大员，但他有权向皇帝上书，当今皇帝一再倡导廉洁，严惩贪腐，并鼓励地方官吏控告权贵。对，就参他朱亮祖一本，朱亮祖的种种不法行为，一条条、一桩桩都是现成的，信手就来。

可当道同把奏章写好后，冷静过来一想，朱亮祖是炙手可热的侯爷，是皇帝作为亲信派来弹压地方的大员，皇帝会听信一个七品芝麻官的弹奏，处置一个朝廷勋爵吗？就算朝廷派人调查，下来调查的人又敢为百姓去得罪权贵吗？到时还不是自找难堪，甚至还会搭上自己的老命！

道同思量再三，又考虑到既然已经在太岁头上动了土，他朱亮祖岂肯善罢甘休，随便找个理由就可以将自己置于死地，既然如此，干脆豁出去了。倘若皇帝看到自己一腔热血的奏折有所感悟，既可以为民除害，又能保住自己一条小命，岂不是好事一桩！

道同当然不敢奢望能扳倒朱侯爷，可姓朱的却要放倒他了。朱亮祖手下那几个舞文弄墨的幕僚，这帮吃饱了专门琢磨事的家伙认为，按道同的倔脾气，肯定会向朝廷打报告，因此他们向朱亮祖建议，与其被动等着别人来告，不如先发制人。于是一封弹劾番禺县令的奏章就以六百里加急的速度，飞往南京。

军队的优势在这个时候就充分体现出来了，道同的奏折还在路上，朱亮祖的奏章就已经摆在了朱元璋的案头上。一个地方大员居然有闲工夫去弹劾一个小县令，让朱元璋想不重视都难，一看内容，果然非比寻常：番禺县令道同目无长官，以下犯上，排挤大臣，还以蒙古后裔自居，勾结何真旧部聚众滋事，鱼肉百姓，其情可疑，其心可诛！

不得不佩服写奏章的枪手，字字戳到朱皇帝那敏感的心窝里。这还了得，朱皇帝拍案而起：杀！

一道"斩立决"的手谕迅速交到执行人手里。朱亮祖安插在京城的眼线当即买通前去广州的使者，弃船就陆，提供驿站的马匹，六百里加急。

朱元璋接到道同的奏折时，写奏折的人已经身首异处，做了五天的鬼了。这位刚正不阿、不畏强权的县令列举的永嘉侯朱亮祖贪污受贿、赏恶罚善、助纣为虐、为害百姓的种种罪行，每条每款都条分缕析、有理有据。奏章的最后，道同将自己因为打击黑恶势力，得罪了朱亮祖而遭到其鞭笞凌辱，以及百姓身处水深火热而投诉无门的悲惨处境，字字血、声声泪地告诉了皇帝。

朱元璋把奏章反复看了三遍，一切都真相大白，一个封疆大吏跟一个七品芝麻官过不去，原来如此。朱元璋在叹息：道同官卑职微，在遭到达官显贵的围攻时，却敢于同黑恶势力抗争，实在是难能可贵！那朱亮祖竟然胆大包天，捏造谎言，利用职务之便恶人先告状，实乃死有余辜。当即命令派飞骑追回之前发出的手谕，并传道同一同进京见驾。然而，一切都晚了，使臣赶到广州，道同已经去了另一个世界。

朱元璋仔细推算了一下日期，马上得出结论，朱亮祖从中捣鬼！怒不可遏的他，当即又下一道谕旨：锁拿朱亮祖及其儿子朱暹一同进京！朱暹当时正担任广东卫指挥使。

洪武十三年（公元1380年）九月初三，朱亮祖镣铐叮当地被带进了午门。一见充满肃杀之气的皇帝，朱亮祖害怕了，急忙膝行向前，以头撞地，哀声哭求道："陛下，臣知错了，臣罪该万死，求您看在臣跟随您老人家东征西讨、出生入死的分上，就饶臣父子一命吧！"

朱暹也跟着一起哭求。

朱元璋再也压制不住心中的怒火，狠狠地说道："留下尔等性命，只会瞒上欺下，为害百姓，残害清官！"随即大手一挥："来啊，给朕狠狠地打！"

那帮凶神恶煞的打手，就像恶犬听到主人的招呼一样，猛扑上去将朱家父子打翻在地。一顿催命棍过后，朱家父子血肉横飞，气绝身亡。

朱亮祖死后，朱元璋并没有忘记他的功绩，下令以侯爵的待遇进行安葬，并亲自撰写墓志，评价其一生功过。

而对于道同的冤死，朱元璋感到十分惋惜，番禺百姓则是万分痛惜，都在家中设立他的牌位祭祀。

因"谋反"被诛第一人

朱亮祖被杖杀了，可他并不是第一个因"谋反"而死的功臣，"拔得头筹"的是资历更老、功勋更加卓著的德庆侯廖永忠。

廖永忠是巢湖水师旧部，是与哥哥廖永安一起随巢湖水师归附朱元璋的。当时廖永忠在众多将领中年纪最轻，朱元璋得到这支水师后，兴奋之情溢于言表，饶有兴趣地问廖永忠道："你年纪轻轻，难道也想要获取富贵吗？"廖永忠很会说话："获事明主，扫除寇乱，垂名竹帛，正是在下的生平志愿！"他的这番极有远大抱负的回答，得到朱元璋高度赞扬。廖永忠本人也为自己的理想努力奋斗，最终封侯。但一个人把理想定得太高、愿望过于强烈，往往会事与愿违，至少在别人看来是有野心的表现。

巢湖系势力加盟朱元璋军事集团后，就成了朱元璋嫡系中的杂牌。因为他们是集团性加盟的，在组织和情感上与淮西旧部肯定会有一定的距离感。廖永忠兄弟与冯胜兄弟的情况极其相似，他们都得到朱元璋的器重，尤其是身为兄长的冯国用和廖永安更是被引为心腹。

冯国用文武兼备，帮助朱元璋确立了谋定天下的大计，为亲军都指挥使，后又帮助朱元璋摆脱郭子兴走向独立。廖永安则协助朱元璋成功兼并了巢湖水师，并铲除异己分子李扒头等人，积功授管军总管。

朱元璋占领南京不久，冯国用病死，廖永安在与张士诚手下悍将吕珍的交战中被俘。说起来朱元璋也有点不厚道，当时张士德就在他的手中，张士诚提出用廖永安交换，但朱元璋宁愿看着廖永安去死也不同意。就有人私底下议论，如果换作淮西系将领被俘，情况可能会有不同。虽然两人的死，朱元璋都表现出了一副悲痛欲绝的样子，可到底有几分真诚，只有朱元璋自己清楚，不过明朝建立后，两位先烈都被追封为公爵，一个封郧国公，一个为郧国公。

廖永忠和冯胜开始都被哥哥巨大的光环所掩盖，都是在哥哥死后取代他们的位置，而崭露头角的。

随后，廖永忠征战四方，战功赫赫，明军水师打到哪，哪就有廖永忠矫健的身影，尤其在鄱阳湖血战以及武汉围攻战中更是有着上好的表现。朱元璋亲笔手书"功超群将，智迈雄师"八个大字，做成牌匾送给廖永忠，以示嘉奖。

在战争年代，廖永忠的表现和忠诚令朱元璋挑不出半点毛病，只是他忠诚得有点过了头，以致好心办了一件连朱元璋都感到不齿的事。朱元璋到安丰救回小明王之时，由于当时应天府宫殿正在建造中，加上接一个皇帝到自己身边也是碍事，所以朱元璋暂时将其安置到滁州。朱元璋恭恭敬敬地对小明王说，等应天府宫殿建成，一定迎请他到应天府居住。朱元璋经过一系列动作，如自立为吴王等，表示已经摆脱了龙凤政权后，为兑现诺言，就派廖永忠去迎小明王。

不想廖永忠思想太过活跃，过度解读了朱元璋的用意，为了邀功请赏，竟然在半路谋害了小明王，让朱元璋无端背上了弑君杀主的黑锅，落下千古骂名。因此，在洪武三年（公元1370年）大封功臣时，作为巢湖水师仅存的一面旗帜，本该封公的廖永忠只封了个侯爵。朱元璋对此的解释是："廖永忠在鄱阳湖作战时，忘我抗敌，可谓奇男子。却派与他要好的儒生窥探朕意，所以封爵时，只封侯而不封公。"

这是摆上桌面的话，说他"派与他要好的儒生窥探朕意"指的是他跟杨宪非同一般的关系，也许他真的通过杨宪为其"美言"试图达到封公的目的，但真正的原因是廖永忠到滁州迎接小明王前，曾找杨宪密谋过。杨宪与刘基又走得很近，刘基对红巾军怀有刻骨之恨，朱元璋要去救安丰时就遭到他的极力反对，所以，杀害小明王的主谋到底是谁已经成了谜案。而公布功臣名单之前，杨宪已经被诛杀了，廖永忠很可能受到了影响。

廖永忠是艰苦朴素过来的，他将小明王沉入了水底，却没舍得把他的一应用品让水冲走，而是带回了应天府。朱元璋当时虽然生气，但估计只是口头严厉批评了几句，没有做进一步处理，就将廖永忠带回的物品挑了部分留下，其余的让身边亲近的大臣各取所需拿回去自己用了。廖永忠近水楼台先得月，估计小明王用过的好东西没少往家里搬，这就等于把一颗颗定时炸弹搬回了自己的家中。

本来以为干了大功一件的廖永忠却适得其反，尽管后来也参与了平定两广、平灭蜀夏等一系列战役，但他始终是作为副将跟随汤和、徐达作战，再也没有单独领兵的机会了。蜀地全部平定后，朱元璋写成《平蜀文》对参战人员进行表彰，其中有"傅一廖二"的评价，但对廖永忠除了"奖赏甚厚"外，没有给他更高的头衔。

廖永忠失落之余只能在家偷偷穿绣有龙凤图案的服装，使用皇家器皿以自慰。这种事情在封建帝王统治的历朝历代都是犯罪行为，是不能触碰的底线。

洪武八年（公元1375年）三月，廖永忠终于被人检举揭发。对于这个有前科之人，朱皇帝一直不敢掉以轻心。至于为什么偏偏在此时遭到检举，据考证，此前朱皇帝患了一场大病，对于很少生病的朱皇帝来说，每次患病都给他一种深深的恐惧感，考虑问题就特别多而复杂，在与病魔做斗争的日日夜夜，有一个名字时常出现在他的脑海里，这个名字就是廖永忠。

因为当时的廖永忠异常活跃，常常跑到太子那里履行其"辅佐"老师的责任。这可犯了朱皇帝的大忌，他从来不喜欢武将与文人搅在一块，更加忌讳武将插手朝廷事务，所以，"不安分"的廖永忠是该被敲打了。

当廖永忠被五花大绑推到朱皇帝面前时，他知道自己的末日到了，因为他亲眼看到皇帝派去的人员把他的家翻了个底朝天，把之前小明王留下的遗物全当成罪证，其中包括床上用品、器皿、鞍辔、靴镫等。病恹恹的朱元璋问他："廖永忠，你知罪吗？"他直直地看着皇帝那张比普通人长出三分之一的脸，那张以前总是远远仰视，从不敢近距离仔细打量的带有威严而又充满杀气的脸，很平静地回答："以前不知，现在知道了！"

朱元璋以为廖永忠还有其他不被掌握的"罪行"，当即打起精神问道："那你说，自己所犯何罪？"

廖永忠的嘴角泛起一丝古怪的笑容，说："古语云'太平本是将军定，不许将军见太平'，如今天下太平了，臣自然有罪了！"

朱元璋见他如此回答，知道对方已经明白了自己的用意，但他不想输在道义上，于是故意用揶揄的口气说道："你当自己是韩信，朕是汉高祖？你问问自己配吗？朕又是那种人吗？"

伸头是一刀，缩头也是一刀，廖永忠也没什么好顾忌的了，说："臣配不配当淮阴侯，天下人说了算；陛下是不是汉高祖，后人说了算。今日之事，陛下心里清楚，臣也明白，算是君臣心有灵犀吧，也不枉臣跟随陛下出生入死那么多年！"

这话太扎心了，朱元璋挥挥手示意将廖永忠带下去。廖永忠说得没错，自从在定远李善长提出要效仿刘邦之时，这么多年来他朱皇帝处处以汉高祖为榜样，他的很多思想和行为都在有意无意地师承刘邦，这对跨越一千六百多年时空的帝王竟然成了师徒。

不管怎么说既然迈出了第一步，就得把文章继续做下去，于是刑部赶紧将从廖府搜来的物品列成清单，以"僭用龙凤诸不法事"的罪名张榜公布。

德庆侯廖永忠毕竟是有免死铁券的功臣，除了谋反罪外，不能直接判处死刑，刑部将他丢进天牢折磨得奄奄一息后，秉承皇帝的谕旨将其重责四十大板，再勒令他回家反省。可叹曾经金戈铁马、叱咤风云的一代名将，回家没几天就死不瞑目地撒手人寰。

廖永忠事发之时，他的亲密战友、亲家翁，同样是难兄难弟的汤和正在中都施工现场督工，等他得知消息赶回南京打算替战友求情时，廖永忠已经处于弥留之际，好歹见了最后一面。廖永忠一入土，汤和赶紧返回凤阳，免得又落下一身不是，这么些年来，他也是如履薄冰。他知道自己那个发小儿，疑心病越来越重，而且是抓住辫子就永远不放手的人。那还是在驻守常州时，聪明一世的汤和却犯了一次糊涂，当时，他有事情请示朱元璋，遭到朱元璋无情否决。汤和爱喝酒是出了名的，心里不痛快的他几杯黄汤下肚后，想到一块光屁股长大的哥们儿竟然连点面子都不给，不免发起了牢骚："我汤某镇守此城，就如同坐在屋脊之上，顾左则左，顾右则右！"这句极其隐晦的牢骚话最终还是传到了老朱的耳朵里，常州是朱元璋与张士诚势力的接壤处，难道你汤和想做墙头草不成？

朱元璋让自己的义子严密注视汤和的同时，还把账给汤和记下了，这一记就是一辈子。汤和是很久之后，才了解事情的缘由，想到这句将要纠缠自己一生的醉话，汤和从此夹紧尾巴、管住嘴巴，不敢再有丝毫的大意，皇帝的眼线二十四小时地盯着自己呢。

在幕僚的提醒下，汤和将家里几件作为纪念品留存的龙凤器物烧的烧、埋的埋，彻底"销尸灭迹"。可有人不像汤和做得那么彻底，其中就有一贯小心谨慎的长兴侯耿炳文，他认为既然是皇帝赏赐的物品，毁之不敬，就将之封存起来，以为自己不用就没事了。到永乐皇帝朱棣上台后，耿炳文又成了因"僭用龙凤御品"而死的人，这是后话。

第十四章
朱皇帝的家务事

痛失爱侣

朱元璋自十七岁那年父母兄长在短短几天内相继死亡大哭过一场后，在之后的岁月里，如果说还有人让他流过一滴真诚眼泪的话，爱将常遇春算一个。可接下来这个人的死，却真真切切地让朱皇帝痛彻心扉，以至于影响到他后半生的方方面面。

这个人就是陪伴朱皇帝走过三十年风风雨雨，相濡以沫的马皇后。这个善良、聪颖、勤俭却并不漂亮的女人，在朱元璋创业之时，始终如一地给予他最大的支持，成就大业后，就顺理成章地成了皇后。

在朱元璋事业的起步之初，也正是大战不断的艰苦时刻，马皇后始终相随身边，除了照料朱元璋的饮食起居外，还承担起机要秘书的工作，替他掌管文件。凡是朱元璋口授、交办之事，马皇后都记录得非常清晰、准确，将各类事务打理得井井有条。凡是朱元璋想要查找的资料，只要一问她便会知晓，还时常敦促、提醒朱元璋，为他的事业提供了极大的帮助。

朱元璋渡江时，把将士的家眷留在和州，拿下太平府后，官兵们兴高采烈地抢粮食、抢布匹，准备带回江北接济忍饥挨饿的妻儿老小，一时人心思归。朱元璋一纸命令，让所有家属到太平府团聚。

当时，长江交通线被元军切断，和州孤立，马皇后鼓励将士、抚慰眷属，为稳定后方而奔忙。接到朱元璋的手令，马皇后又担负起渡江总指挥的工作，让好几万的老弱妇孺井井有条地安全渡过长江天堑，率领全军将士的家属顺利抵达太平府，令人刮目相看。

到应天府后，由于战事频繁，军需供应紧张，马皇后带头，组织朱元璋的众多姬妾，不分昼夜地为前方将士缝衣做鞋。陈友谅率兵东下，直逼江宁，朱元璋亲自领兵抵御。强敌兵临城下，城中的官员、居民都在寻找后路，有人忙着窖藏金银、囤积粮食，有人收拾行囊准备跑路。马氏却镇定自若，把自己的金银首饰全部拿出来犒赏士兵，稳定了军心，为朱元璋一举击败强敌做出重大贡献。

随着事业不断做大做强，朱元璋的脾气也日渐见涨，皮带好好挂着说明没事，皮带往下一按，就要坏事，马皇后看在眼里，急在心上，总会及时想办法把隐患消除。此外，马皇后会选择时机私下里规劝朱元璋，希望他在用人上做到用其所长，避其所短，不要求全责备，应该爱惜他们的生命，不要动辄就施以酷刑，这样才有更多贤人共同治理国家。

当初和州守将参军郭景祥的儿子被人举报，说他要杀害自己的父亲，朱元璋一怒之下就要派人去杀了那个不孝之子。马皇后说："使不得，和州是重要之地，郭景祥只有这么一个儿子，杀了他儿子，就等于把那地方拱手送人了。战乱之时的消息未必可靠，调查清楚再做处理！"派人一调查果然是误传，既保住了和州，又保全了郭家父子。

李文忠镇守严州时，由于年轻力壮、精力充沛，经不起诱惑犯了一个生活作风的错误，将一个姓韩的交际花带回了家里。朱元璋对手下官员的嫖娼行为是深恶痛绝的，听派出的密探报告了外甥的风流艳事后，当即派人去严州将韩姓女子给处决了，然后下令：李文忠即速赶回应天府，听候处置！

马皇后劝阻说："严州是敌我交界重地，将帅不宜轻易调动，保儿一向忠实可靠，只是犯了点年轻人容易犯的错误，批评一顿让他改了就算了，年轻人谁没犯个错？你现在将他治罪，换别人去守严州，恐怕一时半会儿难以服众。"朱元璋觉得有道理，于是放了李文忠一马，让他继续镇守严州。朱文正的事情前面的章节已经介绍过，他之所以不死也是多亏了马皇后的努力规劝，这样的事例多到不胜枚举。

马氏被册封为皇后时，朱皇帝就高度评价说："家有良妻，如国家之有贤相！"这是朱皇帝发自内心的赞叹。在朱皇帝纳妾以致后来纳嫔、纳妃的问题上，马皇后不但不干预，还表现出了极大的宽容和理解。据说郭子兴漂亮的女儿郭惠，算起来也是她的妹妹了，朱皇帝看她的眼神就如同饿狼盯上了猎物，马皇后亲自做妹妹的思想工作，又亲手将她送到朱皇帝的怀里，让老朱感激不尽。

朱元璋对皇宫的要求是历代皇帝中最为严格的，他坚决不允许嫔妃干预朝政，更不准她们奢侈腐化。马皇后作为六宫之主，处处做出表率，能力和气度无不令人钦佩万分。

由于从小父母双亡，马皇后对娘家人的渴望程度可想而知，朱元璋出于关心，几次要为她察访亲属，以便加官晋爵。是非分明的马皇后知道皇帝的想法后，立即谢绝。她认为历朝历代那套"任人唯亲"的做法，存在很大的弊端，于朝廷不利。朱元璋叹服之余，只得改变主意，收回预定的官爵。

有了马皇后的率先垂范，其他嫔妃就是有此心，也没胆量敢借着自己的恩宠，为娘家人谋利益了。朱皇帝对此曾经当着文武众臣极力夸奖马皇后，说她是自己的贤内助兼得力臂膀，堪比唐太宗的长孙皇后。

尽管朱皇帝妻妾众多，可后宫在马皇后的打理下，大家和睦相处，一片和谐的气氛，这与马皇后善于处理复杂的人际关系密不可分。当年朱元璋在郭子兴麾下时，就很好地处理了与养父母及其丈夫的关系；后来，朱元璋收了二十多个义子，马皇后待他们如自己亲生，也很好地处理了与丈夫、子女、养子的关系；做皇后以后，更是以"待人以宽，责己以严"的原则去处事，各种关系料理得妥妥帖帖，让朱元璋完全没有后顾之忧，一门心思扑在朝政上。

马皇后有五子二女，虽然对子女极其仁爱，但在子女教育问题上要求很严，要求他们生活俭朴，凡有比穿衣服、用物的，加以教诲，又把宫中利用旧布料织成的被褥送给他们，并解释说，你们生长在富贵家庭，不知纺织的难处，要爱惜财物。其中小儿子朱橚性格放荡不羁，后来被封周定王，封地在汴梁。马皇后担心他到封地为王后无法无天，临行时派江贵妃随往监督，当面把自己身上的旧布衣脱下来交给江贵妃，再交给其一根木杖吩咐说："周定王如有过错，可以披衣杖责。如敢违抗，驰报朝廷。"此后一见着慈母的旧布衣，周王便生出敬畏之心，不敢胡作非为。对宁国公主、安庆公主，马皇后同样要求她们勤劳俭朴，不能无功受禄。

马皇后对自己的要求可以说到了严苛的程度，作为尊贵无比的国母，即便适当享受也无可厚非。可马皇后却一如既往地保持艰苦朴素的生活作风，从不讲排场，更不讲奢华，衣服是"新三年，旧三年，缝缝补补又三年"。连身边的人都看不下去，劝她要注意身份和形象，言下之意让她不要太苛刻自己。她语重心长地回答说："盖奢侈之心易萌，崇高之位难处，不可忘者勤俭，不可恃者富贵也。勤俭之心一移，祸福之应响至。每念及此，自不敢有忽易之心耳。"

但她对朱元璋却极好，每次用餐都亲手安排，尽量让朱元璋吃得高兴，吃得舒心。嫔妃们看着心目中的"大姐"忙碌的身影，劝她要爱惜身体，让她手下的"姐妹"替她做些事情。马皇后解释说："不是大姐不信任你们，皇上日理万机，心情难免有烦躁的时候，万一有不周之处，就会责罚你们，我这当大姐的于心不忍啊！"

马皇后所说的"不周之处"确实曾发生过。有次朱元璋下朝吃午饭时，把工作情绪带回了家，饥肠辘辘地拿起汤匙就喝了一口汤。由于推迟了下班时间，汤有点凉，当场就把汤匙狠狠摔进汤盆里。羹汤四溅，弄了马皇后一头一脸，她伸手摸了摸汤盆，说："这汤确实是凉，待我再去热一热。"

等她端着汤再回来时，朱元璋望着两鬓添霜、神情憔悴，却还在为自己操劳的皇后，这个铁石心肠的汉子竟差点泪奔，愧疚地柔声说道："辛苦你了，刚才朕不该发火的！"

"是臣妾粗心，没注意到汤凉了，惹皇上不高兴了！"马皇后平静地冲他笑了笑。

朱皇帝动情地拉过皇后那双如同树皮般粗糙的手，用发自肺腑的声音说道："皇后，你真是朕的好皇后啊，遇上你是朕此生最大的福分啊！"

站在一旁观摩的嫔妃、宫女和勤杂人员，看到这对老夫妻秀恩爱的情景，不知做何感想，多多少少有所触动和启发吧！

还有一天晚上，一个宫女伺候朱皇帝洗脚，洗脚水可能比平时热了些，朱元璋的双脚刚沾到水就杀猪般地号起来："烫啊，你个混账东西，存心要烫死朕啊！"伴随而起的是宫女被一脚踹翻，洗脚盆也随之飞到了一边。"来人，把这不知死活的东西拖下去，给朕狠狠地打！"

瘫在一地水里的宫女眼看就在劫难逃，马皇后闻讯赶过来，一副义愤填膺的样子指着宫女斥责："不用心侍候皇上就该狠狠地打！"转身对朱元璋说："皇上，这事臣妾也有责任，处罚的事就不劳皇上费心了，交由臣妾处置就是了！"

朱元璋虽然生气，但见皇后主动承担责任，她又是后宫之主，倒想看看她这当领导的如何处置下属，于是问道："皇后打算怎么处置这该死的宫女？"

马皇后大声下达命令道："来啊，把犯错之人送到官正处按条例处置！"又吩咐重新打来热水，亲自指点伺候皇帝洗脚。朱元璋雷霆过后就问皇后道："宫女犯错，皇后为什么不亲自处罚？"

马皇后抓住时机发表了以下意见：我们是帝王之家，身处权力之巅，不能喜而加赏，怒而加刑。人在喜怒时行赏罚，难免出自喜怒。而交付专管此事的官正，就可以公正对待，按律酌处。朝廷的事，也应当如此。皇上在外廷要定人罪过时，不也是交由三法司去办理吗？

朱元璋明白这是宅心仁厚的马皇后在借机规谏自己，真是用心良苦啊，不由敬佩地点赞道："上天待朕不薄，让你做朕的皇后，真不知是哪辈子修来的福分！"

洪武十五年（公元1382年）流年不利，受万民爱戴的马皇后从上半年开始就感觉浑身恹缠，老打不起精神，御医们使出浑身解数也毫无起色。等到秋风萧索、黄叶满地的季节时，马皇后已是水米难进了。

面对朱元璋寝食不安，群臣"请祷祀山川，遍求名医"的局面，马皇后恳切地对朱元璋说："自古生死有命，富贵在天，不必再找郎中了，一旦找来的郎中药石无效，皇上会因爱护臣妾心切而怪于郎中，岂不是再赔上几条性命，又增加了妾身的罪过？"

朱元璋紧握着她的手，声音哽咽地说道："不，朕绝不能眼睁睁看你受罪而无动于衷……"

马皇后用微弱而坚定的声音打断他的话："往后臣妾不再喝那些药了！"随后就无力地闭上了眼睛。从此，果然拒绝喝药。尽管朱元璋信誓旦旦地表示不会怪罪郎中，劝她吃药，可马皇后深知他喜怒无常的秉性，还是坚持不再吃药。

洪武十五年（公元1382年）农历八月二十四，一位伟大的女性、洪武大帝朱元璋的夫人马皇后因病不幸逝世，享年五十一岁。马皇后在弥留之际，留下临终遗言："愿子孙后代以百姓为念，珍惜民力，不可为非作歹。"历史给予她八个字的评价：母仪天下，慈德昭彰！

后宫那点事

朱元璋失去了一个相濡以沫的好伴侣，悲恸之情无以言表。从此不再册立皇后，表示对斯人的敬重和怀念。虽然马皇后驾鹤西去后，他大办法事，并予以极大的尊荣，但无法排除心中的悲痛和思念。

不管相信与否，每当朱元璋的家里出现变故，老天爷似乎总要跟他开个玩笑。马皇后出殡当天，一早起来就狂风大作、电闪雷鸣、暴雨如注，丝毫不亚于当年他下葬父母时的情景，整座南京城一片汪洋，仿如泽国一般。令悲伤之中的朱皇帝未免又增添了几分忧愁和不安，与当年求助无门不同，如今的他身为一国之尊，有权主宰一切，于是就将主办法事的僧人宗泐叫来责问："你说，今天是皇后封安的日子，为什么天公不作美？"

宗泐深知眼前这个"老同行"是个喜怒无常的主，言语稍有不当就可能招来杀身之祸，可但凡装神弄鬼之人，自有一套蒙人的说辞，眼珠一转，鬼话张口就来："阿弥陀佛，贫僧有四句偈语，不知皇上是否愿意听？"

朱皇帝不耐烦地说道："你不妨说来，让朕听听！"

宗泐咽了口唾沫，清了清嗓子，气沉丹田地念道："雨落天垂泪，雷鸣地举哀。西方诸佛子，同送马如来！"

朱元璋当年出家时，这个宗泐还不知在哪里，当然不相信这个和尚的信口胡言，正待发作，那和尚又接着圆谎道："皇上，这可不是贫僧自己说的，乃昨晚贫僧迷糊之时，忽然见到菩萨降临，对贫僧念完这四句偈语后就飘然而去，谁知今早果然天降大雨。"

朱元璋虽然不信宗泐的鬼话，可见他念的四句偈语非常吉利，且天地变化无常，非人力可以抗拒，自己虽然管得了天下的臣民，却奈何不了天地，只好挥手让宗泐退下。

随着朱皇帝的逐渐平复，天空也配合着逐渐放晴，不一会儿就云开雨散，恢复秋高气爽的本来面貌。朱元璋心里咯噔一下，莫非那和尚真的见到菩萨了？这么一想，竟然高兴起来，认定马皇后真是转世成了马菩萨，已经荣登极乐世界去了。

普天之下莫非王土，率土之滨莫非王臣。朱元璋贵为一国之君，虽然一再标榜自己忧心国事，无暇迷恋女色，以一副道貌岸然的样子示人，其实随着势力不断壮大，他就开始金屋藏娇，从不缺少女人。每占领一个地方，他都会暗中吩咐亲信搜求美色，更有那些善于察言观色、阿谀奉承之辈，出于各种目的主动将美色送上门。

据吴晗《朱元璋传》所说，朱皇帝的嫔妃来源有三种渠道：一是从民间挑选，当然有自愿的，也有强迫的；二是收编陈友谅的嫔妃和宫女；三是从元顺帝的后宫里选取，其中不乏来自蒙古、高丽等少数民族的美女。而关于朱皇帝后宫到底有多少妃嫔，他本人一向讳莫如深，外人无从知晓，史学界推测有数百之众。朱皇帝驾崩时，为他殉葬的妃嫔就达四十六人。

其中胡充妃是朱皇帝单相思的初恋情人，早在朱元璋出家之前，年纪轻轻的胡氏就守寡在家，估计她的容貌是相当出众的，否则不会让朱皇帝垂涎欲滴地托人提亲。但这门婚事却遭到胡母的无情拒绝，原因无非有二：一是朱家太穷，上无片瓦遮身，下无立锥之地；二是朱元璋长得太过另类，其相貌实在无法恭维。

人生无常，朱元璋占领应天府后，派人四处打听令他念念不忘的梦中情人。那帮手下也不是吃干饭的，很快把消息反馈回来，胡寡妇已随家人躲避战乱流落到了淮安。当时淮安是红巾军李均用的地盘，于是朱元璋给李均用写了一封极其煽情的鸡毛信，请他看在往日的情分上，务必成人之美，将胡氏给送过来。

李均用天生就是干缺德事的主儿，真的把胡氏跟她母亲一块绑了送来。纵使胡氏容颜已不复当年之韶华盛极，然于男子而言，世间至美非西施之容、玉环之貌，恰似悬于苍梧之巅的明月，可望不可即的镜花水月。明太祖朱元璋辗转半生，终是圆了这求而不得的夙愿。后来胡氏为他生下了第六子朱桢，恰好刚刚平定武昌，朱元璋高兴之余说道："子长，以楚封之。"朱元璋称帝后，立胡氏为充妃。

再后来，胡充妃因年老色衰被晾在了一边。如果不是一件偶发事件，朱元璋也许再不会想起这个曾令他魂牵梦萦的老女人，胡充妃也会默默地了此一生，因为她的年纪比朱元璋大得多。

却说在楚王朱桢离开南京到封地武昌后，朱元璋的后宫爆出了一桩丑闻案。一天早上，负责清扫的太监在捞取御河中的枯枝败叶时，竟捞到了一个不足月的死婴。不用说肯定是宫里有人堕胎，为了消除罪证偷偷进了河里。

宫里嫔妃、宫娥能得到宠幸怀上龙种，是一件很荣幸的事情，生下皇子、公主，作为母亲将身价倍增，就算是已经有了皇子的人，也不会嫌子女多。其中必有猫腻，显然是有人在秽乱宫闱。

是谁如此胆大包天？暴跳如雷的朱元璋下令彻查，凡是有嫌疑的人员一律处死！随即一条线索反馈到了朱皇帝处：此事乃一个姓胡的妃子所为。朱元璋的第一反应就是胡充妃，这个当初仗着有几分姿色不愿嫁给自己的妖妇，肯定是因为受了冷落，故意报复而做出这等丑事。

朱元璋完全被怒火烧得失去了理智，抄起宝剑就直奔胡充妃的懿德宫而去。胡充妃好久见不到皇帝的面，闻报他突然光临，正欢天喜地出来迎接，没想到朱皇帝见面就是一穿心剑，可怜这位昔日的初恋情人，到死都不知道所为何事！

等冷静过后，朱元璋才慢慢意识到可能杀错人了。胡充妃自打跟了自己后，一向中规中矩，从无半点轻佻之色，况且都五十岁的女人了，怎么会做这种龌龊之事呢？看来十有八九是冤枉她了！

冲动是魔鬼，后悔药没地买去啊！朱元璋正在懊恼之时，远在武昌的朱桢听到母亲的遭遇后，不管有旨没旨（藩王没旨不得擅自离开封地）就奔了回来。愤怒的心情可想而知，可他不敢对父皇发泄，只是一个劲地跪在地上大声哭喊！

朱元璋做了亏心事，也不好治楚王不奉召而入京的罪，一本正经地安慰着满腹怨恨的儿子，劝他尽快赶回武昌去。朱桢最终只把母亲的衣冠带回武昌安葬。

打发走了朱桢，朱元璋又把怀疑的目光投向了胡顺妃。胡顺妃是胡美的女儿，他投降过来后，为了向朱皇帝表忠心，将自己的千金送给他做妾，后来就成了胡顺妃。胡顺妃是官二代，出身高贵，长得千娇百媚，顾盼生辉。没见她之前，朱元璋并不介意，只是为了稳住胡美才"笑纳"他的女儿，及至一见之下，顿时两眼发光，视之如尤物，并生下湘王朱柏。

据查胡美曾带着他的女婿多次秘密潜入后宫，不知密谋何事。朱元璋既已认定溺婴案非胡充妃所为，那么必定另有其人。胡顺妃既姓胡，又叫顺妃，那就活该倒霉，顺理成章地成了溺婴案的又一个牺牲品。接着胡美的女婿被秘密处决，胡美本人也被赐自尽。

胡美本来就是有功之人，想表忠心当皇帝的老丈人却当出不是来了。直到后来"胡惟庸案"扩大化，处置了李善长后，才把胡美列入"胡党"名单，并公布了他们翁婿"淫乱后宫"的罪行。

孙贵妃是早期跟随朱皇帝的女人之一，她是原青巾军元帅马世熊的养女。马世熊投靠朱元璋后，觉得他势大，又与其他起义军不同，断定其能成就大业，就忍痛割爱将养女献给了朱元璋。

孙贵妃不但人长得漂亮，在马世熊的调教下，识文断字，还颇有谋略。朱皇帝渡江之初，马皇后不在身边，她就顶替马皇后照顾朱皇帝的一切，活捉陈野先就是朱元璋采纳她的意见上演的一出好戏。事后连朱元璋都感到惊讶，称她为女中豪杰。

太平城遭元军围攻时，危急时刻又是她挺身而出力劝朱元璋拿出全部积蓄，她带上丫鬟亲临一线分发给众将士。全体指战员看到漂亮的小夫人亲临前线犒赏，士气倍增，接下来的战斗是人人争先、个个奋勇，竟然把围攻的元兵打得溃不成军，太平城才转危为安。

孙贵妃集美貌与智慧于一身，早期堪称朱元璋的半个智囊，自然令朱元璋感恩不尽，因此被册封为贵妃，地位仅次于马皇后。可惜她命运不济，没有生下儿子，只生下一个怀庆公主，而且于洪武七年（公元1374年）因病而亡，年仅三十二岁。

由于没有儿子，自然就没人为孙贵妃穿孝衣，朱元璋决定破旧立新，从我做起，让曾受孙贵妃抚育的周王朱橚算作亲子，为孙贵妃行慈母礼，戴孝三年，太子及诸皇子则戴孝一年。此举却遭到众皇子的反对，太子朱标甚至与朱皇帝发生了面对面的顶撞，气得朱元璋破口大骂："不孝孽子，你敢抗旨，老子今天就废了你！"说着拔剑就冲了过来，朱标一看不像是吓唬的，撒腿就落荒而逃。

经过老师的批评教育，朱标主动穿上孝服向父皇认错，才平息了风波。众皇子在太子大哥的带领下纷纷穿上孝服为孙贵妃送葬。

郭宁妃是朱元璋的同乡，据说她爹是能掐会算的看相先生，因此，在朱元璋发达之前，就让女儿侍奉他了，算早期下注的人。郭宁妃后来生下朱元璋的第十子鲁王朱檀。她的两个兄弟郭兴和郭英更是为朱元璋打下江山而出生入死。

马皇后逝世后，后宫由李淑妃执掌，但李淑妃也寿命不长，于是管理后宫的重任就落到了郭宁妃的肩上。可郭宁妃有资历没能力，很多妃嫔都不服她，其中最突出的是李贤妃、葛丽妃，此二人也是生育有皇子的，李贤妃生唐定王朱桱，葛丽妃生伊历王朱彝，都自恃身份贵重，联手跟郭宁妃搞抗衡。郭宁妃觉得自己的权威受到挑战，就时不时跟朱皇帝抱怨，不属于小报告，乃是正常的工作汇报，就如同一个部门经理向上级反映情况一样，属正常的职责范围。

在马皇后和李淑妃在的时候，朱元璋未曾为后宫操过半点心，如今听她叨叨个没完，又尽是些婆婆妈妈的烦心事。有天不知吃错什么药，一时烦躁起来，为图耳根清净，竟让人将郭宁妃拖出去砍了。

处死郭宁妃后，朱元璋干脆让李、葛二妃跟着一起陪葬，三个女人一条街，让你们到另一个世界继续吵去。

接下来简单说一下关于明成祖朱棣的生母问题。硕妃是朱皇帝众多妃子中的一个，但关于这位女子的资料就像谜一样，翻遍明朝的官方史料都没有任何记载，给人以神龙见首不见尾之感。

为什么会出现这种情况呢？答案就出在朱棣身上。朱棣发动靖难之役，从侄子朱允炆手中夺取了皇位。可朱允炆是朱元璋钦定的皇太孙，是合法的皇位继承人，朱棣抢夺他的皇位于礼于法都显得名不正言不顺。

由于太子朱标、秦王朱樉和晋王朱棡三位兄长都离开了人世，朱棣为了在道义上站住脚，就采取篡改历史的手段，制造舆论说他与太子朱标以及朱樉、朱棡、朱橚都是马皇后所生，证明自己的嫡子身份，以嫡子的名义传檄天下也就有底气多了。但长期以来，史学界一直认为朱棣并非马皇后所生，硕妃才是他的生母。

关于硕妃其人，史学界众说纷纭，莫衷一是，有人说她是高丽人，有人说她是蒙古人。还有一种更离谱的说法，说她是元顺帝的妃子，是怀着身孕被朱皇帝收编的，朱棣其实是元顺帝的儿子。这种说法显然过于荒谬，中国人历来很注重血统，更何况是帝王之家，以朱元璋之精明狡诈，绝不会混进一个异类而不自知。

不管怎么说，朱棣既然有心掩盖自己的身世，经其篡改过的历史就不会让人轻易找到线索。因此关于他的生母是谁，就成了一段历史公案，所有的所谓真相，都不过是后人的某种猜测。

朱皇帝和他的儿子们

朱元璋对功臣勋将、嫔妃宫女稍有不满就大开杀戒，视他们如同蝼蚁，可对自己的亲生骨肉，却从来不忍心下手。这当然是指他的直系子孙，对于那些嫁出去的公主，受传统观念影响极深的他，认为是泼出去的水，她们过得好与坏，是不太放在心上的。不过作为他女婿的那些驸马，只要稍有不敬或不忠的嫌疑，他则会像处理外人那样，毫不犹豫地处死他们。

朱元璋在当时属于晚婚晚育的群体，到元至正十五年（公元1355年）二十八岁时，才有了第一个儿子，到六十八岁为止，四十年的时间里，共收获了二十六个儿子，十六个女儿，合计四十二人，其中第九和第二十六子早夭，第十、第十三女早亡，长大成人的有三十八人。

朱元璋对自己年轻时没有机会接受教育深为遗憾，很多史书把参加红巾军前的朱元璋描写成一介文盲，说是马皇后帮他扫盲识字的。其实不然，朱元璋对文化的渴望和追求比任何人都要强烈，回顾他认识马皇后前的经历不难发现，朱元璋开始独立思考人生，是从云游开始的。之前虽然家里穷，但至少他有爹娘，有哥嫂，饿了有碗糠菜粥给他吃，累了困了有个窝给他睡；在皇觉寺里，虽然苦点累点，但同样有口吃的，有个栖身之处。

而当他只身走上讨饭之路，生活没有任何保障，过了今天不知道明天还能不能生存，一切只靠自己的时候，便有了些很现实的、不得不思考的问题。几年云游生涯，一路所见所闻，为什么人有三六九等，为什么有人高高在上、作威作福，有人却任人宰割、生活在死亡线上？这些问题都促使他去思考，去寻找答案。这些问题的答案当然没有人会告诉他这个讨饭的小和尚，从而让他不放过任何机会去学习，当然他学得最多的还是社会实践知识，读万卷书不如行万里路，这段苦难的经历留给朱元璋的财富是不可估量的。

朱元璋重回皇觉寺后，就一心扑到学习文化知识上，只不过他能找来的书籍都是佛教方面的典籍，但有书总比没书好，至少能提高文化水平。对一个自觉要求学习的人来说，其热情和吸取知识的能力是惊人的，不懂的地方寺里有老和尚可以请教。应该说这段时间朱元璋的文化水平是有很大提高的，如果生活就这样过下去，以他的学习精神，没准真能成为一代高僧。

后来的朱元璋更是从未放松过对知识的追求，不可否认，他肯定从马皇后那里学到一些系统性的东西，夫妻之间互相学习、互相帮助本来就很正常，毕竟他之前都是自学的，所接触的东西也有限。随着势力不断壮大，朱元璋对知识的渴望愈加强烈，每到一个地方就要寻找当地的大知识分子，也就是俗称的名儒，与他们交往，虚心向他们请教。从早期李善长、冯国用等人身上，朱元璋就学习到了许多东西，思想境界提高了很多个档次，才有了之后的拜访朱升，力请刘基、宋濂等一系列举措，从此他的幕府就没断过儒生和名士，如范常、陶安、夏煜、孙炎、杨宪、秦从龙、陈遇、孔克仁、叶仪、刘基、宋濂等。经过十几年的熏陶，朱元璋的思想境界有了质的飞跃，他不再是一介草莽，而是一个博古通今、满腹韬略的伟人。

朱元璋事业有成之后，决心给他的后代聘请最好的老师，创造一流的学习环境，对孩子实施严格的教育。他亲自任校长兼德育老师，让诸皇子接受最好的教育。朱元璋是很注重道德品质教育的，用他的话来说就是，育人最重要的是要正心，心正了，什么事都好办；心不正，各种私心杂念便会乘虚而入。为此，他亲手编写了《皇明祖训》《大诰》等教材。

在硬件设施上，朱元璋一改勤俭节约的作风，不惜花重金在宫殿中修建大本堂，类似现在的国家图书馆，搜取古今典籍存放其中，以供诸皇子聚集在此读书学习。在师资方面则聘请天下名师传道授业解惑，其中就包括很多学贯中西、满腹经纶、德高望重的名师、名家，比如宋濂在元代就是很有名望的大儒，詹同与陶凯等人是当时著名的翰林书生。此外，还让李善长、徐达、常遇春等开国功臣悉心辅导。前后十余年，向诸皇子讲解"四书五经"，教授治国理政之道。

用朱元璋的话来说："人有精金必求良冶而范之，有美玉必求良工而琢之。至于子弟，有美质而不求明师教之，岂爱子弟之不如金玉邪？"同时还告诫老师要做榜样，要因材施教："盖师所以模范小学者，使之成器，因其才力，各俾造就。"

孩子的思想很单纯，很容易受环境和周围人的影响，所以历史上才有了"孟母三迁"，朱元璋懂这个道理，将来孩子成为什么样的人，跟他儿时的玩伴有很大关系，所以他特地挑选了一批学霸到大本堂来伴读，如国子生国琦、王璞、张杰等十多个品行端正、学习成绩突出的人作为伴读生。后来又让一些开国元勋的子弟，如徐达的儿子徐允恭、常遇春的儿子常茂、康茂才的儿子康铎等，加入伴读的行列。朱元璋也在百忙之中抽出时间，经常到大本堂与师生们谈经论道、填诗赋词，交流学习心得。

在尊师重教方面，朱元璋在老师面前没有皇帝的架子。《明史·刘崧传》记载：洪武十四年（公元1381年），崧为国子司业，帝赐鞍车，令朝夕见，见辄燕语移时，未旬日卒。疾作，犹强坐训诸生。及革，敬问所欲言，曰："天子遣崧国子，将责以为功，而遂死乎！"朱元璋对刘崧爱岗敬业的精神大为赞赏，对他愈加尊重，通知各有关人员：刘崧，刘老师来了不用通报，随时可以见朕！

刘崧得知后，更加尽心尽力，一心扑在工作上，直到累倒在讲台上，临终前没有一句提到自己或者家人的事，而是始终牵挂着教书工作上的事。朱元璋感念他的师德，亲自为他写了悼词，祭奠他的亡灵。

一些老师名气大，脾气也大，特别是那些专家级的高级老师，他们对学生的管教是相当严厉的。有一位叫李希颜的著名儒士，博览群书，教育学生以严厉著称，如有学生上课调皮捣蛋，偷懒或冒犯老师，就会受到责罚，通常是用手中的戒尺敲他们的脑门，这叫长记性。虽然当了皇二代的老师，却依旧改不了他的臭毛病，有的皇子实在太调皮，挨打次数多了，脑袋上难免痕迹斑斑，旧痕未去，新迹又来。

朱元璋看见自然心痛，暴脾气一上来就要治李老师的罪。马皇后就从旁规劝道，人家李老师以圣人之道教导咱们的孩子，你发什么脾气啊？一句话就提醒了朱元璋，严是爱，松是害；教不严，师之惰。这些道理怎么一下子就忘了呢？朱元璋竟转怒为喜，非但没有责怪李稀颜，还升了他的职，提高他的待遇。放眼历朝历代帝师，敢无视皇家的天威，对他们的子弟进行体罚并得嘉奖的，恐怕只有李希颜一人了。

朱元璋的教育理念是非常超前的，他不想把儿子培养成温室里的花朵，他要的是德智体全面发展的人才。诸皇子年龄达到十八岁，都要放他们出去就藩，经受锻炼。从洪武十年（公元1377年）起，他就让太子朱标尝试处理政事，下令凡今后的政务先交到太子处，然后才向皇帝奏闻。从次年开始，陆续让诸皇子到封地就藩，次子秦王朱樉在洪武十一年（公元1378年）到西安就藩，三子晋王朱棡去太原就藩。同时命四子燕王朱棣、五子周王朱橚、六子楚王朱桢、七子齐王朱榑四兄弟到凤阳守祖陵一年，到先辈生活过的地方体验贫困生活，然后再送他们到各自的封地就藩。十七子宁王朱权就藩喜峰口外的大宁（今内蒙古自治区赤峰市宁城县），在边远地区带兵守卫边疆。从洪武二十三年（公元1390年）始，朱元璋便试着把兵权交给诸皇子，让他们领兵打仗，如让晋王朱棡、燕王朱棣率兵北征故元丞相咬住，由颍国公傅友德陪同。

朱元璋就是要通过这样的历练，让成年的儿子们在实战中管理部队，提高指挥作战的能力，从而在政治、军事领域上改变之前由他人掌控的局面，真正实现共万世基业的目的。

朱元璋的儿子除朱标被指定为太子外，全都封了王，他们都有着极丰厚的待遇：年俸万石，外加大量的土地和各种赏赐，皇族子孙不受一般法律约束，不归当地官府管辖。同时又规定，皇族子孙不得干涉地方政府，不得参加科举考试做官，不准经商，不准种地，等于将他们当寄生虫养了起来。在完全没有了工作和生活压力的情况下，那些曾经接受过严格教育的皇子，不少变成了醉生梦死、为祸一方的恶少。但也有人潜心研究学问，成为饱学之士，如五子周王朱橚不仅著有《元宫词》百首，还是植物学方面的专家，他写的《救荒本草》将四千多种能食用的植物绘成图谱，加注文字说明，为百姓度荒提供了便利；十子鲁王朱檀是个"好文礼士，善诗歌"的才子；十一子蜀王朱椿博览群书，才高八斗，被朱元璋称为"蜀秀才"。更有文武全才的，如四子燕王朱棣就文韬武略，智勇双全；十二子湘王朱柏"性嗜学，读书每至夜分，喜谈兵，膂力过人，善弓矢刀槊，驰马若飞"。

第十五章

功臣勋贵的不同结局

李文忠之死

　　当年李文忠跟随他爹李贞到滁州投靠朱元璋时才十四岁，见到舅舅的那一刻，他就扑在舅舅的怀里大哭。让朱元璋悲喜交加，毕竟是血肉相连呀！朱元璋抚摸着外甥的小脸蛋安慰说："外甥看到舅，如同看到母亲。你既然到了舅舅这里，今后生活就算是有了依靠。你就随我改姓朱吧，今后咱们以爷俩相称，你做我的义子，有福同享，有难同当！"

　　后来朱文忠这个名字用了相当长的一段时间，朱元璋专门为他与同时期找过来的侄子朱文正聘请了范祖乾、胡翰做老师。李文忠好像天生就是读书的料，领悟特别快，并且能够触类旁通，很快就通晓经义、能诗善歌。

　　至正十七年（公元1357年），十九岁的李文忠以舍人的身份，率领朱元璋的亲军赴援池州，初次作战就立了战功，击败在池州的赵普胜，又攻下青阳、石埭、太平、旌德四个县。之后又会同邓愈、胡大海由徽州进入浙江，从元朝手中夺取建德，随之升为亲军都指挥，镇守建德（后改名严州），收降苗帅杨完者的旧部三万多人。

在朱元璋统一江南的过程中，李文忠主要转战在南线。这条战线的情况相当复杂，呈犬牙交错状，东与张士诚接壤、西与陈友谅接境、东南与方国珍比邻，苗军、元军以及亲元的青巾军，各种势力在此交汇。

朱元璋惯用的手法是让大将攻城略地，打下城池后再派自己的亲戚或者养子去驻守。尽管当时南线有胡大海、邓愈等名将，可朱元璋还是有意培养初出茅庐的李文忠成为南线的最高军事统帅，因此，镇守严州的重任自然就落到自己最信得过的李文忠肩上。

李文忠也没有辜负朱元璋的期望，尽管后来朱元璋军与汉军在西线打得你死我活，张士诚想收点渔利，曾派二十万大军在南线发起进攻，但被李文忠打得全军覆没，吴军主将李伯升仅以身免，缴获辎重粮草无数。

朱元璋闻报大喜，特地将李文忠召回，设宴慰劳，大加犒赏，赏赐御衣名马，再让他返回军中。朱元璋此举有借机炒作，为李文忠造势之嫌，目的是要提高他的人气，确立其在南线的地位。令朱元璋万万没有料到的是，他这种偏心眼的做法，却让李文忠产生了骄气，一下得意忘形起来，以致犯下了差点不可挽回的错误。

由于李文忠与朱元璋的特殊关系，巴结讨好他的人自然不在少数。李文忠年纪轻轻，正是热衷于玩乐的年龄段，有心巴结他的人就投其所好，给他送来一个美貌异常的小妾，李文忠经不起诱惑，天天沉溺其中不可自拔。

这是朱元璋绝对不能容忍的，如果因此坏了大事，就可是要命的。严州是军事要地，万一那小妾是敌方，比如说张士诚派来的女间谍，那后果将不堪设想！

朱元璋听派去监视的金校报告此事后，迅速派人将那小妾杀死的同时，也把李文忠押回应天府问罪。朱文正已经令朱元璋失望透顶，没想到他一向看好并寄厚望的李文忠居然也做出这种糊涂事，怎不令他急怒万分？

李文忠一到，朱元璋是吹胡子、拍桌子，声嘶力竭地扬言要将他与朱文正等同处理。李文忠除了瑟瑟发抖地跪地认错以外，连句囫囵话也说不出来。多亏了舅妈马皇后出面求情："男孩嘛，哪能不犯一两次这种浑事？文忠这孩子本性不坏，只是经不起诱惑，好在这次犯错没有酿成恶果，就饶他一次吧，知错能改就是好孩子，计他吸取教训，下不为例！"

虽然有舅妈的祖护，但一番严厉的训斥是免不了的，最后朱元璋警告说，下次再犯错误，两罪并罚！

李文忠返回严州后还惊魂未定，心想自己全心全意为舅舅打拼，就因为这点小事他就不依不饶，要治自己的大罪；若是自己一时大意再犯下什么样的过错，到时候岂不是真的要像文正表哥那样死无葬身之地？

替主帅分忧是那些谋士的职责，李文忠身边的两位谋士就在恰当的时间、恰当的地点提出了恰当的建议："大都督，这次去应天府您还能侥幸回来，要是下次再叫您去的话，恐怕就没这么幸运了，希望大都督还是早做打算为好啊！"

这俩是李文忠帐下的参谋，分别叫赵伯宗和宋汝章，要是在此之前有人敢说出这样的话，他会毫不犹豫地斩下他们的头，可现在想到舅舅那张拉得比驴还长的脸和冰冷得让人不寒而栗的态度，他沉默了。

再想到不久前，在处置谢氏兄弟的问题上，朱元璋更是令他难堪到无地自容。原来诸全守将谢再兴因不满朱元璋的刻薄寡恩，毅然反叛投靠了张士诚。谢再兴对赚钱有着异乎寻常的兴趣，而张士诚那边的苏杭地区是富得流油的地方，自古以来商贾云集。谢再兴看准了这个商机，就暗中派军士私下挟带银两到敌占区杭州买些紧俏商品带回来高价卖，从中赚差价。这事被朱元璋知道后非常生气，在他看来这与里通外国毫无二致，当时念在谢再兴是淮西旧将，又是侄子朱文正岳父的分上，朱元璋没有直接对谢再兴下手，而是拿他的两个心腹部将左总管、糜万户开刀。把人杀就杀了，他还偏要将左、糜二人的头颅挂到谢再兴的办公室里，这事搁谁心里都不会舒服。

接下来的一件事，更是让谢再兴无法容忍，朱元璋连招呼都不打一声，就将他的二女儿作为奖品，赏给了心腹爱将徐达做小老婆。之前他硬将大女儿许配给自己的侄子，那毕竟是正室夫人，谢再兴不说什么，这次实在是太过分了。

张士诚对属下宽容是有目共睹的，他手下的将领就算是丧师失地都不会受责罚，对经商赚钱、寻欢作乐这种小事更是连问都不问。谢再兴决定换个主子过几天舒心日子，他知道朱元璋的耳目厉害，就连兄弟都不通知，秘密与东吴方面取得联系后，杀死知州栾凤，改弦更张，挂上了东吴的旗号。

李文忠前来平叛，驻守余杭的谢再兴弟弟谢三、谢五事前并不知道哥哥投敌叛国，到李文忠大军压境才在城上大喊："大都督，我们并不知情，如果大都督能保证我们的生命安全，我们愿打开城门迎接大军进城！"

李文忠拍着胸脯，又指天画地地打包票道："我以老人家的名誉发誓，保你们不死！"

朱元璋令谢三等人回应天府，李文忠派人随同带上报告将事情的经过说明清楚，并着重提出自己的看法：不要失信于人，免得将来无人再肯投降。朱元璋振振有词地说："谢再兴是我的亲家，却背叛我去投降张士诚，绝对不可宽恕。"将谢三等人凌迟处死……

这一切不愉快的事情令李文忠一时转不过弯来，竟然鬼迷心窍地指使赵、宋二人秘密与杭州方面联络。赵伯宗回来后，李文忠与部下郎中侯原善等人拟定了一份给对方的议降书。就在这个节骨眼上，朱元璋的一封言辞亲切的亲笔信送到了李文忠手上，李文忠的心都提到嗓子眼了，看过之后才安下心来：原来舅舅的气全消了，说他很后悔那次对外甥如此刻薄，自己在世的至亲骨肉本来就没几个，而你保儿又是出众的人才，应该是倍加爱惜的股肱之臣才对啊！信中还说要再回一趟应天府，爷俩再聚一聚。

李文忠从应天府返回严州后，非常后悔自己的鲁莽。这次应天府之行朱元璋不仅好言好语地跟他拉起了家常，回忆起他的二姐夫与二姐，即李文忠的爹妈很多往事，临返回严州时还赐予好马钱财，拍着他的肩膀鼓励他用心镇守城池，那殷切的目光令李文忠感受到了前所未有的温暖。

"我几乎被你们给害了，此事该如何处理？"李文忠找来侯原善

等人，不无怨恨地对他们说，"这事要是泄露出去，让我有何面目
见人？"

侯原善一脸怪异地说道："好在书信还没有送过去，悬崖勒马还
来得及，大都督要迅速决断啊！"

为了保密，更是为了自保，一向厚道的李文忠不得不果断采取措
施，指派心腹将赵伯宗、宋汝章等知情人全部秘密诛杀。后来李文忠
攻克杭州，将东吴方面接触过和可能接触此事的人全部灭口。这才
稍微松了一口气，可事关重大，牵涉到的人太多，又是通过口头的方
式秘密进行的，要想完全灭迹是不可能的。此事就像一块沉甸甸的石
头，压在李文忠的心头几十年，令他从此不敢再马虎行事。

不久，朱元璋就恢复了李文忠的本姓。在他登基的时候，武将们
都在前线拼杀，唯独李文忠被召回应天府参加开国大典。之后甥舅俩
进入了相当长的蜜月期，之后，李文忠开赴北方，开始了他传奇般的
军事生涯。

洪武三年（公元1370年）朱元璋大封功臣，李文忠被授为开国辅
运推诚宣力武臣，特进荣禄大夫、右柱国、大都督府左都督，封为曹
国公，参与军国大事，每年的俸禄三千石，并被授予世袭凭证。

史载李文忠器量深沉而宏大，人莫能测。平定天下闲居家中时，
为人恭敬谨慎，颇有文人儒士之风。由于爱好文学，就在府上养了一
些文人墨客，这些浑身书卷气的文人对政治一窍不通，只是凭自己的
一厢情愿让李文忠向皇帝上书进谏。朱元璋历来是严禁统兵的武将蓄
养幕僚和收养义子的，早在浙江时，杨宪就向朱元璋反映李文忠收用
幕僚过多，朱元璋将那些幕僚一杀了之，并严厉警告过李文忠。也许

是性格使然，李文忠过后依然故我，在统一全国的战争中，沿途收养了不少孤儿。

李文忠本着对国家负责、对舅舅负责的赤子之心曾上书劝说朱皇帝减少诛戮，说人才难得，人命关天，你把那些功臣都杀光了，一旦边境有事，谁来保卫国家？一旦内部有事，谁又来稳定局面啊？在此之前，朱元璋对李文忠的进言还是乐于听取的。可现在他对这位亲外甥、曾经的养子，自己先前视为股肱之臣的任何言语都反感起来了。

原来严州之事虽然过去了十多年，但在铲除胡惟庸余党的过程中，还是无意中被扯了出来。这令朱元璋大为震惊，想到朱文正和李文忠都是自己一手精心培育的至亲骨肉，自己待他们恩同父子，不料两人都是一有风吹草动就想背叛自己，真令他又伤心、又痛恨。

而还浑不知的李文忠过了些日子，又趁朱元璋要裁减宦官之机，再次上言表示完全支持裁减宦官，但他觉得力度还不够大，宫里宦官数量还是过于庞大，应该增加裁减数量。

这本来是顺着朱元璋的思路上书的，没想到却被找来当面狠狠斥责了一番。李文忠不知道问题出在哪里，只好狠狠地扇自己的耳光。连续几天，李文忠一直都异常郁闷，不知皇帝舅舅何以对自己判若两人？这时却突然来了一群武士，将他府上的幕僚和文士全部带走，后来听说连审都不审就全被处死了。

几十年的磨炼，李文忠无论是政治，还是军事素质都相当过硬，马上意识到十几年前的案子东窗事发了！经此折磨，李文忠一下病倒了。

挨到洪武十七年（公元1384年）春，李文忠的病情越发严重。朱元璋先派太子前来探视，宅心仁厚的朱标不知道表哥何以至此，只是一个劲儿地安慰。朱元璋听太子介绍了情况后，责成淮安侯华中负责组织医疗小组，全力诊治曹国公李文忠。无奈李文忠之病是因惊惧忧虑而引起的，这种心理疾病，就是扁鹊再世、华佗重生也束手无策。

正月二十七日，朱皇帝驾临李府探视，李文忠见皇帝舅舅到来，枯槁的脸上掠过一丝光彩。强打精神示意家人扶他起来，朱元璋连忙制止，随后坐在床边，向医护人员询问起病情来。

李文忠费力地示意其他人出去后，断断续续说道："舅舅……孩儿……不孝……不能再……为舅舅尽孝了！"

朱元璋安慰他说："不，保儿，你会好起来的，舅舅要让他们寻访天下名医！"

李文忠凹陷的眼窝滚下了两行热泪，费劲地说道："有件事压在孩儿……心里十几年了，当年在严州……孩儿做过一件愧对舅舅的事情……"李文忠嘴角抽搐，艰难地说着。

"保儿，别说了，舅舅知道，舅舅什么都明白，事情过去那么多年了，舅舅不怪你了，你安心养病尽快好起来！"朱元璋不让他说下去，留下几颗据说是御医调制的保春回阳丹，叮嘱了几句话就走了。

朱元璋站起来时看到李文忠还在说话："孩儿，感谢舅舅……再造之恩……"

朱元璋摆摆手又制止说："保儿别说了，你想说什么舅舅都知道，等你好了咱爷俩慢慢聊，你静心养病吧，舅舅走了！"转身匆匆离去，很多人都看到皇帝神情忧戚，眼含泪珠。

说完这句话后，李文忠感到前所未有的轻松，压在心底多年的大石头已经搬掉，他也了无牵挂。家里人更是倍感荣幸，皇帝驾临，还送来了灵丹妙药，医护人员不敢耽搁，赶紧服侍李文忠把"仙丹"服了下去。

洪武十七年（公元1384年）农历三月，曾经金戈铁马、叱咤风云二十载，立下赫赫战功的大将军、大都督李文忠，因病医治无效与世长辞，享年四十六岁。

噩耗传出，举国哀痛。更加令人哀痛的是那些给李文忠看病的医护人员及其家属一百多口人，全部被抓起来判了死刑，淮安侯华中被降低爵位，与其家属一道被逐至建昌卫（今四川省西昌市）。

朱元璋亲自为李文忠写文致祭，追封李文忠为岐阳王，谥号武靖，配享太庙，肖像排在功臣庙，位列第三。

徐达、汤和之死

如果说李文忠的死让朱元璋的感情有点复杂的话，接下来这个人的健康状况确实牵动了朱元璋的心，他就是被朱元璋高度评价为"出将入相，才兼文武世无双"的明朝第一功臣徐达。李文忠丧葬期间，朱元璋得知留守北平的徐达得了背疽病（一种生在背部的毒疮），历史上项羽的谋士范增、北宋时期的宗泽等都是得背疽病而死的，估计当时听到"背疽"就同听到恶性肿瘤差不多。朱元璋随即让徐达长子徐辉祖到北平将他接回南京治疗，不管怎么说京师的医疗条件总比其他地方强，朱皇帝也想就近能随时关心这个儿时的伙伴、而今的股肱之臣的病情。

朱元璋在打天下的时候人才济济、战将如云，在那些封公、封侯的功臣中，如果说李善长靠动手、刘基靠动嘴的话，那么冲锋陷阵的战将靠的就是青春和热血了。而其他所有武将的战功加起来都不及徐达和常遇春的一半，他们是最耀眼的两颗将星。

徐、常二将在朱元璋心目中的地位，恐怕连他本人都难以用言语表达，两人的地位和战功都非常接近。朱元璋称徐达为韩信，给了常遇春"虽古名将，未有过之"的评价，可见常遇春更受朱皇帝喜欢，只是资历比徐达稍逊一筹，只能屈居第二。在众多文臣武将中，常遇春是唯一敢在朱皇帝面前畅所欲言的人，虽然有时候言语未免失当，但朱元璋从未在内心里真正责怪过常遇春，就算是斥责也是出于关心和呵护。而他对徐达的宠爱和信任则是另外一种情形，因为徐达太完美了，完美到让人几乎挑不出毛病来。

徐达与李善长作为朱元璋的左膀右臂，从朱元璋称吴王起，一个为左相国，一个为右相国，一个主内，一个主外。三人紧密合作，共同驾驭诸将，开创了一个时代。徐达与其他功臣最大的区别在于他时刻保持着清醒的头脑，从不居功自傲。朱元璋给他待遇越高，越是大会小会地赞扬他，他就越小心地警醒自己，把君臣关系搞清楚，保持着适当的距离。

徐达"以智勇之资，负柱石之任"被封为太傅、中书右丞相、魏国公，长女为燕王妃，次女为代王妃，三女为安王妃，可谓是位极人臣，又是皇亲国戚，可他每次"功成而还，拜上印绶，待命于家，略无几微矜伐之色"（《明太祖实录》）。而每次上交将印，朱元璋都要留他喝上几杯，酒桌上朱元璋仿佛又回到儿时，谈笑风生，口称兄弟，这种时刻，徐达总是诚惶诚恐，从不敢附和。

都说将在外君命有所不受，可徐达领兵在外遇到重大决策，从不自作主张，总是在请示了朱皇帝后，再严格执行。虽然朱皇帝说过："将军谋勇绝伦，故能遏乱略，削群雄。今事必禀命，此将军之忠，吾甚嘉之。然将在外，君不御。军中缓急，将军其便宜行之，吾不中制。"但徐达从不当真，一旦真的"便宜行之"那后果将会大大地不妙。

更加难能可贵的是，徐达彻底摆脱乡土观念的羁绊，不搞山头，不拉帮结派，没有卷入党派之争。他对李善长和刘基同样敬重，胡惟庸见徐达功劳大、威信高，而且似乎忘记自己是淮西人，就想把他拉回淮西的阵营里。徐达既看不上他的人品，又不愿卷入他们的是非之争，不予理睬。胡惟庸就收买徐达家的门卫福寿企图加害于他，福寿忠心耿耿，把情况告诉了徐达。徐达不愿搞打击报复，只是提醒朱皇帝：胡惟庸人品不行，不适合当丞相！后来，胡惟庸谋反被杀后，朱元璋想起徐达的话，更加敬重他的为人。

相比于战功，徐达更令人敬佩的是他的人品，元末群雄纷争之中，有枪就是草头王，许多人一旦手里有权有势，就"多取子女玉帛，非礼纵横"，过起穷奢极欲的生活，还振振有词：战争使天下男人死得差不多了，我们这些幸存的男人不负起拯救妇女的责任，怎么对得起苍生！可徐达洁身自好，不贪美色，不图货利，攻克平江"封姑苏之府库，置胡宫之美人财货无所取，妇女无所爱"，攻克大都"封府库，籍图书宝物，使宦者护视诸宫人、妃、主，禁士卒毋所侵暴。吏民安居，市不易肆"。朱元璋称赞其："令行禁止。不居功自傲，不贪图女色财宝，处理问题不偏不倚，没有过失。当世有此美德者只一徐达。"他在南京的家只是一所普通的小房子，朱元璋几次指示有关部门要给大将军换一所较好的房子，他却推辞说："天下未定，皇上还节衣缩食，我怎敢以家为计？"朱元璋想把原来的吴王府旧邸让给他，徐达坚决推辞。朱元璋把徐达约到旧邸，说咱哥俩好好喝两杯，将他灌醉后，命宫女把他抬到床上，盖好被子。徐达酒醒后连忙跑到朱元璋面前大呼死罪，朱皇帝十分高兴，认为徐达是大大的功臣，没有野心。徐达的政治水平确实不一般，吴王府是随便住的吗？你想当吴王造反啊？朱元璋就是从吴王华丽转身为皇帝的，口头上虽然叫你住，一旦你真住进去，后果说多严重就有多严重！

朱元璋一高兴就命有关部门在旧邸前面给徐达另盖了一个宅院，并立了一个牌坊，上书"大功"二字。徐达是围棋高手，朱元璋时常邀徐达到莫愁湖的皇家别墅下棋，徐达每次都故意输棋。朱元璋姓"朱"可他一点都不"猪"，知道自己的棋艺还没高到每盘必赢的程度，一次对弈前，让徐达不必多虑，拿出真本事来。一盘下完，朱元璋果然输了，看到皇帝那张拉长的猪腰脸，徐达指着棋盘说："陛下请看！"朱皇帝一看棋盘上的棋子赫然走成"万岁"二字，龙颜大悦，当即把莫愁湖赐给了徐达。人们将君臣对弈的别墅称为"胜棋楼"。

徐达从北平回到南京后，就在胜棋楼养病，李文忠之死让他更加谨小慎微，除了谢绝会客外，整天大门不出，二门不迈，就在莫愁湖钓鱼读书，聊以打发时间。

洪武十八年（公元1385年）二月初二，这天是龙抬头，朱元璋当然也要在这天"抬头"，就按照惯例赐宴群臣。徐达因卧病在家，没有参加宴会，朱皇帝特地选了几道美食让太监给送了过去，连带让太医院的御医前去探视。此举无论是作为儿时的兄弟、之后的战友，还是如今融洽的君臣关系都是极其正常的。

不正常的是，几天以后，戎马一生的徐达突然病情恶化，竟不治身亡。据坊间传闻，朱元璋送去的菜肴里面有一道蒸鹅（徽菜以清蒸为主），徐达吃过以后，导致背疽发作，才不治而亡。这让朱元璋跳进黄河也洗不清，说是他故意置徐达于死地。要命的是，没人敢跟他说，他连澄清的机会都没有，背上黑锅还浑然不知，并且一背就是六百多年。时至今日人们还在争论不休，到底是不是他送的蒸鹅要了徐大将军的命。

洪武十八年（公元1385年）二月，为大明帝国建立了不朽功勋的大将军魏国公徐达因病逝世，享年五十四岁。朱元璋听到噩耗，悲痛不已，宣布罢朝三天，停止一切娱乐活动，出席葬礼，把徐达列为开国第一功臣，追封为中山王，谥号武宁，赠三世皆王爵，赐葬钟山之阴，御制神道碑文。

徐达之死难免勾起朱元璋对往事的怀念，徐达去世之时，他的另一个结拜兄弟汤和正在贵州思州平息蛮族土司叛乱。在所有的文臣武将之中，没有人比汤和更了解朱元璋了，自打小时候打架被朱元璋阴了，汤和就知道这位大哥讲义气的同时，还心狠手辣，从此对他是敬畏有加。当年在濠州郭子兴部时，身为千户长的汤和对大头兵朱元璋毕恭毕敬，朱元璋不仅坦然接受，还对他颐指气使，令见惯了等级森严的官兵们大惑不解。

后来，汤和鞍前马后为朱皇帝平定天下立下了汗马功劳，以他的资历和功劳，完全有资格封公，可在洪武三年（公元1370年）论功行赏时，只得了个中山侯的爵位，一向谨小慎微的汤和连声都不敢吭，可朱元璋在诏书中明确指出："如御史大夫汤和，与朕同里闬，结发相从，屡建功劳，然嗜酒妄杀，不由法度……止封为侯。"汤和这才知道，朱元璋揪住自己当年的一句酒后狂言不放。

汤和明白这是在敲打自己，从此更加夹紧尾巴做人，遇事更加沉着冷静，不敢再做错一件事，也不敢再说一句狂言，要让皇帝再抓住一次，可不像小时候求饶就能了事的。

直到洪武十一年（公元1378年），汤和因参加了灭蜀夏、平定云贵等一系列作战，让朱元璋觉得再揪住这位四弟的辫子不放，也过意不去了，遂晋封他为信国公，加封左柱国、左都督、议军国大事。一派冰释前嫌的样子，可朱元璋对他当年在常州的过失，却是牢记在心，并将其铸到传诸子孙后代的铁券上，让汤和在欢喜之中又如芒刺在背。

朱皇帝天天在杀人，他一想杀人就把对方往"胡党""蓝党"里面扯。汤和一看，干脆交出兵权，告老还乡，你还当我想打仗呀，那可是把脑袋别在裤腰带上的活儿，是要死人的！

汤和此举不但保全了自己，也让朱元璋大为宽慰，双方都心照不宣。可摆上桌面上的话都很得体，汤和说："陛下，老臣已年老体衰，不能再为陛下效力了，请陛下见谅！为此老臣恳求陛下恩准告老还乡！"

朱元璋内心称赞汤和识时务，表面却一副惋惜的样子，说："朕真舍不得爱卿离开呀，可如今咱们都老啰，再驱使爱卿就显得朕不仁义了！朕让人在中都凤阳再给你另起一套别墅，再赐你一笔退休金，到那里安度晚年去吧，什么时候想见朕，可以随时过来！"

汤和如获大赦，猛磕响头，说："谢谢陛下！谢谢陛下体恤老臣！"

"起来吧，你下去后替朕转告其他老臣，有愿意解甲归田的，朕一律准了他们，也同样赐予府第金钱让他们安度晚年！"朱皇帝这句话有两重含义：一是安抚汤和，表示对他的做法感到满意；二是释放信号，让更多的人效仿汤和。

朱元璋满以为自己善意的信号释放以后，会有很多人向汤和看齐，交出兵权回家养老，结果令他非常失望，从而更加感到汤和的难能可贵。

汤和回家一年后，沿海倭寇猖獗，朱元璋再度召他出山，抗击倭寇。此时汤和已年过花甲，但皇帝的诏命不可违，加上是为国为民之事，更是一名老将的使命感在驱动，汤和义无反顾地以老迈之躯再次披挂上阵。

汤和不辱使命，率三万部队不但驱逐了倭寇，还着眼未来，命令部队在江浙一带沿海地区筑城五十九座，又在民众中组织五万多兵勇，对他们进行严格的军事训练，发给他们一定的粮饷，一旦倭寇进犯能够自保。果然，在汤和回南京后，又有倭寇来犯，结果被组织起来的兵勇依托城池予以击退。朱元璋接到地方的奏报后，对汤和大加赞赏，他要的就是像汤和这样招之即来、来之能战、战之能胜，又识大体的领军人物。

汤和离京时，朱元璋领着文武百官为他送行，奖励了大笔金钱和宝物，无奈这场别出心裁的送别秀依然没能唤醒那些沉迷于权力之中的臣属。汤和赋闲后的表现让朱元璋深感满意，他缄口避政，效蠡泛舟之智，行韩王伴食之策。为此朱元璋恩准他每年到京师参加大年初一的新年庆贺大典。

晚年的汤和突然得了急症，不能言语又走不了路。朱元璋听说之后，感慨万千，他已经成了真正的孤家寡人，汤和是仅存的唯一好友。当即命人赶制了一辆安全实用的安乐车，他要即刻见到汤和。

当汤和被推进谨身殿时，朱元璋的两行热泪滚滚而下，忘了自己也是六十好几的人了，踉跄着快步迎了上去，一把抓住汤和的手，哽咽着一时说不出话来。汤和更是感动得嘴角直抽，胡须颤抖，老泪横流。

朱元璋蹲在安乐车旁，一对老哥们儿泪眼相对傻笑着。内侍搬来椅子后，朱元璋情不自禁地回忆起了童年往事，一个滔滔不绝地讲，一个静静地傻笑着听，仿佛又回到了孤庄村，回到了当年放牛的山坡上。每当讲到那些趣事和糗事的时候，朱元璋总会拍着汤和的手背问他听清了没有，是否还记得！汤和则以点头回应，还时不时地咧开嘴巴。这一刻，谁会怀疑铁石心肠的洪武大帝没有柔情的一面？只是这样的场面极其罕见，朱元璋与汤和的这次见面就定格在了历史的瞬间，也成了他们之间最后的一次见面。

洪武二十八年（公元1395年）八月二十八日，久病在床的信国公汤和溘然长辞，享年七十岁，终得全功名于洪武盛世。朱元璋下令厚葬，追封其为东瓯王，谥襄武，埋葬在凤阳曹山（今属蚌埠市龙湖公园）。

一颗将星进入皇帝的视线

在第十四章时，曾简单介绍了明军收复辽东、纳哈出归降的经过，当时以冯胜为大将军，傅友德、蓝玉为左右副将军，率二十万大军往征。大军凯旋时，冯胜命都督金事濮英率三千人殿后。冯胜是江山易改秉性难移，贪功邀赏的老毛病让他只顾着兴冲冲往回赶，根本没有做好各部的协调工作，导致濮英的后卫与大部队脱节。纳哈出虽然投降，但他手下还有大量的散兵游勇，这些人过惯了劫掠加游牧的生活，他们看到明军班师，就打算趁机捞一把，濮英的三千明军就成他们打击的对象。据说当时聚集了数十万之众，濮英所部遭伏击后，他本人被俘。元军打算把濮英当人质，勒索更多的赎金，濮英趁人不备，抢过蒙古人的腰刀剖腹壮烈牺牲。

大军凯旋但却损失了一名高级将领和三千士兵，这个责任肯定要有人来背。作为一军主帅的冯胜自己不做一点检讨，就将责任推给了常茂，说他在受降时无端激化矛盾，将他作为罪魁祸首，五花大绑带回京复命。

常茂是常遇春的长子，又是蓝玉的外甥，还是冯胜的女婿，论起来这些关系够亲的了，可冯胜为什么要把责任归咎于他呢？原来常茂这个啃老族（承袭他老子的爵位）根本不拿自己的岳父当回事，娶了冯胜的女儿，却对老丈人傲慢无礼，不服从管教还常常出口顶撞。不管是从岳父还是大将军的立场出发，都令冯胜感到愤怒，因此，这次趁机拿他当替罪羊。

常茂也不是好惹的，趁机揭发冯胜私藏名贵好马、强纳敌方女眷、派人向纳哈出夫人逼要美酒及金钱珠宝等不法行为。朱皇帝各打五十大板，将常茂贬至龙州（今广西省龙州县）安置，收回冯胜大将军印绶，勒令回老家凤阳停职反省。

明军对逃到漠北的北元政府虽然予以多次打击，但都没有从根本上解决问题，第一次常遇春、李文忠联手出击，打到元上都时被元顺帝逃了；第二次李文忠打到元新都时，又让元昭宗给溜了。这里还要简单补充一下，洪武五年（公元1372年）时，塞外各地故元残余势力经过一年多的苟延残喘后，又再次活跃起来，并不断南掠。

这给刚想喘口气的明朝君臣出了道难题，朱元璋主张采取守势，以魏国公徐达为代表的武将主张采取攻势。经过论证，朱元璋接受了武将们的意见，遂于洪武五年（公元1372年）正月二十二日，命徐达为征虏大将军、曹国公李文忠为左副将军、宋国公冯胜为右副将军，各率兵五万人，分三路对北元展开打击。

朱元璋的战略构想是以徐达为中路，北出雁门关，摆出急趋和林的架势，大造声势稳步推进，诱使元军出战，聚而歼之；李文忠东路为奇兵，出居庸关经应昌直插和林；冯胜西路为疑兵，出金兰向甘肃推进。这个以中路为正，东、西两路为奇，奇正并用、三路合击的战略部署不能说不完美。

可无数事实证明，太过完美的计划实施起来往往都不怎么完美，尤其是在战场上。因为决定战争胜负的因素在人，朱元璋把军中的一、二、三号人物悉数派了上去，导致的结果是三位大腕各自为战，而且一个比一个冲得快，生怕落了下风。

先是徐达的中路军于春季越过了沙漠，前锋蓝玉在土剌河（即今图拉河，位于蒙古乌兰巴托南）轻松击败了王保保，随之又在岭北（元朝岭北行省）再败元将贺宗哲。在接下来的一个月里，元军东躲西藏，诱使明军在茫茫大漠里消耗体力和粮草。一生用兵谨慎的徐达不得不放弃稳步推进的策略，急于寻找元军主力。就在明军被拖得疲惫不堪之时，永不言败的王保保瞅准时机，突然出现。一生未尝败绩的徐达终于被手下败将王保保打得丢盔弃甲，损失一万多人，被迫收拢部队且战且走。七月十一日，偏将汤和在断头山（今宁夏宁朔东北约三百里处）遭败绩，指挥同知章存道战死，王保保一洗前耻。

东路的李文忠也遇到了与徐达类似的情况，元军先是示弱逃遁，故意丢弃牛马辎重无数，诱其深入。进至胪朐河的时候，李文忠再次拿出之前两征北元的法宝，留部将韩政守护辎重跟进，自己亲率大军轻装急进，每人只带二十日口粮。元军几次吃亏，他们也在战争中总结经验，当李文忠疾速进至土剌河、阿鲁浑河（即今鄂尔浑河，位于蒙古乌兰巴托西北）一带时，发现元军在此聚集了大量兵力，李文忠见先机已失，当即停下脚步敛兵据险自固。

考验李文忠的时刻到了，摆在面前的形势是：如果不当机立断撤离就会陷入重围，如今是深入草原远离后方，援军是指望不上了；但如果仓促撤离的话，对方就会追着屁股撵，到时就会变成一场追杀。李文忠的聪明才智和临危不乱的处事风格，成功地拯救了自己，拯救了他的军队。他下令将俘获来的马畜散放开来，让士兵驱赶得满地乱窜。指挥这次战斗的元将蛮子由于吃亏上当多了，以为李文忠又耍什么阴谋诡计，命令元军稍稍向后撤退，以保持安全距离。

李文忠抓住这难得的时机，一鞭子下去：撤！撤开马蹄狂奔，蛮子竟然眼睁睁地目送他们远去而无动于衷。也许他根本没想到对方会撤，而他的任务是保卫元主的安全，从这个角度说他也算完成使命，可以交差了。

李文忠的东路军一仗，双方死伤都差不多，明军损失了宣宁侯曹良臣和指挥使周显、常荣、张耀等多名战将。虽然回去后，李文忠多次夸大对方，但朱元璋从此对他不太感冒了。

西路军由于阻力较小，进至兰州以后，颍川侯傅友德率五千骑骁勇败元将失剌罕于西凉（今甘肃省武威市）。进至永昌（今属甘肃省），再败元太尉朵儿只巴于忽剌罕口，获辎重牛马甚众。与冯胜主力会师后，于扫林山（今甘肃省酒泉市北）又打了一仗，斩元军首级四百多，擒其太尉锁纳儿加、平章管著等人。六月初三，逼降元将上都驴，获吏民八百三十余户。师抵亦集乃路（今内蒙古额济纳旗东南），守将伯颜帖木儿举城降，继败元军于别笃山口，获元平章长加奴等二十七人及马驼牛羊十余万头，从此河西走廊纳入大明王朝的版图。

西路军的胜利给朱元璋勉强挽尊，但冯胜的表现又让他很生气，原来冯胜贪小便宜，竟然私吞战利品。朱元璋令其全部退赃，来个功过相抵，既不奖赏也不处罚。

此次北伐的失利，让朱元璋改变对北元的方针，以守为主，不再轻易踏足草原。洪武八年（公元1375年），让朱元璋高看一眼的王保保终于带着满腹的遗憾和不甘走完了人生最后一步。到了洪武十一年（公元1378年），元昭宗爱猷识里达腊也撒手人寰，这让朱元璋才感到放心，北元已无力反攻中原，虽然期间北方边境仍有战事，但规模都不大。

成功迫使纳哈出归降之后，朱元璋又重新将目光投向了大漠深处的北元政府，此时的领导人已经换成了元顺帝的孙子脱古思帖木儿（史称元益宗）。朱元璋要在自己的有生之年彻底解决这个北方边患，给儿孙们创造一个稳定的外部环境，并决定将这副重担交给长期跟随主帅南北转战积累了不少实战经验，一直都冲劲十足的蓝玉。

蓝玉，定远人，常遇春的小舅子，一开始在常遇春帐下效力。每逢征战冲锋陷阵从来不甘人后，并且"所向皆捷"，颇有他姐夫"常十万"之风。常遇春经常在朱元璋面前提起自己的小舅子如何如何，让朱元璋开始注意起这个长身赤面、仪表堂堂的大汉来。后蓝玉因功屡屡升迁，由管军镇抚到千户，再到指挥使，至大都督府佥事。

洪武四年（公元1371年），蓝玉随傅友德平灭四川明氏政权；洪武五年（公元1372年），跟随徐达出征西北，以先锋官身份在野马川击败了王保保的散兵游骑，接下来又在土剌河击败王保保率领的大军，迫使王保保落荒而逃；洪武七年（公元1374年），蓝玉单独带兵出战，攻克了兴和，擒获北元国公贴里密赤等五十多名北元将领；洪武十一年（公元1378年），蓝玉与沐英平定西番叛乱，被封永昌侯，俸禄二千五百石，赐世袭爵位金券；洪武十四年（公元1381年），以左副将军的职位随傅友德征讨云南，因功劳显赫，加俸禄五百石，其女被册封为蜀王妃（朱元璋十一子朱椿之妻）。

征战辽东纳哈出时，蓝玉以征虏左副将军身份披挂上阵，大军抵达通州时，闻报庆州有元军驻屯，时逢天降大雪，蓝玉一马当先率领骑兵突袭元军，杀平章果来，擒获其子不兰奚，干净利落，一气呵成。

历史上没有关于蓝玉年龄的记载，不过既然他是常遇春老婆的弟弟，估计应该比那帮开国老将要小好几岁，年纪小就意味着资历浅，所以尽管能力出众，却只能充当配角，跑跑龙套。可机会总是留给有准备的人，为了这一天，蓝玉始终保持着旺盛的精力在奋斗着。机会终于来了，皇帝命他担任北伐的总指挥，目标是彻底消灭元益宗的北元政权！情报显示，北元朝廷已游牧到喀尔喀河、贝尔湖、克鲁伦河一带。朱皇帝给蓝玉的最高指示是："肃清沙漠，在此一举。"

担任主帅，对蓝玉来说是大姑娘上轿头一回，心情激动是免不了的，可他没有说出诸如感谢圣上信任、臣愿肝脑涂地之类的豪言壮语，而是一副舍我其谁的表情。也许是等待时间太久，真的梦想成真时，反倒不见有多么兴奋。他暗暗告诫自己：蓝玉呀蓝玉，几十年的努力没有白费，军人的荣耀就在眼前，是英雄是狗熊就看你的了！

蓝玉深入北漠犁庭扫穴

洪武二十一年（公元1388年）三月，经过一个冬天的准备，大将军蓝玉率十五万大军从大宁出师北伐。朱元璋的用兵原则是，要么不动，动则要收到预期效果。为此，他给蓝玉配备了一个豪华阵容，除以延安侯唐胜宗、武定侯郭英为左右副将外，随军出征的还有中国公邓镇、定远侯王弼、南雄侯赵庸、东川侯胡海、鹤庆侯张翼、雄武侯周武、怀远侯曹兴等名将，几乎把当时最能战、还能为他所用（至少他这样认为）的开国将领悉数派了出去。

有些人天生就是将才，有些人经过千锤百炼，从无数的血和火的冲杀中，才练就成一个将军，蓝玉是兼而有之。虽然是第一次统兵，但他清楚地知道，草原毕竟是蒙古人赖以生存的老窝，他们对地理环境了然于胸，要想找到元益宗一行绝非易事，一旦有风吹草动他们就会跑得没影，十五万人的军事行动，要想绝对保密是不可能的，这就必须掌握个度的问题，行动慢了会贻误战机，行动太快会打草惊蛇。因此，大军缓慢进至庆州（今内蒙古自治区巴林右旗西北）时，得到元益宗屯驻捕鱼儿海的确切情报后，蓝玉命令：加快行军速度，直插蒙古草原深处的捕鱼儿海！

捕鱼儿海名虽为海但却并不是海，只是个湖泊的名称，位于今天的贝尔湖一带。元顺帝虽然被赶出了中原，但他依然是蒙古大汗，所以他的孙子元益宗就是北元第三位皇帝、蒙古国第十七位大汗。据史学家多方考证，元益宗脱古思帖木儿就是李文忠攻破应昌时俘获的元昭宗爱猷识理达腊的嫡长子买的里八剌，押到南京后被朱皇帝封为"崇礼侯"，后来朱元璋感念元昭宗"父子隔绝，未有后嗣"，而于洪武七年（公元1374年）将他送回蒙古。

元益宗虽然继承了老祖宗传下来的两个至高无上的头衔，可境况却是江河日下，如今所待的地方正是当初成吉思汗按照蒙古游牧贵族的传统分封亲族时划给同母弟哈赤温后裔的封地。捕鱼儿海就是哈赤温后裔的势力范围，元益宗把此地作为栖身之处，带领北元政府的人马转移到了这里，说明哈温赤后裔还是忠诚于脱古思帖木儿大汗的。

蓝玉率大军经过一个月的急行军，禀持"人不御甲、马不离鞍"的原则，一路保持高度戒备，随时应对可能发生的战斗。茫茫草原是蒙古人纵横驰骋的天下，蒙古铁骑以机动快速著称，善于远距离奔袭，于明军而言，说不定在哪个时间、哪个地点就会冒出一支意想不到的强敌。

虽然一路行进并没有遇到这种情形，但作为主帅，蓝玉不得不防，稍有疏忽，就会全军覆灭，不是他去找人家，而是人家索他的命来了。当大军行进到游魂南道时，部队人困马乏，如果不能尽快找到水源，整支部队将活活渴死在一望无垠的大漠深处。关键时刻，还得求助于熟悉北漠生活的蒙古人，这时归顺明军的蒙古军官观童帮助部队找到一处能挖出泉水的地方。

明朝出动大军找他麻烦的消息，元益宗早就收到了，只是他觉得，自己所处的位置离中原何止千里，别说明军不一定知道朕的藏身之所，就算知道又能奈我何？就凭他们那瘦瘦弱弱的小身板，一路风霜雪雨，不累死也得把他们渴死。因此他一点都不担心，每天该吃吃，该喝喝。

元益宗气定神闲，蓝玉却忙得不可开交。四月十一日，明军克服重重困难到达距捕鱼儿海只有四十里的百眼井时，依然没有发现敌人的任何踪迹，莫非情报有误？或者敌人嗅到了气味早已逃之夭夭？此时大军所带的粮饷已所剩无几，若不能找到敌人战而胜之，后果将不堪设想。

为此，蓝玉召集部将召开紧急军事会议。当然，这种会议是没有多少意义的，最终还是得自己拍板。因为凡是带有讨论性质的会议，都免不了有各种不同的意见，大家轮流说了一通以后，往往让你无所适从。有的人既说明了继续前进的困难和利弊，又阐述了后撤可能带来的恶果，这种人长篇大论，说得似乎头头是道，可等他说完了你却发现，那全是废话，等于什么都没说。

蓝玉本身就是个大老粗，又是第一次担任军事主官，会议是开了，他的脑子也更乱了。正在他不知道该如何决断的时候，副将王弼会后找到了他，单独对他说："大将军难道忘了皇帝的最高指示啦？"

一句话提醒了蓝玉，也坚定了他前进的决心。目前的局势他比任何人都清楚，大军粮草匮乏，已坚持不了几天，只有一往无前找到敌人才能得到补给；如果就此撤军，后果将不堪设想，十几万大军生还者将寥寥无几，绝大多数会饿毙在路上。皇帝岂能饶了自己？想到皇帝那张拉下来比驴脸还长的阴沉沉的脸，还有那瘆人的眼神，人高马大的蓝玉竟然不寒而栗，反正都是死，不如死在前进的路上，还能保全家人。想到这里，蓝玉横下一条心，决定赌一把，不成功便成仁，继续派出侦察兵，命令他们扩大侦察范围，务必找到脱古思帖木儿，否则都不用回来见本将了！

同时命令全军开拔，继续向大漠深处挺进！不得不说朱元璋确实打造了一支铁军，全军没有任何异议，命令一下，大家依令而行。随之又一道命令下来：全军保持肃静，各部埋锅造饭，要挖深坑，在坑里做饭，防止蒙古人发现烟火，如有暴露行踪者，杀无赦！

当明军搜索到捕鱼儿海南岸时，好消息从天而降，侦察兵回报，发现在捕鱼儿海东北方向约八十里处有大片蒙古包，估计是北元朝廷所在地！果然功夫不负有心人啊！蓝玉当即兴奋起来，管他是不是北元朝廷，先打他一家伙再说，能逮住元益宗最好，如果不是他们一伙，先抢点物资填饱肚子再去找他！

一些知道消息的将士热血开始沸腾，一个多月了，再不沸腾，北漠的天气能把人冻成冰雕。看着大家摩拳擦掌急不可耐的样子，蓝玉把担任前锋的任务交给之前给了他正确意见的王弼。

王弼得令，率部绝尘而去。此时连老天都眷顾他们了，一场大风呼啸着不期而至，卷起的漫天黄沙把大地笼罩得一片昏暗，几十步开外看不到前方。侦察人员的情报很准确，王弼他们要进攻的地方正是北元朝廷所在地。他们也在外围布置了警戒哨和巡逻队，可是这种鬼天气，巡逻队是不会巡逻了，哨兵也早就找地方躲避去了，反正不管什么原因，此时都不重要了，重要的是蒙古人做梦也没想到明军会突然出现。素有"双刀王"之称的王弼提着双刀首先发难，瞬时杀声四起……

身经百战的太尉蛮子首先反应过来，仓促之间组织队伍抵抗，可那些伴随着风沙源源不断涌来的明军个个面目狰狞，乱砍乱杀。蛮子组织起来的那点儿人马一下被杀得七零八落，蛮子也在混战中被郭英当场挥刀砍杀，拿有武器的元军顿时成了被追杀的对象。更多的明军则是成群结队逐个帐篷进行洗劫，蒙古人最聪明的做法就是抱头蹲下，明军骑兵对凡是够得着的目标都是一刀，完全不管你抵不抵抗。

待在皇宫里的元益宗听到禁卫军来报："报，皇上，明军已杀进营帐！"他也透过呼啸的风声隐约听到了喊杀声，第一时间就是带上太子跑路，身边几位重臣知院捏怯来、丞相失烈门等十几个也分头从后帐逃了出去。

蓝玉找不到元益宗，当即率领精骑直追，追了上千里，无功而返。元益宗虽然没有他爷爷、老爹跑得从容，可终究还是暂时逃过明军之手。

元益宗一行往西逃得气喘吁吁，就考虑回到和林投奔丞相咬住。当他聚集上百骑来到一个叫土剌河的地方、正停下歇息之时，死神已经向他靠拢。

元益宗惊魂未定，索命的人就来了，来人名叫也速迭尔，是阿里不哥的后裔。也速迭尔也不废话，挥手就让属下官兵一拥而上，元益宗及太子天保奴双双毙命。也速迭尔就站在他们父子的尸体上宣布自己即蒙古大汗位，成为第十八任蒙古可汗。

元益宗脱古思帖木儿之死，标志着稳定的北元不复存在，蒙古高原从此进入纷繁复杂的汗位更迭和群雄逐鹿的内乱之中。而大难不死的知院捏怯来、丞相失烈门及另一个丞相咬住都一起投降了朱元璋。

这些情况蓝玉并不知道，当他返回捕鱼儿海清点战俘和物资时，发现这一网真捞到不少"大鱼"：包括元益宗次子地保奴及故太子必里秃妃并公主等一百二十余人，官属三千，军士七万。物资方面，共计获马牛驼羊十五万头，车三千辆及宝玺、图书、金银牌印等。

蓝玉一面派人向皇帝报捷，一面将敌人的帐篷烧个精光后，趾高气昂地班师回朝。这次大捷对于蓝玉来说，意味着他的军事生涯达到了顶峰，狂傲之情溢于言表。当他兴冲冲率领得胜之师回到喜峰关口时，天已黄昏，守关的官吏看到黑压压的部队，当然要问清楚情况。

蓝玉不耐烦了，命令士兵攻城硬闯，那些守门官兵知道是蓝大将军，不敢还手，眼巴巴看着城门被拆了下来，就差没把长城的砖头给拆了。不过一封告状信是少不了的，不然也不好交差啊！

第十六章

铁血诛功臣

李善长惹火烧身还浑然不知

朱元璋在勤政方面堪称中国帝王界的楷模，很多事情都不肯假手于人，为此他不惜给自己施压，恨不得一个人把大明江山挑起来，从登基到去世，他几乎没有休息过一天。正如他在遗诏中所说："三十有一年，忧危积心，日勤不怠。"据载，从洪武十八年（公元1385年）九月十四日至二十一日，八天之内，朱元璋批阅内外诸司奏札共一千六百六十件、处理国事计三千三百九十一件，平均每天要批阅奏札二百多件、处理国事四百多件。

如此大的工作压力，真不是一般人能承受得了的，尽管朱元璋不是一般的人，可如今他已年过花甲，长期满负荷地工作让他渐感不支，以致出现轻微的神经衰弱，常常夜不能眠，好不容易睡着，总做些稀奇古怪的梦。这天午休时就做了一个，一会儿梦到有手握重兵的武将向他索要皇位，一会儿又梦到有文臣集体上书要他禅位，后来则是文臣武将齐上阵要拉他去砍头。急得他破口大骂，一觉醒来全身都湿透了，宫娥们帮他换衣服的时候，他还心有余悸。这时传来了蓝玉在捕鱼儿海大捷的消息，朱元璋才慢慢回到现实中来。

蓝玉派人送回的捷报，无疑是令人高兴的，可此时的朱元璋却显得很平静，也许是梦中的情形还历历在目。本来打算给蓝玉一个梁国公爵位的朱元璋，不久却收到喜峰关口送来的情况报告，脸一下又拉长了。打了大胜仗得意忘形，这点朱元璋可以理解，但无视规章制度强行破关未免也太狂了点儿，可跟蓝玉剿灭北元残余的大功比起来，毕竟是小事，朱元璋打算原谅他。

再接下来的一件事，就让朱元璋老大不快了。原来朱元璋又收到了派往军中的情报人员传回的一封密信，说蓝玉俘获了元益宗的宫女嫔妃以后，看到其中的一名妃子长得漂亮，竟给强暴了，那妃子也算刚烈，羞愤之下抹了脖子。

按照朱元璋以往的脾气，这两件事够杀蓝玉两回的了，可他还是忍了，不能不说蓝玉此时的运气是出奇地好。据说朱元璋连续接到了两份报告后，只将梁国公改成了凉国公，也许是想让他凉快凉快，醒醒脑子。

蓝玉是个粗人，这种文字上的游戏，于他就是对牛弹琴，根本体会不到皇帝的心思，该干吗还干吗。北伐大军载誉归来，朱元璋还隆重地摆了庆功宴，筵席上朱皇帝在致辞中不惜溢美之词，褒奖了蓝玉的丰功伟绩，说他是当代的卫青和李靖，英勇善战，是上天派来帮自己安邦定国的擎天柱。随后朱元璋首先举杯向有功人员表示祝贺，这可是天大的恩宠和至高的荣耀啊！

作为此次出征的主帅，又是主要的表彰对象，蓝玉本该感激涕零、叩头谢恩，说些表达忠心的话，可他似乎被胜利冲昏了头脑，又被奉承得不知姓啥了，连站立起来这一起码的步骤都省了，大模大样地坐在原位端起酒杯一饮而尽，用袖子抹了一把嘴大大咧咧地说道："这点小事何足挂齿，扫灭那些塞外残敌，对俺老蓝来说，是手到擒来的事！"

蓝玉如此傲慢无礼，令在座的一众人等无不惊骇万分，有人看到皇帝脸上虽然还挂着笑容，可那是极其勉强堆出来的，如果说这也算是笑的话，那只能是奸笑，眼睛已经露出不易觉察的凶光。没错，朱元璋心里已经老大不快了，那些个能臣武将当着自己的面竟敢如此，背后的所作所为可想而知。由此他又想到了六公之首的李善长。

朱元璋是个睚眦必报的人，那是胡惟庸死后五年的洪武十八年（公元1385年），吏部向他报告说，李存义的管家检举揭发他家主人李存义及李佑，父子俩曾伙同前丞相胡惟庸共同策划谋反，检举人已交由宗人府看管！

朱元璋不由皱紧了眉头，这可是李善长的亲弟弟和亲侄儿呀，他们竟然参与谋反？那张长脸顿时变得铁青起来，当即让人把宗人府的赵成召来。赵成早有准备，从公文包里掏出管家的供词，里面时间、地点、人物、事件的发生和经过都交代得非常翔实，用当代的话说是有图有真相。

朱元璋瞪大了眼睛，咬紧了嘴唇，他相信材料是真的，可却破天荒地发了一道令人不解的圣旨："李存义父子免死，流放崇明岛！"

这是朱元璋念在李善长劳苦功高的分上有意放他们一马。谋反，不管在哪个朝代都是株连九族的死罪，朱皇帝皇恩浩荡给了李善长一个天大的面子。按理说年过古稀，又在政坛而且是高层混了几十年的李善长应该表个态才是，可他却晕了头，既不上书谢恩，也没有站出来划清界限，哪怕是违心地认个错也好啊。

李善长连个屁都不放，让朱元璋觉得很没有面子，本来还想与他搞好关系，等百年之后入土为安，成就一段君臣佳话，没想到这老家伙越老越放肆！想到这里，朱元璋不免有些愤愤然，把账给他记上了。

朱皇帝愤愤然，李善长这边也极为不爽。自从胡惟庸被诛后，作为开国元勋之首的他受到了疏远和冷落。当听说皇帝将自己的弟弟和侄儿流放后，一则怨恨管家；二则怪皇帝偏听偏信，竟然相信一个下人的胡言乱语。

李善长这种极不理智的思维，为自己招来了灭顶之灾。朱元璋指示锦衣卫安排得力干将对李善长秘密实施二十四小时不间断监控，他要随时准备抓住这老家伙的把柄，给他点教训。

原来，朱元璋撤销中书省、废除丞相制，真正大权独揽后才发现，之前的自己对很多事情几乎是一无所知，意识到在胡惟庸的带领下，整个官僚集团都在有意识、有目的地向他隐瞒甚至是封锁消息，其意图是想完全架空自己，达到他们不可告人的目的。

由此，朱元璋不遗余力地花费大量的时间和精力，暗中派人进行深入细致的调查。随着时间的推移和调查的深入，朱元璋逐渐意识到，光废除丞相还远远不够，丞相专权固然是一个方面，整个官僚集团都在做同一件事情那才是最可怕的。

朱元璋做事喜欢从根本上解决问题，他要从机构、制度入手来强化君权，消除隐患。因此他觉得很有必要另外建立一套独立于现有官僚体系之外的监察机构，以摆脱被人当聋子、瞎子的局面。在处理胡惟庸两年之后的洪武十五年（公元1382年），朱元璋下令裁撤亲军都尉府与仪鸾司，改置锦衣卫，负责监督百官，集侦查、逮捕、审问和审判的权力于一身。

锦衣卫的首领称为锦衣卫指挥使，由皇帝指定的亲信武将担任，不必经过任何部门，避免了与文人为主的官僚集团发生利益关系，从而产生新的利益共同体。锦衣卫直接向皇帝负责，不需要通过六部或御史，可以逮捕任何人，包括皇亲国戚，并进行不公开的审讯。

锦衣卫设立以后，通过不断深入追查，胡惟庸谋反案及其背后的整个官僚群体的种种问题开始曝光：结党营私、贪污腐化、瞒上欺下、阴谋发动政变……一桩桩浮出水面，其中还有一些涉及他之前一直器重和信任的开国元勋李善长的内容。

洪武二十三年（公元1390年），已经七十七岁的李善长雄心不老，计划建造一座高规格的府邸，可他一向占惯了公家便宜，连工钱都不想掏，就写了张便条让信国公汤和调三百名卫士充当建筑工人。汤和看在老交情的面子上不好推辞，又怕皇帝怪罪私自调动部队，就将此事报告给了朱元璋。有人说汤和不地道，是小人行径，其实汤和也很为难，退一万步说，就算汤和不报告，朱元璋也肯定会知道此事。

朱元璋要抓李善长的辫子，这可是个千载难逢的机会。此事可大可小，要是搁以前，朱元璋可以大事化小，呵呵，李善长这老小子就是爱占公家的便宜，算了，那些卫兵闲着也是闲着，让他们锻炼锻炼也好，帮老丞相干点私活，也等于变相为国家做贡献。现在朱元璋要把文章做大，性质就不一样了。

考虑到李善长的历史功绩和特殊地位，朱元璋需要慎重，他从来都不是鲁莽行事的人，凡事都要周密计划好了，再按部就班施行。一向善于揣测圣意的李善长也许是老了，也许是忙着兴建新宅忙昏了头，朱皇帝这边磨刀霍霍，他却浑然不知，还以为自己是德高望重、备受皇帝器重的老臣，遂以老朋友、老部下的口气给朱元璋写了封情真意切的问候信。信中除了问候皇帝、叙叙旧情以外，还很不顺便地提到他有一个叫丁斌的亲戚，因受牵连，已列入下批发配边疆的名单里，希望圣上看在自己这把老骨头的面子上，给他个改过自新的机会，老臣将感激不尽！

这是洪武二十三年（公元1390年）四月的事，李善长信中提到的丁斌，有人说他是李善长的外甥，有人说他只是李善长八竿子才够得着的远房亲戚。总之不管怎么说，跟李善长是非亲即故，要不然李善长也不会倚老卖老地放弃原则为他求情。

朱元璋意识到其中必有缘故，李善长不惜赤膊上阵为丁斌求情，说明丁斌与他的干系非同小可。朱元璋当即指示对丁斌重新展开调查，不查不知道，一查不得了。这丁斌与胡惟庸家有着很深的瓜葛，丁斌在道上认了一个义姐，该义姐由胡惟庸当红娘嫁给了李仁，也就是李善长六弟李存贤的长子，丁斌本人则在胡惟庸家当过管家之类的高级仆人。

本来丁斌只是判了流放，还不至于要命，可丁夫人找到老丞相一把鼻涕一把泪地恳求，却最终求来了杀身之祸。这样的结果，连老狐狸李善长也始料不及。

开国元勋落得身败名裂

本来已经被定罪的犯人丁斌，在丁夫人和老丞相的共同努力下，被重新提审，那些极具专业素质的审讯人员一出马就手到擒来，从丁斌身上审出了惊天秘密："惟庸有反谋，使存义阴说善长。"

朱元璋进一步指示：将李存义父子押解进京，务必查个水落石出！

李存义也扛不住审讯人员的三板斧，很快就招认自己所知道的或者是听到的一切：胡惟庸要谋反，为了获得淮西集团的支持，必须拉拢该集团的一哥，因此就让李存义去做哥哥李善长的思想工作，李善长在震惊之余将弟弟臭骂了一顿：你说什么混账话，这可是要灭九族的！碰了一鼻子灰的李存义，灰溜溜地回去告诉了胡惟庸。胡惟庸又让李善长的哥们儿杨文裕去当说客，并郑重承诺，事成之后封他为淮西王，以淮西地区作为他的封地。李善长虽然惊慌不已，但已经有点怦然心动，然而狡猾的他还是保持沉默。

不久，胡惟庸亲自登门，李善长还是死活不开口，既不表示支持，又不义正词严地加以反对。就像求婚一样，对方没有拒绝就表示还有机会。过了一段时间，胡惟庸又让李存义去洗脑，李善长沉默良久，叹息道："我已经老了，等我死了以后，你们自行其是吧。"随后胡惟庸再次来到李府，李善长屏退所有人等，两人窃窃私语地谈了很长时间，谈话内容无人知晓，只远远看见双方频频点头！

这足以要李善长的老命了，这时又有人告发：洪武二十一年（公元1388年）蓝玉北征时，在捕鱼儿海俘获了胡惟庸暗通北元的奸细封绩，李善长得知后私自将人索要并藏了起来。朱元璋命令抓捕封绩下狱，刑官"得反状及善长私书"，胡惟庸谋反案又多了一条：妄图勾结外部势力颠覆大明政权。

各级部门的官员们知道李善长出事后，仿佛一夜之间思想觉悟都提高了，纷纷检举揭发李善长的不法行为和犯罪事实，其中不乏李善长的老部下，一些人甚至得到李善长重用和提拔。连李府的家丁和仆人都站出来揭批主人的罪行，大到吃饭时妄议朝政，小到上卫生间时还抠脚丫子等不一而足，个个都一副义愤填膺的样子。

受此启发，吉安侯陆仲亨的家奴封帖木也勇敢地站出来揭发自己的主人，说他伙同唐胜宗（延安侯）、费聚（平凉侯）、赵庸（南雄侯）三位侯爷共同参与胡惟庸反动集团，阴谋发动武装叛乱，只是由于胡惟庸过早败露而未能实施。

朱元璋记性特好，想起几年前做的噩梦，迅速将陆、唐、费、赵等人逮捕归案。对李善长则怒斥道："善长元勋国戚，知逆谋不发举，狐疑观望怀两端，大逆不道。"

李善长被众人口诛笔伐，命悬一线的当口，连老天爷似乎都不肯放过他，一颗陨星从天而降。这要是搁在今天，就算是下流星雨也没人会大惊小怪，可在科学知识不普及的古代，这可是了不得的大事，必须组织权威和专家进行分析和论证，看似高深莫测，其实手法也简单，就看皇帝想听什么。因此专家们得出的结论是：这是严重的星变，将会殃及朝廷，化解凶兆很简单，只需诛杀一位大臣即可免灾！

真是想什么来什么，这可是天意呀，休怪朕不念旧情了。朱元璋下令查抄李善长家，一家妻儿老小仆妇七十口锒铛入狱，悉数问斩，曾经一人之下万人之上的李善长，被恩赐自尽，算是给他留了点面子。还有一个天大的恩典，那就是还给他留下了一丝血脉，长子李祺是临安公主的驸马，朱元璋经不起大女儿的苦苦哀求，将他废为庶民，与公主一道流放江浦（今南京市浦口区）。

李善长死后，很多人为他喊冤叫屈，当时就有一个叫王国用的郎中为他鸣不平，说什么李善长已位极人臣，生封公死封王，男尚公主，亲戚拜官，纵使胡惟庸谋反成功，他也不过勋臣第一而已，实在没必要造反。

其实王国用只知其一，不知其二。胡惟庸并不要求李善长做什么，只要他不站出来反对就可坐收红利，并且这个红利比朱皇帝给他的要大得多——淮西之地。朱元璋所封的公、侯、伯，只给爵位，没给封地，这个条件还不够诱人吗？况且朱元璋也没说李善长谋反，只说他狐疑观望、首鼠两端、知谋不报。要知道在大是大非的问题上，没有中间道路可走，这才是朱元璋最不能容忍的，因此，朱元璋才要不遗余力地继续追查，以肃清胡惟庸案的余党。

既然连树大根深的李善长都被灭族了，其他的功臣武将就更不在话下。经过数年的株连蔓引，"胡党案"前后共诛杀了三万多人。朱元璋也不藏着掖着，亲自一一列举他们的罪行，汇集为《昭示奸党录》，布告天下。

仅公、侯级的人物就有二十二人被打入胡党案，除韩国公李善长外，还有吉安侯陆仲亨、延安侯唐胜宗、平凉侯费聚、南雄侯赵庸、荥阳侯郑遇春、宜春侯黄彬、河南侯陆聚、宣德侯金朝兴、临江侯陈镛（陈德之子）、靖宁侯叶升、大将毛骧（毛麒之子）、李伯升、丁玉、申国公邓镇（邓愈之子）及宋濂之子宋璲、长孙宋慎。人死了又被追究除去爵位的有：济宁侯顾时（其子顾敬坐死）、营阳侯杨璟、靖海侯吴祯、永城侯薛显、巩昌侯郭兴、临江侯陈德、六安侯王志、南安侯俞通源、汝南侯梅思祖、永嘉侯朱亮祖、淮安侯华云龙（其子华中坐死）。

不可否认其中不乏被扩大化牵连进来的，可要说他们全都冤枉也不尽然。既然像李善长这样的人物都能被胡惟庸说服，其他的人为什么不能呢？朱元璋刻薄寡恩，坐稳天下后，鉴于宋、元皇室孤危以致灭亡的教训，决定效法他的老师刘邦实行封藩。许多武将浴血拼杀，撑死了就是一个公爵，常遇春、徐达死后也不过追封为二字王，没有任何的领地；文臣不仅很难获得爵位，还得小心翼翼拼命干活，稍有不慎就有掉脑袋的危险。在朱元璋手下干活，上一秒是高官下一秒成为阶下囚的事屡见不鲜。而另一边，朱元璋的儿女则舒舒服服地坐享将士们打下的江山，儿子一生下来就是亲王，享受的待遇是每年五万石禄米，加上二万五千贯钞，还拥有封地；公主和驸马的待遇是每年二千石禄米。当时一个正七品的知县，年收入才九十石禄米，光从禄米来说，一个藩王的收入就相当于五百五十五名县令的收入，按一级功勋年禄米四千石算，则抵十三个人的收入。

这就好比当初大家白手起家，共同打拼出一个大集团，到头来集团变成你家的，我们都成了替你打工的打工仔。这与当初他们参与朱元璋团队的期望相去甚远，他们当初可都是奔着荣华富贵去的。可等到成功之日，不仅荣华富贵泡汤，还得继续干活，朱元璋对待他们比之以前更加严苛，那些功臣就如同奴仆一样被驱使，稍有不慎就有生命之虞，弄不好还得把全家搭上。

在此情形之下，对朱元璋心怀不满的人应该不在少数，他们明知胡惟庸谋反，却采取乐观其成的态度。特别是对于那些文臣来说，他们的地位与功臣勋贵比起来微不足道，朱元璋既要利用他们，又视他们如草芥。一旦不合圣意，朱元璋会像擦拭桌面上的灰尘一样，轻轻把他们抹去，可他们是具体事务的实施者，掌握着实际上的权力，其实力不容小觑。

对于武将们来说，江山是我们这帮兄弟打下来的，你当皇帝我们没意见，可为什么不让我们享受胜利的果实，安享天下呢？其中吉安侯陆仲亨和平凉侯费聚应该是这方面的代表。这两位侯爷都是早期跟随朱元璋起兵的人，陆仲亨在渡江攻打太平、占领南京、进军广东等战役中都立下战功，升江西行省平章，洪武三年（公元1370年）封吉安侯。一次他从陕西回南京看老婆孩子，利用职务之便，擅自调用驿站的马车。这种行为是朱元璋所深恶痛绝的，毫不留情地给予痛批："国家才从战乱中走出来，百废待兴，为驿站提供马匹的家庭生活还很艰苦，马都让给你拉车了，他们还怎么生活？"就罚他去山西抓捕小毛贼。

平凉侯费聚就是当初为收降驴牌寨三千人马立下头功的人，以这样的资历，功臣榜上自然少不了他。后来就想躺在功劳簿上享受，派他去苏州做官，每天就知道寻欢作乐，根本无心工作。朱元璋干脆派他到荒凉的西北地区去招降一些零散的蒙古部落，也是一事无成，屡屡受到朱元璋的严厉批评。这两人心里非常不满，这类人往往就成了胡惟庸拉拢的对象。

朱元璋对功臣勋贵的大血洗令很多人感到不安和恐慌，其中有一个人实在看不过眼，更确切地说是于心不忍，就当着皇帝的面表示了自己的不满，惹得朱元璋暴怒，当场就要削他。这个敢捋虎须的人是谁呢？

皇帝与太子

朱元璋曾不止一次跟人说过，他一生最信任的两个人就是夫人马氏和长子朱标。这对母子也挺不容易的，朱标出生前夕，正是朱元璋与元军激战正酣之时。朱元璋率军渡江后，把所有将士的家眷留在和州，随时有被元军血洗的可能，马皇后挺着个大肚子，率领老弱妇孺渡江与大军会合后，在太平一个叫陈迪的商人家中生下了朱标。

从史料上看，小朱标几乎没有自己的童、少年生活，他从六岁开始就被父亲逼着，跟随像宋濂这样的天下名儒学经传典史。跟着这样的老学究，可想而知小朱标的生活是多么枯燥和无奈。随着朱元璋事业不断做大做强，小朱标也从世子进而成为太子，而朱元璋从自己的立场出发，为培养出一个合乎自己要求的接班人，更是不遗余力地网罗天下名师，对其进行填鸭式的轮番施教。

有人说如果朱标不过早去世，将是一位很有作为的君王，可惜上天没给他证明自己的机会，历史也没有"如果"二字。可从朱标成长的经历看，他老子除了让他吃饱穿暖外，没让他出过力流过汗，更别说吃苦受累，朱元璋对他的要求只有一句话：好好学习，天天向上！

这样的环境培养出来的只能是一个满腹经纶的儒生，这样的人理论水平很高，说起话来滔滔不绝，可动手能力基本为零，以至于朱元璋多少有点失望。

朱标的儒生性格与心狠手辣的朱元璋格格不入，父子之间的矛盾就不可避免。朱标二十二岁那年，朱元璋就让他当见习君主，下令各部门将所有政事报告给太子处理，然后再将太子的处理意见上报给自己。当见习生之前，朱元璋就传授了朱标处理政事的四字真言："仁、明、勤、断。"他是这样告诫朱标的：父皇要你每天与群臣互动，批阅各部门的文件，是要锻炼你的办事能力，你要牢记几个原则：一是仁，有仁爱之心才不会暴虐；二是明，能做到心明眼亮才不会被奸佞之徒迷惑；三是勤，只有勤勤恳恳，才不会沉溺于安逸；四是断，只有英明果断，才不会在遇到复杂问题时被牵于文法。

可是，朱标在协助朱元璋处理政务的过程中，却令朱元璋大失所望，两人的意见大相径庭。有一次，朱元璋让朱标去处理一个案子，他特别指示："非常时期要用重典，国家刚刚建立，应该从严治国，唯有如此，才能震慑那些违法乱纪分子！"

朱标郑重其事地点头道："儿臣谨记父皇教诲！"

朱标在提审犯人后才知道，那些人与卷宗上记录的有出入，都是些老实巴交的农民，他们听说国家要搞开发，这才忍痛割了自己辛辛苦苦播种的麦子。因为等到麦子要熟之时，那些麦田就会被政府圈走，不许他们再染指。朱标看着眼前这群饿得面黄肌瘦的"犯人"，仁慈之心让他实在不忍心处罚他们，于是将他们从轻发落，打算拘禁几天就放了。

朱元璋听了朱标汇报的情况和处理结果后，虽然心里很不痛快，但又不好当着太子的面发作，只是觉得太子中儒家思想的流毒太深，他真想大声喝醒儿子：作为至高无上的一国之君，德政仁心只能口头上说说而已，该狠的时候还得狠！

还有一次，朱元璋在审完一批犯人之后，故意让御史袁凯拿过去给太子审核。朱标一看，认为量刑过重，遂将这批犯人都做了减刑处理。朱元璋很是不满，就把他们父子间的矛盾转移到袁凯的头上，问袁凯道："你认为谁处理得当，量刑更合理？"

袁凯也算机警，又有几分歪才，眼珠子一转答案就有了，他说："陛下法之正，东宫心之慈。"意思是皇帝站在法律的角度上，执法严明；太子从人性化出发，宅心仁厚。既不得罪当朝皇帝，又不得罪未来的接班人，回答得滴水不漏。可朱元璋却骂他耍滑头，两边讨好，吓得袁凯魂飞魄散，第二天就装疯，不敢再来上班，这饭碗不好端，随时有掉脑袋的危险。

随着时间的推移，朱标在阅读奏章、密切关注朝政国事中，也意识到自己跟父皇在政见上，特别是在尊重他人生命的问题上存在极大的分歧。父皇让自己跟随大儒、名儒学习，告诉自己要做"仁德之君"，但他本人实际上对此并不感兴趣，更希望自己像他那样做个与儒家思想背道而驰的君王。

朱元璋的言行不一让朱标不知所措，但儒生特有的酸腐之气，又让他对朱元璋的大肆杀戮不能无动于衷，他曾多次主动与朱元璋沟通，用老师教的皇帝应施以仁政、以礼仪治天下的理论，劝朱元璋网开一面，不要过分依赖杀戮。此举反而招致朱元璋严厉痛斥，骂他妇人之见，这样的谈话往往不欢而散。

李善长一家七十多口人被满门抄斩，满朝文武噤若寒蝉，朱标辗转反侧，经过长时间的思考，终于忍不住斗胆向朱元璋进言："父皇，杀人太滥了，恐怕有伤和气啊！"

朱元璋坐在龙椅上，一脸愠色地盯着他的皇儿。朱标也是憋得太久了，才鼓起勇气说出以上的话来的，既然说出来也就放松了，见朱元璋不吱声，也勇敢地抬头愣愣地看着高高在上的父皇。

朱元璋为朱标一副豁出去的样子感到吃惊，更为自己将来的接班人如此软弱伤透了脑筋，不怒反笑，只是笑得比哭还难看。突然像想到什么似的，招手让太监走近，小声交代了几句。

不一会儿，太监提了一根长满利刺的棘条进来，皇帝示意放在地上。朱标不知他们葫芦里卖的什么药，只见父皇用极其温柔的声音对他说："标儿，你把它给拿起来！"

朱标疑惑地看看棘条，又看看父皇，长那么大，别说是根棘条，就算是地上有金元宝他都没弯腰去捡过。见他一脸苦哈哈、缩手缩脚的样子，朱元璋再次发出威严的声音："拿起来！"

朱标浑身一震，稍稍迟疑一下，还是伸手去拿那棘条，随即"哎呀"一声，像触电一样把手缩了回来。只见老爷子一脸幸灾乐祸地说："扎手了吧，疼了吧？"可不是咋的，朱标甩着手想道。

朱元璋命太监把棘条的利刺削去后，让他递给朱标，说道："标儿，再把棘条拿着，握紧了！"

朱标终于明白老爷子是拿棘条说事了，只听他又问道："还扎手吗？还疼吗？"

朱标老老实实地摇摇头，朱元璋说道："现在你明白朕的苦心了吧，朕要交给你的江山，就如同棘条，只有将上面的尖刺削去，你才能牢牢握住它，而朕杀的人就是棘条上的刺啊！"

朱标赶紧跪下说："父皇圣明。"紧接着说道："但儿臣听说，上有尧舜之君，下有尧舜之民……父皇怎么能将臣民比作尖棘呢？"

朱元璋以为自己这个处心积虑想出来的生动例子，能让他的标儿明白自己的一片苦心，没想到竟得到这样的回答，气得差点当场吐血，只见他那几根稀稀拉拉的山羊胡子一个劲地往上翘，用手指着朱标说："你……你……"

朱标第一次看到朱元璋这种架势，浑身筛糠似的不知所措。朱元璋气急败坏之下，双手胡乱摸了一下四周，猛然脱下一只鞋子，狠狠地朝朱标扔去。

跪在地上的朱标结结实实地挨了一鞋子，连大气都不敢出，愣愣地待在原地，这样让朱元璋更加来气，从牙缝里恶狠狠挤出一个字："滚！"

朱标回到太子府后整整躺了三个月没回过魂来。

隔年春天，朱元璋接连收到秦王朱樉在其封国内种种不法行为的报告，主要有那么几条：母丧期间，没有表现出一个孝子应有的行为，照样寻欢作乐，大搞娱乐活动；偏爱小老婆邓氏（宁河王邓愈之女），虐待并囚禁正室王妃（王保保之女），手段极其残忍；公然在大街上强抢民女，纵淫无度；效仿商纣王，发明各种匪夷所思的酷刑，残杀百姓和宫人。朱元璋震怒之余，连声感慨："古所未有，罪不容诛！"当即命令朱樉返回京师接受审查。

　　毕竟是自己的儿子，不能像对待外人那样抄起家伙就咔嚓，朱元璋又想起之前监察御史胡寿昌（字子祺）曾上书，列举了关中地区最适宜建都的许多理由，于是叫人传太子觐见。

　　朱标志忑不安地来到父皇的书房。自从上次棘条事件后，他已经好久不敢单独见父皇了。朱元璋看朱标来了，和蔼地说道："标儿啊，有人认为关中地势险要，易守难攻，是建都的好地方，父皇琢磨着让你过去看看，把那里的地势什么的考察一番，也算是替朕问候一下三秦的民众。"

　　朱标整天待在京城闷得要死，能出去走走当然高兴，可他还是不解地问道："父皇有命，儿臣自当前往，可父皇真的要迁都吗？那前段时间刚刚迁到京城来的百姓岂不又要……"

　　"父皇只是让你先去考察，迁都那么大事，岂是说迁就能迁的？在你考察期间，顺便走访一下基层，了解了解你那好弟弟在关中都干了些什么。"

　　朱标终于知道老爷子的葫芦里装什么药了，问道："这次是儿臣自己去，还是……"

　　"父皇当然会派些官员陪你去，去的这些官员，你要尽量跟他们多沟通，联络联络感情，最重要的是把秦王的事情查清楚，朕要的是真材实料！"

　　朱标是八月出发，十一月回到京城的。一回来就马不停蹄地向朱元璋献上了陕西地图，并且极力掩饰秦王朱樉在关中的行为，避重就轻说了一些朱樉的过失。朱元璋当然不全信朱标的话，但看到他们兄弟情深，作为太子的没有落井下石，感到很欣慰，打算放朱樉一马。于是把朱樉叫来狠狠训斥了一番，说要不是看在你太子哥哥替你求情的分上，老子就废了你，回去要洗心革面，重新做人，再执迷不悟，定斩不饶，还有，今后要听太子哥哥的话，父皇百年以后，更要好好辅佐他，听清楚没有？

朱樉以为这辈子玩完了，没想到还能逃过一劫，唯唯诺诺地胡乱应承一通后，屁滚尿流地滚回了关中。直到走出很远后还摸了摸脖子，心想大哥太够义气了，今后一定好好报答他的恩情！令朱樉没想到的是，他的愿望将要永远落空了，他的太子哥哥永远也等不到他报答的那一天了。

第十七章

皇帝的烦心事

皇太子之殇

朱标的身体一直都不是那么健康，加之近几年来，朱元璋高举屠刀，大规模、无节制地杀人，自己眼巴巴地看着一批又一批的人倒在屠刀之下而无能为力，内心十分压抑。关中之行，他本来抱恙在身，可他不敢透露自己的身体状况，怕又惹得老爷子不高兴，经过这次舟车劳顿，他已经感到疲惫不堪。在此期间，他还隐瞒病情，除将考察团绘制的关中地图呈上外，还多次跟父皇汇报出行期间的所见所闻，并探讨定都西安的可行性。直撑到一病不起时，才让人告知朱元璋。

朱元璋听说太子病倒后，一时也着急起来，及至见过病中的朱标后，更是五内俱焚，严令御医精心诊治。那段日子他几乎每天都要从百忙中抽出时间到病榻前探视，每次都会详细向医护人员询问太子的寝食情况，并握住太子的手安慰和鼓励一番。

他曾鼓励太子说："孩子，你一定要有信心，配合治疗，父皇的事业还等着你来发扬光大，咱老朱家的江山，还要靠你来巩固呢！"

"父皇，孩儿恐怕要辜负您老人家的厚望了，请恕孩儿不孝！"

朱标强打精神，泪眼婆娑地说道。

"不，千万别胡思乱想！你是朕的好儿子，朕会派最好的御医、用最好的药给你治疗，你一定会好起来的！"朱元璋强忍着就要夺眶而出的老泪，就这么安慰着自己的儿子。

人生不如意事常八九，不管是王公贵族还是平头百姓，概莫能外。尽管朱元璋贵为一国之君，拥有大明王朝的天下，可终究还是拗不过命运，眼睁睁地看着病魔夺走了他最疼爱的儿子、花费了大量心血培养的太子的宝贵生命。

洪武二十五年（公元1392年）四月二十五日，年仅三十八岁的大明王朝太子朱标因病医治无效，终于在郁闷中走完了人生最后一程。简直是晴天霹雳，已是六十五岁老人的朱元璋哭得稀里哗啦，差点哭晕在太子的灵柩前。回想自己这一生，上天似乎待自己不薄，让他成就了一番伟业，以一介布衣之身荣登九五之尊，同时又对他特别刻薄，人生最不幸的三件事让他尝了个遍：少年丧母、中年丧妻、老年丧子！

远在云南的沐英听闻噩耗，当场就昏厥过去。沐英是朱元璋最喜爱和最信任的养子，朱元璋对为他献完青春热血的养子们，奖励之一就是让他们恢复本姓。当他问朱英你到底是谁的孩子时，朱英只是一个劲地回答："我就是陛下的孩子，深沐陛下和皇后的养育之恩。"朱元璋对他的喜爱又提升了许多个档次，于是朱元璋就赐姓沐，说道："既然你说深沐朕和皇后的养育之恩，就赐你姓沐吧，让你可以永沐皇恩。"可见沐英这孩子对朱家的感情真是比天高、比海深，早在十年前马皇后去世时，就曾痛哭到咯血。他与太子朱标的感情比一奶同胞的兄弟还要深厚，听到太子突然病逝的消息，经不起打击，竟然一命呜呼。

朱元璋虽然暂时没有呜呼，但也够呛。据说连续好多天无法正常上朝，可他毕竟是个意志特别坚强的人，最终还是挺过来了，因为他清醒地知道，太子的暴亡，对他、对朝廷乃至整个大明朝都是不可估量的损失，影响巨大，不仅将他的既定方针彻底打乱，而且局面极其严峻，当务之急是重新确立接班人。

按照当时的惯例，立继承人必须按照长幼有序的原则，那么就应该由老二朱樉继太子之位，既符合兄终弟及的原则，又可以顺势定都西安。可朱樉实在不成器，把江山交给他，既祸害了他本人，又祸害了天下百姓，朱家天下就要在他的手里玩完，隋朝灭亡就是明证。老三晋王朱棡比老二好不到哪去，老四燕王朱棣倒是有几分像他，文韬武略，能力出众。此外，他还考虑过朱标的二儿子朱允炆（由于朱标的长子朱雄英早亡，朱允炆就上升为嫡长孙），这主要是出于两方面的原因：一是朱元璋太爱朱标，爱屋及乌；二是除了太子外，所有儿子都分封到了各地，如果封朱棣为太子，就得让朱允炆去他的封地，肯定会引起议论，老二、老三也势必不服，兄弟就会反目成仇。当然，这些问题对强势的朱元璋来说，都不算问题。

朱元璋曾想就立太子一事拿到办公会上与大臣们讨论，可鉴于他晚年的不良表现，那些大臣都学精了，个个都紧闭嘴巴，以免惹祸上身。没办法，只好先提出燕王朱棣，得到的回答是一片沉寂，大家心里都很清楚，那个朱老四跟他爹一个德行，一个朱元璋就让他们这些当官的人人自危、提心吊胆地过日子，可不想再来一个暴君。所以当朱元璋提到朱允炆，有人说了句"皇上圣明"时，几乎整个朝堂都响起了"皇上圣明"之声。

朱元璋知道大臣们的意见，可他没有急于表态，比较这叔侄二人，朱棣沉稳果敢，比宽厚文弱的朱允炆更适合出任皇帝一职。这事就暂时搁置，可偏偏在这个节骨眼上，朱棣走了一步臭棋。

这天，李贤妃故意问道："皇上啊，看来您今天兴致不高，是不是有什么烦心事呀？"

朱元璋长长嘘了一口气，李贤妃有意将嘘气说成叹气："皇上叹气莫非是为立太子之事烦恼？"

朱元璋历来严禁后宫干预朝政，马上警觉起来，不露声色地说道："知朕者，爱妃也，朕正为此事烦恼呢！"

"您是皇帝，一言九鼎，立谁还不是您一句话的事，燕王为人正派，要孝心有孝心，要能力有能力，他本人也有勇挑重担的意愿。"毫无政治水平的李贤妃三言两语就将自己彻底暴露了。

朱元璋那张驴脸立马就板了起来，问："说，燕王想当太子，你是怎么知道的，是不是他找你了？"

李贤妃吓得花容失色，两脚一软就跪倒在地："臣妾知罪，请皇上饶恕！是燕王派人找的臣妾，臣妾实在拗不过啊！臣妾以后再也不敢了！"可是没有以后了，对朱元璋这样视人命如草芥的君王来说，不管你之前为他做过多大贡献，你敢违背他立下的规矩就只有死路一条，最终一条白绫就让一个绝色美人香消玉殒，朱棣也被彻底否定，不在考虑之列。我可以给你高官厚禄，甚至皇位，但绝不能容忍你来争一丝一毫，这就是朱元璋的做派。

至此，朱元璋终于决定立朱允炆为皇太孙，并于洪武二十六年

（公元1393年）九月，正式发文宣布。朱允炆可真是个好青年，此时的他还未满十七岁，他太像他老爹了，一派书生气质，那些大臣认为他会是一位阴柔、仁爱的皇帝，自然举双手拥护他。更主要的是，他是很孝顺的孩子，十四岁那年，他爹患上了痈疽（一种毒疮）恶疾，他日夜守护在身边，为减轻父亲的痛苦，他竟然不止一次地用嘴吮吸疮口，把脓血吸出。他爹病危期间，更是二十四小时不离病榻，他爹病逝后，他好几天水米不进，身体虚弱到连站起来的力气都没有。

朱元璋痛失爱子，更加心疼孙子，强忍悲痛劝慰朱允炆道："孙儿啊，你为父亲已经尽到一个儿子所能做的一切了，你的孝心爷爷看在眼里呢。你要爱惜自己的身体啊，不要让爷爷担心啊，你要为爷爷想想啊，不然你父亲在那边也不会安心的！"

确立了接班人，算是了却一桩大事。可朱元璋不但没有如释重负的感觉，反而增添了新的忧虑。当初他对朱标的善良、书生气十足就十分不满和担忧，可朱标至少在年龄上占有优势，又经过历练，相信他还有驾驭亲王和大臣的能力。如今换上一个刚强不足、敦厚有余，且不谙世事的毛头小子，万一哪天自己一觉睡过去再不能醒来，小皇孙对付得了那些手握兵权、专横跋扈的勋戚将帅吗？

再联系到近几年周边国家的一系列政变，皇帝被杀、江山易手的事件层出不穷，如洪武二十一年（公元1388年）"安南黎季犛弑其主炜"；次年"也速迭儿弑其主脱古思帖木儿而立坤帖木儿；高丽废其主禑，又废其主昌；安南黎季犛复弑其主日焜"；二十五年（公元1392年）"高丽李成桂幽其主瑶而自立，以国人表来请命，诏听之，更其国号曰朝鲜"等。再看看稚气未脱的皇太孙，怎不令朱元璋寝食难安。

　　繁重的政务，加上忧虑的心情，让一向身体倍儿棒的朱元璋突然病倒了，高烧不退，水米不进，那些御医使尽手段、用尽好药才让他转危为安。谁知还没来得及松口气，朱皇帝又腹泻不止。御医投入一级战备状态，再次忙碌起来，可能是用药过猛，止住了腹泻，又导致了便秘，肚子胀得像他刚出生时的样子，圆鼓鼓的，痛苦不堪。

　　御医们战战兢兢，再也不敢下猛药了，害怕万一皇帝被医死了，落个灭族的命运，可又不能眼睁睁看着不救。正当大家束手无策之时，突然有个御医灵机一动，皇帝小时不是神灵在背后相助才平安无事的吗？何不请道行高深的"仙人"为皇帝治病呢？

　　朱元璋在佛教界混过，对那一套把戏根本不屑，至于他自己口口声声宣扬的"君命天授"要人们信奉、敬畏神灵的鬼话，完全是出于政治上的需要。可被折磨得痛苦不堪的他只好病急乱投医，点头同意了御医的方案。于是十万火急派人到庐山去请当时全国最有名，身兼道、佛两家的高人，早在朱元璋讨饭时就认识的"周颠仙"。

　　周颠虽然被人吹成了"仙人"，可自己的能耐自己清楚，死活不肯下山，只让来人带回了一瓶自己炼制的"仙丹"，随之马上销声匿迹，他怕皇帝吃了自己的药后，会一命呜呼。

　　后来的事实证明，周颠的担心是多余的。他那瓶"仙丹"虽然是三无产品，但歪打正着。朱元璋将信将疑地服下"仙丹"后，不到半天工夫就上下通畅，浑身轻松。从死亡线上逃过一劫的朱元璋高兴万分，马上派人带上丰厚的奖赏上庐山酬谢，可连周颠的影子都找不着。朱元璋只好亲自执笔写了一篇《周颠仙传》，命人刻石镌碑，立在庐山五老峰上，狠狠地赞颂了他一番。另作了一篇《赤脚僧诗》，对"颠仙"大加赞颂，其中有句：神怜黔首增吾寿，丹饵临久疾瘳痊。

为皇孙再兴大狱

凉国公蓝玉作为洪武中晚期涌现出来的新生代，虽有诸多缺点和错误，但这些毛病在战争时期可以忽略不计，加上他与太子朱标的特殊关系（蓝玉是朱标的舅舅，蓝玉的姐姐嫁给了常遇春，而常遇春的女儿嫁给了朱标），他对太子可以说是忠心耿耿。当朱标还健在时，蓝玉曾告诫他说："太子啊，据我所知，燕王在他的封地的一举一动与皇帝毫无二致，此人很不一般。我看他早晚是要闹出点动静来的，你可一定要提防着点啊！"

朱标不以为然地说："大将军多虑了，四弟燕王对我非常恭敬，相信他不会闹事的！"蓝玉解释说："末将并非故意挑拨你们的兄弟之情，实乃因为受太子厚爱，才私底下告诉您这件事，让您小心为妙，希望末将的话不要灵验！"见朱标不做回应，此事就点到为止。

他们之间的情义，朱元璋一清二楚，因此，对蓝玉一直委以重任。洪武二十三年（公元1390年），施南、忠建二宣抚司叛乱，蓝玉受皇命前去平叛，接着，又马不停蹄地奔赴都匀（今属贵州省），平定了几个土司的叛乱。作为奖励，朱元璋提高了他的工资待遇，增加岁禄五百石，并让他回家休息。

洪武二十五年（公元1392年）三月，朱元璋又命蓝玉到西北管理兰州、凉州、庄浪、西宁、甘州、肃州等七卫军务，以加强边疆防卫。按照惯例，地方大员上任之前，都要先到京城领受任务，与皇帝辞行后再上任，蓝玉就带上三个亲信将领一同去觐见皇帝。

朱元璋一看蓝玉这派头，心中颇为不爽，但还是亲切地问候了他们，无非客套话。虚伪完后，朱元璋用眼光一扫，那些宫女、太监及闲杂人等，一转眼就悄无声息地全退了下去。而随蓝玉一起来的几个亲信，站着标准的军姿，像木头似的纹丝不动。朱元璋还以为他们不懂规矩，只好开了尊口："你们先下去吧！"

那三根木头还是纹丝不动，朱元璋心情还不错，以为自己声音小了他们没有听见，便提高声音又重复了一遍："你们先下去吧，朕有话跟你们将军说！"

这时蓝玉反应过来了，向他们挥了挥手，那几人才退了下去，蓝玉赶紧向皇帝解释说，这些军人打仗都是好样的，他们没听惯圣旨，只服从军令！这话朱元璋信，可对他的触动太大了，一支服从命令听指挥的军队，打起仗来肯定是战无不胜的，只是他们连皇帝的圣旨都不听，只听他们将军的命令，也是很可怕的。

朱元璋本来还要交代几句的，可此刻他什么话都不想说了。蓝玉见皇帝不吭声，转身就告退，既不谢恩，更不跪拜，就这么大大咧咧地走了出去。朱元璋心里老大不快，就算是徐达、常遇春这些一等一的功臣，也没这样放肆，这家伙比"常十万"还牛啊！想到此，眼中已经闪现出一丝不易觉察的凶光。

四月，蓝玉来到西北边境。当他获悉有一个叫祁者孙的故元将领漏网后，在西宁已经混到土司的高位时，马上兴奋起来，好啊，一条漏网之鱼竟然当上小皇帝，不灭你灭谁？蓝玉来不及请示朝廷，或者说他根本就没打算请示，就带人打了过去。

祁者孙应该听过蓝大将军的大名，撒腿就狂奔，蓝玉一直追到罕东的西番之地。不久，建昌指挥使、原元朝降将月鲁帖木儿又发动叛乱，朝廷命他南下镇压。

在蓝玉返回建昌平乱时，朱元璋决定再次请两位须毛全白的老将出马，他们是宋国公冯胜和颍国公傅友德，两人此次的任务是到山西抓军队建设。

当二位老将军到朝廷领受任务，看见新选定的接班人朱允炆坐在朱元璋旁边时，先拜见皇帝，再拜了准皇帝。朱元璋命赐座后，对孙儿说：“这二位都是跟随皇爷爷多年的老臣，劳苦功高，跟皇爷爷一样，都老啰，必须赐座！宋国公当年是皇爷爷的亲军指挥使，十分亲信；颍国公阵前势不可当，不避刀枪，神鬼皆怕，战功卓越。如今又都是皇亲，是可倚赖之臣！”朱允炆一脸崇敬地点点头，站起来说道：“二位老将军辛苦了，此次前往山西，必定多有劳累！”

两人称谢，却不离座。朱元璋很是不悦，指着孙儿对冯、傅二人说道：“朝廷新立皇太孙为储君，平时在文华殿视事外，上朝则随朕听政！”

冯胜当即拍起了马屁道：“皇太孙年轻有为，一看便知定会是一代圣君！”

傅友德不甘落后，吹捧道："恭喜皇上，有这么好的皇太孙，此乃国家之幸，皇上的江山社稷后继有人，乃至千秋万代矣！"

朱元璋这才稍有喜色，随后简单交代了几句，又叙了一回旧。二人起身告退，朱允炆见状刚要欠身，朱元璋用眼神制止了他。等两人下殿后，朱元璋告诫朱允炆道："君臣之间，只有臣对君讲礼，君对臣则不必多礼！"

朱允炆应道："孙儿谨记！"

冯胜、傅友德走后，朱元璋久久地沉思着，想起刚才仁慈的皇太孙对待二位老臣的态度，以及他们对皇太孙的做派，心里总是不踏实。仁慈是好的，可作为君王，对臣属的仁慈，就是对自己的残忍。

不久，靖宁侯叶升从西南前线回到京城，向朱皇帝奏报："日前凉国公已率臣等将叛军击溃，臣回京之时，凉国公正率大军清剿残余，追捕月鲁帖木儿。只是川西毗邻番邦，当地军力不足，凉国公命臣奏明皇上，可否效法西北在当地募兵，增建卫所？"

朱元璋心里不快，朝廷让你去平叛，谁让你管那么多事？可口头上还是准了。

叶升又从公文包里拿出一份材料呈上，说："凉公国让臣带回一份此次平叛的有功人员名单及拟任新增卫所的各级军官，包括指挥、千户等人员一并呈上，请皇上定夺！"

朱元璋脸上没有任何表情，心里却骂开了娘，任免军卫将校是朝廷的事，蓝玉这厮越来越出格了，竟然敢擅自提拔军官！难怪说什么军力不足，增设卫所，原来是为安插亲信找借口。朱元璋略略看了一遍，指示道："先转吏部讨论！"

叶升见此，说道："如此，臣就照实回去向凉国公禀报了！"

朱元璋脸一沉，什么意思？你不谢恩就罢了，还一口一个凉国公的，把朕摆在何处？想到这里，便冷冷地问道："你千里迢迢跑回来，就为了此事？"

在官场混了多年的叶升竟丝毫没有察觉，说道："回皇上，臣奉凉国公之命，专为此事回京！"

朱元璋阴阳怪气地说道："难得你们的一片苦心啊！"叶升对这句不着边际的话摸不着头脑，一时接不上荐来，见朱元璋也不再搭理他，只好退下。

过了几天，叶升与群臣一起上朝，准备跟皇帝告辞返回川西。他刚上奏完毕，锦衣卫都指挥使蒋瓛出班弹劾他，说他是漏网的胡党羽翼，已不适宜再到前线带兵。

这突如其来的变故，不但让叶升如闻惊雷，连群臣都感到惊愕万分。因为皇帝在几年前亲自为《昭示奸党录》作序时，已明确公告天下，胡党案就此告结，今后不再追问。蒋瓛为何又要旧事重提，突然发难呢？

此时，叶升整个人就像僵住了一般。朱元璋则板着一张长脸，对蒋瓛说："蒋爱卿此说有何依据？可细细奏上，让列位臣工也做个见证，如属诬告，朕第一个就饶不了你！"

蒋瓛当即将他掌握的第一手材料向皇帝及在场的大臣做了汇报，大意是说，当年李善长被揭发以后，就有人告发叶升也参与了胡党，后因圣上念其功绩，又是巢湖旧部而开恩不予追究。据锦衣卫近期深入细致的调查，又有了新的进展，叶升当年并非只是与胡惟庸、李善长来往密切那么简单，而是胡党的重要成员。这样的乱臣贼子，不严惩不足以平民愤！

叶升听蒋瓛说完，惊得目瞪口呆，刚喊出几个字"臣冤枉……"就被朱元璋驳了回去："住口！朕也奇怪呢，这区区小事何以劳侯爷的大驾，千里迢迢来回奔波，必定是听到风声回来打探消息的吧？还口口声声说是凉国公派你回来的，凉国公是国家大将，岂能如此不识大体！必定是被你的花言巧语所蒙骗，才让你得逞回来的！"

"臣真的是奉凉国公之命回京，请皇上明察……"叶升想分辩，可皇帝不给他机会，说："大胆叶升，还敢在朝上跟朕狡辩，拖出去交由锦衣卫审理！"

几名侍卫应声冲了进来，不由分说连拖带拽把靖宁侯叶升给弄走了。

莽撞将军造反不成被诛

叶升被杀的消息传到蓝玉的耳朵里时，他已经成功抓捕了此次带头闹事的月鲁帖木儿。他是个粗人，但不是傻大个，很清楚叶升被杀意味着什么。自己做过的事自个儿清楚，当年他还是一名活在众多名将阴影之下的偏将时，为了谋求更大的发展，没少向当时的丞相胡惟庸献殷勤、表忠心。胡、陈在联络武将时也找过他，记得当时是点过头的。他真后悔——当年北伐抓住封绩时，为什么不当场就一刀把他结果了，而是要带回交给李善长逞能？

本以为已经蒙混过关，没想到皇帝会出尔反尔，如今又翻出来算旧账。锦衣卫的手段，谁都知道，虽说是亲家，可酷刑之下谁敢保证叶升不出卖自己？自己那点破事他可是一清二楚，就是为了堵住臭嘴才跟他结的亲家！如果自己的外甥女婿朱标还在的话，兴许还能保全自己，之前干了那么多出格的事，皇帝不是看在标儿的面子上一笑置之吗？唉，上天不公呀，标儿死得早，长子又夭折，如今的储君又非自己外甥女所出，皇帝对自己的态度已经来了个一百八十度大转弯，这点不得不防啊!

正在蓝玉胡思乱想的时候,朱皇帝派人传旨:赏凉国公蓝玉宝钞五百锭,待回京之后,再与其他将校一同论功行赏!另加封为太子太傅!

宝钞是当时的纸币,一锭折银子五两,五百锭宝钞可是两千五百两银子。蓝玉一下子高兴起来,认为皇帝还没有怀疑自己。可当负责传旨的人多嘴,设宴招待,推杯换盏之间,说出了宋国公冯胜和颍国公傅友德被加封为太子太师时,蓝玉一时也摸不着头脑。过后身边的文士告诉他,太师与太傅虽然是虚衔,可里面差距大着呢,太师要比太傅高出一等。蓝玉的不满随口而出:"难道本将就不能做太师吗?让两个赋闲在家的老家伙来做!"

结合叶升的突然被杀,蓝玉已经隐隐感觉到苗头有些不对,本想找借口移师征讨长河西朵甘百夷,继续留在前线多点时间观察和思考,无奈遭到拒绝,只好班师回朝,走一步看一步。

蓝玉可不是善茬,粗人有粗人的处事原则,这些年随着战功和地位的不断攀升,巴结讨好他的人不计其数,他也暗中积蓄了力量,胡党案扩大化后幸存下来的侯爷基本成了他的死党。另外在大块吃肉、大碗喝酒中,叫他干爹的就不下千人,以致很多都叫不上名字,加上投靠他的庄客足有三千多,这些人组织起来就是一支不可小觑的力量。在军中,除了平时安插在各部队的将校外,连五军都督府的将领都愿听他调遣,如左军都督府都督佥事黄辂、杨泉、马俊;右军都督府佥事王诚、聂纬、王铭、许亮;中军都督府谢熊、汪信、戈预;前军都督府杨春、张政;后军都督府祝哲、陶文、茆鼎等。

因此，蓝玉在班师途中已打定主意，看他姓朱的如何对我，他若不仁，就休怪俺姓蓝的不义！早在朱元璋派中军都督佥事谢熊到军前催他还朝时，蓝玉就跟对方打了招呼："我知道，上头已经对我有所猜忌，才派你来催促的。我跟你透个实底，这次回去，如果看情形不对，好歹要下手干件大事，一旦成功大家都不用提心吊胆过日子。你要严守组织纪律，严格保密，心里有数就行了！"

都说秀才造反三年不成，可武将造反离开秀才更是一事无成。蓝玉完全按照自己的风格行事，根本没有考虑要做好保密工作。他这一路上经武昌、九江、安庆等，所过之处都在抓紧活动，跟当地部队的老部下打招呼，争取他们的支持，至少让他们保持中立。

洪武二十六年（公元1393年）正月初十，蓝玉终于抵达南京。朱元璋让皇太孙代表自己带领在京的文武百官到龙湾举行了隆重的欢迎仪式，蓝玉见此，原先那点戒备之心去掉了一半，率领手下众将领一反常态向皇太孙行跪拜礼。朱允炆上前把蓝玉搀扶起来，又对得胜归来的众将盛赞了一番，随后一同进城见驾。

老态龙钟的朱皇帝早就端坐在金殿等候了，众人行过三跪九叩大礼后，蓝玉拣重要的简明扼要地介绍了本次平叛的经过。朱元璋不惜溢美之词，给予很高的评价，其中有句"此功堪比漠北大捷"。他此说是有根据的，那月鲁帖木儿与王保保有得一比，是个永不言败的家伙，屡屡反叛，搅得当地民不聊生。此次生擒，朱元璋已命令将他凌迟处死。

头脑简单的蓝玉至此将剩下的那一半戒心全丢掉了。可他只顾着想事，却忘了皇帝讲完话要谢恩，直到身边的景川侯曹震使劲扯他才醒悟过来，慌忙跪下，可朱元璋的眼里已经掠过一抹不易觉察的寒光。

一套程序过后，皇帝降旨：众位爱卿征战多时，先回府歇息，明日在奉天殿大摆庆功宴，朕亲自为众卿接风洗尘！众人山呼万岁。

待一班西征武将退下后，朱元璋似乎意犹未尽地说道："凉国公长期在外劳累，每有战事，诏令一下，雷厉风行，千里出击，每战必胜，真乃不可多得的栋梁之材！"

朱元璋的话音才落，他身边的红人，刚加封太子太保的左都御史兼吏部尚书詹徽就附和道："皇上圣明，真乃千古明君，这是我大明之福，臣等之福啊！凉国公劳苦功高，屡建奇功，真可谓国之栋梁，我等之楷模啊！"在场的很多人也应声称是，纷纷给蓝玉点赞，包括五军都督府的几个都督在内。

朱元璋听詹徽说得情真意切，一脸虔诚，心里不禁咯噔一下，马屁话听得多了，他对詹徽前半部分的话没有太多兴趣，而是对后面的话特别注意，要知道詹徽可是坐直升机上来的，一贯高傲自大，轻易不把人放在眼里，却唯独对蓝玉推崇备至。见大家如此，就想道，看来蓝玉真的笼络了不少人呀，回京的路上还不断搞串联，我倒要看看在朝中有多少是支持他的，到时候好收网，等差不多了才下旨："明天朕设宴为众将接风，三品以上官员都去作陪，不准缺席！"

蓝玉胜利归来，一些故友、同僚及部下纷纷登门拜访，门前一时车水马龙。到了晚上，又有朝中的文武重臣轮番前来祝贺，直到后半夜才逐渐平息。

第二天的庆功宴上，朱元璋宣布由皇太孙主持，并让大家不必拘礼，开怀畅饮。这本来是客套话，蓝玉和他那帮武将不知是习性使然，还是当了真，当皇太孙代皇帝祝酒时，都大大咧咧的，这让朱元璋颇为不快。不一会儿，有太监上前禀报："众臣因西番平定，请旨上殿给皇上敬酒，敬贺我朝国泰民安！"

朱元璋说道："今天朕给西征将领接风，也有与众卿同贺之意，我朝新立储君，也是值得庆贺之事，当敬皇太孙一杯！"

众人恍然大悟，纷纷离座给皇太孙敬酒。蓝玉略略举杯一饮而尽，又勾起了不快，对太傅一事始终不能释怀。朱允炆接受百官敬酒后，知道酒不能白喝，即兴说道："我朝国泰民安，百姓安享太平，全仰仗众卿的辛劳，西征将士的封赏很快就会拟定，望众卿不负皇恩，再接再厉……"

蓝玉是个搁不住话的人，加上几杯黄汤下肚，没等皇太孙说完就嘀咕一句："只怕我等在外卖命，头功却给了别人。"

由于皇太孙说话时，整个大殿异常安静，蓝玉的话很多人都听到了，朱元璋勃然大怒，先前蓝玉在川西说的话已有人添油加醋报告了他，当即问道："凉国公是怨朕封赏不公，心怀怨恨吧！"

蓝玉倏然一惊，知道闯祸了，看着朱皇帝那张阴沉可怕的脸，连忙离座跪下道："微臣不敢！臣酒后胡言，请皇上恕罪！"

朱元璋阴冷地笑一了声，说："怕是酒后吐真言吧！"转而对文武百官说道："有些人不知道检点自己，稍立寸功就不知天高地厚，做出失礼甚至是违法之事，眼下就有人口出怨言，这是极其危险的，这种行为要不得啊，希望众卿引以为戒！"

这突如其来的变故令大家不知所措，片刻之后，还是景川侯曹震反应快，忙跪倒为蓝玉求情，于是整个大殿跪倒了一片，都说凉国公酒喝多了胡言乱语，请皇上不必当真，饶他一回。朱元璋见那么多臣属异口同声为蓝玉求情，心里更加不爽，表面上却很大度地说：“既然是酒后失言，朕要再揪着不放，倒显得朕小气了。刚才朕所言，也是希望众卿有则改之，无则加勉，各位臣工继续尽欢吧！”转而冲蓝玉说道：“凉国公归座吧，朕当你酒喝多了，不怪罪就是了！”

一顿本来欢欢喜喜的庆功宴，闹得不欢而散。在众人纷纷告退之时，朱元璋对蓝玉说：“凉国公稍留一步，朕还有话跟你说！”

不料曹震、张翼（鹤庆侯）、张温（会宁侯）等几个侯爵见总兵蓝玉不动，他们又坐了回去，其他站起来的将领也僵在原地。朱元璋只得对他们说道：“朕留蓝爱卿片刻，其他臣等可先行告退！”

众将听了，都齐刷刷看向蓝玉，蓝玉轻轻地点了一下头，他们才集体拱手道：“臣等请旨告退！”

朱元璋再次领教了蓝玉的厉害，呆呆地坐了一会儿，转头对蓝玉下旨：“卿也可以出宫了！”蓝玉已经感到不妙，只好赶紧退了出来。

隔天，景川侯曹震、鹤庆侯张翼、舳舻侯朱寿、普定侯陈桓等军界人物齐聚蓝府，趁酒酣耳热时，蓝玉说出了心里话：“天下太平了，用不着我们这些老功臣了。眼下就只剩下我们几个，天天过着提心吊胆的日子，什么时候是个头？倒不如放手干一场，大家安享天下！”

之后又有东莞伯何荣、后军都督府祝哲、中军都督府汪信等人多次到蓝玉处密谋，并安排其他诸将分头准备，动员士兵，检查战马和武器，随时听候命令。只是在时间上，由于意见不一，有人主张直接杀进宫去，有人主张等老家伙出宫时下手。蓝玉思考再三，派人通知准备担任谋反主力的府军前卫步军百户李成，向他下达了定于二月十五日，那个人外出耕籍田时起事的命令。

事实再次证明，皇帝不是是个人都能当的。蓝玉一伙人的举动，尽在朱元璋的掌控之中，锦衣卫将他们的动向侦察得一清二楚，朱元璋正张网以待，他要将大鱼小虾一网打尽。

第十八章

朱皇帝的最后时光

蓝玉集团的毁灭

对蓝玉一伙的上蹿下跳，朱元璋看在眼里，他早就看蓝玉不顺眼了，之所以留到今天，归纳起来主要有两点：一是他对朱标极其忠诚，朱元璋有意留他给朱标组建班底；二是西面屡屡生事，边境地区还没彻底安宁，也需要他这样的悍将镇守，也只有他这样的悍将才能搞定。如今这两个问题都不存在，倒是他本人要搞事了，因此，当朱元璋得知蓝玉要起事的确切日期后，决定收网。

洪武二十六年（公元1393年）二月初，在山西、河南等处操练兵马的冯胜、傅友德、常升、王弼、孙恪等人陆续收到命令，让他们将军务交给晋王、燕王后迅速返回京城。

二月初八，文武百官按部就班上朝，看似与往日没什么不同，实则已经暗藏杀机。蓝玉也像往常一样若无其事地走在将官的前列，现在他能做的只有忍耐，殊不知一张大网已经张开，死神已向他发出了邀请。

朱元璋今天来得比往常要早些，等文武百官走进朝堂时，他已经端坐在高高的龙椅上，下首坐着他的皇太孙朱允炆。当众人山呼万岁后，只见锦衣卫头目蒋瓛匆匆上殿，高声奏道："启奏陛下，锦衣卫刚刚侦破一个惊天大案，臣不敢耽搁，第一时间奏明陛下！"

朱元璋一脸吃惊地问："本朝自清除胡党后，一派安定团结的大好局面，哪来的惊天大案？你可不要危言耸听！"

蒋瓛奏道："回陛下，臣绝非危言耸听，实乃事关我朝安危的惊天阴谋啊！"

朱元璋听后急切说道："那你细细报来，如有不实，朕拿你们锦衣卫是问！"

只见蒋瓛从贴身的口袋里掏出一摞卷宗之类的东西，从容说道："臣所要奏报的这个案子，罪魁祸首就是原凉国公、总兵官蓝玉！"大家一听顿时惊呆了，蓝玉的头嗡的一下，是从头到脚凉透了，阴谋败露了！可他还是下意识地喊道："蒋瓛你小子血口喷人！"

朱元璋威严地斥责道："身正不怕影子斜，你嚷什么？蒋瓛你把事情说清楚，到底怎么回事？"

蒋瓛义愤填膺地说道："蓝玉逆贼，仗着掌管天下兵马之便，还在川西之时，因亲家叶升参与胡党被杀，怀恨在心。又嫌皇上封其太子太傅之衔位于宋国公、颖国公之下而心怀怨恨，遂产生了谋逆之心。回京的路上，串通沿途兵马，回朝后更是加紧活动，阴谋发动叛乱，日期就定在二月十五日，趁皇上劝农出朝时加害。以上所奏，证据确凿，事实清楚，请皇上明察！"

整个朝廷像炸了锅似的，朱元璋铁青着脸，恶狠狠地喊道："大胆逆贼，还不给朕拿下！"早已等候多时的武士一拥而上，七八个人把人高马大的蓝玉摁倒在地，手铐脚镣跟着就上。蓝玉明知挣扎也是徒劳，打了那么多年的仗，先下手为强的套路他懂，只是眼睛里充满愤怒、怨恨和懊丧。

等蓝玉被拖下去后，朱元璋满脸怒气地说道："不识抬举的东西，朕因他屡立战功，给了他至高的荣耀，没想到他恃宠而骄，朕是一忍再忍。这次西征，朕还打算重重封赏，没想他竟心怀不轨。都怪朕啊，把他纵容成今天这个样子！"说到后来，一副痛心疾首的样子。继而又问蒋瓛："蓝贼既然要谋反，总不成他一个人就拿刀来杀朕吧？"

蒋瓛奏道："皇上圣明，蓝贼的党徒众多，军队和朝中各部门的很多人都参与了进去！其核心成员有……"将曾到蓝府参与密谋的侯爷及武将名单说了一遍。

朱元璋两道阴冷的目光射向武臣班列，殿前武士不由分说，将念到的人员一一拿下。那些人见蓝玉被捕，知道大势已去，只得束手待毙，当然也有徒劳地大喊冤枉的。可朱元璋并不理会，继续指示蒋瓛道："速速派人锁拿贼首的家眷，以防走漏，还有参与此案的各级官员和部队官兵，不许放跑一人！"其实这是演给在场文官看的，那边早已四处收网了。

这场暴风骤雨来得太快，很多人都没有反应过来，整个朝廷更是人人自危，生怕牵连到自己，可命运又不由自己掌握，唯一能做的就是拼命表白自己。朱元璋看到朝堂下跪了一地叩头如捣蒜的臣下，才满意地点了点头，说道："清者自清，本朝的政策是绝不冤枉一个好人，也绝不会放过一个坏人，都起来吧！"并降下旨意，由吏部尚书兼左都御史詹徽协助皇太孙审理蓝党案。

朱允炆早被刚才的一幕吓呆了，听到让他审理案件的圣旨后，竟茫然不知所措。下朝后问了一个很幼稚的问题："皇爷爷，您说凉国公真的谋反吗？"

朱元璋一脸轻松地对他说："朕的好孙儿，你皇爷爷会冤枉他吗，你没听蒋瓛说吗，你当朕养的这帮鹰犬是吃干饭的？"

"那要是他们不招怎么办？"

"对付这样的死硬分子，不动大刑如何肯招？这方面你就看詹徽的吧，他可是老手，办案经验丰富。"朱元璋说完像对朱允炆，又像自言自语地说道，"也好，他们终于按捺不住，迫不及待地跳了出来，趁朕还在，替你清除了一大祸害！"

朱允炆闻听此言，知道皇爷爷始终在为自己着想，觉得不应该辜负了老人家的期望，于是暗自打气，准备全身心投入审讯工作中去。临行，朱元璋面授机宜道："像这样的谋逆大案，牵涉的人员必定不在少数，落实一个就处决一个，不要拖泥带水！"

在老谋深算的朱元璋面前，朱允炆连个雏鸟都算不上，除了点头听皇爷爷的，还能有什么主张？从未见过血的他，只好硬着头皮上了。

第二天，当一身囚服、戴着脚镣手铐的蓝玉被押送到朱允炆面前时，没见过多少场面的他还是被蓝大将军的气概所折服。这个从刀光剑影中摸爬滚打出来的硬汉，昂首挺胸、铁骨铮铮，目不斜视地站立在正对着朱允炆的地方。詹徽一拍案桌，厉声喝道："大胆逆贼，还不快快跪下！"

两个牢卒赶紧将蓝玉按下，朱允炆壮起胆子问道："身为功勋贵戚，你为何要谋反？"詹徽从旁讨好地喝道："皇太孙问你话呢，还不快把你的罪行从实招来！"朱允炆转脸斜了他一眼。

虽然朱允炆不喜欢詹徽的粗暴方式，可任由他怎么问，蓝玉就是一言不发，未免心焦起来，詹徽看时机到了，说道："对这种又臭又硬的顽抗分子，不用大刑，谅他也不会招！"

这话跟皇爷爷说得如出一辙，朱允炆只得点头，表示首肯了。蓝玉一听说要用大刑，突然指着詹徽大声说道："我招，詹徽跟我是一伙的，他就是我的同党，想用大刑杀人灭口！"

朱允炆惊恐地站了起来，直直看着詹徽不知所措，早扑上来几个武士把詹徽捆了起来。蓝玉这一招，使自己免去了皮肉之苦，却加快了死亡的速度，没人再敢审他了。锦衣卫很快以零口供将他咔嚓了，从被捕到上断头台，满打满算就三天时间。

朱元璋当然不相信詹徽是蓝党成员，一来蓝玉既已指认，如果将他排除，那其他被供出的人又如何处理？二来詹徽也狂了点儿，目中无人，全不把其他臣僚放在眼里，留着他早晚会变成李善长、胡惟庸之类的人物，将来对孙儿不利。所以也就默认，趁机将他一块除掉。

蓝玉伏法后，那些曾与他一起密谋或者关系密切，而又心怀不满的侯、伯随着调查的深入全都被诛，共有十二侯二伯，分别是景川侯曹震、鹤庆侯张翼、会宁侯张温、普定侯陈恒、东川侯胡海、舳舻侯朱寿、宣宁侯曹泰、怀远侯曹兴、西凉侯濮玙、东平侯韩勋、全宁侯孙恪（孙兴祖之子）、沈阳侯察罕（纳哈出之子）、徽先伯桑敬和东莞伯何荣。另外所涉及的重量级人物还有户部侍郎傅友文、五军都督府的黄辂、汤泉、马俊、王诚、聂纬、王铭、许亮、谢熊、汪信、萧用、杨春、张政、祝哲、陶文、茆鼎等人。

这些人都对朱皇帝的刻薄寡恩极端不满，抱着不成功便成仁的心态，都是铁骨铮铮、宁死不屈的汉子，想从他们口中获取口供基本上不可能，倒是他们的家属、下人没经过场面，供述了他们的罪行。如蓝玉的哥哥蓝荣就供述，蓝玉跟他说过"我想胡党事公侯每（通"们"）也废了多，前日靖宁侯为事，必是他招内有我名字"。蓝玉的大儿子蓝闹儿则供述，父亲（蓝玉）曾对刘指挥、孙指挥、武指挥、严百户说："我征西征北受了多少苦，如今取我回来，只道封我做太师，却着我做太傅，太师倒着别人做了。你每（们）肯从我时便好，若不肯时，久后坏了你。"蓝玉高薪聘请的高丽厨师赵帖木供认，事发前三天（二月初五）主人宴请景川侯时，曾在饭桌上说："我到处出征，回来别人都做大官人了，后头才封我做太傅。上位每日长长怪我。"当然，这些都是表面上的东西，更机密的内容一般的家属和下人是无从知晓的。

可下面蓝荣的一段供词就有点意思了，据蓝荣供认，正月二十九日时，弟弟曾交代他说："我这几时见上位好生疑忌，我奏几件事都不从，只怕早晚也容不过，不如趁早下手做一场。我如今与军府前卫头目每（们）议定了，你可教蓝田（蓝荣子，蓝玉侄儿）知道，着他收拾些人接应。"

蓝田也承认，叔父曾让他选些精干可靠的人，准备好马匹、武器，听候他的动静，随时过来接应。

蓝党的第二号人物曹震之子曹炳也供述，事发前一天（二月初七），父亲从凉国公家喝酒回家后对他说："我同许都督三人在凉国公家饮酒，商量如今天下太平，不用老功臣。以前我每（们）一般老公侯都做了反的，也都无了。只剩得我每（们）几个，没来由，只管做甚的，几时是了？原跟随我的府军前卫孙指挥、武指挥，还有些旧头目都是些好汉，等今年四、五月间收拾好人马，我每（们）再去各处庄子上也收拾些家人仪仗户等。今年上位老不出来，我每预备下，伺候做些事业，务要成就。"

朱元璋只是草草看了一些供词，结合锦衣卫提供的诸多证据，清楚地知道这是一场冲着自己来的，有预谋、有组织、有计划的特大谋反案，指示办案人员不管遇到多大的困难和阻力，也不管涉及什么人，都要一查到底，决不姑息！

最后，通过层层追查，终于将蓝党成员一网打尽。首恶分子蓝玉因一人之过被诛三族，其他核心成员也遭到了抄家灭族的下场。此案被处死者多达一万五千人，至此军中骄横跋扈、心怀不满的将领差不多都被清洗出局。

傅友德刚烈杀子自戕

　　朱元璋由于年事已高，担心某天眼睛一闭，就再不能醒来，年幼的皇太孙镇不住那些功臣宿将，只要了点阴谋诡计，杀了一个叶升，就引得蓝玉迫不及待地蹿了出来。他则张网以待，并趁机掀起一场轰轰烈烈的清洗运动，首先在朝廷威胁大臣选边站，要划清界限就必须勇敢检举揭发隐藏在队伍里的坏人，然后在全国鼓励群众提供线索，大搞株连蔓引，力争把可能对朱允炆执政造成影响的那些骄横武将剪除。

　　可有一个被人揭发的公爵，却一度令朱元璋有点犹豫，此人就是开国功臣常遇春的次子，开国公常昇。朱元璋在打江山之初还比较厚道，常遇春没封功臣前就死了，可朱元璋没有忘记他的功绩，封了他的长子常茂为郑国公。常茂后在北征辽东时犯了错误，已被流放龙州，常昇就世袭公爵之位，但改为开国公。朱元璋曾考虑到一旦将常昇纳为蓝党成员，则常家就没有善终之人了。可转而一想，常昇与蓝玉是甥舅关系，又多年手握兵权，舅舅谋反能不通知他吗？舅舅被灭三族，谁敢保证他不生二心？一咬牙，又将常昇一家诛杀，常昇有个三岁的儿子常继祖由皇太孙出面，得以保存。只是朱元璋明确指示，常继祖属罪臣之后，永不许荫袭爵位。

洪武二十六年（公元1393年）五月初一，由翰林学士刘三吾带头整理的一千一百六十五份口供，经朱元璋作序后，正式以《逆臣录》之名颁布全国。可各地搜捕蓝党的行动还在热火朝天地进行中，直到同年九月初十，朱元璋才发布《赦蓝党胡党诏》，宣称："迩者朝臣其无忠义者李善长等，阴与构祸，事觉，人各伏诛。今年蓝贼为乱，谋泄擒拿，族诛已万五千人矣。馀未尽者，已榜赦之。犹虑奸顽无知，尚生疑惑，日不自宁。今特大诰天下，除已犯已拿在官者不赦外，其已犯未拿及未犯者，亦不分蓝党、胡党，一概赦宥之。"

朱元璋是个闲不住的人，其实他从年初开始，就一直抱病坚持工作，据载其病为"热症"，现在他打算放松一下。一年之后，当他养足精神，恢复体力到又可以"重新杀人"的时候，又有人找上门来了。

蓝党案与胡党案的区别，就在于胡党案以诛杀文官为主，蓝党案则以武官为主要清除对象。有位战功赫赫的老将军很是担忧，虽然暂时幸运地躲过一劫，但总感到脖子上凉飕飕的，每天睡觉醒来的第一件事就是摸一下脖子，看看头颅是否还在，以致落下了病根。经过一年的苦苦煎熬和思索，他想效仿汉代的萧何，通过自污来达到自保。于是就以探视为借口跑到京城，准备向皇帝展现他的自污秀。

这个人就是让蓝玉极为不爽之一的太子太保、颍国公傅友德。傅友德既是功臣勋贵，又是皇亲国戚，生有四男一女，大儿子傅忠是寿春公主（已于洪武二十四年病逝）的驸马；次子傅春过继给了弟弟冠带总旗傅友仁；三子傅让是朱元璋亲军金吾卫镇抚；四子傅添锡在随他征战云南时战死；女儿嫁给晋王世子朱济熺（朱棡之子）为妃。

这天，傅友德鼓足勇气求见皇帝，行过大礼，朱元璋命赐座后，问道："爱卿近日可好？怎么想起来看朕了？"

"臣惊闻圣上龙体欠安，特来问安！今见圣上红光满面，神采奕奕，真乃社稷之幸，更是臣等之幸！"

惺惺作态，你们巴不得我早点归天呢，你傅友德一向带兵在外，何尝见你如此多礼？无事不登三宝殿，倒要看看你突然闯宫所为何事。

果然，傅友德开口了："臣已老朽不堪，上天留给臣的时日不多了，臣已别无他念，只想为儿孙置下份产业，因此冒昧恳请陛下恩准，在怀远划千亩土地归臣所有，臣将感激不尽！"

朱元璋已经对傅友德有了先入为主的看法，对他提出的任何问题自然会持反对意见，何况现在提的是不合理要求，因此当场驳斥道："朝廷已待卿不薄，年禄三千五百石，再加平日赏赐，为什么还要与百姓争利呢？莫非还有什么想法？"

傅友德想自污，却反招致更大的猜忌，冷汗当场就冒了出来，连忙辩解："臣万万不敢！"

朱元璋接着说道："卿可听说过春秋时，鲁国宰相公仪休的事迹？公仪休因为享有国家俸禄，不愿再与百姓争利，把园子里种的东西都拔掉，又将织得一手好布的妻子休了，这才是做臣子该效仿的，切莫学不法之人呀！"

　　傅友德的初心并非嫌自己的俸禄低，听朱皇帝如此一说，羞愧得无地自容，跪地谢罪："臣罪该万死！"真是弄巧成拙，里外不是人。朱元璋不是汉高祖，更不是宋太祖，教条主义行不通啊！

　　朱元璋心想的是，朕当皇帝以来真没人敢向自己提过如此过分的要求，这蓝玉一死，朝中武将能望傅友德项背的人已寥寥无几，难怪他敢如此要挟，想到这里，又问："卿还有何事，索性一块挑明来！"

　　傅友德恨不得尽快逃离这是非之地，忙不迭地以头点地，说："臣是一时糊涂，才说出这么混账的话来，再无他事了，请圣上见谅！"

　　见谅？朕驳了你的面子，拒绝了你的无理要求，你不怀恨在心？看来什么高官厚禄、皇亲国戚都靠不住啊！

　　人一倒霉放个屁都能砸到后脚跟。傅友德那天本想乘机提出归隐的，怕引起更大的猜疑，遂生生憋了回去，回家后本想夹紧尾巴做人，静候一段时间再说。这时，催他上路的人来了，此人就是蓝玉的亲密战友、捕鱼儿海战役中的得力助手王弼。

　　一起出生入死的老战友登门，自然会热情款待。王弼加入朱元璋队伍的时间比傅友德还早，属临濠旧部，看到一起为朱明王朝卖命的武将已所剩无几，难免兔死狐悲。几杯黄汤下肚就管不住那张臭嘴："颍国公对蓝公一案有何感想？"

　　傅友德连忙对空抱拳道："此乃圣上钦定的谋逆大案，岂是我等做臣子的能议论的？王老弟喝酒，喝酒！"

　　王弼继续说道："皇上如今年事已高，又严于诛杀，我们这辈的人所剩无几，应当联合起来寻找出路。"

　　傅友德刚惹了一身膻，只想把王弼尽快打发，一个劲地劝酒劝菜，再也不敢接他的茬。谁知还是逃不过朱元璋的耳目，朱元璋终于还是要动手了。

　　洪武二十七年（公元1394年）冬至，朝廷按照惯例要在这一天大宴群臣，共祝国运亨通、四海安宁，期盼来年取得更好的成绩。当朱皇帝在大臣的簇拥下步入宴会大厅时，一眼看到担任警卫的傅让没有按照规定佩带剑囊，脑筋一转，一个方案马上形成，之前一个叶升就弄死了蓝玉等近两万人，你傅友德不是很爱自己的儿子吗？今天就先从你的儿子下手，看你有什么反应！

　　等大家一落座，朱元璋就开始数落傅让的种种不是，尤其是今天的表现更是慢待君王。傅友德赶紧站起来替儿子赔罪，朱元璋怒气冲冲地对他说："谁让你站起来了？莫非朕说错了？去，把你的两个儿子叫来，看朕哪里说错了！"

　　人的忍耐是有限度的，朱元璋冲傅友德发火，又没头没脑地说这番话，让他也火了，转身就去找自己的儿子。刚走到大殿门口，一个卫士过来传达最高指示：带两个人的首级来见！同时递给他一把宝剑。傅友德的脑子"嗡"的一下明白了，看来姓朱的要卸磨杀驴，非置我父子于死地不可了！

　　士可杀不可辱，转眼工夫就见傅友德提着两颗血淋淋的人头返回大殿，众人都被傅友德的刚烈举动惊呆了。朱元璋惺惺作态地问道："你怎么如此残忍？朕命你去责罚逆子，谁让你结果两条人命？分明是记恨朕啊！"

傅友德压抑了一辈子的情绪彻底爆发了，怒目圆睁，大声吼出了所有功臣武将的心声："你不就是想要我们父子的人头吗？今天就成全了你，好让你放心！"

说罢横剑自刎，高大的身躯倒下的同时，手中的两颗人头也滚落一边。尽管如此，傅友德的家人也没能换来朱元璋的一丝怜悯，他以傅友德在宫里杀人、欺君忤旨为由，命令抄家封门，所有人流放边疆，永不许赦回！

定远侯王弼见此情，知道接下来就该轮到自己了，好酒好肉地善待了自己一个月后，镇定自若地将一把尖刀刺进了自己的胸膛，追随战友去了。

傅、王二人一死，冯胜就开始死亡倒计时了。冯胜功劳很大，可毛病不少，洪武二年（公元1369年）擅自从西北撤兵时，朱元璋就恨得牙根痒痒，出征辽东纳哈出又犯了轻敌麻痹、私吞战略物资及生活作风等问题。可朱元璋一直隐忍不发，依然让冯胜在军中供职，只是再也没有让他统兵作战，交给他的多是练兵、立卫屯田之类的事务，故此冯胜更多的时候都是闲居在家。

冯胜家居期间也极不安分，放纵胡闹比在部队里有过之而无不及，其子弟奴仆看主子如此，纷纷学会仗势欺人、为非作歹，完全违背了朱元璋对功臣的期望和劝告。儿子冯谅曾纵容家奴伤人致命，并阻挠地方官员办案，威胁他们不准举报。此事最终还是捅到南京，冯谅被判处死刑，其他二十一名案犯也相应被判刑。朱元璋按照铁券中有关功臣及其子免死的规定特批，赦免冯谅的死罪，同时将冯胜召到南京，进行过一次有诚勉性质的谈话。谈话中朱元璋明确表示，念在他兄弟早年追随自己，有开国之功的分上，希望他好自为之，严格约束自己，管好家人。最后强调，道理朕都告诉你了，希望你三思！冯胜当时诚惶诚恐地又是叩头，又是对天发誓保证知过必改。

可回到凤阳后他依然故我，洪武二十八年（公元1395年）正月的一天，冯胜与众多小老婆之一的樊氏的弟弟樊父酒足饭饱之后，摆上棋盘对弈起来。虽然冯胜年纪比樊父大得多，又是功勋重臣，可他为老不尊，与小辈们胡闹惯了。樊父对这姐夫没有半点谦让，在棋盘上把姐夫杀得片甲不留，让冯胜异常恼怒，竟不顾身份破口大骂，估计当场把小舅子的祖宗十八代都招呼了一遍。

新年没过就被人臭骂一顿，搁谁心里都不舒服，樊父一怒之下，把刚才喝酒的那套名贵的黄金酒器抓在手里就夺门而去。冯胜估计脑子突然进水，竟把状告到朱元璋那里，说嗜酒如命的樊父入室抢劫，抢走了皇帝御赐的金酒杯一套，请皇上做主，予以处罚！

洪武时代的终结

樊父对姐夫的金酒具心仪已久，但吝啬鬼姐夫爱财如命，别说是金酒具，就是陶瓷酒杯都舍不得给他一个。这次终于逮着机会，以姐夫骂人为由将其抢了过来，当然舍不得归还。没想到姐夫这老小子竟然小题大做闹到了皇帝那里，还告自己入室抢劫，这可是大罪啊，要判十年以上有期徒刑甚至是死刑的。好呀，既然你一点情面不给，要把事情搞大，那咱就玩点更大的！

朱元璋一开始也不以为意，心想姐夫跟小舅子为一套酒具把事情捅到自己这里，无非想借机炒作，表明他宋国公的官司只有朕才能过问。心里还责怪冯老二太小气，娶了人家姐姐，送他一套酒具又如何，用得上"入室抢劫"那么难听的词吗？不料樊父一上来就检举揭发冯胜，说他在打谷场里埋藏了大批的武器装备，有图谋不轨之心。

朱元璋殚心竭力杀了那么多人，也腻烦了，这回连调查取证、司法介入那套程序都省了，也懒得找什么罪名，直接命冯胜从凤阳赶到京城。

一见面，朱元璋直截了当地问他："宗异啊，有人告你私藏武器，可有此事？"既不称卿，又不唤名，直接称字，让人摸不着头脑。

冯胜是位军人，更是一位身经百战的将军，对兵器有种天然的嗜好，发现有好的、有特色的兵器喜欢收藏起来，又对金戈铁马的峥嵘岁月难以忘怀，就别出心裁地将打谷场地下挖空，里面放置些瓦瓮之类能发出回音的东西，上面再铺上木板，时常带人纵马在上面奔跑，能制造出一种万马驰骋的特效，聊以自慰。

朱元璋却不这么想，你冯胜非法持有、私藏武器就已经构成犯罪，你再整个操练场，谁知你是不是在搞军事演习？日后你振臂一呼，拉起队伍就能造反，或者哪天拥立某位藩王搞分裂，岂不直接威胁到我大明江山？傅友德、王弼是自己动手，你冯胜我就给点面子，亲自出手算了！

双方思考也是瞬间的事情，冯胜见皇帝专程找他来就问这点破事，正要耐心跟皇帝解释，朱元璋却摆手制止了他，说："你不必跟朕分辩，朕也听累了，你冯宗异是大错三六九，小过天天有，朕也多次原谅了你的错误甚至是罪行，也算是仁至义尽了，你的事朕不想再过问了。你一路辛苦，把这杯酒喝了就回家去吧，权当给你接风了！"

朱元璋说到最后，指了指摆在案几上那杯早已调制好的酒。冯胜情知不妙，可君要臣死，臣不得不死，挣扎和反抗都是徒劳的。

冯胜端起酒杯一饮而尽，连嘴巴都不抹转身就走了出去。事情已然这样，没必要再跟刻薄寡恩的皇帝搞什么告别仪式了。

冯胜强忍着绞痛勉强挨到家门口，就气绝身亡了。时间是洪武二十八年（公元1395年）二月初三，离傅友德愤然自裁仅两个月零四天。

朱元璋清除了对朱明王朝构成潜在威胁的功臣宿将后，正想舒口气，谁料就在冯胜死后一个月，奉命前往洮州征伐叛藩的秦王朱樉好不容易立回功，却死在了凯旋的途中，这让朱元璋的心又悬了起来。

尽管在外人的眼里，洪武大帝朱元璋还是那么神圣不可侵犯，威风凛凛地想杀谁就杀谁，可只有朱元璋自己清楚，他能打败任何敌人、战胜任何困难，却终究奈何不了岁月。已是六十八岁高龄的他，除了感到身体上力不从心外，精神上也大不如从前，思考问题时间稍长就犯困，有时候往往才想了个开头，就不由自主地打起了瞌睡，好在他犯迷糊的时间都不长，只眯一下就醒来。他实在放心不下他的朱家王朝，更确切地说是舍不得放下手中的大权啊！

朱元璋每次醒来总要趁精神充足的时刻抓紧处理这些劳神的政务。这天他一醒来就让人宣皇太孙，朱允炆行过大礼后，朱元璋示意他坐到身边，拉着手问道："孙儿啊，皇爷爷如今是掰着手指头过日子的人了，你跟皇爷爷说说，一旦皇爷爷不在了，你觉得还有哪方面的难处？"

"皇爷爷万寿无疆……"

"别玩这套虚的，那是外人说的奉承话，咱爷孙俩说点实在的。"朱元璋打断朱允炆继续说道，"人的生老病死是客观规律，朕虽贵为天子也违背不了，什么万寿无疆，要真的有万寿无疆，哪轮得到咱老朱家坐天下？"

朱允炆的心里也苦呀，看到爷爷日理万机地熬白了头发，累弯了腰身，他真不知道自己今后的路该怎么走。就眼下，他已经感到了巨大的压力，泪水不由自主地流了下来，朱元璋很看不惯流泪的男人。为了鼓励孙子，他现身说法道："孙儿，坚强点，你是要做皇帝的人，不要动不动就掉泪，男儿有泪不轻弹，眼泪解决不了任何问题。你今年快二十岁了，皇爷爷在你这个年纪，已经孤身在外闯荡几年了。那时候可真苦啊，吃了上顿没下顿，过了今天还不知道能不能看到明天升起的太阳，可皇爷爷没掉过一滴眼泪。唉，真是恍如昨天啊……"

朱元璋沉浸在自己的回忆中絮絮叨叨，说着说着突然问道："你还没回答皇爷爷刚才的问题呢？"

朱允炆也随之倏地醒过来，皇爷爷的问题让他实在不知道该从何说起，表面上看爷爷已经为他削去了所有的棘头，可刘三吾提醒他，经过清洗后的朝廷，武将凋零，一旦边疆有事，不得不将兵权交予诸王，那些都是他的叔叔辈人物，将会造成强枝弱干的局面，让他尽快禀明皇上，还有……

"对朝廷构成潜在威胁的棘刺皇爷爷都替你削光了，你想想看还有没有遗漏的？"朱元璋见他呆呆地不说话，就开导说。

"没有，孙儿没有感觉到大臣的威胁！"朱允炆已经明显感觉到威胁来自哪里了，可他实在开不了口。

朱元璋从朱允炆简单的话语里已经明白了他的苦衷，此前朱元璋已将朱允炆的姐姐江都公主许配给了长兴侯耿炳文的儿子耿璇，耿炳文是朱元璋留给皇太孙的两位功臣武将之一（另一位是武定侯郭英）。对来自藩王的威胁，朱元璋不是没有考虑过，之前年长的三位皇子，朱元璋封到北方作为屏障，又能起到互相牵制的作用。秦王朱樉一死，就剩下晋王朱棡和燕王朱棣，在这二王之中，朱元璋最担心的是朱棣。有次在皇家园林游玩时，他有感而发，出了一句上联：风吹马尾千条线！让朱允炆和朱棣对下联，当时朱允炆对的是"雨打羊毛一片毡"，而朱棣对的是"日照龙鳞万点金"。

朱元璋当时就感觉到皇太孙过于软弱无力，而朱棣则充满了一股强有力的霸王之气，从此开始为皇太孙担忧起来，可他始终下不了决心和勇气来解决这个问题，虽然对待别人的亲骨肉他可以像捻死一只蚂蚁似的毫不手软，可对自己的骨肉，他朱元璋是无论如何都下不了手的。可这个问题又一直困扰着他，只得无数遍在心里问自己：我该怎么办呢？

爷孙俩的这次谈话没有在实质问题上取得进展，随着朱元璋的犯困戛然而止，朱允炆只好告退。

朱允炆此时并不知道，朱元璋已经不动声色地为他物色了一位可以托孤寄命的大臣，该人名叫齐泰，这个名字还是朱元璋赐的，他的原名叫齐德，溧水（今属江苏省）人，洪武十八年（公元1385年）进士，之前是兵部主事。他的档案里赫然记录着"为官九年而无过失"，这可是难得的好干部啊，朱元璋曾亲自对他进行了考核，询问各边防将领的情况。齐泰如数家珍，不仅将各地军官的姓名、籍贯、履历、性格、功过等情况说得一清二楚，还将各地的山川要隘及布防情况做了简要介绍，并将自己花费大量心血绘制的山川要塞及兵力配置图献上，令朱元璋龙颜大悦，当即赐名泰，擢升为兵部左侍郎。此事除朱元璋本人外，至今无人知其用意，包括齐泰本人。

晚年的朱元璋有三十多个儿女、五十多个孙子，可这些儿孙都不在身边，虽然有几十个口口声声称甘做忠心奴婢的妃嫔，但朱元璋依然感到无比寂寞和冷清。洪武三十年（公元1397年）秋，随着萧瑟季节的到来，内心无比惆怅的朱元璋终于病倒了。

次年二月，又传来晋王朱棡病逝的消息。朱元璋在哀伤之余，更加为皇太孙感到担忧，如此一来，燕王朱棣无疑就成了一家独大的藩王。朱元璋正想着呢，皇太孙领着几位大臣求见来了。他们来的目的，除了问候平安外，最主要的是请示几件紧急公文的处理意见。朱允炆扶皇爷爷躺好后，开始逐件汇报所要请示的内容。

朱元璋紧闭眼睛静静地听着，时不时哼一声，或者插问一两句。当听到朱允炆说燕王朱棣请求进京探视时，朱元璋悚然睁开眼睛，挣扎着要坐起来，朱允炆赶紧帮他靠着几个高枕，勉强保持半躺半坐的姿势。朱元璋这才问道："你刚才说燕王要进京？"

"折子上是这么说的！"

"有没有边情方面的奏折？"

朱允炆回答："没有！"

朱元璋像是问朱允炆，又像是问自己："藩王朝见时间未到，《祖训条章》才颁布下去，他为什么还提出要到京城来呢？"

朱允炆像意识到了什么，可他不知道如何回答，只好老老实实说道："孙儿不知道！"

朱元璋用昏花的眼睛盯着朱允炆，说："哎，孙儿呀，你四叔厉害着呢！"随即缓缓地闭了眼睛，仿佛累了。

朱元璋能把眼睛闭上，却停不住他的思绪。唉，杀来杀去，到头来对朝廷威胁最大的竟是自己的骨肉，那些被扩大化杀掉的功臣宿将，要是留着也未必就敢觊觎皇位。朕从来就不缺忠诚而富有远见卓识之臣啊，早在封王之初，就收到过劝谏。上书的儒生叫什么来着？对了，叫叶伯巨，他上书力陈了朝廷的三大弊端，第一条就指出"分封太侈"。当时自己只考虑到依靠亲生儿子来保障朱家的江山，听不进逆耳忠言，执意要大封皇子，记得自己一怒之下还要亲手射死叶伯巨。想到这里，朱元璋又问自己：事已至此，该采取什么措施呢？

朱允炆听皇爷爷说"你四叔厉害着呢"的时候，才知道英明无比的皇爷爷心里像明镜似的，既然皇爷爷已经提醒，他不得不防。退出来后就找到了他的老同学，现任太常寺卿的黄子澄（曾做过朱允炆的伴读），关好门窗，落下窗帘后，朱允炆焦急地问道："诸藩王都是我的叔叔，他们手握重兵，一旦有变，我该怎么啊？"

黄子澄认为诸王既没有实际行动，又缺乏确凿的证据，不好贸然采取行动。朱允炆认为应该未雨绸缪，免得束手无策。

黄子澄一副深思熟虑的样子，说："诸王只有护兵，至多能够自保，倘若敢于起事，朝廷以六师问罪，谁能抵挡得住？汉朝七国不是很强大吗？作乱的诸侯最后还不是自取灭亡！这是由于大小强弱之势不同，顺逆之间不同啊！"朱允炆也想不出什么办法，只好听从黄子澄的安慰了。

时间进入五月，朱元璋的病情进一步恶化，朱允炆的孝心又再次经受了考验，他日夜守护在床前，亲自伺候朱元璋的汤药和饮食，连痰盂溺器都不让宫女插手。被病痛折磨得呻吟不止的朱元璋看着孝顺懂事的孙儿布满血丝的双眼和憔悴疲惫的脸庞，心里既宽慰又爱怜，他知道上天留给自己的时间不多了，于是给各藩王下旨：不准借奔丧聚集京城，封地的所有军队一律听从朝廷调遣。不让你们靠近京城，又控制了你们的人马，看你们能奈我皇太孙何？

齐泰也被召到了病榻前。皇帝以无限信赖的口吻下旨：兵部左侍郎齐泰，你德才兼备，对朝廷忠心耿耿，是朕的好臣子。朕归天之后，由你为顾命大臣，辅佐新皇帝！

齐泰诚惶诚恐地以头点地，极力推辞道："陛下以重任相托，微臣感恩不尽，唯恐能力有限，有负圣恩啊！"

"爱卿不必推辞，朕就将皇太孙托付给你，你千万不要辜负朕的重托啊！"随即由齐泰执笔，记录了朱元璋口授的临终遗诏："朕膺天命三十有一年，忧危积心，日勤不怠，务有益于民。奈起自寒微，无古人之博知，好善恶恶，不及远矣。今得万物自然之理，其奚哀念之有。皇太孙允炆仁明孝友，天下归心，宜登大位。内外文武臣僚同心辅政，以安吾民。丧祭仪物，毋用金玉。孝陵山川因其故，毋改作。天下臣民，哭临三日，皆释服，毋妨嫁娶。诸王临国中，毋至京师。诸不在令中者，推此令从事。"

洪武三十一年闰五月初十（公元1398年6月24日），中国历史上　　勺君王之一、大明王朝的创建者、战无不胜的洪武大帝朱元　　　　冶无效，与世长辞！享年七十一岁。

　　　　勺丧事是隆重的，隆重到以活人殉葬的残忍地步，按照他　　　　十多名为他奉献了青春乃至一切的妃子，活生生地陪伴他　　　　体一同长眠地下；治丧时间是短暂的，按照齐泰的建议，为防止生变，皇帝的灵柩只停放七天就匆匆安葬。也就在同一天，皇太孙朱允炆匆匆地完成了登基仪式。而同一时刻，朱元璋临咽气前一秒提到的"燕王不可不虑"的主人公也在匆匆赶往京城的路上，当朱棣一行紧赶慢赶来到淮安时，新皇帝朱允炆以大行皇帝已入土为安为由，将他们挡了回去。朱棣只得悻悻而返，叔侄俩的较量从此开始。

属于朱元璋的时代已经结束了，可他留下的政治遗产，及其对后世的影响远远没有结束。朱元璋由贫苦的放牛娃起家，在乱世之中叱咤沙场，推翻了残暴的元朝统治，救黎民于水火，开创了盛唐以后又一个多民族的大一统王朝。他做皇帝的三十一年不仅创立了大明朝坚实的基业，还形成了成熟的施政纲领，修订了完善的法律制度，规划出了整个大明王朝的政治和经济体制，史称"洪武之治"。

最杰出

璋，因病

　　朱皇帝

的遗愿，四

那冰冷的尸